JN440775

로마의 법과 생활

−법사료에 나타난 생활법리의 사례들−

최병조

景仁文化社

이 책자는 서울대학교 법학발전재단 법학연구소 기금의
2007년도 학술도서 출간비 지원을 받았음

머리말

그간 틈틈이 써온 로마법 관련 논문들이 이제 다시금 한 권으로 묶어도 될 분량이 되었기에 종전의 예대로 일부 솎아내고 남은 것들을 묶어서 책으로 펴낸다. 전에도 그랬듯이 혹시라도 관심 있는 분들이 보다 쉽게 접근할 수 있는 편의를 제공한다면 그것으로 다행이리라. 늘 아쉽고 안타까운 것은 국내의 로마법 연구가 몇 십 년 전과 다름없는 여전한 연구인력의 부재와 턱없이 부족한 물적인 여건(특히 도서)으로 말미암아 그야말로 연명도 하기 어려운 상황이라는 것이다. 구 공산권이 해체되고 개방되면서 그런 지역에서도 새로운 전문잡지가 속속 창간되어 출판되고 있는지도 꽤 되었음을 상기하면, 바다 같은 인력을 바탕으로 한 이웃 중국의 국제적인 대두를 목도하면, 참담함마저 느낀다. 앞으로 법학전문대학원 체제가 되면 로마법의 운명이 또 어떻게 변할지도 솔직히 우려가 많이 된다. 그럼에도 불구하고 몇 편에 불과하지만 이 글들을 작성하면서 많이 행복했다는 사실만으로도 충분히 감사해야 할 이유가 있다고 생각된다. 특히 단행본으로 출판할 수 있게 도와주신 서울대학교 법과대학과 법학연구소 및 시장성 없는 줄 뻔히 알면서도 기꺼이 출판을 맡아주신 경인문화사에 심심한 사의를 표한다. 전문성으로 인해 일반 독자는 고사하고 법학도 일반에게도 별로 매력이 없으리라는 점은 너무나도 잘 알고 있지만, 그래도 이 책이 로마법에 대한 일반의 관심을 조금이라도 불러일으켜 주었으면 하는 마음 간절하다.

수록된 글들은 대체로 현행법의 체계적인 관점을 좇아서 제도적인 성격의 것(제1논문)에 이어 法源에 관한 것을 앞에 두고(제2논문), 이하 민사실체법적인 것들을 계약법(총론, 각론), 부당이득법, 불법행위법의 순서로, 그리고 민사절차법 성격의 것을 마지막에 배치하였다.

늘 나에게 기쁨을 선사한 두 아들 기열, 우열에게 고마움과 그리움 전하며 이 책을 바친다. 재판을 계기로 53면의 사료 번역문을 수정하였다.

2007년 8월 관악산 자락에서

필 자

일러두기

1. 빈번히 사용된 약호의 의미는 다음과 같다.

(1) 사료 및 사료집 약호

Bas., B. = Τὰ Βασιλικὰ Νόμιμα. 레오 6세 황제의 「바실리카법전」

C., Cod., CJ = Codex Iustinianus. 유스티니아누스 황제의 「勅法彙纂」

Coll. = Collatio Legum Mosaicarum et Romanarum. 「모세법 · 로마법 대조집」

C.Th., CTh., CT. = Codex Theodosianus. 테오도시우스 황제의 「칙법집」

D., Dig. = Digesta. 유스티니아누스 황제의 「學說彙纂」(또는 「學說類聚」)

EP = Edictum Perpetuum. 「永久告示錄」(Otto Lenel 편)

FIRA = Fontes Iuris Romani Anteiustiniani, I-III. Riccobono 등 편, 「유스티니아누스 前 로마법사료 선집」

Fr.Vat., FV = Fragmenta Vaticana. 「바티칸 단편집」

Gai. (Inst.), G. = Gai Institutiones. 가이우스, 「법학제요」

Inst. (Iust.), IJ., I. = Institutiones Iustiniani. 유스티니아누스 황제의 「법학제요」

Nov., N. = Novellae. 유스티니아누스 황제의 「신칙법집」

Pal. = Palingenesia. 원문복원 (Digesta의 경우 Otto Lenel 편, 「Palingenesia Iuris Civilis」, I-II)

Paul. Sent., PS. = Pauli Sententiae. 「파울루스 의견록」(또는 「견해록」)

UE., Ulp. Epit., Ulp. Reg. = Ulpiani Epitome, Ulpiani Regulae. 「울피아누스 초록」(또는 「발췌록」)

(2) 일반 약호

a. = anno. ~년

eod. = eodem titulo. "同章"

(예: D.2.14.1.1; D.eod.2.pr = D.2.14.2.pr)

fr. = fragmentum. "斷片"

(예: D.2.14.1.1 … fr.1.1 = D.2.14.1.1)

h.l. = hoc loco. "該所"

h.t. = hoc titulo. "該章"

(예: D.2.14. … D.h.t.1.1 = D.2.14.1.1)

itp. = interpolatio, interpolatus. 수정, 수정됨.

l. = lex. "法文" (= fr.)

Lit. = Literatur. "(관련)문헌" (독일문헌의 경우)

m.w.N. = mit weiteren Nachweisen. "기타 전거와 함께" (독일문헌의 경우)

n. = nota. (각)주

(3) 주요 총서, 사전, 잡지명 약호

ANRW = *Aufstieg und Niedergang der römischen Welt*

BIDR, Bull. = *Bullettino dell'Istituto di Diritto Romano*

ED = *Enciclopedia del diritto*

IVRA = *Rivista internazionale di diritto romano e antico*

RIDA = *Revue internationale des droits de l'antiquité*

SD, SDHI = *Studia et Documenta Historiae et Iuris*

SZ = *Zeitschrift der Savigny-Stiftung für Rechtsgeschichte, Romanistische Abteilung*

TR = *Tijdschrift voor Rechtsgeschiedenis*

(4) 기타 약호에 관해서는 Max Kaser, *Das römische Privatrecht*, I (2. Auflage, 1971), S. XIXff. 참조.

2. 수록된 글의 원래 게재처는 다음과 같다.

제1논문. 서울대학교 法學 제45권 3호 (2004. 9.), 141-161면
제2논문. 서울대학교 法學 제47권 2호 (2006. 6.), 1-50면
제3논문. 서울대학교 法學 제43권 1호 (2002. 3.), 216-271면
제4논문. 逸軒崔柄煜教授停年紀念 現代民事法研究 (2002), 613-640면
제5논문. 서울대학교 法學 제45권 1호 (2004. 3.), 27-59면
제6논문. 서울대학교 法學 제47권 1호 (2006. 3.), 76-106면
제7논문. 서울대학교 法學 제41권 4호 (2001. 2.), 77-91면
제8논문. 서울대학교 法學 제40권 2호 (1999. 8.), 86-124면
제9논문. 서울대학교 法學 제41권 1호 (2000. 6.), 77-96면
제10논문. 羅岩徐敏教授停年紀念論文集: 民法學의 現代的 樣相 (2006), 1-39면

〈목　차〉

[1] 법학교수직에 대한 국가의 통제
—로마 후기의 사례를 중심으로—

[2] 로마법상의 慣習과 慣習法
—고전 법률가들의 사례를 중심으로—

3 로마法上의 相計

-學說彙纂 제16권 제2장(相計에 관하여) 譯註 포함-

4 D.18.1.6.1 (Pomp. 9 ad Sab.)의 釋義

−로마법상 賣買失效約款(D.18.3)의 법리−

5 로마매매법상 노예매춘금지조항

6 Cessante Labore Cessat et Praemium?

−無勞動 無賃金? 로마법상의 고용계약에 관한 소고−

7 로마법상 組合持分의 결정과 善良人의 裁定
－D.17.2.75~80의 譯註－

8 삼각관계상의 부당이득 반환청구
－로마법상의 支給指示 사례연구: D.46.3.66에 대한 釋義－

9 D.9.1 "四足動物의 加害가 주장되는 경우"
－對譯 및 註釋－

[10] 로마법상의 '和議' 約定

법학교수직에 대한 국가의 통제*

—로마 후기의 사례를 중심으로—

Beneficium est praeceptoris mei, quod institutis liberalibus profeci.**
(내가 자유인에 걸맞은 학문들에 있어서 진척을 이룬 것은 내 스승님의 은혜이다)

Ⅰ. 머리말

흔히 법의 민족이라고 부르고, 후대의 법학에 지대한 영향을 미쳤던 고대 로마의 법학교육은 어떠했을까? 이같은 질문은 요즈음과 같이 법학교육의 개혁이 초미의 관심사로 떠오른 시점에는 너무나도 당연한 물음이라고 하겠다. 이 글에서는 먼저 로마의 법학교육의 변천상을 역사적으로 간략히 개관한 후에 (II), 로마후기의 법학교수직에 대한 국가의 규율을 역시 간단히 살펴보기로 한다(III). 존경하옵는 백충현 교수님의 정년을 맞이하면서 불현듯 법학교수란 무엇인가 하는 문제의식이 뇌리를 스쳤고, 그 김에 전공인 로마법의 경우를 한 번 살펴보고자 한

* 이 글은 서울대학교 발전재단 출연 서울대학교 법학연구소 기금의 2004학년도 학술연구비의 지원을 받은 것임.

** Seneca, de benef. 3.34.1.

것이 이 소고로 표출되었지만, 막상 기본적인 법사료에 대한 소개 이상의 성과는 보여주지 못하는 글이 되고 말았다. 선생님의 학덕을 기리고자 하는 취지를 감안하여 가납하여 주시기를 앙망할 뿐이다. 논문의 말미에 수록한 참고문헌들은 편의상 필자명만으로, 필요시 연도를 부기하여 인용한다.

II. 로마의 법학교육의 변천상

1. 共和政期와 元首政期

로마의 경우 초기에 神官團에게 독점되었던 법학[1]이 개방되어 일반인의 활동영역으로 자리잡은 이래로[2] 티베리우스 코룬카니우스(Tiberius Coruncanius, 기원전 약 320~243년)가 최초로 공개적인 교수활동을 하였다고 전해지거니와,[3] 자고로 로마의 법학교육은 법률문제에 대하여 해답하는 스승의 곁에서 문하생으로서 이를 듣고 때로는 토론을 함으로써 이루어져 왔다. 이후 법학교육에 힘을 기울인 법학자들이 나오면서 여러 제자를 상대로 한 일반수업(instituere)과 개인교수(instruere)가 행해졌으나,[4] 이론교육과 실무교육의 구별은 아직 예리하지 않았다.

---

1) Cf. Salvatore Tondo, "Appunti sulla giurisprudenza pontificale," in: *Per la storia del pensiero giuridico romano, dall'età dei pontefici alla scuola di Servio. Atti del seminario di S. Marino, 7-9 gennaio 1993*, a cura di Dario Mantovani (1996), 1ff.

2) 상세는 Cannata (1997); Cannata (1989), 22ff.; Schulz, 5ff.; 졸저, 『로마법강의』 (1999), 233ff.

3) Pomp. D.1.2.2.38: qui primus profiteri coepit; Gell. N.A. 13.13; Cannata (1997), 145ff.

공화정기와 제정기에 걸쳐서 살았던 라베오(Labeo)는 일년의 반은 실무와 교육에, 다른 반은 집필활동에 바쳤던 것으로 유명하다.[5] 법학을 가르치고 배우는 것은 완전한 자유였다. 이와 같이 국가의 개입이나 간섭 없이 사회적 수요에 따라 자율적으로 후속세대의 양성을 말하자면 중상류의 시민사회가 맡아온 것이 고전기까지의 대체적인 모습이었다.[6] 법학수업은 교수의 개인 사저에서 이루어졌지만, 수강생이 많은 경우에는 강당(auditorium)을 빌리기도 하였다.[7] 국가가 강당을 마련해 주기도 하였고,[8] 아우구스투스는 법학도서관을 기증하기도 하였다.[9] 이처럼 元首政에 진입하면서 보다 많은 행정수요와 정치적인 이유로 인하여 국가의 관심이 증대하고 일정한 지원책과 규제가 강화된 것은 사실이지만, 공화정기까지의 교육과 같이 스승과 제자 사이의 인적인 결합관계가 여전히 결정적이었던 것으로 추정된다.[10] 법률가들 중에서도 거의 전적으로 법학교육에 전념하는 유형의 인물들, 말하자면 법학교수에

---

4) Wenger, 611f.

5) Pomp. D.1.2.2.47; Cannata (1997), 304f.

6) 상세는 Kodrębski. 177ff.; Schulz, 55ff.; 119ff.; 개관은 Wieacker (1961), 128ff.; Hübner, 231ff.; Marrou, 530ff.

7) Tryph. D.23.3.78.4: ego dixi in auditorio; Paul. D.12.1.40: lecta est in auditorio Aemilii Papiniani.

8) Marcian. D.40.15.1.4: ego quoque in auditorio publico idem secutus sum; Gell. 13.13.1: in plerisque Romae stationibus (cf. Ulp. D.47.10.15.7) ius publice docentium aut respondentium. Wenger, 614; Hübner, 238.

9) Schol. Iuven. 1,128: aut quia iuxta Apollinis templum iuris periti sedebant et tractabant, aut quia bibliothecam iuris civilis et liberalium studiorum in templo Apollinis Palatini dedicavit Augustus (혹은 아폴로 신전 옆에 법학자들이 자리 잡고 법을 논하였거나, 또는 법학과 자유학예의 도서관을 팔라틴 아폴로 신전 내에 아우구스투스가 헌납하였기 때문에). Wenger, 614 n.171; Hübner, 238 n.54. 팔라틴 도서관에 관해서는 우선 라이오넬 카슨 지음, 김양진 · 이희영 옮김, 『고대 도서관의 역사, 수메르에서 로마까지』 (2001), 203-206.

10) 상세는 Liebs (1976), 197ff.

해당하는 활동에 주력한 인물들(대표적: 마수리우스 사비누스[Massurius Sabinus], 가이우스[Gaius], 플로렌티누스[Florentinus], 아일리우스 마르키아누스[Aelius Marcianus])도 배출되었으나, 물론 소수였다.[11] 시간이 지나면서 지방에도 법학교육이 자리잡기 시작했을 것이다.[12]

그러나 무엇보다도 3세기 중반 이래 고전법학의 쇠락[13]과 더불어 법학은 이제 명망가들의 관심권에서 벗어났고, 그 자체 강단학문으로 자리매김되기에 이르렀다.[14] 이 시기에 법학교수에 대한 국가의 지원은 기껏해야 로마의 법학교수에게 후견사무의 부담을 면제해 주었던 일[15]

---

11) Schulz, 107. 이들의 법학입문서에 관해서는 Schulz, 156ff.

12) 상세는 Liebs (1976), 288ff.

13) 이러한 사실은 로마인들 자신이 잘 인식하고 있었다. Cf. Nov. Theod. 1.pr (a.438): Saepe nostra clementia dubitavit, quae causa faceret, ut tantis propositis praemiis, quibus artes et studia nutriuntur, tam pauci rarique extiterint, qui plene iuris civilis scientia ditarentur, et in tanto lucubrationum tristi pallore vix unus aut alter receperit soliditatem perfectae doctrinae.
(자주 관대한 朕들은 어떤 이유가 예술과 학문이 진작되는 그 엄청난 특전에도 불구하고 법의 학식으로써 충만하게 풍요로워진 자들이 그렇게 소수이고 드문지, 그리고 밤샘공부로 인한 근엄한 창백함 속에서 한두 명도 완성된 학문의 견실함을 얻은 자가 거의 없는지 당혹스러웠다.)
2세기 말부터 디오클레티아누스 시기까지의 법학의 퇴조에 관해서는 Honoré (1981), 54ff., 4세기 중반에서 5세기 중반에 이르는 시기의 법학의 위기에 관해서는 Honoré (1998), 1ff.

14) Hübner, 240; Wieacker (1981), 157.

15) Mod. D.27.1.6.12: Νόμων δὲ διδάσκαλοι ἐν ἐπαρχίᾳ διδάσκοντες ἄφεσιν οὐκ [ἔξουσιν] <ἔχουσιν Krüger>, ἐν Ῥώμῃ δὲ διδάσκοντες ἀφίενται (지방에서 법을 가르치는 자는 면제받지 않으나, 로마에서 가르치는 자는 면제된다): Ulp. Fr.Vat. 150 (··· neque hi qui ius civile docent a tutelis excusantur)에 의하면 정반대인데, 이로 미루어 울피아누스 후에야 이러한 조치가 이루어진 것으로 보인다. Wenger, 614 n.172. 이에 대해서는 바티칸 단편을 부주의한 요약으로 보고, 지방의 법학교수에만 관련된 것으로 해석하는 이견(Schulz, 273 n.12)이 있다. 로마와 다른 지역의 다른 분과 교수들에 대한 후견면제는 Inst. 1.25.15.

정도였다. 그러나 國祿의 지급에 관한 기록은 발견되지 않는다. 수사학자를 비롯한 다른 학과의 교수들에게 이미 베스파시아누스 황제(69~79년) 때부터 급여가 지급되었던 것[16]을 고려하면 특이한 점이다. "최고의 聖護物"(res sanctissima)이라는 법학[17]에 대한 사회적 관념이 반영된 것으로 생각된다.

고전기의 학파 대립이 사라진 후에도 로마의 법학교는 제국의 중심

---

16) Sueton. Vespas. 18: primus e fisco Latinis Graecisque rhetoribus annua centena constituit (베스파시아누스는 처음으로 元首金庫로부터 라틴어와 그리스어의 수사학교사들에게 연봉 10만 세스테르티우스를 지급하는 제도를 만들었다). 이 조치의 최초의 수혜자는 퀸틸리아누스였다. Wenger, 614 n.172; Hübner, 237 n.46; Hahn, 103f. n.18.

17) Ulp. D.50.13.1:
pr. Praeses provinciae de mercedibus ius dicere solet, sed praeceptoribus tantum studiorum liberalium. liberalia autem studia accipimus, quae Graeci ἐλευθέρια appellant: rhetores continebuntur, grammatici, geometrae. ··· (4) An et philosophi professorum numero sint? et non putem, non quia non religiosa res est, sed quia hoc primum profiteri eos oportet mercennariam operam spernere. (5) Proinde ne iuris quidem civilis professoribus ius dicent: est quidem res sanctissima civilis sapientia, sed quae pretio nummario non sit aestimanda nec dehonestanda, dum in iudicio honor petitur, qui in ingressu sacramenti offerri debuit. quaedam enim tametsi honeste accipiantur, inhoneste tamen petuntur.
(속주지사가 보수에 관하여 재판을 담당하는데, 그러나 이것은 오로지 자유학예의 교사들을 위해서만이다. 그런데 우리는 그리스인들이 엘레우테리아라고 부르는 것을 자유학예로 이해한다. 수사학자가 포함될 것이고, 문학교수, 기하학자도 포함될 것이다. ··· (4) 철학자도 교수에 속하는가? 사견으로는 아니라고 생각해야 할 것인데, 철학이 신성한 것이 아니기 때문이 아니라, 그들이 무엇보다도 賃金勞動을 경멸한다고 고백해야만 하기 때문이다. (5) 마찬가지로 속주지사들은 법학교수들을 위하여 재판을 해서는 아니 될 것이다. 참으로 법학이란 최고의 聖護物로서, 금전적 가액으로 평가되어서도 안되고, 또 수업의 처음에 제공되어야만 하는 사례금이 소송에서 청구됨으로써 명예가 더럽혀져서도 안되기 때문이다. 왜냐하면 어떤 것들은 비록 수령하는 것은 품격에 맞더라도, 그럼에도 불구하고 청구하는 것은 품격에 맞지 않는 것들이 있기 때문이다).

법학교로서 역할을 하였던 것으로 보인다.[18] 지방으로부터 기초 인문학을 마치고 로마로 유학오는 학생들에 대한 언급은 법률사료에도 종종 보인다.[19] 카라칼라 황제(211~217년) 시에는 로마에서 공부하는 법학도에게 학업기간 중 고향에서의 부담으로부터 면제 혜택을 주었다.[20]

2. 專主政期

국가가 법학교육에 관하여 가일층 관심과 영향력을 증대시킨 것은 專主政期에 들어와서의 일이었다. 국가의 아무런 지원도 없었고, 사적인 이니샤티브에 맡겨져 있었던 초등교육과 달리 일반적으로 고등교육

---

18) 400년 St. Germanus (Auxerre 주교)의 다음 표현은 매우 시사적이다: ut in eum perfectio litterarum plena conflueret, post auditoria Gallicana, intra urbem Romani iuris scientiam plenitudini perfectionis adiecit (그에게 학문의 陶冶가 充溢하도록 갈리아의 학업 후에 로마시에서 로마법학을 충만한 陶冶에 추가하였다). Volterra IV, 200.

19) studiorum causa Romae agere: Ulp. D.47.10.5.5; D.5.1.18.1; D.12.1.17; Papirius Iustus D.50.1.36.

20) Fr.Vat. 204 Item. Proinde qui studiorum causa Romae sunt praecipue civilium, debent excusari, quamdiu iuris causa Romae agunt studii cura distracti; et ita … Imperator Antoninus Augustus Cereali a censibus et aliis rescripsit (울피아누스. 마찬가지로 학업, 특히 법학의 학업을 위하여 로마에 있는 자들은 [후견의 부담으로부터] 면제되어야만 한다. 그들이 법학공부를 위하여 勞心焦思하면서 로마에 유학하는 한. 이렇게 … 안토니누스 황제께서 個人資産査定局長 케레알리스와 다른 사람들에게 批答하였다).
개인자산사정국장은 황제 尙書府의 관직자로서 원로원 또는 기사계층에 받아들여지기를 원했던 사람들의 재정상태의 査定를 담당하였다. 받아들여지는 것은 상당한 자산의 소유에 달려있었다. Adolf Berger, *Encyclopedic Dictionary of Roman Law* (1953), s.v. *A censibus*, p.338. Dat census honores! (재산이 명예를 준다! Ovid, Amores 3.88.55: Curia pauperibus clausast; dat census honores; Fasti 1.217).

은 국가가 장려하고 지원하였었는데, 법학의 경우 특히 이제 국가가 교수의 인적 관계, 법학도의 지위, 교과과정 등에 대한 공적인 통제에 직간접으로 나서게 된 것이다. 고급인력 충원에 대한 직접적 이해당사자였던 국가의 법학에 대한 인식은 예컨대 아라비아의 변호사들에게 내린 다음의 칙령에서 잘 드러난다. 법학은 바로 공익과 직결되는 국가적 사항이었다.

> **C.10.50.1 Imperatores Diocletianus et Maximianus.**
> (그대들이 푀키니아 주 베뤼토스 시에 머물면서 자유학예에, 특히 법학에 전념한다고 확언하므로 朕들은 公益과 그대들의 소망을 배려하여 각자가 연령 25세까지 학업으로부터 소환되지 않음을 裁決하노라.)[21]

당연히 교육환경에 대한 관심도 높아졌다. 예컨대 다음에 소개하는 425년의 칙령은 이러한 관심을 잘 보여준다.

> **CTh.14.9.3.1 = C.11.19.1.4 (425년 2월 27일)**
> (그러므로 朕의 강당은 특별히, 라틴어 웅변술이 뛰어난 자들 중에서 일차적으로 웅변술 교수 3인, 문학교수 10인을 가질 것이다. 그리스어 달변이 탁월한 것으로 알려진 자들 중에서도 변증술 교수 5인과 문학교수를 마찬가지로 10인 가질 것이다. 그리고 이들 학예들만을 빛나는 젊은이들이 배우기를 朕이 원하는 것은 아니므로, 또한 심화된 학문과 교설의 권위자들을 언급된 교사들에게 결연시키노라. 그러므로 朕은 여타의 교사들에게는 철학의 秘儀를 탐구하는 1인의 교수와 또한 법과 법률의 定式들을 해명하는 2인의 교

---

21) C.10.50.1 Diocl. et Maxim. AA. Severino et ceteris scholasticis Arabiis.: Cum vos adfirmetis liberalibus studiis operam dare, maxime circa professionem iuris, consistendo in civitate Berytorum provinciae Phoenices, providendum utilitati publicae et spei vestrae decernimus, ut singuli usque ad vicesimum quintum annum aetatis suae studiis non avocentur.

> 수를 결속시키기를 원하노라. 그리하여 閣下[22]께서 각인에게 특별히 지정된 장소가 배속되도록 하여, 학생들이나 교사들이 서로 방해가 되거나, 또는 언어나 어휘의 뒤섞인 혼란이 사람들의 귀나 마음을 학예의 공부로부터 멀어지게 하지 않게끔 할지어다).[23]

중앙국가뿐 아니라 주요한 지방시들도 자체 재정으로 교수좌를 운영 유지하는 데 힘썼다. 지방에서의 교육 육성과 더불어 적어도 전주정 초기까지는 유지되었던[24] 로마의 특별한 지위도 상실되었다. 서부에는 로마와 카르타고,[25] 동부에는 알렉산드리아, 베뤼토스(2세기 말에서 3세기 초[26]~551년), 콘스탄티노폴리스, 아테네, 안티오키아 등지에 법학교가 있었다.[27] 변호사 단체가 있었던 지역[28]에 법학교가 있었는지

22) Constantius, praefectus urbi (CTh.15.1.53).

23) CTh.14.9.3.1 = C.11.19.1.4 (425년 2월 27일)
Habeat igitur auditorium specialiter nostrum in his primum, quos Romanae eloquentiae doctrina commendat, Oratores quidem tres numero, decem vero Grammaticos; in his etiam, qui facundia Graecitatis pollere noscuntur, quinque numero sint Sofistae et Grammatici aeque decem. Et qoniam non his artibus tantum adulescentiam gloriosam optamus institui, profundioris quoque scientiae adque doctrinae memoratis Magistris sociamus auctores. Unum igitur adiungi ceteris volumus, qui Philosofiae arcana rimetur, duo quoque, qui Iuris ac Legum formulas pandant, ita ut unicuique loca specialiter deputata adsignari faciat Tua Sublimitas, ne discipuli sibi invicem possint obstrepere vel Magistri neve linguarum confusio permixta vel vocum aures quorundam aut mentes a studio litterarum avertat.

24) Augustinus, Confess. 6.8: Romam praecesserat, ut ius disceret (그[=알리피우스]는 나보다 앞서서 로마로 법학 공부를 하러 갔습니다).

25) Augustinus, Confess. 5.8: docere quod docebam Carthagini (내가 카르타고에서 가르쳤던 것을 가르치다).

26) Heimbach, p.1 apud n.3: "iam Alexandro Severo imperante"; Wenger, 620; Heineccius, § CCCLXII, p.372f..

27) Heimbach, p.1; Wenger, 616.

28) 가령 팔레스티나 (C.8.40.27 [a.531]); 일리뤼쿰 (C.6.38.5.pr, C.8.4.11.pr

는 불확실하다.[29] 급기야는 수준의 하락을 우려한 국가의 간여로 유스티니아누스 황제에 의하여 마침내 로마, 베뤼토스, 비잔티움의 세 군데 법학교만이 공인받고, 아테네는 529년에,[30] 알렉산드리아[31]와 카이사레아(212년 이후 존립)의 경우에는 533년에 법학교가 엄격히 금지되기에 이른다.[32]

Const. Omnem § 7

(그런데 朕이 편찬한 이 세 책[=법학제요, 학설휘찬, 칙법휘찬]이 王都들[=콘스탄티노폴리스와 로마]과 정당하게도 *法의 乳母*[33]라고도 부를 수 있는 훌륭한 도시 베뤼토스에서 학도들에게 전해지기를 朕은 이미 또한 과거에 황제들에 의하여 규정된 바처럼 원하며, 선임황제들에 의하여 그러한 특권을 받지 못한 다른 곳에서는 그렇지 않기를 원한다. 왜냐하면 朕은 카이사레아 시민들의 도시와 다른 도시들에서, 심지어는 찬란한 도시 알렉산드리아에서도, 학식을 갖추지 못한 자들이 떠돌아다니면서 학생들에게 그릇된 교설을 전한다고 들었기 때문이다.[34] 朕은 이들을 다음과 같은 *威脅* 하에

[a.532]).

29) Heimbach, p.1 apud nn.6/7.

30) Heimbach, p.1 apud n.9.

31) 그러나 알렉산드리아 법학교 폐쇄는 엄격히 지켜지지 않은 것 같다고 한다. 551년 지진으로 베뤼토스 법학교가 붕괴한 후 알렉산드리아에서 법학을 했다는 아가티아스의 기록이 보이기 때문이다. Heineccius, § CCCLXI, p.372; Heimbach, p.1 apud n.11. 아가티아스 (ca. 530/32-579/82)는 문필가와 역사가로 더 잘 알려져 있지만, 콘스탄티노폴리스에서 법학을 전공한 변호사이기도 하였다. *Der Kleine Pauly*, I (1979), s.v. Agathias, p.116f.

32) Volterra V, 99ff.

33) 비법률문헌사료에서도 이미 τῶν νόμῶν μήτηρ (법의 어머니)라는 표현이 사용되었다. Wenger, 620; Heineccius, § CCCLXIII, p.373.

34) Schulz, 273은 이런 수준 낮은 왜곡된 교설의 예로 아우툰의 한 법학교수가 쓴 <가이우스 주해서> (Fragmenta Interpretationis Gai Institutionum Augustodunensia; Schulz, 301f.)를 든다. 이러한 평가는 몸젠 이래 비악커에 이르기까지 종래 학계의 일반적인 평가였으나, 근래의 연구성과는 이에 대한 시정을 요구

> 이러한 企圖로부터 威嚇하노라. 즉 그들이 향후 이러한 작태를 계속하고 王都들 및 중심도시 베뤼토스 외에서 이를 행하기를 감행하는 때에는 금화 10리브라의 벌금형에 처하고 그들이 법을 가르치는 것이 아니라 법률에 위반하는 그 도시에서 추방될 것이다.)[35]

공인 법학교 학생들의 출신지역을 보면 이집트(알렉산드리아, 헬리오폴리스), 아라비아, 아르메니아, 아시아, 비튀니아, 캅파도키아(카이사레아), 카리아, 킬리키아, 콤마게네(사모사타), 에우로파(콘스탄티노폴리스), 그리스(에우보에아), 이베리아, 일뤼리아(테쌀로니케), 뤼키아, 오스로에네(에데싸), 팔레스티나(가자, 마유마, 아스칼론), 팜필리아, 푀니키아(베뤼토스, 튀로스), 피시디아, 쉬리아(안티오키아) 등으로 매우 다양하였다.[36] 제국 전역에서 법학을 공부하기 위하여 유학왔던 것을 알 수 있다.

법학 분야에서의 교육[37]은 다른 분야보다도 더 체계적으로 조직되었다. 정규의 4년 과정은 매년 정해진 교과과정이 있었고,[38] 학생들의 일

하기에 이르렀다. 상세는 Liebs (1987), 144ff.

35) Const. Omnem § 7:
Haec autem tria volumina a nobis composita tradi eis tam in regiis urbibus quam in Berytiensium pulcherrima civitate, quam et legum nutricem bene quis appellet, tantummodo volumus, quod iam et a retro principibus constitutum est, et non in aliis locis quae a maioribus tale non meruerint privilegium: quia audivimus etiam in Alexandrina splendidissima civitate et in Caesariensium et in aliis quosdam imperitos homines devagare et doctrinam discipulis adulterinam tradere: Quos sub hac interminatione ab hoc conamine repellimus, ut, si ausi fuerint in posterum hoc perpetrare et extra urbes regias et Berytiensium metropolim hoc facere, denarum librarum auri poena plectantur et reiciantur ab ea civitate, in qua non leges docent, sed in leges omittunt.

36) Wenger, 629.

37) Wieacker (1991), 215ff.; Wieacker (1961), 271ff.

38) 상세는 Const. Omnem (a.533); Wenger, 632ff.; Archi, 1903ff.; Schulz, 275f.;

상생활도 등록에서부터 졸업에 이르기까지 당국에 의하여 감독을 받았다.[39] 교수들이 판단하기에 이를 성공적으로 필한 학생은 공식의 증서를 수여받았는데, 이것은 5세기 晩期에는 법조인의 공적 자격요건이 되었다.[40]

C.2.7.11.2 Leo [a.460]

(朕은 법학에 정통한 법학교수들이 선서 하에 성적 증명에 의하여 장차 법조에 받아들여지고자 원하는 자가 법학을 수료하였음을 인증할 것을 명한다.)[41]

C.2.7.22.4 Anastasius [a.505] = C.2.7.24.4 [a.517]

(또 향후 어떤 자도 정해진 기간 동안 법학공부에 전념하였음이 식별되기 전에는 앞에 언급한 변호사단체에 가입하지 못한다.)[42]

Hübner, 243ff.; 또한 Volterra V, 99ff.

39) Wieling, 513ff.; 특히 CTh.14.9.1 (a.370).

40) 졸업생의 진로에 관한 St. Germanus의 기술 참조: Deinde tribunalia praefecturae, professionis advocationis ornavit (그런 다음 법조에 속하여 州太守의 재판소들에서 활약하였다). Volterra IV, 200. 그러나 법학교 졸업생 중에서도 법조인의 아들을 다른 사람들보다 우선적으로 법조에 받아들였던 사실 (Anastasius C.2.7.22.5 [a.505] = C.2.7.24.5 [a.517])에서 당시의 엄격한 신분제 사회의 모습을 찾아볼 수 있다.

41) C.2.7.11.2 Leo [a.460]

Iuris peritos etiam doctores eorum iubemus iuratos sub gestorum testificatione depromere, esse eum, qui posthac subrogari voluerit, peritia iuris instructum: …

42) C.2.7.22.4 Anastasius [a.505] = C.2.7.24.4 [a.517]

Nec de cetero quemquam, antequam per statuta tempora legum eruditioni noscatur inhaesisse, supra dicto consortio (sc. advocatorum) sociari.

Ⅲ. 로마 후기의 법학교수직에 대한 국가의 통제

1. 國祿 法學敎授의 임명

고등교육 일반의 중심지는 로마와 콘스탄티노폴리스의 두 왕도였다. 로마에 수사학과 문학의 국록 교수직을 확립한 것은 베스파시아누스 황제였는데, 4세기에는 철학과 법학이 추가되었다. 교수들은 원로원에 의하여 임명되고,[43] 州太守(praefectus praetorio)[44]가 급여를 지급하였다.[45] 동고트 왕국에서는 문학, 수사학, 법학 교수의 임명은 여전히 원로원의 몫이었지만, 급여(annonae)의 지급은 도시장관을 통해서 이루어졌다.[46] 4세기의 콘스탄티노폴리스에서는 원로원의 추천을 받아서 황제가 國祿 敎授를 임명하였다.

국가의 관심은 일차적으로 법학교수 인력에 대한 규제에 표명되었다. 최초의 국가적 차원의 개입은 362년 율리아누스 황제 때 일어났다.

CTh.13.3.5 Iul. (a.362)

(학문의 교사들과 교수들은 첫째 行狀이 탁월하고, 둘째 달변이어만 한다. 그러나 朕 스스로 매 도시마다 臨在할 수 없으므로 명하노니, 가르치고자 하는 자는 누구든지 급작스럽고 함부로 이 직무에 뛰어들지 않아야 하며, 市원로원의 판단으로 승인받아서 市參

---

43) Schulz, 273 n.5.

44) 졸저, 『로마법강의』(1999), 179 도표 참조.

45) CTh.13.3.11 Valens, Gratianus et Valentinianus [a.376] Antonio praefecto praetorio Galliarum.

46) Jones, 707.

事會員들의 辭令을 最善良의 동의 하에 얻어야만 한다. 이 辭令은 일정한 高位의 榮譽가 朕의 판단에 따라 도시들의 학문활동에 보태지도록 하기 위하여 朕에게 고려하도록 회부될 것이다.)[47]

이제 국가는 공적인 교습과 사적인 강습을 준별하였다.[48] 그러나 교수직에 대해 특히 의미가 있었던 것은 율리아누스의 칙령에서 보이듯이 임명절차에 대한 규율이었다. 분명한 것은 4세기와 5세기의 로마제국은 빡빡하게 통치되던 국가였지만 대학정책에 있어서 중앙의 의사를 관철시킬 수는 없었다는 점이다. 교수는 해당 지방의 당국이 선발을 하였는데, 이를 위해서 *存案*자료가 수집되었다. 이러한 절차는 정치적 고려를 배제할 수 없었고 야심찬 후보를 전면에 나서게 했을 것이다. 그래서 황제는 부득이 일차적으로 견실한 인사를 고려하도록 경고해야만 하였던 것이다. 파면도 같은 경로로 가능했다.[49] 임명에 대하여 황제는 재가권을 유보하였다.[50]

---

47) CTh.13.3.5 Iul. (a.362)

Magistros studiorum doctoresque excellere oportet moribus primum, deinde facundia. Sed quia singulis civitatibus adesse ipse non possum, iubeo, quisque docere vult, non repente nec temere prosiliat ad hoc munus, sed iudicio ordinis probatus decretum curialium mereatur optimorum conspirante consensu. Hoc enim decretum ad me tractandum referetur, ut altiore quodam honore nostro iudicio studiis civitatum accedant.

48) CTh.14.9.3.pr (후술).

49) Cf. C.10.53.2 Imperator Gordianus:

Grammaticos seu oratores decreto ordinis probatos, si non se utiles studentibus praebeant, denuo ab eodem ordine reprobari posse incognitum non est.
(市원로원의 辭令으로 승인받은 문학교수나 수사학교수들이 학생들에게 유용한 노릇을 못하는 경우에 다시금 같은 시원로원에 의하여 불승인될 수 있음은 잘 알려진 바이다).

50) 그러나 황제의 재가 규정은 유스티니아누스의 입법 시에는 탈락되었다. C.10.53.7.

國祿 법학교수의 수는 425년에는 로마와 콘스탄티노폴리스에 각각 2인이 임명되었다. 533년 유스티니아누스의 법학교 개혁칙령(Const. Omnem)은 그 수령자가 테오필루스(Theophilus), 도로테우스(Dorotheus), 테오도루스(Theodorus), 이시도루스(Isidorus), 아나톨리우스(Anatolius), 탈렐라이우스(Thalelaeus), 크라티아누스(Cratianus), 살라미니우스(Salaminius) 8인의 교수[51])였는데, 이들이 각각 어느 법학교에 소속되었었는지는 불분명하다.[52]) 이 점을 제외하고도 3세기 이래로 로마 법학교 소속의 법학교수 이름으로서 알려진 것은 없다.[53]) 반면에 동로마의 중요한 법학교수들의 이름은 잘 전해져 내려온다.[54]) 5세기의 유명한 인물들은 老퀴릴루스(Cyrillus), 파트리키우스(Patricius), 돔니누스(Domninus), 데모스테네스(Demosthenes), 에우독시우스(Eudoxius) 등으로 모두 베뤼토스의 교수였다. 암블리쿠스(Amblichus)와 레온티우스(Leontius)도 아직 5세기 사람들이었다. 6세기 유스티니아누스 황제의 법전편찬[55])에 참여했던 법학교수들의 면모를 일별하면 다음 표와 같다.

---

51) legum professores (Const. Tanta § 22) = antecessores (Const. Omnem R).

52) 콘스탄티노폴리스와 베뤼토스에 각각 4인이었다는 설, 콘스탄티노폴리스에 4인, 베뤼토스와 로마에 각 2인씩이었다는 설, 8인 모두가 콘스탄티노폴리스에 있었다는 설 등이 주장되었으나 불확실하다. Heimbach, p.1f. apud nn.13-15.

53) 다만 슐츠는 어쩌면 Floridus가 그랬을 것이라고 추정한다. Schulz, 274 n.2. 플로리두스(✝ 427)는 변호사로서 州太守과 로마시 府尹(vicarius urbis)의 법률보좌관을 역임하고, 로마법을 가르쳤다고 한다. Volterra IV, 200.

54) Heimbach, p.8ff.; Heineccius, § CCCLXXXVII, p.399f.; Wenger, 621ff.; Schulz, 274f.

55) 졸저, 『로마법강의』 (1999), 208ff.

법학교수	CTh.위원회	CJ.위원회	CJ.개정위	Dig.위원회	Inst.위원회
Anatolius				○	
Cratinus				○	
Dorotheus			○	○	○
Erotius	○				
Theophilus		○		○	○
Tribonianus					○

2. 법학교수의 俸祿

그러나 아직 법학교수가 국가의 봉급을 받는 공무원층으로서 확립된 것은 아니었다. 제정기에 들어서 의사,[56] 문학교수, 기타 교양학 교수들에게 적용되었던 은전과 급여규정[57]은 아직 법학교수에게는 적용되지 않았다.[58] 이러한 변화가 일어난 것은 425년 이후의 일이었다. 물론 이

56) 상세는 Andreas Wacke, "Die Anerkennung der Medizin als ars liberalis und der Honoraranspruch des Arztes," in: *Zeitschrift der Savigny-Stiftung für Rechtsgeschichte, Rom. Abt.* 113 (1996), 382ff.

57) Scriptores Historiae Augustae, Vita Hadriani 16.8: sed quamvis esset in reprehendendis musicis, tragicis, comicis, grammaticis, r<h>et[h]oribus, oratoribus facilis, tamen omnes professores et honoravit et divites fecit, licet eos quaestionibus semper agitaverit (비록 하드리아누스는 음악가들, 비극작가들, 희극작가들, 문학교수들, 수사학자들, 웅변가들을 쉽게 비난했지만, 그럼에도 불구하고 모든 교수들을, 그들을 질문들로 항상 괴롭혔지만, 명예롭게 하고 부유하게 만들었다); Vita Ant. Pii 11.3: r<h>et[h]oribus et philosophis per omnes provincias et honores et salaria detulit (안토니누스 피우스는 수사학자들과 철학자들에게 제국 전역에 걸쳐서 명예도 주고 봉록도 주었다); Dio Cassius 72.31.3 Ὁ δε Μᾶρκος ··· ἔδωκε δὲ καὶ πᾶσιν ἀνθρώποις διδασκάλους ἐν ταῖς Ἀθήναις ἐπὶ πάσης λόγων παιδείας μισθὸν ἐτήσιον φέροντας (마르쿠스 아우렐리우스는 ··· 또한 전 인류를 위하여 아테네에 전 학문 분야에 있어서 교수들을 세웠는데, 이들에게 연봉을 지급하였다); CTh.13.3; 그 계속 C.1.27.1.42 Iust. (a.534). 다만 하드리아누스 등에 의한 조치는 개인적인 시혜였는지, 제도화된 급여였는지, 확연히 금을 긋기가 힘들다. Hübner, 237.

러한 지원은 교육에 전념할 수 있도록 하려는 배려로 인한 것이었다.[59] 이미 언급했듯이, 이제 로마와 콘스탄티노폴리스의 새로 선임된 국가교수 중에는 각각 법학교수 2인이 포함되었다(CTh.14.9.3.1). 강의는 국가가 마련해준 강의실에서 행해졌다. 공적으로 임명된 교수는 私講習을 해서는 안되었고, 私講師는 사강습만이 허용되었다. 고등교육이 수도의 교수들의 독점이 된 것이다. 그러나 그 이면에는 관료국가화[60]에 따른 제국의 법학교육 자체에 대한 국가의 독점적 통제가 또한 자리 잡고 있었다.

CTh.14.9.3.pr (a.425) Imp. Theodosius A. et Valentinianus Caes. (교사의 명칭을 참칭하면서 공개적인 교사활동에 있어서나 사강습실에서 도처에서 모아온 학생들을 대동한 모든 자들이 저속한 과시로부터 제거될 것을 朕은 명한다. 그리하여 이들 중 누군가가 이 신성한 제재문의 발령 후 朕이 금지하고 단죄하는 바를 다시금 시도하는 경우에는 그는 비난받을 만한 파렴치의 낙인을 당할 뿐만 아니라, 또한 불법행위를 한 그 도시로부터 추방된다는 것을 알아야 한다. 그러나 朕은 많은 사람들의 집에서 같은 교습을 私的으로 영위한 자들은, 개인집의 벽안에서 가르치는 그런 학생들만에 전념하기를 선호하는 경우에는 이러한 종류의 위하로써 금지하지 않는다. 그러나 카피톨리움[61]의 강당 내에 자리 잡은 것으로 보이는 자들 중에 속하는 자가 있는 경우에는 그들은 모든 방식으로 개인 가

58) Wenger, 617.

59) Cf. 다른 학문분과의 교수들에 관한 C.10.53.6.1 Const. (a.333): Mercedes etiam eorum et salaria reddi iubemus, quo facilius liberalibus studiis et memoratis artibus multos instituant.
(또한 그들의 보수와 봉록도 지급할 것을 朕은 명하노니, 그만큼 더 용이하게 그들이 자유학문과 기억할만한 학예들을 많은 학생들에게 가르칠 수 있도록 하기 위한 것이다.)

60) Cf. Schiller, 92ff.

61) =Mons Capitolinus. 로마의 7언덕 중 하나. 정치와 종교의 중심지. *Der Kleine Pauly*, I (1979), s.v. Capitolium, p.1043ff.

옥에서의 교습이 그들에게 금지됨을 알아야 하며, 이 하늘같은 칙령에 위반하여 행하다가 체포된 경우에는 카피톨리움에서만 가르치도록 명을 받은 자들에게 정당하게도 부여되는 저 특권들 중 어느 것 하나도 얻지 못할 것임을 알아야 할 것이다.)[62]

급여가 얼마나 본질적인 것으로 관념되었는가는 로마의 교수들에게 봉급을 보장해 주었던 다음의 두 사료에서 잘 드러난다. 앞의 것은 동고트족의 지배자였던 아탈라릭(Athalarich, 526~534년)이 533년에 발령한 것으로 카씨오도루스의 <政令類聚>(Variae)에 수록된 것이고, 뒤의 '비길리우스 청원에 대한 國事詔勅'(Sanctio pragmatica pro petitione Vigilii)은 유스티니아누스 때의 것이다.

Cassiodor, Variae, 9.21:

(자유학예 학문의 계승자는 문학교수나 수사학교수나, 또한 법학교수도, 그 선임자의 俸祿을 이해 당국으로부터 아무런 감소 없이 수령한다).[63]

---

62) CTh.14.9.3.pr (a.425) Imp. Theodosius A. et Valentinianus Caes. Universos, qui usurpantes sibi nomina magistrorum in publicis magistrationibus cellulisque collectos undecumque discipulos circumferre consuerunt, ab ostentatione vulgari praecipimus amoveri, ita ut, si qui eorum post emissos divinae sanctionis adfatus quae prohibemus adque damnamus iterum forte temptaverit, non solum eius quam meretur infamiae notam subeat, verum etiam pellendum se ex ipsa ubi versatur illicite urbe cognoscat. Illos vero, qui intra plurimorum domus eadem exercere privatim studia consuerunt, si ipsis tantummodo discipulis vacare maluerint, quos intra parietes domesticos docent, nulla huiusmodi interminatione prohibemus. Sin autem ex eorum numero fuerint, qui videntur intra Capitolii auditorium constituti, ii omnibus modis privatarum aedium studia sibi interdicta esse cognoscant scituri, quod, si adversum caelestia statuta facientes fuerint deprehensi, nihil penitus ex illis privilegiis consequentur, quae his, qui in Capitolio tantum docere praecepti sunt, merito deferuntur.

Nov. (ed Schoell-Kroll) Appendix VII c.22, p.799ff., 802 (a.554):
(朕은 이처럼 또한 문법교수와 수사학교수, 또한 의학교수나 법학교수들에게 전에 통상 주어졌던 급여가 또한 앞으로도 자신의 전문직을 영위하는 자들에게 지급될 것을 명하노니, 자유학예의 학식을 쌓은 젊은이들이 朕의 국가 전역에서 번성하도록 하기 위한 것이다.)[64]

그러나 법학교수의 봉급액수가 얼마였는가는 사료가 전해지는 것이 없어서 구체적으로 알 수는 없다.[65]

3. 기타의 혜택들

1) 부담의 면제

다른 분과(의학, 문학, 수사학)의 교수들의 경우[66]에는 원수정기 때

---

63) Cassiodor, Variae, 9.21: ut successor scholae liberalium litterarum, tam grammaticus quam orator, nec non et iuris expositor, commoda sui decessoris ab eis, quorum interest, sine aliqua imminutione percipiat. Wenger, 618 n.211; Hübner, 241.

64) Nov. (ed Schoell-Kroll) Appendix VII c.22, p.799ff., 802 (a.554): sicut etiam annonas, quae grammaticis ac oratoribus vel etiam medicis vel iurisperitis antea dari solitum erat, et in posterum suam professionem scilicet exercentibus erogari praecipimus, quatenus iuvenes liberalibus studiis eruditi per nostram rempublicam floreant.
동 詔勅에 관해서는 Archi, 1971ff. 國事詔勅에 관해서는 Kussmaul, 14ff.; 77ff.

65) 다른 분야 교수들의 경우에 대해서는 Jones, 1001f. 이로부터 법학교수의 급여액을 추정하려는 시도에 대하여 법학의 특별한 지위를 고려할 때 신중해야 한다는 견해로는 Wenger 618 n.214.

66) 철학자에 관해서는 Hahn, 100ff. 흥미있는 것은 철학자는 돈에 초연해야지 그렇지 않으면 진정한 철학자가 아니라는 토포스로써 공적 부담금의 면제를 요구

에 이미 각종의 혜택들－병역, 군대 宿營處 징발, 각종 비천한 公役(광산 노역, 건설노동 등)으로부터의 면제, 특히 시참사회원 신분에 따르는 각종 책무들(각종 부담금, 公職의무)로부터의 면제－이 인정되었고,[67] 후대의 황제들에 의하여도 유지되었었다.[68] 법학교수들의 경우에는 후견 면제가 이미 로마에 대하여 확인되었던 바이지만,[69] 다른 분과에 비하면 어디까지나 극히 제한적인 것이었었다. 법학교수에게도 이러한 혜택들이 일반적으로 적용되기에 이른 것은 후대의 일이었다.[70]

2) 신분상의 예우

또한 당시의 신분제에 따라서 직급도 확정되었는바, 425년 콘스탄티노폴리스의 6인의 공직 교수를 임명하면서 부여했던 恩典은 이후 일반법의 규정이 되었는데,[71] 그에 따르면 20년 복무 후에는 교수들은

하는 철학자들의 요구를 물리치고 있는 법률사료들이다. 가령 Pap. D.50.5.8.4; Ulp. D.50.13.1.4 (주 18); Mod. D.27.1.6.7 (주 68); Hahn, 104ff.

67) Anton. Pius-Mod. D.27.1.6.2, 7, 8; Oliver, App. 8-9, p.588ff.

68) Constantinus CTh.13.3.1 (a.321), CTh.13.3.3 (a.333); CTh.11.16.15 (a.382); CTh.11.16.18 (a.390); Honorius et Theodosius CTh.13.3.16-17 (a.414). Cf. Adolf Berger, *Encyclopedic Dictionary of Roman Law*, s.vv. Munera－Munera sordida, p.589; *Der Kleine Pauly*, III (1979), s.v. Munus, p.1470; 상세는 Stefano Giglio, *Il Tardo Impero d'Occidente e il suo Senato: Privilegi fiscali, patrocinio, giurisdizione penale* (1990), passim (특히 47ff., 60ff., 108ff.).

69) Mod. D.27.1.6.12 (전술); Hübner, 241.

70) 이러한 추정이 가능한 것은 기타의 부담면제에 관해서 C.10.53.6 (a.534)의 手記本 중에 그곳에서 열거한 "의사, 문학교수, 기타 학예교수"에 뒤이어 <et doctores legum>을 덧붙이고 있는 것들이 전해지고 있기 때문이다. 원본인 Constantinus CTh.13.3.1-3 (a.333)에서도, 또 바실리카법전에서도 법학교수를 언급하고 있지 않은 점에 비추어 볼 때 이 첨부는 정확한 시기는 알 수 없으나 언젠가 부담면제를 획득한 후의 부기로 판단되는 것이다. Schulz, 273f.; Wenger, 614 n.172.

comitiva primi ordinis (第一品 高官의 榮譽)에 이를 것이었고, 그와 함께 vicarii (府使)에 상응하는 품계를 가질 것이었다.[72] 로마의 황제들은 명예로운 인정이 능력을 발휘케 한다(Honos alit artes)[73]는 사실을 잘 알고 있었음에 틀림없다.

CTh.6.21.un. Theodosius A. et Valentinianus Caes. Theofilo praefecto urbi. (425년 3월 15일)

(그리스어 문학교수 헬라디우스와 쉬리아누스, 라틴어 문학교수 테오필루스, 변증술 교수 마르티누스와 막시무스, 그리고 법학교수 레온티우스가 이미 尊嚴한 朕들로부터 받았던 辭令狀에 의하여 第一品 高官의 榮譽로써 존대됨은 (朕들에) 嘉納된 바인바, 그들은 前職 府使(vicarius)[74]의 品階를 얻을 것이다. 이 일에 있어서 그들 각인이 영위하는 종류의 학문에 다른 자들이 임명된 것으로 드러나는 경우에 그들은 누구든지, 그들이 자체로서 方正한 칭찬할 만한 삶을 영위함을 입증하고, 그들이 가르침에 있어서의 숙달과 말하기에 있어서의 달변, 해석에 있어서의 탁월함, 논구에 있어서의 능력을 가지고 있음을 보여주고 最大名望身分會[=원로원]의 판단에 의할 때 그럴 가치가 있다고 평가되는 경우, 언급된 강당에

---

71) Iust. C.12.15.un.; Heineccius, § CCCLXXXI, p.393.

72) 로마 후기 고관직의 영예는 제1품 (illustris 輝官), 제2품 (spectabilis 華官), 제3품 (clarissimus 顯官)의 세 급이 있었다. Adolf Berger, *Encyclopedic Dictionary of Roman Law* (1953), s.v. Comites, p.397. 전직 부사의 품계는 <官位品階錄>(Notitia Dignitatum> (a.425)에 따르면 이집트 총독 (praefectus Augustalis, Not. Dign. Or. 1) 내지 아프리카 州太守 (proconsul Africae, Not. Dign. Oc. 1) 바로 밑이었다고 한다. Hübner, 242 n.89. Hübner는 그밖에 이 맥락에서 법과대학 교수를 추밀고문관 (Geheimrat)으로 임명했던 독일의 관행을 상기시킨다.

73) Cicero, Tusc. disp. 1.4: honos alit artes, omnesque incenduntur ad studia gloria, iacentque ea semper, quae apud quosque improbantur; Seneca, epist. mor. 102.16: laus alit artis; 또한 Ovidius, epist. ex Ponto 4.2.35f.: laudataque virtus crescit, et inmensum gloria calcar habet.

74) 졸저, 『로마법강의』 (1999), 179 도표 참조.

서 교수의 직무를 수행하는 자들도, 지속적인 헌신과 근실한 가르침의 노력으로 20년 근속한 때에는 전술한 인사들과 동일한 품계를 享受할 것이다.)[75]

IV. 맺음말

이상으로 로마 후기에 국록을 받는 법학교수의 법적인 지위가 어떠한 것이었는가를 기본적인 사료를 중심으로 개략적으로 살펴보았다. 우선 주목되는 것은 공인 법학교의 수도, 국록 법학교수의 수도 극히 적었다고 하는 점이다. 일단은 당시의 사회적 수요를 반영하는 조치였을 것이다.

콘스탄티노폴리스와 베뤼토스의 희소한 교수직이 매력적인 것이었음은 그에 따랐던 법적인 명예 때문만은 아니었을 것이다. 베뤼토스의 일급 인력들은 "세상의 스승"으로 지칭되었는데[76] 아마도 일차적으로

---

75) CTh.6.21.un. Theodosius A. et Valentinianus Caes. Theofilo praefecto urbi. (425년 3월 15일)

Grammaticos Graecos Helladium et Syrianum, Latinum Theofilum, sofistas Martinum et Maximum et iuris peritum Leontium placuit honorari codicillis comitivae ordinis primi iam nunc a nostra maiestate perceptis, ita ut eorum qui sunt ex vicariis dignitate potiantur. Qua in re quicumque alii ad id doctrinae genus, quod unusquisque profitetur, ordinati prodentur, si laudabilem in se probis moribus vitam esse monstraverint, si docendi peritiam facundiamque dicendi, interpretandi subtilitatem, copiam disserendi se habere patefecerint et coetu amplissimo iudicante digni fuerint aestimati, qui in memorato auditorio professorum fungantur officio, hi quoque, cum ad viginti annos observatione iugi ac sedulo docendi labore pervenerint, isdem, quibus praedicti viri, dignitatibus perfruantur.

76) Wieacker (1961), 157은 이에 관해 다음과 같이 평하였다: "Erbliche Professorendynastien verherrlicht der Zeitstil als "Lehrer des Erdkreises" und

교육적인 능력 덕분이었을 것이다.[77] 명예는 유능함에 대한 보상(Honos est praemium virtutis)이 아니던가.[78] 일반적으로 업적은 학술적인 것이었다. 그들은 분명 사회적 명망가였지만 이미 더 이상 고전기의 로마법학자와 같은 유형의 실무형 법률가가 아니었고, 오히려 비잔틴적 학식을 갖춘 로마법 학자였다.[79] 그들의 저작도 직접 법률문제의 해결을 겨냥한 사회적 역할의 틀 속에서 생산된 것이 아니라—이러한 권한은 재판소에 있었고 그들에게는 결여되어 있었으므로 재판소에서 요구하는 경우에 법률의견서를 제출하는 것으로 축소되어 있었다[80]—, 수업목적의 교재를 위한 것이 주였다.[81]

그러나 유스티니아누스의 입법에 참여한 것에서도 알 수 있듯이 공무상의 일정한 실무활동도 필요한 경우 수행하였다. 강의를 오후에 배정했던 사실로부터 자문 변호사로서의 활동을 추론하는 주장도 있지만,[82] 그렇지 않더라도 일정한 범위 내에서 그러한 활동도 가능했을 것이다. 그렇지만 베뤼토스의 교수직으로부터 아나스타시우스 황제 때에 고위관직으로 옮겨서 오리엔스州太守(praefectus praetorio Orientis [503년

Koryphäen; der Epigone gedenkt ihrer mit dem Respekt des Famulus Wagner" (교수들의 세습왕조를 당시에는 '세상의 스승들'이자 대가들로서 찬양하는 樣式으로 표현하였다. 아류들은 그들을 [파우스트의] 조수 바그너의 존경심을 가지고 언급하였다).

77) Hübner, 242.

78) Cicero, Brutus 281: cum honos sit praemium virtutis iudicio studioque civium delatum ad aliquem, qui eum sententiis, qui suffragiis adeptus est, is mihi et honestus et honoratus videtur.

79) "법학교수들의 학문적인 노력"에 관해서는 Wieacker (1977), 53ff. 이 시기의 법학의 발흥에 대해서는 Wieacker (1961), 263ff. 고전기 이래 이러한 방향으로의 변화에 관해서는 또한 Giaro, 66ff.

80) Hübner, 242 n.92.

81) 관료제 시기의 법률문헌에 관해서는 Schulz, 300ff.; Liebs (1987).

82) Hübner, 243 n.94.

이후]) 내지 總軍長官[83](magister militum [a.528])으로 언급된 레온티우스(Leontius II)[84]의 경우처럼 특별히 고위직을 역임하는 경우들도 물론 알려져 있다. 이 레온티우스가 베뤼토스 법학교수였던 파트리키우스의 아들이었다거나, 베뤼토스의 법학교수였던 아나톨리우스의 아버지 레온티우스(Leontius I)와 할아버지 에우독시우스 역시 같은 법학교의 교수였었다는 사실[85]에서도 드러나듯이 결과적으로 로마 후기의 법학교수들은 국가로부터 높은 예우와 대접을 받는 엘리트로서 "世襲的 教授王朝"을 이루고 있었다.

전체적으로 로마 후기의 법학교는 중세의 대학교를 세부적인 면에서까지 선취한 모습을 보여준다고 할 수 있다.[86]

83) 졸저, 『로마법강의』 (1999), 190 도표 참조.

84) Wenger, 624.

85) Const. Tanta/Δέδωκεν § 9; Wallinga, 45; Wenger, 625.

86) Wieacker (1961), 157 ("trotz grundsätzlich verschiedener Ausgangspunkte").

〈참고문헌〉

Gian Gualberto Archi, "Pragmatica sanctio pro Petitione Vigilii," in: *Scritti di Diritto Romano*, III (1981), 1971ff.

Gian Gualberto Archi, "Giustiniano e l'Insegnamento del Diritto," in: *Scritti di Diritto Romano*, III (1981), 1903ff.

Carlo Augusto Cannata, *Histoire de la jurisprudence européenne, I: La jurisprudence romaine* (1989).

Carlo Augusto Cannata, *Per una storia della scienza giuridica europea, I: Dalle origini all'opera di Labeone* (1997).

Tomasz Giaro, "Geltung und Fortgeltung des römischen Juristenrechts," in: *Zeitschrift der Savigny-Stiftung für Rechtsgeschichte, Rom. Abt*. 111 (1994), 66ff.

Johannes Hahn, *Der Philosoph und die Gesellschaft. Selbstverständnis, öffentliches Auftreten und populäre Erwartungen in der hohen Kaiserzeit* (1989).

Gustav Ernst Heimbach, *Basilica* VI (1890).

Jo. Gottl. Heineccius, *Historia Juris Civilis Romani ac Germanici* (editio Veneta prioribus auctior & correctior, Venetiis, 1742).

Tony Honoré, *Emperors and Lawyers* (1981).

Tony Honoré, *Law in the Crisis of Empire, 379-455 AD: the Theodosian Dynasty and its Quaestors* (1998).

Heinz Hübner, "Die römische Juristenausbildung. Politische und soziologische Zusammenhänge," in: *Rechtsdogmatik und Rechtsgeschichte. Ausgewählte Schriften* (1997), 231ff.

A.H.M. Jones, *The Later Roman Empire 284-602. A Social, Economic, and*

Administrative Survey, I, II (1964/third printing 1992).

J. Kodrębski. "Der Rechtsunterricht am Ausgang der Republik und zu Beginn des Prinzipats," in: *Aufstieg und Niedergang der römischen Welt* II 15 (1976), 177ff.

Peter Kussmaul, *Pragmaticum und Lex. Formen spätrömischer Gesetzgebung 408-457* (1981).

Detlef Liebs, "Rechtsschulen und Rechtsunterricht im Prinzipat," in: *Aufstieg und Niedergang der römischen Welt* II 15 (1976), 197ff.

Detlef Liebs, "Römische Provinzialjurisprudenz," in: *Aufstieg und Niedergang der römischen Welt* II 15 (1976), 288ff.

Detlef Liebs, *Die Jurisprudenz im spätantiken Italien (250-640 n.Chr.)* (1987).

Henri Irénée Marrou, *Geschichte der Erziehung im klassischen Altertum* (1977/불어 원저 제7판, 1976).

J.H. Oliver, *Greek Constitutions of Early Roman Emperors from Inscriptions and Papyri* (1989).

A. Arthur Schiller, "Bureaucracy and the Roman Law," in: *An American Experience in Roman Law* (1971), 92ff.

Fritz Schulz, *History of Roman Legal Science* (with new addenda, 1953).

Edoardo Volterra, "Western Postclassical Schools," in: *Scritti giuridici, con una nota di Mario Talamanca, IV: Le fonti* (1993), 437ff.

Edoardo Volterra, "Appunti sulle scuole postclassiche occidentali," in: *Scritti giuridici, con una nota di Mario Talamanca, IV: Le fonti* (1993), 511ff.

Edoardo Volterra, "Giustiniano I e le Scuole di diritto," in: *Scritti giuridici, con una nota di Mario Talamanca, V: Le fonti* (1993), 99ff.

Tammo Wallinga, *TANTA/ΔΕΔΩΚΕΝ, Two Introductory Constitutions to Justinian's Digest* (1989).

Leopold Wenger, *Die Quellen des römischen Rechts* (1954).

Franz Wieacker, "Der römische Jurist," in: *Vom römischen Recht, zehn Versuche*

(2., neubearbeitete und erweiterte Auflage, 1961), 128ff.

Franz Wieacker, "Corpus Iuris," in: *Vom römischen Recht, zehn Versuche* (2., neubearbeitete und erweiterte Auflage, 1961), 242ff.

Franz Wieacker, "Πόνοι τῶν διδασκάλῶν," in: *Festgabe für Johannes Sontis* (1977), 53ff.

Franz Wieacker, "Antecessores. Rechtsunterricht im Zeitalter Justinians," in: *Festschrift für Hubert Niederländer zum 70. Geburtstag* (1991), 215ff.

Hans Wieling, "Rechtsstudium in der Spätantike," in: Orsolya Márta Péter / Béla Szabó (Hrsg.), *A bonis bona discere, Festgabe für János Zlinszky zum 70. Geburtstag* (Miskolc 1998), 513ff.

The State's Control over the Law Professorship in Ancient Rome

This paper discusses the state's control over the law professorship in ancient Rome, especially in the Later Roman Empire. The legal education in the Roman Republic and the Principate was, in principle, committed to the jurists, who freely communicated with their pupils on personal basis. It was sometimes performed in the public auditoriums offered by the state. During that period, Rome remained to be the capital place for the jurisprudence as well as for the legal education. The decline of the Roman jurisprudence since the middle of the third century A.D. brought about a change in the format of the jurists. Now they were mainly the teachers of law whom the state only exempted from the burden of the guardianship, allowing no salary from the state yet.

In the Dominate, the emperors gradually began to promote and to control consciously the hitherto free legal education which was concentrated on the practice-oriented activities, even though sometimes accompanied by the theoretical instructions as well. The centers of the legal education founded in the eastern part of the Empire, especially Constantinople and Berytos (Beirut), played an extraordinary role. They provided the state with a group of legal and administrative experts acting as the public officials. Local municipalities also produced their lawyers.

The concern about the quality of the higher education in the main disciplines, i.e., the liberal arts and the sciences such as rhetoric, philosophy and medicine, led to the introduction of the state-salary system and the exemption from the various *munera*, i.e., public and private burdens, of the teachers of the above disciplines, in as early as the middle of the first century A.D. The state control over the law professors, however, occurred somewhat later than that over the professors in other fields. However, from the middle of the fourth century A.D. onward, the regulations became a part of the system, which culminated in the law school reform by Justinian the Lawgiver in the middle of the sixth century A.D.

There were only a few of the law professors. Instead, they were endowed with the payment and the allowances and, the last but not the least, were bestowed with a great honour both in the public status hierarchy and in the social estimation. The renowned professors in the law schools who are known by name built their own exclusive academic circles, "Professorendynastien" (Wieacker). It is clear that they rendered their services of an excellent caliber and for that were called the "*legum nutrix*," the foster-mothers of law. Their influence was above all due to their control over the graduation through the issuance to the students of a certificate of perfomance, which was at that time a requirement for the admission to the bar.

로마법상의 慣習과 慣習法*
—고전 법률가들의 사례를 중심으로—

Custom that is before all law, Nature that is above all art.
Samuel Daniel (1562~1619)

εἶτα ἐν χρόνῳ κρατυνθὲν τὸ … ἔθος ὡς νόμος ἐφυλάχθη.
(그리고 시간이 흐르면서 굳어져서 그 … 관습은 법으로 지켜졌다.)
LXX Sapientia 14:16
(지혜서 [70인역 구약성서] 14:16)

Ⅰ. 머리말

莫生兮其死也苦 莫死兮其生也苦("세상에 나지 말아라 죽기가 괴롭도다 죽지도 말아라 사는 것도 괴롭노라") 하는 원효대사의 시구처럼[1] 인간은 근원적인 모순에 던져진 존재이고, "관습적인 것에서 벗어난 사람은 비범한 것에 바쳐진 제물이다. 관습적인 것 안에 머무르는 사람은 관습적인 것의 노예이다. 어떤 경우든 사람들은 파멸하게 되어 있다" (Wer vom Herkömmlichen abweicht, ist das Opfer des Außergewöhnlichen;

---

* 이 글은 서울대학교 법학발전재단 출연 서울대학교 법학연구소 2006년도 학술연구비의 지원을 받았음.

1) 文獻編纂會 編, 『韓國歷代名詩全書』(단기 4292년[서기 1959년]), 3.

wer im Herkömmlichen bleibt, ist der Sklave desselben. Zugrunde gerichtet wird man auf jeden Fall)라는 독일의 철학자 프리드리히 니체(1844~1900)의 갈파처럼[2)] 일상의 삶에서도 당착된 실존에 처한 것이 인간이다. 그럼에도 불구하고, 아니 그렇기 때문에 관습은 어느 법공동체이든 거의 필연적으로 경험할 수밖에 없는 사회적 소여에 속한다. 법률가들의 관심을 끄는 문제는 다양한 생활영역의 다기한 내용의 관습들 중 어떤 것들이 법규범의 차원으로 강화되어 관습법으로서의 위상을 획득하고, 적어도 다른 法源들에 버금가는 규범력을 발휘하는가 하는 것이다. 이 글은 고대 로마의 경우 관습법이 과연 존재하였는지, 또 법률가들은 관습법에 대하여 어떠한 관념을 가지고 있었는지를 살펴보려는 것이다. 이러한 고찰에 있어서 우선 시기적으로는 고전기로 한정하였다. 고전기 후의 경우 워낙 관련 사료의 양이 방대하여 적절한 분량의 단일 논문으로 다루기에는 실천적 한계가 너무나도 명백하기 때문이다. 사실 관습법 문제는 법학 일반의 경우와 마찬가지로 로마법학의 경우에도 가장 기본적인 문제 중의 하나로서 지금까지 허다한 문헌들이 산출되었고, 여전히 다양한 해석들이 제기되고 있어서 다루기가 매우 까다로운 문제영역의 하나이다. 아직도 우리나라의 도서관이 소장한 자료가 극히 미흡하고, 그나마 개인적으로 입수한 문헌들도 아주 제한적이어서 국제학계의 기왕의 연구 성과마저도 충실하게 재현하기가 어려운 상황에 처해 있다는 것이 필자의 고충이므로, 이 글에서는 이런 핑계로 우선 부족한대로 관련 사료를 설익은 채로 소개하는 데 중점을 둘 수밖에 없었다. 앞으로 보다 더 나은 연구여건 하에서 더 나은 연구

---

2) 원문은 Friedrich Nietzsche, *Menschliches, Allzumenschliches*, Kritische Studienausgabe, herausgegeben von Giorgio Colli und Mazzino Montinari (dtv, 1988, 2. durchgesehene Auflage), Fr.552, S.330. 번역문은 김미기 옮김, 『니체전집』 7 (KGW IV 2): 『인간적인 너무나 인간적인 I』 (책세상, 2001), 408.

가 진행될 수 있기를 기대하는 마음 간절하다.[3)]

II. Mos와 Consuetudo

로마법에 대한 압축적인 체계적 개관서인 가이우스의 법학제요는 그 첫머리를 다음의 유명한 구절로 시작한다.

> **Gai. 1.1 = Inst. Iust. 1.2.1: Omnes populi, qui legibus et moribus reguntur, partim suo proprio, partim communi omnium hominum iure utuntur: …**

---

3) 명시적으로 인용하지는 않았지만 이 글을 작성하면서 참조한 바 있는 문헌들을 일반적인 개론서는 제외하고 참고로 부기해 둔다.
Jean Gaudemet, "La loi et la coutume, manifestations d'autorité et sources d'enseignement à Rome", in: *Travaux et Recherches de l'Institut de Droit comparé de l'Université de Paris, XXIII, VIe Congrès de Droit Comparé* (Hambourg 1962), 35-57 = *Études de droit romain, I: Sources et théorie générale du droit* (1979), 3-27; Ernst-Joachim Lampe, "Zur Entwicklung des Rechtsbewußtseins in der altrömischen Gemeinde", in: derselbe (Hg.), *Zur Entwicklung von Rechtsbewußtsein* (1997), 182-213; A. Arthur Schiller, "Custom in Classical Roman Law", in: *Virginia Law Review* 24 (1938), 268-282 = 同, *An American Experience in Roman Law* (1971), 41-55; Artur Steinwenter, "Zur Lehre vom Gewohnheitsrechte", in: *Studi Bonfante*, II (1930), 421-440; Gudrun Stühff, *Vulgarrecht im Kaiserrecht unter besonderer Berücksichtigung der Gesetzgebung Konstantins des Großen* (1966); Rafael Taubenschlag, "Customary Law and Custom in the Papyri", in: *Journal of Juristic Papyrolpgy*, vol. I (1944), 41-54 = 同, *Opera minora*, II (1959), 91-106; 恒藤 恭,『羅馬法に於ける慣習法の歴史及理論』(大正13年［1924］); Stephan Kirste, *Die Zeitlichkeit des positiven Rechts und die Geschichtlichkeit des Rechtsbewußtseins: Momente der Ideengeschichte und Grundzüge einer systematischen Begründung* (1998).

(법률과 관습법에 의하여 지배되는 모든 민족은 한편으로는 자기 고유의, 다른 한편으로는 전 인류의 공통의, 법에 의하여 생활한다.)

관습법(mores)은 문명화 단계에 이른 인류학적 보편적 생활범주로서 로마인들의 경우에도 예외가 아니었음은 굳이 실증적 문헌증거를 예거할 필요도 없이 자명한 것으로 승인할 수 있을 것이다.[4] 통상 라틴어로서 관습으로 번역될 수 있는 용어는 mos (복수 mores), usus, consuetudo (복수 consuetudines), institutum (복수 instituta) 정도라고 할 수 있다.[5] 이 중에서 institutum은 특히 국가적·시민적 사안들에 있어서 일정한 목적을 위하여 정식으로 指命된 것 또는 묵시적인 합의를 통하여 일반적으로 통용되는 것으로 고찰된 것, "제도"를 의미하는데 Cicero를 위시한 문필가들의 경우에는 널리 사용되고 있으나[6] 법사료에서는 기껏해야 "생활양식"의 의미로 사용되고 있을 뿐이다.[7] 반면에 usus는 어떤

---

4) 이 점은 특히 문명화 이전의 상황에 대한 고대인들의 관념을 표현한 루크레티우스의 철학적 서사시가 정확히 가이우스와 똑 같은 용어를 사용하여 정반대의 상황을 서술하고 있는 데에서도 잘 드러난다.

Lucretius, De rerum natura 5.958: nec commune bonum poterant spectare neque ullis / moribus inter se scibant nec legibus uti.

5) 일반적으로 이들 용어를 서로 구별하는 것이 로마인들 스스로에게도 쉽지 않았으리라는 사실은 다음의 예들에서 잘 알 수 있다.

Festus, Epitoma operis de verborum significatu Verrii Flacci, s.v. mos: Mos est institutum patrium, id est memoria veterum pertines maxime ad religiones caerimoniasque antiquorum.

Servius grammaticus, Commentarius in Vergilii Aeneidos libros II,7,601: Varro vult 'morem' esse communem consensum omnium simul habitantium, qui inveteratus consuetudinem facit.

Isidorus, Etymologiae II.10.2-3 = V.3.3-4: (2) Mos autem longa consuetudo est, de moribus tracta tantundem. Consuetudo autem est ius quoddam moribus institutum, … (3) … Vocata autem consuetudo, quae in communi est usu.

6) *Oxford Latin Dictionary* (edited by Glare, 1982 / reprinted 1985), s.h.v. 2a and 2b, p.930.

사물에 대한 빈번히 반복된 사용, 이용, 행사 및 그로 인해 야기된 실천적 관행, 그에 대한 경험을 뜻하며 법의 영역에서도 그것 자체가 관습이나 관습법을 지칭하기보다는 어떤 법규의 관례적인 행사나 적용, 관행을 의미한다.[8] 그 결과 특히 법사료에서 관습을 지칭하는 표현은 mos (Bas. ἔθος)와 consuetudo (Bas. συνήθεια) 양자인데, 이 중에서 후자인 consuetudo는 동일한 관계 하에서의 행위에서 스스로 형성되고 그 근거를 개인이나 전체의 성향이나 편의함에 두는 관례인데, 이것은 윤리나 도덕 감정과 무관하게, 흔히 심지어는 행위자의 의식도 없이 형성된 관례를 개념의 특징으로 삼는다. 이에 반하여 전자인 mos는 기존의 "풍습", "통례가 된 형식"으로서, 이 경우 사람들은 특히 이 풍습이 윤리 및 도덕 감정에 의하여 규정되는 한 의식적으로 행동한다.[9] mos의 복수형인 mores는 mos의 의미내용과 밀접히 결부되어 있음에도 불구하고 단수와는 차별되는 독자적인 의미를 가지는 것으로 이해된다. 이것은 어느 한 특정한 관행이 아니라 常例와 윤리적 요구의 복합체로서 법률(lex)에 뒤지지 않는 규범적 효력이 있는 것으로 파악되며, 따라서 조상 전래의 가치 관념이 녹아 있는 "祖先의 관습[常規, 成規]"은

7) D.7.8.12.4 Ulpianus libro septimo decimo ad Sabinum.
Equitii quoque legato usu videndum, ne et domare possit et ad vehendum sub iugo uti. et si forte auriga fuit, cui usus equorum relictus est, non puto eum circensibus his usurum, quia quasi locare eos videtur: sed si testator sciens eum *huius esse instituti et vitae* reliquit, videtur etiam de hoc usu sensisse.
Oxford Latin Dictionary (위 주 6), s.h.v. 2c, p.930.

8) 가장 대표적인 예: ius, quod usus comprobavit (Inst. 1.2.9); in/ex usu esse (Gai. 1.112; 1.132; D.21.1.48.3; D.35.2.73.2; D.46.3.89.2); usu receptum est (UE. 25.3); in usu observari (D.29.5.1.33); ex usu cuiusque loci sumendum esse (D.32.65.7). 더 이상은 Heumann/Seckel, *Handlexikon zu den Quellen des römischen Rechts* (11. Aufl. 1971), s.h.v. 1) c), p.606.

9) Hermann Menge, *Lateinische Synonymik* (Siebte, unveränderte Auflage von O. Schönberger, 1988), Nr. 293, S.164.

mos maiorum (Bas. τὸ ἔθος τῶν πατέρων)이고, 법의 가치 기준으로 작동하는 "선량한 풍속"은 boni mores이다. 또한 로마사회의 큰 특징이기도 했던 제도적 풍기 단속이 regimen morum (風習 監視)이었던 것도 mos의 생활영역이었기 때문임은 물론이다. 특히 로마적인 mores 관념은 통상 구속적이지 않은 초기 단계가 전제되는 관습법에 상응하는 것으로 이해될 수 있을 consuetudo와는 달리 로마인들에게 처음부터 항상 구속적인 관습으로, '좋은 옛 법'으로 나타났다는 점에서 그 규범적 차원이 두드러진다.[10] 그러나 그럼에도 불구하고 과연 이것이 관습법인가 하는 문제는 더욱 면밀한 고찰이 필요하다. 그리고 mos와 consuetudo를 우리말로 각각 어떻게 옮길 것인가 하는 문제가 남는데, 가능한 역어들(관습, 풍습, 풍속, 습속, 관례, 행습, 상례, 통례 등) 중의 어느 것 하나씩을 골라 각각 일대일로 대응시켜서 역어를 결정하기에는 굳어진 표현인 "관습법"과 관련하여 여러 모로 어려움이 따른다. 이곳에서는 이런 이유로 원칙적으로 두 용어를 구별하지 않고 모두 "관습(법)"으로 역출하고, 필요한 경우 원어를 병기하는 방식을 취하였다. 그러나 두 용어가 함께 등장하는 경우에는 그때그때 적당한 방식으로 번역하였다.

그러면 로마인들은 관습법은 어떤 용어를 사용하여 표현하였을까? 현대의 법학용어는 대체로 사실인 관습(custom, coutume, Gewohnheit)과 관습법(customary law, droit coutumier, Gewohnheitsrecht)을 적어도 용어상으로는 어려움 없이 명료하게 구별한다. 이에 반하여 로마인들은 관습법을 지칭하는 별개의 라틴어 어휘를 가지고 있지 않았다. 이 점은

---

10) Theo Mayer-Maly, "Mores", in: *Der Kleine Pauly. Lexikon der Antike*, III (1979), 1425-1427. 이러한 고대의 어법은 후대의 프랑스에서도 대체로 유지된 것으로 보인다. 가령 Montesquieu, *De l'Esprit des lois*, I (Éditions Gallimard, 1995), Livre V, Chapitre VII: "Il y a beaucoup à gagner, en fait de moeurs, à garder les coutumes anciennes" (p.158).

로 인하여 과연 로마법상 우리가 이해하는 바와 같은 관습법이 있었는지를 확인하는 작업은 초장부터 어려움에 봉착한다. 다양한 용례들에서 사용된 mos 또는 consuetudo가 과연 단순한 관습인지, 아니면 규범력 있는 관습법인지를 적어도 사료의 문면상으로는 쉽게 구분해 낼 수가 없기 때문이다. 따라서 이들 용어들이 사용된 법적 논변의 전후사정과 문맥을 면밀히 고려하여 그때그때 관습법의 존부를 확인하지 않으면 안 되는데, 이 작업 역시 일반적으로 매우 어렵기는 마찬가지이다. 왜냐하면 로마법 사료에 전승된 사례들은 이 문제들에 관한 한 그저 간단히 서술하고 있기 때문이다.

따라서 현재 로마법학계의 공통된 결론은 적어도 고전기의 법에 관한 한 아직 없다고 해도 과언이 아니다. 다만 고전기 전의 비교적 옛 시기에 대해서는 이미 플라톤이 그의 『법률론』(Nomoi III 680a5-6: ἔθεσι καὶ τοῖς … πατρίοις νόμοις)에서 설파하고 있는 바와 같은 인류의 법문화 발달의 일반적 경향을 참고하여 관습법이 비교적 널리 통용되었을 것으로 추정하고, 고전기 후의 시기에 대해서도 적어도 제국의 각 지역에 다양한 형태의 관습법들이 존속했을 것이라는 점에 대해서만큼은 의견의 일치를 보고 있다고 할 수 있다. 로마 후대에 대해서는 법사료들에 의한 실증적인 증거들도 다수 확보되어 있는 실정이다. 따라서 결국 문제는 고전기의 관습법의 실태에 관한 것으로 환원되는데, 대체로 이를 부정하는 견해들의 주된 근거로는 ① 첫째로, 고전기의 법원 목록에서 관습법을 언급하고 있지 않다는 점, ② 둘째로, 고전기 로마 시민법의 핵심은 법률가들인바, 이는 관습법과 양립할 수 없는 법원이라는 점. 그리고 설령 관습법이 존재했다고 하더라도, 이미 고전기에는 법률가들에 의하여 이러한 관습법이 법률가법으로 수용됨으로써 변환이 일어났다는 점, ③ 셋째로, 그러므로 고전기의 사료에서 관습법을 언급한 부분들은 후대의 가필로 인한 개찬 내지 수정으로서,

그 진정성을 신빙할 수 없다는 점 등이 주장되어 왔다. 이하에서는 이러한 학설 상황을 염두에 두면서 관련 사료의 소개를 중심으로 살펴보기로 한다.

왕정을 몰아내고 공화정으로 진입한 로마 초기에 대해서 폼포니우스는 그의 로마法史 서술에서 다음과 같이 적고 있다. 이에 의하면 로마 인민은 제정법보다는 "불확정한 법(incertum ius)과 관습(consuetudo)"에 따라서 생활하였다는 것이다. 이 경우에도 과연 consuetudo가 관습법인지는 반드시 명확한 것은 아니지만, 이를 부인할 만한 이유도 발견되지 않는다.

D.1.2.2.3 Pomponius libro singulari enchiridii

Exactis deinde regibus lege tribunicia omnes leges hae exoleverunt iterumque coepit populus Romanus incerto magis iure et consuetudine aliqua uti quam per latam legem, idque prope viginti annis passus est.

(그런 다음 왕들이 騎兵摠監(tribunus celerum. cf. D.1.2.2.15 Iunius Brutus)이 제안한 법률로써 축출된 후 이 법률들은 모두 효력을 상실했고, 다시 로마인민들은 제정법률에 의해서라기보다 불확정한 법과 일정한 관습에 따라 생활하기 시작했으며, 이것을 거의 20년간 受忍하였다.)

III. 로마법의 法源과 관습(법)

그러면 고전 법률가들의 관습(법)에 관한 일반적인, 즉 이론적인 언명들은 어떤 메시지를 우리에게 전해 주는가? 이 문제를 고찰하기에 앞서서 먼저 일반적으로 관습법이 법원에서 차지하는 위상을 살펴볼 필요가 있을 것이다. 현재 전해지고 있는 로마의 法源 목록들은 우선 시기적으로 볼 때 비법률가들의 것이 앞서는데, 모두 成文法과 不文法의 구별로부터 출발하고 있으며, 관습(법)은 물론 不文法에 속하는 것으로 이해되었다.11)

---

11) 명시적으로 成文法과 不文法의 대비를 적시하지 않고 있더라도 成文法인 법률, 원로원의결 등과 나란히 열거만 하고 있는 경우에도 不文法임을 전제하고 있는 것임은 새삼 지적할 필요도 없이 자명한 바이다. 이에 해당하는 다양한 사료들로는 다음의 것들이 대표적이다.

Auctor, rhetorica ad Herennium 2.12.18: Haec legibus et moribus, aequo et bono reperientur.

Auctor, rhetorica ad Herennium 2.13.19: … Constat igitur (sc. ius) ex his partibus: natura, lege, consuetudine, iudicato, aequo et bono, pacto. … Consuetudine ius est id quod sine lege aeque ac si legitimum sit usitatum est. …

Cicero, topica 7.31: Formae sund [igitur] eae in quas genus sine ullius praetermissione dividitur; ut si quis ius in legem, morem, aequitatem dividat.

Cicero, topica 23.90: Cum autem de aequo et iniquo disseritur, aequitatis loci conligentur. Hi cernuntur bipertio, et natura et instituto. … Institutio autem aequitatis tripertita est; una pars legitima est, altera conveniens, tertia moris vetustate firmata.

Cicero, topica 5.28: Atque etiam definitiones aliae sunt partitionum aliae divisionum; partitionum, cum res ea quae proposita est quasi in membra discerpitur, ut si quis ius civile dicat id esse quod in legibus, senatus consultis, rebus iudicatis, iuris peritorum auctoritate, edictis magistatuum, more, aequitate consistat. …

Cicero, de inventione 2.22.65; 67: (65) … ius ex quibus rebus constet, considerandum est. Initium ergo eius ab natura ductum videtur; quaedam autem ex utilitatis ratione aut perspicua nobis aut obscura in consuetudinem venisse; post autem approbata quaedam a consuetudine aut vero utilia visa legibus esse firmata. … (67) Consuetudine autem ius esse putatur id quod voluntate omnium sine lege vetustas comprobarit. In ea autem quaedam sunt iura ipsa iam certa propter vetustatem.

Cicero, de inventione 1.11.14: negotialis, in qua, quid iuris ex civili more et aequitate sit, consideratur.

Cicero, de oratore 1.188: sit ergo in iure civili finis hic: legitimae atque

Cicero, partitiones oratoriae 37.129-130:

(129) ··· iuris est omnis ratio nobis explicanda. Quod dividitur in duas primas partis, naturam atque legem. ··· (130) sed *propria legis ea, quae scripta sunt, et ea, quae sine litteris aut gentium iure aut maiorum more retinentur*. scriptorum autem privatum aliud est. publicum aliud: publicum lex, senatus consultum, foedus. ··· *quae autem scripta non sunt, ea aut consuetudine aut conventis hominum et quasi consensu obtinentur*.

([129] 우리는 법의 전 체계를 설명해야만 한다. 이것은 두 주요부분으로 구분된다. 즉 자연법과 실정법으로. ··· [130] 그러나 실정법의 고유한 것은 성문으로 된 법 및 不文으로 만민법이나 아니면 관습법에 의해 유지되는 법이다. 그런데 성문법은 일방 私法이고 타방 공법이다. 공법에는 법률, 원로원의결, 조약이 속한다. ··· 그런데 不文의 것은 관습이나 아니면 만인의 합의로써 말하자면 동의에 의하여 효력이 있는 것이다.)

---

usitatae in rebus causisque civium aequabilitatis conservatio.

Cicero, de oratore 1.159: perdiscendum ius civile, cognoscendae leges, percipienda omnis antiquitas, senatoria consuetudo, disciplina rei p(ublicae) iura sociorum, foedera, pactiones, causa imperii cognoscenda est.

Cicero, In Verrem orationes II.1.116: componit edictum iis verbis ut quivis intellegere possit unius hominis causa conscriptum esse, tantum quod hominem non nominat; causam quidem totam perscribit, ius consuetudinem aequitatem edicta omnium neglegit.

이들과 더 이상의 사료에 관해서는 Emilio Costa, *Cicerone giureconsulto*, I (nuova edizione riveduta e ampliata dall'autore e in parte postuma, 1927), 26-41; Mario Lauria, *Ius: Visioni Romane e Moderne* (II edizione 1962), 76-80.

그리고 이들 공화정기의 문헌사료에 나타난 법관념에 대한 심층적인 분석은 Okko Behrends, “Die Gewohnheit des Rechts und das Gewohnheitsrecht. Die geistigen Grundlagen des klassischen römischen Rechts mit einem vergleichenden Blick auf die Gewohnheitsrechtslehre der Historischen Rechtsschule und der Gegenwart”, in: Dietmar Willoweit (Hg.), *Die Begründung des Rechts als historisches Problem* (2000), 19-135, 21ff.

Cicero, de inventione 2.53.160; 54.162:

(160) Iustitia est habitus animi communi utilitate conservata suam cuique tribuens dignitatem. eius initium est ab natura profectum; deinde quaedam in consuetudinem ex utilitatis ratione venerunt; postea res et ab natura profectas et ab consuetudine probatas legum metus et religio sanxit. … (162) *consuetudine ius est, quod aut leviter a natura tractum aluit et maius fecit usus*, ut religionem, aut si quid eorum, quae ante diximus, ab natura profectum maius factum propter consuetudinem videmus, aut *quod in morem vetustas vulgi adprobatione perduxit*; quod genus pactum est, par, iudicatum. … *lege ius est, quod in eo scripto, quod populo expositum est, ut observet, continetur.* ([160] 正義는 공익을 보존한 채 각자에게 그의 존엄을 배분하는 정신의 습성이다. 그 시초는 자연으로부터 유래하였으나, 그 후 어떤 것들은 유익으로 인하여 관습으로 되기에 이르렀고, 후에 자연에서 유래한 것들과 관습에 의해 승인된 것들을 법률에 대한 두려움과 종교적 금기가 제재하였다. … [162] 관습에 의한 법은 자연에서 사소한 정도로만 도출된 것을 관행이 배양하고 증대시킨 것, 가령 종교적 금기와 같은 것이거나, 아니면 우리가 전술한 것들 중에서 자연에서 유래하고 관습에 의해 증대된 것으로 보는 경우이거나, 아니면 오랜 연륜이 인민의 승인으로써 관습에 이르게 한 것이다. 이러한 종류에 속하는 것은 협약, 평등원리, 판례이다. … 법률에 의한 법은 인민이 준수하도록 인민에게 제출된 텍스트에 포함된 것이다.)

Quintilianus, Institutio oratoria 12.3.6-7:

(6) namque *omne ius, quod est certum, aut scripto aut moribus constat*, dubium aequitatis regula examinandum est. (7) quae scripta sunt aut posita in more civitatis, nullam habent difficultatem. …
([6] 왜냐하면 확정적인 모든 법은 성문으로 아니면 관습에 의하여 존재하고, 의심스러운 법은 정의의 규칙에 의하여 검토되지 않으면 안 되기 때문이다. [7] 성문의 법이나 또는 一國의 관습에 근거한 법은 [인식하는 데] 아무런 어려움이 없다.).

이러한 이해의 배경에는 그리스의 법이론이 있다는 점에 대해서 모든 연구자들이 동의하고 있는 실정이다.

Aristoteles, de arte rhetorica 1.10.3, 1368b:[12)]

Lex autem est alia propria, alia communis. Voco autem propriam quidem, ex qua scripto comprehensa civitas administratur; communem vero, quaecumque non scripta probari omnium gentium consensu videntur.
(법은 그런데 어떤 것은 고유하고, 어떤 것은 공통적이다. 내가 고유한 것이라고 부르는 것은 성문으로 이루어져 그에 따라 국가가 운영되는 것이고, 반면에 공통적인 것이란 不文으로 만민의 동의로써 승인되는 것으로 여겨지는 것이다.)

Aristoteles, de arte rhetorica 1.13.2, 1373b:[13)]

Dico autem legem aliam quidem propriam, aliam vero communem. Propriam quidem eam, quam sibi quique statuunt; eamque aut non scriptam, aut scripto comprehensam. Communem autem eam, quae naturalis est; est enim commune quoddam justum natura et injustum, quod omnes quodammodo vaticinantur, etiamsi nulla de eo inter illos communicatio aut pactio intercesserit.
(그런데 법에는 어떤 것은 고유한 것이고, 어떤 것은 공통적인 것이라고 나는 말한다. 고유한 것이란 각 민족이 자신을 위하여 설정하는 것이고, 이것은 不文이거나 성문으로 이루어진다. 공통적인 것이란 반면에 자연에 기초한 것인데, 비록 그에 관하여 그들 사이에 아무런 교통이나 약정이 없었을지라도 만인이 어떤 의미에서 예감할 수 있는, 자연에 따른 어떤 正과 不正의 관념이 공통적으로 존재하기 때문이다.)

---

12) Aristoteles, *Opera omnia, Graece et Latine cum indice nominum et rerum absolutissimo*, vol. I, cum praefatione A. F. Didotii et translatione Latina revisa per Fridericum Dübnerum (Parisiis 1848/2. Nachdruck 1998), 332f.

13) Aristoteles (위 주 12), 340.

成文法과 不文法의 구별은 고전기 법률가에 의해서도 채택되었는데,[14] 더 상세한 내용을 전하고 있는 유스티니아누스의 법학제요의 해당부분은 울피아누스의 법학통론으로부터 전수받은 것이었을 개연성이 크다. 스파르타는 관습법을, 아테네는 成文法을 기본으로 삼았다는 사실 확인을 넘어서 이 두 종류의 法源이 이들 나라의 제도로부터 유래한 것으로 보인다는 설명은 그 당부를 떠나서[15] 이러한 구별이 그리스의 영향 하에서 확연하게 인식되었던 것임을 분명히 시사한다.

D.1.1.6.1 Ulpianus, libro 1 institutionum:

Hoc igitur ius nostrum constat aut ex scripto aut sine scripto, ut apud Graecos: των νόμων οἱ μὲν ἔγγραφοι, οἱ δὲ ἄγραφοι (=legum aliae scriptae, aliae non scriptae).

(그러므로 우리의 법은 성문법과 不文法으로 구성되는데, 그리스인들의 경우에 법규가 일방 성문법, 타방 불문법으로 구별되는 것과 같다.)

Inst. Iust. 1.2.3; 9-10:

(3) Constat autem ius nostrum aut ex scripto aut ex non scripto, ut apud Graecos: των νόμων οἱ μὲν ἔγγραφοι, οἱ δὲ ἄγραφοι. …

(9) Ex non scripto ius venit quod usus comprobavit. nam diuturni mores consensu utentium comprobati legem imitantur.

(10) Et non ineleganter in duas species ius civile distributum videtur. nam origo eius ab institutis duarum civitatium, Athenarum scilicet et Lacedaemonis, fluxisse videtur: in his enim civitatibus ita agi solitum erat, ut Lacedaemonii quidem magis ea quae pro legibus

---

14) Cf. Antonio Guarino, "La consuetudine e il catalogo delle fonti", in: 同, *Pagine di Diritto Romano*, IV (1994), 364-368.

15) 이 점이 역사적 오류라는 지적은 이미 Arnold Vinnius, *In Quatuor Libros Institutionum Imperialium Commentarius academicus et forensis* (Norimbergae: editio postrema … adeoque emendatissima 1726), ad I.2.10 Commentarius (p.28): "Error Triboniani notatus".

observarent memoriae mandarent, Athenienses vero ea quae in legibus scripta [reprehendissent] <comprehendissent PE> custodirent.

IV. Consuetudo에 관한 일반적 언명

1. Consuetudo의 법이론

그러면 이제 不文法을 구성하는 관습(법)에 대하여 로마의 법률가들이 가졌던 인식 일반은 어떠한 것이었는가를 살펴보기로 한다. 이 부분은 기본적으로 D.1.3 De legibus senatusque consultis et longa consuetudine (법률과 원로원의결과 장기의 관습(법)에 관하여) 뒷부분에 전해지는 개소들을 소개하는 형식이 될 것이다.

ⓐ **D.1.3.32.pr-1 Iulianus libro LXXXIV digestorum.**

De quibus causis scriptis legibus non utimur, id custodiri oportet, quod moribus et consuetudine inductum est: et si qua in re hoc deficeret, tunc quod proximum et consequens ei est: si nec id quidem appareat, tunc ius, quo urbs Roma utitur, servari oportet.

(成文법률이 없는 사안들에 있어서는 관례와 관습에 의해서 확립된 규칙을 준수하여야 한다. 그리고 어떤 경우에 이것이 결하는 때에는 그것에 가장 가깝고 또 그것에 합치하는 규칙을 준수하여야 한다. 그리고 이것 또한 존재하지 않는 경우에는 로마시에서 행해지는 법을 지켜야 한다.)

(1) Inveterata consuetudo pro lege non immerito custoditur, et hoc est ius quod dicitur moribus constitutum. nam cum ipsae leges nulla alia ex causa nos teneant, quam quod iudicio populi receptae sunt, merito et ea, quae sine ullo scripto populus probavit, tenebunt

omnes: nam quid interest suffragio populus voluntatem suam declaret an rebus ipsis et factis? quare rectissime etiam illud receptum est, ut leges non solum suffragio legis latoris, sed etiam tacito consensu omnium per desuetudinem abrogentur.
(고래의 관습은 상당한 근거를 가지고 법률로서 지켜지는 것인데, 이것이 관례에 의해서 확립된 법이라 불리는 것이다. 왜냐하면 법률들 자체도 다른 이유가 아니라 그것이 국민의 결정에 의해서 승인되었기에 우리를 구속하는 것이므로, 또한 어떠한 成文 규정 없이 국민이 승인한 것도 모두를 구속하는 것이 정당할 것이다. 왜냐하면 국민이 표결로써 자신의 의사를 선언하는 것과 행위와 행동 자체로써 하는 것 사이에 무슨 차이가 있는가? 그런 고로 법률들은 입법자의 표결에 의해서 뿐만이 아니라 또한 불사용을 통해서 만인의 묵시적 합의에 의해서도 폐지된다는 것이 정당하게도 또한 승인되고 있는 바이다.)

ⓑ **D.1.3.33 Ulpianus libro primo de officio proconsulis.**
Diuturna consuetudo pro iure et lege in his quae non ex scripto descendunt observari solet.
(成文法의 영역에 속하지 않는 사안들에 있어서는 장기 지속의 관습이 법과 법률로서 준수되곤 한다.)

ⓒ **D.1.3.34 Ulpianus libro IV de officio proconsulis.**
Cum de consuetudine civitatis vel provinciae confidere quis videtur, primum quidem illud explorandum arbitror, an etiam contradicto aliquando iudicio consuetudo firmata sit.
(도시나 속주의 관습에 대하여 어떤 자가 신뢰하는 것으로 보이는 경우에는 먼저 이 관습이 언젠가 또한 완결된 쟁송절차[16]를 통하여

---

16) Contradictum iudicium은 認諾이나 화해로 종료하는 것이 아니라 판결로써 완결되는 소송을 말한다. Heumann/Seckel (위 주 8), s.v. Contradicere, p.104. 따라서 이를 철자 오류로 보고 contradictorium iudicium으로 대체하려는 시도는 잘못이다. 이 후자의 예로는 Paul van Warmelo, "D.1.3 ('De legibus senatusque consultis et longa consuetudine')", in: *Studi Volterra*, I (1971), 409-424, 421. Comtradictorium은 "반박하는, 반론적인"의 의미이다. Heumann

확인되었는지를 살피지 않으면 안 된다고 나는 생각한다.)

ⓓ **D.1.3.35 Hermogenianus libro I epitomarum.**[17)]

Sed et ea, quae longa consuetudine comprobata sunt ac per annos plurimos observata, velut tacita civium conventio non minus quam ea quae scripta sunt iura servantur.
(장기의 관습으로 승인되고 다년간 준수된 것들도 시민들의 묵시의 협약으로서 成文의 법 못지않게 준수된다.)

/Seckel, *ibid*., p.105 (예: libelli contradictorii). 반면에 Heineccius는 contradictum이 유래한 contradicere를 그 원 의미대로 "이의를 제기하다"로 이해해서 이의가 제기될 수 있는 것은 소송절차가 아니라 거기에서 제시된 관습이므로 본 개소는 "… illud explorandum arbitror, an etiam *contradicta aliquando*, iudicio consuetudo firmata sit"로 읽어야 한다고 보았다. B. Philip. Vicat, *Vocabularium Juris Utriusque ex variis ante editis, praesertim ex Alexand. Scoti, Jo. Kahl, Barn. Brissonii, et Jo. Gottl. Heineccii accessionibus*, tom. I (1759), s.v. Contradicto, p.352f. 이미 이와 同旨: Bas.2.1.43 (Heimbach, I, p.39): cum (sc. consuetudine in dubium revocata; Schol. Steph.) "contentione aliquando de hac consuetudine orta; contradictione aliquando orta"; Gerard Noodt, *Opera omnia, II: Commentarius in D. Justiniani … Libros XXVII. Digestorum sive Pandectarum* (Coloniae Agrippinae: Editio recens in Germania, 1732), ad Dig.1.3, p.13. 그러나 이러한 제안도 문언에 명백히 반하는 자의적인 것이다. 다른 한편으로 Samuel Oberländer (Hg.), *Lexicon Juridicum Romano-Teutonicum* (Unveränderter Nachdruck der 4. Auflage Nürnberg 1753, herausgegeben und eingeleitet von Rainer Polley, Böhlau Verlag Köln Weimar Wien, 2000), s.v. Contradictum judicium, p.186은 양 당사자 중 일방이 이의하므로 어떤 것이 결정되는 경우를 지칭한다고 이해함으로써 실질적·내용적으로는 Heineccius의 견해처럼 관습에 대한 이의를 배경으로 삼으면서, 형식적으로는 iudicium과 견련시키면서도 van Warmelo와는 달리 이를 contradictorium으로 대체해야 된다고 주장하지 않음으로써 절충적인 견해를 보인다. 그러나 이 견해도 판례로서의 의미를 획득하기 위해서는 판결로써 종결지어진 것이어야만 한다는 사실을 적시하기 위하여 동원된 contradictum의 의미를 놓치고 있기는 마찬가지이다.

17) 상세는 이 개소의 진정성을 긍정한 Elio Dovere, "Ermogeniano e la nozione di 'consuetudo'", in: *SD* 62 (1996), 125-138.

ⓔ **D.1.3.36 Paulus libro VII ad Sabinum.**

Immo magnae auctoritatis hoc ius habetur, quod in tantum probatum est, ut non fuerit necesse scripto id comprehendere.

(이 법[18]은 심지어 큰 권위를 지닌 것으로 간주되는데, 이를 成文化하는 것이 필요하지 않을 만큼 그렇게 대단한 정도로 승인되었기 때문이다.)

ⓕ **D.1.3.37 Paulus libro I quaestionum.**

Si de interpretatione legis quaeratur, in primis inspiciendum est, quo iure civitas retro in eiusmodi casibus usa fuisset: optima enim est legum interpres consuetudo.

(법률의 해석이 문제되는 경우 우선 공동체가 여태껏 그러한 경우들에 사용해 온 법이 어떤 것인지를 살펴보지 않으면 안 된다. 왜냐하면 법률의 최선의 해석자는 관습이기 때문이다.)

ⓖ **D.1.3.38 Callistratus libro I quaestionum.**

Nam imperator noster Severus rescripsit in ambiguitatibus quae ex legibus proficiscuntur consuetudinem aut rerum perpetuo similiter iudicatarum auctoritatem vim legis optinere debere.

(왜냐하면 우리의 (셉티미우스) 세베루스 황제께서 법률들로부터 발생하는 의문점들에 있어서는 관습 또는 지속적으로 유사하게 결정된 재판례들의 권위가 법률의 효력을 가져야만 한다고 批答한 바가 있기 때문이다.)

ⓗ **D.1.3.39 Celsus libro XXIII digestorum.**

Quod non ratione introductum, sed errore primum, deinde consuetudine optentum est, in aliis similibus non optinet.

(법적 이치로 도입된 것이 아니라 처음에는 착오로 도입되었다가 그 다음에 관습에 의하여 유지된 것[19]은 다른 유사한 사례들에

---

18) "이 법"은 원래의 문맥상으로는 관습법을 지칭하는 것이 아니라 부부간 증여 금지의 구체적인 법규를 의미했던 것인데, 유스티니아누스 입법이 이것을 관습법 일반에 관한 규정으로 재배치한 것이다. Karlheinz Misera, *Der Bereicherungsgedanke bei der Schenkung unter Ehegatten* (1974), 238-239.

효력이 없다.)[20]

ⓘ **D.1.3.40 Modestinus libro I regularum.**

Ergo omne ius aut consensus fecit aut necessitas constituit aut firmavit consuetudo.

(그러므로 모든 법은 혹은 (만인의) 동의가 만들었거나 혹은 필요[21]가 정립하였거나 혹은 관습이 발생시킨 것이다.)

ⓙ **Ulpiani Epitome praef.4:**

Mores sunt tacitus consensus populi, longa consuetudine inveteratus.

(관습이란 장기의 관습으로 굳어진, 인민의 묵시의 동의이다.)

ⓚ **Inst. Iust. 1.2.9 cit.:**

Ex non scripto ius venit, quod usus comprobavit. nam diuturni mores consensu utentium comprobati legem imitantur.[22]

(不文으로 법이 발생하는 것은 관행이 승인한 경우이다. 왜냐하면

---

19) Bas.2.1.47 Schol. μετὰ λογισμου etc.(Heimbach, I, p.40)에 의하면 이치에 어긋나서 나중에 칙령에 의해 폐지된 관습의 예로 노예해방 시에 주인이 해방되는 노예의 뺨을 가볍게 때리는 것(alapa)을 들고 있다. 이 뺨때리기에 대해서는 그 자신이 아우구스투스의 피해방노예였던 파이드로스의 우화가 전해지는데, 티베리우스 황제가 자신을 해방시켜 주기를 바라면서 비위를 맞추는 노예에게 말하는 것으로 상정된 장면이다.

Phaedrus, Fabulae 2.5.23: Tum sic iocata est tanta maiestas ducis: / Non multum egisti et opera nequiquam perit; / Multo maioris alapae mecum veneunt (해방의 댓가는 내 경우 훨씬 큼세).

20) Cf. D.1.3.14 Paulus libro LIV ad edictum.

Quod vero contra rationem iuris receptum est, non est producendum ad consequentias.

21) 法源論의 입장에서 대단히 흥미로운 이 "필요"에 관해서는 이것을 불가피성(Unvermeidbarkeit)과 필요성(Erforderlichkeit)의 사이에서 법적 결정의 대안 가능성과 관련지어 설명하고 있는 Theo Mayer-Maly, "Necessitas constituit ius", in: *Studi in onore di Giuseppe Grosso*, I (1968), 179-199 참조.

22) Vinnius (위 주 15), ad I.2.9 n.5 (p.27): Legem imitantur] Id est, vim & effectum legis habent.

사용자들의 동의로 승인된 장기 지속의 관습은 법률과 방불하기 때문이다.).

이상에서 소개한 개소들을 수정비판의 잣대로 함부로 재단하지 않고[23] 전승의 진정성을 肯認하는 바탕 위에서 이해하고자 하게 되면, 다양한 문맥에서 추출해 냈지만 유스티니아누스법전 편찬자에 의하여 새로운 문맥으로 재조립된 이 부분에서 대체로 읽어낼 수 있는 핵심 메시지는 다음과 같은데, 이것은 전반적으로 원 문맥과 고립되어 본래의 의미맥락을 복원하기가 어려운 점을 고려할 때,[24] 일단은 고전기에 대해서도 타당한 것으로 받아들일 수 있을 것이다.

(1) 첫째로, consuetudo란 정확하게 얼마의 기간이라고 특정할 수는 없으나 古來의(inveterata), 長期에 걸친(longa), 영속적인(diuturna) 관행이라는 객관적 요건이 충족되어야만 한다(ⓐ,ⓑ,ⓓ). 이는 우리나라 헌법재판소가 신행정수도의건설을위한특별조치법(2004. 1. 16. 법률 제7062호) 위헌확인 결정(2004. 10. 21, 2004헌마554: 헌공제98호)에서 관습법의 성립에서 요구되는 일반적 성립 요건이라고 열거한 것—"첫째, 어떠한 관행 내지 관례가 존재하고, 둘째, 그 관행은 국민이 그 존재를 인식하고 사라지지 않을 관행이라고 인정할 만큼 충분한 기간 동안 반복 내지 계속되어야 하며(반복・계속성), 셋째, 관행은 지속성을 가져야 하는 것으로서 그 중간에 반대되는 관행이 이루어져서는 아니되고(항상성), 넷째, 관행은 여러 가지 해석이 가능할 정도로 모호한 것이 아닌 명확한 내용을 가진 것이어야 한다(명료성)"—과 일치하는 바이다.

---

23) 이 점은 특히 ⓐ에 관해서 타당하다. Cf. Antonio Guarino, "Giuliano e la consuetudine", in: 同, *Pagine di Diritto Romano*, IV (1994), 369-383.

24) Paul van Warmelo (위 주 16), 418ff.

(2) 둘째로, 이러한 관행은 법공동체 구성원들의 동의(consensus populi; ⓓ: conventio)－이 동의는 사실의 차원에서 명시적일 수 없으므로, 그 對當的 사태를 표현하는 묵시적인(tacitus) 동의로 파악될 수밖에 없게 되는데, 이때 이러한 동의의 의사 상태는 항상 의식되는 것도 아니다－라는 주관적 요건을 통하여 승인되지 않으면 안 된다(ⓓ,ⓔ,ⓘ,ⓚ cf. ⓐ). 법률가들은 의사표시와 관련하여 일찍이 명시적인 것과 행동거지에 의한 묵시적인 것을 동일하게 취급하는 데 익숙하였다.[25] 이러한 승인은 다년간 준수되었다(per annos plurimos observata)는 사실에 이미 반영되어 있지만(ⓓ), 그 자체로서 확고히 뿌리내린(inveteratus), 대단한 정도의 것(in tantum probatum)이어야 한다(ⓙ,ⓔ). 그 이유는 이러한 승인이 있다고 하는 경우에 한하여 그 관습에 규범력을 인정할 정당성이 긍정되기 때문이다. 이것 또한 우리나라 헌법재판소가 관습법의 요건으로 열거하고 있는 제2의 요소－"다섯째, 이러한 관행이 관습으로서 국민들의 승인 내지 확신 또는 폭넓은 컨센서스를 얻어 국민이 강제력을 가진다고 믿고 있어야 한다(국민적 합의)"－와 일치한다. 라틴어로부터 차용한 영어 consensus가 음사된 형태로 그대로 사용된 것이 눈에 띈다.

(3) 셋째로, 이상의 요건을 갖춘 관습은 원칙적으로 성문법과 같은 효력을 갖는다(ⓐ,ⓑ,ⓖ,ⓘ,ⓚ, cf. ⓓ). 이 사실은 소아시아 한 도시의 로마에 충실했던 시민들에게 civitas libera 선언과 동맹우호조약을 통하여 포상하기 위한 기원전 68년의 테르메쑤스 마요르(Termessus Maior) 城邑民에 관한 안토니우스 법[26]이 consuetudo를 법률 및 법과 나란히 열

---

25) Cf. D.46.8.5 Scaevola libro quinto responsorum.
Respondit non tantum verbis ratum haberi posse, sed etiam actu: denique si eam litem, quam procurator inchoasset, dominus comprobans persequeretur, non esse commissam stipulationem.

거하고 있는 데서도 상당히 강력하게 추정된다.[27]

Lex Antonia de Termessibus c. II lin. 18-22 (FIRA I, Num. 11, p.137):

Quae leges quodque ious quaeque consuetudo L. Marcio Sex. Iulio cos. inter ciueis Romanos et Termenses maiores Pisidas fuit, eaedem leges eidemque ious eademque consuetudo inter ceiues Romanos et Termenses maiores Pisidas esto.

(루키우스 마르키우스와 섹스투스 율리우스 집정관 시에(기원전 91년) 로마시민들과 피시디아의 테르메쑤스 城邑民들 사이에 법률들이고 법이고 관습법이었던 것과 동일한 것이 로마시민들과 피시디아의 테르메쑤스城邑民들 사이에 법률들이고 법이고 관습법일지어다.)

같은 효력의 이유는 성문법률이나 관습법이나 모두 그 정당화 근거를 한참 후대의 독일인이라면 '일반 정신'(der allgemeine Geist)라고 표현했을 인민의 동의에서 구하기 때문이다(ⓐ).[28]

---

26) 이 법률의 연도는 다투어진다. Leopold Wenger, *Die Quellen des römischen Rechts* (1953), 374 mit n.33에 의하면 기원전 71년이라고 하나, M. H. Crawford (ed.), *Roman Statutes*, I (1996), 331-340의 새 연구에 의하면 69년이 가장 개연성이 있다고 한다(332면).

27) Dieter Nörr, *Divisio und Partitio. Bemerkungen zur römischen Rechtsquellenlehre und zur antiken Wissenschaftstheorie* (1972), 14 = 同, *Historiae Iuris Antiqui. Gesammelte Schriften*, II (2003), 705*-774*, 724*; Wolfgang Waldstein, "Gewohnheitsrecht und Juristenrecht in Rom", in: *Festgabe für Ulrich von Lübtow zum 80. Geburtstag* (1980), 105-126, 117 mit n.62.

28) 성문법과 관련한 정당화 근거로서의 계약사상 일반에 관한 심층적인 분석은 Okko Behrends, "Der Vertragsgedanke im römischen Gesetzesbegriff auf den verschiedenen Stufen seiner Entwicklung. Der erfragte Wille der Wehrgemeinde, die Fortbildung der Rechtsordnung durch die Bürgervertretung und die Ideologie des Gesetzgebungsauftrags", in: Okko Behrends und Christian Starck (Hg.), *Gesetz und Vertag I* (2004), 9-90.

(4) 그러나 관습법은 다른 한편으로 원칙적으로 성문법이 규율하지 않는 영역에 한해서 인정된다(praeter legem. ⓐ,ⓑ). 이 한도에서는 인민의 명시적 의사표시가 묵시적 의사표시보다 우선하는 것이다. 따라서 법률에 반하는(contra legem) 관습법은 인정되지 않는다. 이것은 다음 사료가 증명하듯이 이미 공화정기에도 통용되던 법리였으며, 고전기에 활동했던 테르툴리아누스(ca. 150-ca.230년)의 경우에도 확인된다.

Auctor, rhetorica ad Herennium 2.13.19:

Constat igitur (sc. ius) ex his partibus: natura, lege, consuetudine, iudicato, aequo et bono, pacto. … Consuetudine ius est id quod sine lege aeque ac si legitimum sit usitatum est. …
(그러므로 법은 이러한 부분들로 구성되어 있다. 즉 자연법, 법률, 관습법, 판례, 善과 正義, 협약. … 관습법은 법률이 없을 때 법률에 의한 것처럼 관행된 것이다.)

Tertertullianus, de corona 4.6:[29]

Consuetudo autem etaim in civilibus rebus pro lege suscipitur cum deficit lex; nec differt scriptura an ratione consistat, quando et legem ratio commendet.
(그런데 관습법은 또한 시민의 법문제에 있어서도 법률이 흠결된 경우 법률로 인정된다. 그리고 성문법에 의거하는가 이성에 의거하는가는 차이가 없는데, 이성은 또한 법률도 보살피기 때문이다.)

(5) 어떤 관습이 성문법에 대한 관계에 있어서 과연 어떠한 지위에 놓이는 것인가, 즉 성문법 외적인 관습법으로 인정될 수 있는 것인가 아니면 성문법규에 반하여 승인할 수 없고, 그 결과 단순한 사실인 관

29) Jean Gaudemet, "Coutume et raison en droit romain. À propos de C.J. 8.52.2", in: *RHD* 17 (1938), 141-171 = *Études de droit romain, I: Sources et théorie générale du droit* (1979), 31-63, 55f. n.5. (앞으로 Gaudemet의 경우 논문 선집으로 인용한다)

습에 불과한 것인가 하는 여부의 판단은 권위 있는 심급의 몫이다. 로마의 경우 법률가법의 필터를 통하여 이러한 확인작업이 이루어졌음에 틀림이 없다. 지방의 관습과 관련하여 사법절차를 통한 확인을 거쳐야만 한다는 ⓒ의 언명도 관습법인지의 여부까지를 포함하는 취지일 것이다. 이런 의미에서 관습법의 확인이란 이론상으로는 기존상태의 조사・검증을 통하여 그 존부의 판단이 이루어지는 진정한 의미의 확인이지만, 실천적으로는 그러한 확인작업을 수행하는 권위 심급의 확인이 없는 한 사실상 관습법의 존재를 확정적으로 원용하는 것이 어렵다는 점에서는 말하자면 관습법의 '창출'에 해당한다고 할 것이다. 법학고전기 로마의 경우 법률가법으로 인하여 관습법의 존재를 부인하는 연구자들의 견해에는 ―관습법에 대한 근본적인 정치적 태도와는 별개로― 아마도 이처럼 관습법 일반에 공통된 특수한 사정에 대한 고려가 암암리에 작용하지 않았을까 생각된다. 다른 한편으로 관습법에 대한 법률가들의 정치적 태도가 관습법의 존부에 대한 그들의 판단에 어떠한 결정적인 영향을 미칠 수 있는지를 극명하게 보여주는 역사적 선례는 주지하듯이 무엇보다도 서양 중세의 교회법이다.[30] 사회 개혁의 기치를 내건 교회의 입장에서 기존 관습법의 존재는 많은 경우 걸림돌이었고, 그 결과 "훌륭한 옛 법"만이 관습법의 자격이 있다는 논리로써 많은 관습(법)을 배제하고 교회의 입장을 관철시키고자 했던 것이다. 관습법의 이해에 있어서 흔히 등장하는 "훌륭한, 좋은 옛 법"이라는 어구의 기능적 역할이 관습법에 친화적인 권위 부여가 아니라, 관습법의 권위에 대한 배격을 도모했던 것이라는 이러한 역사적 경험은 시사하는 바가 적지 않다. 중세 교회법과 달리 로마의 법률가들의 경우 consuetudo에 관

30) Harold J. Berman, *Law and Revolution: The Formation of the Western Legal Tradition* (1983), 145; H. Krause, "Gewohnheitsrecht", in: *Handwörterbuch zur deutschen Rechtsgeschichte*, I (1971), 1675-1684, 1677; 1680.

한 그들의 서술에서는 어떠한 價値負荷的 관념("훌륭한, 좋은")도 발견되지 않는다. 장기의 관행과 만인의 동의라는 사실 차원의 확인, 그 이상도 그 이하도 아니다. 물론 "만인의 동의"라는 관념 속에는 어떤 관행에 대한 법공동체 성원들의 가치판단이 내함되어 있음에 틀림이 없지만, 어쨌든 관습법의 존부를 판단하고 있는 법률가들의 시각은 이 모든 것을 포함하여 철저하게 관습법의 존재양태가 요구하는 객관적인 이론적 태도를 견지하고 있는 것이다. 이런 점에서 로마인들의 경우 이론과 실천이 명실상부하게 부합하고 있음이 이채롭다고 할 것이다. 그리고 이를 통하여 비록 법률이 가장 분명하고 유력한 法源임을 전제하고 있으면서도 이것이 유일한 법원이 아님을 역시 마찬가지로 분명하게 천명하고 있는 것이다. 앞서 로마인들의 법원론을 살피면서 그들의 표현이 그리스의 이론에까지 소급할 수 있음을 지적하였지만, 법에 대한 근본적인 관념 자체를 그리스로부터 차용했다고 볼 수는 없을 것이다. 이미 가이우스가 설파했듯이 인류의 모든 법공동체에는 ―더욱이 시대를 거슬러 올라가면 갈수록 필연성의 정도를 더해가면서― 제정법률 외에 관습법을 포함하여 다양한 법원이 존재할 수밖에 없다는 사실을 로마의 법률가들만이 몰랐다는 것은 도저히 믿을 수 없는 주장이기 때문이다.

⑹ 기대 가능한 내용이지만, 관습은 정착된 판례[31]와 더불어 법률해석의 기준이 된다(ⓕ, cf. ⓖ,ⓗ,ⓐ).

⑺ 로마법 연구자들에 의하여 가장 많이 공격받은 것이 ⓐ 말미의 이른바 관습적 불사용(desuetudo)을 언급한 부분이다. 그러나 대체로 관

31) Cf. Max Kaser, "Das Urteil als Rechtsquelle im römischen Recht", in: *Festschrift für Fritz Schwind zum 65. Geburtstag* (1978), 115-130 = 同, *Römische Rechtsquellen und angewandte Juristenmethode. Ausgewählte, zum Teil grundlegend erneuerte Abhandlungen* (1986), 42-64. (앞으로 Kaser의 경우 논문선집 이전의 원래 논문으로 인용한다)

습법의 존재를 부인하는 바탕 위에서 그 배면인 desuetudo 역시 부인하는 이러한 견해에는 찬동하기 어렵다. 로마인들의 법률에 대한 태도로 미루어 볼 때 불사용에 의한 법률의 폐기는 자연스러운 현상이었기 때문이다.[32)]

끝으로 부언할 것은 오랜 관습이라고 해서 로마인들이 그에 대해 무조건적인 찬동의 태도를 취한 것은 물론 아니라는 점을 상기해야 한다는 것이다. 이것은 가령 2세기 후반의 劍鬪士공연 비용 절감에 관한 한 원로원의결의 제안 의견에서 잘 드러난다.

Senatusconsultum de sumptibus ludorum gladiatorum minuendis, lin.25 (a.176/178)(FIRA I, n.49, p.94-300, 296):

> quod, cum excusatum esset retinerent quae ali instituissent et quae longa consuetudo confirmasset, tamen olli peraeque nequaquam sectae suae congruere arbitrati sunt male instituta seruare et quae turpiter seruanda essent instituere.
> (다른 자들이 정했었고 장기의 관습이 확인했었던 것을 그들이 지켜왔던 것은 면책사유였음에도 불구하고, 저들이 또한 꼭 마찬가지로, 나쁘게 정해진 것을 지키는 것과 부도덕하게 준수할 수밖에 없는 것을 정하는 것은 그들 자신의 主義에 결코 부합하는 것이 아니라고 생각한 만큼)

2. [附論] Glück의 관습법론

이 대목에서 참고자료로 삼고자 사비니 이전의 로마법 연구의 종결판이라고 평가되는 글뤽(Glück. 1755~1831)의 관습법론의 골격을 소개하기로 한다.[33)] 주의할 것은 이 학설도 로마법이 순수한 학문적 연구

32) 졸저, 『로마法研究(I)』 (1995), 82ff.; Kunkel/Selb, *Römisches Recht* (4. Aufl. 1987), 3 n.3 (Qu.).

의 대상에 불과한 것이 아니었던 모든 시대의 법학 교설의 속성상 고대 로마법의 진상을 드러낸다기보다는 시대적 제약 속에서 당대인의 관심 방향과 시각으로[34] 로마법에 의탁하여 발전시킨 당대의 이론이라는 점이다.

Glück이 제시하는 관습법의 요건은 다음과 같다.

① 數多한 행동이 필요하다.

② 臣民(sic!)의 행동은 同樣이어야 한다. 즉 모든 행동이 단일한 규칙에 따라 수행되었어야만 한다.

③ 이 행동들은 건전한 이성에도, 공익에도 위반해서는 안 되고, 이 행동들이 따르는 규칙이 명시적인 법률로 공포될 수 있을 수 있을 그런 성질이어야만 한다.

④ 이 행동들은 도덕적 필연성이라는 생각을 가지고(ex opinione obligationis) 수행되었어야만 한다.

⑤ 관습법의 확인을 위해서는 또 長期의 시간(diuturnitas temporis)이 덧붙여져야만 한다.

⑥ 법적 관습이 유발될 행동들은 공개적으로, 즉 그들 사이에서 구속력 있는 규범이 발생하게 될 臣民들 자신 및 입법자가 이것을 알 수 있는 방식으로 행해져야만 한다.

위에서 소개한 우리나라 헌법재판소의 견해가 이미 다 반영되어 있음을 알 수 있다.

---

33) Christian Friedrich Glück, *Ausführliche Erläuterung der Pandecten nach Hellfeld, ein Commentar*, Erster Theil (Zweite durchgängig verbesserte und vermehrte Ausgabe, 1797), ad Lib. I, Tit. III, p.427-521, 454-475.

34) Glück (위 주 33), 427-430.

V. Mos maiorum: 로마의 祖宗成規

1. 법사료

이미 지적했듯이 consuetudo는 한편으로는 단순히 사실인 관습을, 다른 한편으로는 그를 뒷받침하는 만인의 규범의식과 결합하여 승인된 관습법을 의미하였다. 반면에 mos/mores는 법률가들의 논변에서 어떤 당위적 사태에 대한 발생근거의 하나로 원용되고 있어서 그 常規性이 처음부터 전제되고 있는데, consuetudo의 경우 정당화 근거가 만인의 동의라고 한다면, 이 경우에는 祖先(maiores)에 의한 정립이다. 즉 祖宗成規이기 때문에 규범력이 있다는 것인데, 이때에도 현실적으로 어떤 것이 구체적으로 이에 해당하는지를 판단하는 것은 법률가들의 몫이다. 따라서 그 구성요건이 consuetudo와 다르기는 하지만, 정확히 오늘날 관습법 이론이 전제하는 두 요건, 즉 longus usus (장기의 관행)+opinio necessitatis (규범의식)을 충족시킨다는 점에서 관습법이다. 물론 이때에는 구속적 규범의식의 측면이 상대적으로 더 강하게 반영되므로 관행의 장기성은 실제로 문제가 되지 않았다. 로마 법률가들의 표현에서 mos maiorum에는 consuetudo와 달리 별도의 수식어가 붙지 않는다는 사실이 이를 증명한다. 그럼 이제 구체적 사례를 살펴보기로 하자.

(1) 가장 먼저 눈에 띄는 것은 로마 공화정의 세 중심축 중 하나였던 정무관과 관련하여 그 사법권(iurisdictio)과 그 위임에 관한 규율을 祖宗成規에서 찾고 있다는 점이다. 이 점에서 祖宗成規는 不文의 헌법적 제도와 밀접히 관련된 규범체였음을 알 수 있다.[35]

---

35) 상세는 Okko Behrends, "*Ius und ius civile*. Untersuchungen zur Herkunft des

D.1.1.11 Paulus libro quarto decimo ad Sabinum

… ubicumque praetor salva maiestate imperii sui salvoque more maiorum ius dicere constituit, is locus recte ius appellatur.
(법무관이 자신의 大權의 존엄을 유지하고 또 祖宗成規를 유지한 채로 법(ius)을 선언하기로 결정하는 곳은 어디든지 그 장소는 정당하게도 법정(ius)이라고 불린다.)

D.5.1.12.1 Paulus libro septimo decimo ad edictum

Iudicem dare possunt, quibus hoc lege vel constitutione vel senatus consulto conceditur. lege, sicut proconsuli. is quoque cui mandata est iurisdictio iudicem dare potest: ut sunt legati proconsulum. item hi quibus id more concessum est propter vim imperii, sicut praefectus urbi ceterique Romae magistratus.
(심판인을 부여할 수 있는 것은 이 권한이 법률 또는 칙령 또는 원로원의결에 의하여 인정된 자들이다. 법률에 의한 자는 프로콘술들이 해당된다. 사법권이 위임된 자도 심판인을 부여할 수 있다. 프로콘술들의 代官들이 그렇다.[36] 또 成規에 따라 大權의 힘에 의하여 권한이 인정된 자들도 마찬가지이다. 도시장관 및 기타 로마의 정무관들이 해당된다.)

D.1.21.1.1 Papinianus libro primo quaestionum

Qui mandatam iurisdictionem suscepit, proprium nihil habet, sed eius qui mandavit, iurisdictione utitur. verius est enim more maiorum iurisdictionem quidem transferri, sed merum imperium quod lege datur non posse transire: quare nemo dicit animadversionem legatum proconsulis habere mandata iurisdictione. Paulus notat: et imperium, quod iurisdictioni cohaeret, mandata iurisdictione transire verius est.
(위임된 사법권을 받은 자는 고유한 사법권을 가진 것이 아니라 위임한 자의 사법권을 행사하는 것이다. 즉 祖宗成規에 따르면 사법

---

ius-Begriffs im römischen Zivilrecht", in: *Sympotica Franz Wieacker sexagenario Sasbachwaldeni a suis libata* (1968), 11-58, 25ff.

36) 同旨 D.1.16.12 Paulus libro secundo ad edictum.
Legatus mandata sibi iurisdictione iudicis dandi ius habet.

권은 참으로 이전될 수가 있지만, 법률에 의하여 부여되는 純粹大權은 이전될 수 없음이 더 옳기 때문이다. 그런 고로 아무도 死刑處斷權을 프로콘술의 代官이 위임된 사법권에 기하여 갖는다고 말하지 않는다.[37] 파울루스의 주: 사법권에 결부된 명령권도 사법권이 위임되면 이전한다는 것이 더 옳다.)

D.2.1.5 Iulianus libro primo digestorum

More maiorum ita comparatum est, ut is demum iurisdictionem mandare possit, qui eam suo iure, non alieno beneficio habet: (祖宗成規에 의하여 사법권은 이를 자신의 권한으로써 가지고 타인의 施與로써 가지는 것이 아닌 자만이 위임할 수 있다고 규율되었다.[38])

(2) 祖宗成規가 정하는 정무관직에 대한 또 다른 규율은 이들을 법정에 소환하는 것이 금지된다는 것이다. 이 점은 이들을 상대로 법정소환을 실시하지 못한 일반인에게 나중에 소환가능한 상태가 되었을 때로부터 1년 내에 소권의 원상회복(in integrum restitutio)을 허용하는 법무관의 고시를 통하여 확인된다.[39]

---

37) 同旨 D.1.16.6.pr Ulpianus libro primo de officio proconsulis.

Solent etiam custodiarum cognitionem mandare legatis, scilicet ut praeauditas custodias ad se remittant, ut innocentem ipse liberet. sed hoc genus mandati extraordinarium est: nec enim potest quis gladii potestatem sibi datam vel cuius alterius coercitionis ad alium transferre, nec liberandi igitur reos ius, cum accusari apud eum non possint.

D.50.17.70 Ulpianus libro primo de officio proconsulis.

Nemo potest gladii potestatem sibi datam vel cuius alterius coercitionis ad alium transferre.

38) 同旨 D.1.21.5 Paulus libro octavo decimo ad Plautium.

Mandatam sibi iurisdictionem mandare alteri non posse manifestum est.

39) D.4.6.1.1 Ulpianus libro duodecimo ad edictum.

… earum rerum actionem intra annum, quo primum de ea re experiundi potestas erit, item si qua alia mihi iusta causa esse videbitur, in integrum

D.4.6.26.2 Ulpianus libro duodecimo ad edictum

Ait praetor: 'aut cum eum invitum in ius vocare non liceret neque defenderetur'. haec clausula ad eos pertinet, quos more maiorum sine fraude in ius vocare non licet, ut consulem praetorem ceterosque, qui imperium potestatemve quam habent. sed nec ad eos pertinet hoc edictum, quos praetor prohibet sine permissu suo vocari, quoniam aditus potuit permittere: patronos puta et parentes.

(법무관 曰: '또는 그를 의사에 반하여 법정에 소환하는 것이 허용되지 않고 방어도 되지 않았으므로'. 이 조항은 祖宗成規에 의하여 불법 없이는 법정에 소환하는 것이 허용되지 않는 자들에 관한 것인데, 大權이나 기타 직권을 가진 집정관, 법무관 기타 인사들이 해당한다. 그러나 이 고시는 법무관이 자신의 허가 없이 소환되는 것을 금한 사람들에게는 관계되지 않는데, 왜냐하면 법무관은 신청을 받으면 허가할 수 있었기 때문이다. 가령 舊주인과 부모가 그 예이다.)

(3) 로마인들은 존속살인범 처벌의 경우에도 그 처벌 방법의 세부적 규율의 유래를 mos maiorum애서 찾았다. 형벌의 정당화에 mos maiorum이 원용되는 것은 후술하듯이 제정기 문필가들의 특징이기도 하지만, 적어도 다음의 모데스티누스가 보여주는 바와 같이 성문법에 규정이 없는 상태에서 고래로 유지된 독특한 처벌규율의 성격규정으로서는 祖宗成規를 원용하는 것 이상의 더 나은 방법도 찾아보기 어려웠을 것이다.

D.48.9.9.pr-1 Modestinus libro duodecimo pandectarum

Poena parricidii more maiorum haec instituta est, ut parricida virgis sanguineis verberatus deinde culleo insuatur cum cane, gallo gallinaceo et vipera et simia: deinde in mare profundum culleus

---

restituam, quod eius per leges plebis scita senatus consulta edicta decreta principum licebit.

iactatur. hoc ita, si mare proximum sit: alioquin bestiis obicitur secundum divi Hadriani constitutionem.

(1) Qui alias personas occiderint praeter matrem et patrem et avum et aviam (quos more maiorum puniri supra diximus), capitis poena plectentur aut ultimo supplicio mactantur.

(존속살인의 형벌은 祖宗成規에 의하여 이렇게 정해졌다. 즉 존속살해범은 핏빛 杖으로 매질한 후 포대에 개, 수탉, 독사, 원숭이와 함께 넣어 꿰맨 다음 이 포대를 깊은 바다로 던진다. 이것은 바다가 가까운 경우 그런 것이다. 그렇지 않은 경우에는 神皇 하드리아누스의 칙령에 따라 맹수들에게 던져진다.

[1] 어머니, 아버지, 할아버지, 할머니 (이들을 살해한 자는 祖宗成規에 따라 처벌된다고 위에서 이야기하였다) 외의 다른 사람들을 살해한 자들은 사형으로 처벌되거나 극단적인 처벌로 처단된다.)

(4) 인륜적 풍습과 관련한 사례도 전해지는데, 다름 아닌 남편을 여읜 부인이 일정한 居喪期間을 준수해야 한다는 것이다. 전해지는 개소는 애도를 받을 가치가 없는 남편의 경우에도 이 기간이 지켜지도록 법무관이 간여했다는 내용인데, 물론 그 취지는 재혼으로 인한 혈통의 분란을 방지하기 위한 것이었다.40)

D.3.2.11.1 Ulpianus libro sexto ad edictum

Etsi talis sit maritus, quem more maiorum lugeri non oportet, non posse eam nuptum intra legitimum tempus collocari: praetor enim ad id tempus se rettulit, quo vir elugeretur, qui solet elugeri propter

40) 반면에 국가적 차원의 경축행사(이 경우 國泰民安을 비는 百年祭)를 맞이하여 이 기간을 단축시키는 것도 선량한 풍속이고 습속이었다.

Edictum XVvirum sacris faciundis de luctu feminarum minuendo per ludos saeculares (a. 17 BC) lin.110 (FIRA, I, n.57, p.317-318): Cum bono more et proinde celebrato frequentibus exemplis, quandocumque iusta laetitiae publicae caussa fuit, minui luctus matronarum placuerit.

turbationem sanguinis.
(비록 남편이 祖宗成規에 의하여 哀悼해서는 안 되는 그런 자라 할지라도 부인은 법정의 기간 내에 혼인할 수 없다. 왜냐하면 법무관은 남편이 애도되었을 그 기간에 의거하였기 때문인데, 남편이 애도되는 것은 피의 혼란 때문인 것이다.)

명시적으로 mos maiorum을 원용하여 설시하고 있는 개소로서 학설휘찬에서 발견할 수 있는 것은 이상의 것들이 전부이다.

(5) Mos가 명시적으로 로마와 결부되어 원용된 경우로는 두 사례가 전해진다. 그 중 하나는 후견제도에 관련된 것이다. 로마법의 근간에 속하는 후견제도는 행위무능력자에 대한 보호를 위한 것으로, 오늘날에까지 전수된 기본법제 중의 하나이다. 그 중에서도 피후견인은 후견인의 助成(auctoritas)이 없이는 의무를 부담하지 않는다는 기본규율의 유래를 로마인들은 로마의 成規(mos nostrae civitatis)에서 찾았다. 이것 역시 어휘만 다를 뿐 consuetudo와는 구별되는 규범적 효력을 전제한 표현으로서 mos maiorum과 같은 것이다.

D.29.2.8.pr. Ulpianus libro septimo ad Sabinum

More nostrae civitatis neque pupillus neque pupilla sine tutoris auctoritate obligari possunt: hereditas autem quin obliget nos aeri alieno, etiam si non sit solvendo, plus quam manifestum est. de ea autem hereditate loquimur, in qua non succedunt huiusmodi personae quasi necessariae.
(우리나라의 成規에 의하여 피후견남도 피후견녀도 후견인의 조성이 없이는 구속될 수 없다. 그런데 상속재산이 비록 그것이 자력이 없을지라도 우리를 부채로 구속하지 못한다는 것은 명명백백한 사실이다. 그런데 우리가 언급하는 상속재산은 이러한 종류의 사람들이 필연상속인으로서 상속하는 것이 아닌 상속재산이다.)

(6) 다른 하나는 시민법상의 하루(dies civilis)를 규정하는 기술적인 방식에 관한 것인데, 이때 사용된 표현은 로마의 成規(mos Romanus)이다. 겔리우스 등이 전하는 하루를 규정하는 방식을 둘러싼 비교법적 논의－아테네인들은 日沒에서 다음 日沒까지, 바빌로니아인들은 日出에서 다음 日出까지, 움브리아인들은 正午에서 다음 正午까지를 하루로 보았다－와 생일이나 부재(公務 不在, 三夜不在[trinoctium]) 여부 등을 둘러싼 바로(Varro)나 법률가 퀸투스 무키우스(Qu. Mucius)의 논의 등[41]으로 미루어 보면 이것은 분명히 mos maiorum으로서 법률가들의 관할에 속하는 문제였다. 이 또한 로마인을 구속하는 통일적인 기술규정으로서 법규범의 효력이 인정되지 않으면 안 되는 문제인 만큼 관습법에 배속시키는 수밖에 달리 방법이 없었을 것이다.

D.2.12.8 Paulus libro tertio decimo ad Sabinum

More Romano dies a media nocte incipit et sequentis noctis media parte finitur. itaque quidquid in his viginti quattuor horis, id est duabus dimidiatis noctibus et luce media, actum est, perinde est, quasi quavis hora lucis actum esset.
(로마의 관습에 의하면 하루는 子正에서 시작하여 다음 밤 子正에 끝난다. 그래서 이 24시간 내에, 즉 두 半夜와 중간의 晝間에 수행된 것은 무엇이든지 임의의 晝間 시간에 수행된 것처럼 취급된다.)

祖宗成規가 원용되는 그밖의 경우들에는 maiorum은 생략된 채 mos/mores가 단독으로 사용되고 있다(후술 VII 참조).

---

41) Gellius, Noctes Atticae 3.2; Censorinus, De die natali liber 23.1-5; Macrobius, Saturnalia 1.3 (Varro).

2. Mos maiorum의 기원

그러면 이러한 祖宗成規의 기원은 무엇이고 과연 어떠한 과정을 거쳐서 고전기 법률가들이 아무런 疑念 없이 관습법으로 승인하기에 이르렀을까? 최근의 Blösel의 연구성과[42]에 따르면 원래 mos maiorum은 그 표현이 사료상 처음으로 확인되는 플라우투스(ca. 250~184년)의 희곡들의 경우 이미 그러한 관념을 희화화할 정도로 로마인들 사이에서는 정착된 모습을 보이고 있는데, 원래 閥族의 자기 가문의 영예를 현양하려는 의도에서 의식적으로 함양되고 현시 내지 과시된 가문의 전통으로서, 이를 통하여 자신들의 로마 국가에서의 역할과 입지 및 권세를 정당화하려던 것이었다. 그리하여 각 가문의 mos maiorum이 모이면 복수인 mores maiorum으로 지칭될 수 있었다. 이것은 귀족 공통의 에토스를 반영하는 것이었다. 그 결과 귀족이 아닌 일반인은 mos maiorum을 원용할 수 없었는데, 그들은 로마적 이해에 따르면 상당하는 maiores (조상들)이 없었기 때문이었다. 이러한 상황에서 가문의 전통을 내세울 수 없는 新人(novus homo)들은 로마 국가에 대한 개개인의 능력에 의한 헌신의 가치를 새로운 정당화의 근거로 내세움으로써 기존의 문벌귀족과의 경쟁에서 핸디캡을 극복하고 우위를 점하려 했는데, 老카토(234~149년)가 그러한 시도를 감행한 최초의 전형적인 인물이었으나 성과는 없었다.[43] 그 후 로마의 위기와 더불어 mos maiorum

---

42) 이하는 Wolfgang Blösel, "Die Geschichte des Begriffes *Mos Maiorum* von den Anfängen bis zu Cicero", in: Bernhard Linke/Michael Stemmler (Hgg.), *Mos Maiorum. Untersuchungen zu den Formen der Identitätsstiftung und Stabilisierung in der römischen Republik* (2000), 25-97에 의함.

43) Cf. Hans-Joachim Gehrke, "Römischer mos und griechische Ethik. Untersuchungen zum Zusammenhang von Akkulturation und politischer Ordnung im Hellenismus", in: *Historische Zeitschrift* 258 (1994), 593-622 (zu

에 반영된 게임의 규칙도 동요되기에 이르렀으며, 웅변가들에 의하여 비교적 융통성 있고 확장가능한 개념으로 이용되기도 하였는바, 수 백 년 된 古로마의 관습이 아니라 겨우 몇 십 년밖에 안 된 관행에도 사용되었다. 개념의 변천에 결정적인 역할은 한 것은 역시 新人이었던 키케로(106~43년)였다.[44] 그는 고도로 자기 가문의 조상들을 지향점으로 삼았던 귀족들의 행태를 한편으로는 적절히 이용하면서도, 종국적으로는 maiores를 전체 로마 인민(populus Romanus)의 조상으로 의미전환을 꾀함으로써 이제는 그 스스로 maiores로 대변되었던 로마 과거의 영광된 업적들을 거리낌 없이 원용할 수 있게 시도하였다. 이리하여 이제 단일화된 mos maiorum은 국헌의 영역에 있어서, 대외관계에 있어서, 사법제도와 소송절차에 있어서, 종교적 전통에 있어서, 사생활과 문화의 영역에 있어서 중요한 중심개념으로 변모하였다. 이제 mos maiorum은 키케로에게 있어서 가문전통이라는 관념의 엄격한 틀을 결코 벗어버린 것은 아니었지만, 분명히 로마국민의 공유의 관습으로 표상되기에 이르렀다. 그리고 이 개념은 필연적으로 국가에 대한 봉사에서 입증되는 virtus(德, 덕행, 功德)를 본질적 요소로 가지는 것이었다. 새로운 mos maiorum 관념의 확산은 로마적 모범(exempla)을 추구하도록 촉발했던 그리스 체제와의 대결이라는 시대상황에 의하여 더욱 촉진되었다. 그럼에도 불구하고 Blösel의 결론은 mos maiorum은 결코 로마의 일반 국민을 위한 지침이 아니었고, 항상 자기 가문의 조상이든 키케로의 경우처럼 스스로 선택한 조상("geistige maiores")이든 조상을 지향점으로 삼는 엘리트계층의 에토스였다는 점이다.[45] 그리고 세력가들이 그 전

Cato, Scipio Aemilianus und Nomothesie).

44) Cf. Heinrich Roloff, "Maiores bei Cicero", in: M. Oppermann (Hg.), *Römische Wertbegriffe* (1983), 274-322.

45) Cf. Dieter Nörr, "Zur Entstehung der gewohnheitsrechtlichen Theorie", in:

통 내의 모범을 추구하는 것이 아니라, 전례 없던 행동들, 말하자면 '새로운 모범들'(nova exempla)을 만들기 시작하면서 이것은 mos maiorum의 몰락을 의미할 수밖에 없었다고 평가한다.

이 과정의 말하자면 주체였던[46] 아우구스투스의 원수정 확립은 그 자신이 자신의 行狀錄(Res gestae)에서 밝히고 있듯이 "어떤 정무관직도 祖宗成規에 반하여 제공된 것은 수락하지 않았다"[47]는 변명으로써 도둑이 제 발 저린 격(Qui s'excuse, s'accuse!)임을 드러내었다. 공화주의자로 유명한 법률가 라베오가 아우구스투스의 치하에서 호민관들에 의해 소환되자 祖宗成規에 따르면 그들은 체포권은 있을지언정 소환권은 없다고 항변하면서 소환을 위해 파견된 자를 감히 돌려보냈다는 일화[48] 역시 mos maiorum의 정치적 기능을 잘 보여준다. 원수정이 지나

Festschrift für W. Felgentraeger (1969), 353-366, 357 = 同, *Historiae Iuris Antiqui. Gesammelte Schriften*, I (2003), 645*-658*, 649*: "Für die römische Geisteshaltung ist es charakteristisch, daß zwar das geschichtliche Handeln im 1. Jh. v. Chr. sich faktisch weithin im Kampf gegen alte Traditionen und Wertsysteme vollzieht, daß aber ideologisch die Tradition weiterhin als verbindlicher Maßstab deklariert wird."

46) Augustus, res gestae 8.5:
Legibus novis me auctore latis multa exempla maiorum exolescentia iam ex nostro saeculo reduxi et ipse multarum rerum exempla imitanda posteris tradidi.

47) Augustus, res gestae 6.1:
Consulibus M. Vinicio et Q. Lucretio (BC 19) et postea P. Lentulo et Cn. Lentulo (BC 18) et tertium Paullo Pabio Maximo et Q. Tuberone (BC 11) senatu populoque Romano consentientibus ut curator legum et morum summa potestate solus crearer, nullum maigstratum contra morem maiorum delatum recepi.

48) Gellius, Noctes Atticae 13.12.1-4:
(1) In quadam epistula Atei Capitonis scriptum legimus Labeonem Antistium legum atque morum populi Romani iurisque civilis doctum adprime fuisse. (2) 'Sed agitabat' inquit 'hominem libertas quaedam nimia atque vecors usque eo,

면서 이미 티베리우스의 치세에 과거 귀족 가문들의 자기 현시의 전통적 수단이었던 거창한 장례식(pompa funebris)도 皇帝家에 전적으로 유보되기에 이르렀고, 이미 타키투스(ca. 55-116/20년)에게서도 이 어구는 극도로 드물게만 사용되었는데, 그마저도 오로지 死刑과 관련해서만이었다.[49] 황제정과 더불어 mos maiorum의 본을 따라 발휘할 virtus를 위한 여지도 더 이상 존재하지 않게 되었다. 요컨대 로마 귀족의 에토스로서 mos maiorum은 기원전 1세기에 이르기까지 높은 정당화적－기율적 힘을 가지고 있었고,[50] 위기에 빠진 후로 키케로에 의해 이제 확대

ut divo Augusto iam principe et rem publicam obtinente ratum tamen pensumque nihil haberet, nisi quod iussum sanctumque esse in Romanis antiquitatibus legisset,' (3) ac deinde narrat, quid idem Labeo per viatorem a tribunis plebi vocatus responderit: (4) 'Cum a muliere' inquit 'quadam tribuni plebis adversum eum aditi <in> Gallianum ad eum misissent, ut veniret et mulieri responderet, iussit eum, qui missus erat, redire et tribunis dicere ius eos non habere neque se neque alium quemquam vocandi, quoniam moribus maiorum tribuni plebis prensionem haberent, vocationem non haberent; posse igitur eos venire et prendi se iubere, sed vocandi absentem ius non habere.'

49) Tacitus, annales 4.30.1; 14.48.2; 16.11.3; Historiae 4.42.6. 타키투스뿐 아니라 제정기의 문필가들에게는 일반적으로 mos maiorum은 무엇보다도 형벌의 정당화에 원용되었다. 가령 Gellius, Noctes Atticae 6.15.pr; 11.1.4; Suetonius, Nero 49.2; Domitianus 11.2; Apuleius, Metamorphoses 10.11; 또한 전술한 Mod. D.48.9.9.pr-1.

50) Blösel은 지적하고 있지 않지만, 기원전 92년의 그리스어 수사학 교습에 반대한 호구총감 고시(Wenger [위 주 26], 240 mit n.56)는 이러한 양상에 대한 하나의 예가 될 수 있다.

Gellius, Noctes Atticae 15.11.2 ≒ Suetonius, de rhet. c. 1 (FIRA, I, n.52, p.305-306):

Aliquot deinde annis post id senatusconsultum Cn. Domitius Ahenobarbus et L. Licinius Crassus censores de coercendis rhetoribus Latinis ita edixerunt: Renuntiatum est nobis esse homines, qui novum genus disciplinae instituerunt, ad quos iuventus in ludum conveniat; eos sibi nomen inposuisse Latinos rhetoras; ibi homines adulescentulos dies totos desidere. Haec nova, quae

된 엘리트 지도층의 理想으로 현양되었지만, 옛 로마 귀족정치의 종언을 살아 넘지 못하였다. 이제 이렇게 해서 남은 것은 내용 없는 어구의 껍질이었다. 그러나 그럼에도 불구하고 이 어구는 일정한 습속을, 비록 이것들의 본래의 기원이 당시에는 더 이상 의식되지 않았을지라도, 설명하기에는 충분할 정도의 의미는 내포하였던 것으로 보인다. 이상이 Blösel의 연구결과인데, 매우 타당한 것으로 생각된다.

앞서 살펴본 법률가들에 의한 祖宗成規의 지시는 바로 그 가장 두드러진 증거임과 동시에 또한 법률가들에게서도 이미 현실적 의미를 상실한 극소수의 사례들만이 전승된다는 사실이야말로 이것이 더 이상 고전기 로마에서 실천적 힘을 갖는 인자가 아니었다는 점에 대한 강력한 증거이기도 하다.[51] 그런 의미에서는 mos maiorum을 관습법이라고

---

praeter consuetudinem ac morem maiorum fiunt, neque placent neque recta videntur. Quapropter et his, qui eos ludos habent, et his, qui eo venire consuerunt, visum est faciundum, ut ostenderemus nostram sententiam nobis non placere.

흥미 있는 것은 그리스인 철학자와 수사학자의 추방을 결정하여 유사한 조치에 속하는 기원전 161년의 원로원의결에서는 "res publica(國益)와 fides sua(公信)"가 원용되고 있다는 점이다. 이러한 사실은 일응 mos maiorum에 대한 어떤 시사점을 제공한다고 할 것이다.

Gellius, Noctes Atticae 15.11.1 = Suetonius, de rhet. c. 1(FIRA, I, n.32, p.247):

C. Fannio Strabone M. Valerio Messala coss. senatusconsultum de philosophis et de rhetoribus factum est: M. Pomponius praetor senatum consuluit. Quod verba facta sunt de philosophis et de rhetoribus, de ea re ita censuerunt, ut M. Pomponius praetor animadverteret curaretque, uti ei e re publica fideque sua videretur, ut Romae ne essent.

51) 특히 법무관은 자신의 대권을 근거로 시민법을 실질적으로 변경하는 결정을 할 수가 있었고, 이것은 확인된 mos maiorum에 정면으로 반하는 결정을 할 수도 있었음을 의미할 뿐 아니라, 실제로도 그러한 예들이 있었다. 그러나 본고에서는 이 측면은 논하지 않는다.

성질결정하더라도 실익은 없다고 할 것이다. 다음의 학설휘찬의 개소는 이런 현실에서 로마의 법률가가 본 古來의 전통에 대한 비판적 시각과, 동시에 실용성에 기초한 보수적 태도[52]를 전해주는 것이리라.[53] 모든 것을 바꾸어야만 한다는 강박증과 조급증이 국민 정서에서 여유를 앗아가고 있는 오늘날 로마인들처럼 조상님들이 정하신 것이라는 단지 그 이유만으로라도 한번쯤 그냥 내버려두고 그때까지 파악 못한 그 제도나 법규의 존재이유를 차분히 더 궁구해 보는 자세는 정녕 무의미한 것일까? 몽테스키외의 『법의 정신』의 한 章題(제19권 제6장: Qu'il ne faut pas tout corriger "모든 것을 교정해서는 안 된다는 것")가 자꾸 머리에 떠오르는 시절이다.

D.1.3.20 Iulianus libro quinquagensimo quinto digestorum

Non omnium, quae a maioribus constituta sunt, ratio reddi potest. (조상님들에 의하여 법으로 정해진 모든 것들에 대하여 이성적 근거를 제시할 수 있는 것이 아니다.)

D.1.3.21 Neratius libro VI membranarum.

Et ideo rationes eorum, quae constituuntur, inquiri non oportet: alioquin multa ex his quae certa sunt subvertuntur.
(그래서 법으로 정립된 것들의 이성적 근거들이 조사되지 않는 것이 마땅하다. 그렇지 않으면 확실한 것들의 많은 것이 전복될 것이다.)

---

52) 이를 잘 보여주는 예가 정책입법들의 경우에도 활용되었던 불완전법률들(leges imperfectae)이다. 이 범주의 법률 및 그에 준하는 것들은 법률효과 면에서 아무런 규제를 가하지 않고 사법당국의 전래적인 운용방식에 맡겼던 것이다. Alfons Bürge, *Römisches Privatrecht. Rechtsdenken und gesellschaftliche Verankerung. Eine Einführung* (1999), 39 (m. Lit.).

53) 두 개소의 ratio 이해와 그에 대한 상반된 경향 등 상세는 Theo Mayer-Maly, "Juristische Reflexionen über ius II", in: *SZ* 119 (2002), 1-28, 17ff.

그러면서도 다른 한편으로 적어도 고전기 법률가들의 경우 키케로의 경우와는 달리 정치적 · 이데올로기적 차원은 아주 뒷전으로 물러나 있다. 그들이 mos maiorum에 기원하는 것으로 성격 규정한 일정한 구체적인 법제도나 법형상 또는 법규칙들은 아주 초기부터 존재했던 로마의 법체계에서 유래하였다. 법규범의 연원은 관심거리가 아니었다. 규칙과 제도가 항상 조상의 관습법 속에 확립되어 있었다는 것으로 충분하였다.[54)]

이 지점에서 하나의 의문이 제기된다. 그처럼 심지어는 순전히 기술적이기까지 한 아주 구체적인 법규만이 문제되고 있으면서, 그것들이 父祖의 관습에 기원한다는 것은 도대체 어떻게 가능한 일인가? 여기서 한 가지 분명해지는 사실은 적어도 법률적인 차원에서만 보자면 이때 maiores는 철저하게 법률가일 수밖에 없다는 점이다. 그렇다면 옛 법률가들의 결정을 오늘날의 법률가들이 그 지속적인 효력에 있어서 긍정하는 셈이다. 이른바 祖宗成規에 있어서 처음부터 규범적 차원이 문제되는 것은 바로 이런 이유 때문이다. 그렇기에 법률가들이 아니라 일반인들이 주체로 상정되는 consuetudo적 의미의 관습법을 기준으로 삼을 때 이것이 과연 관습법인지 의문이 제기될 수 있는 것 또한 이런 이유 때문이었다. 그렇다면 수많은 법규들 중 하필이면 특정한 몇몇 경우들에 한하여 그렇게 해야만 했던 이유는 무엇이었을까? 법률가들이 어떤 내용을 그 결과가 같음에도 불구하고 굳이 언급하는 경우란 십중팔구 그 논증의 길이 다르기 때문이다. 최고법원이나 헌법재판소의 결정에서

54) A. Arthur Schiller, *Roman Law: Mechanisms of Development* (1978), 257; Max Kaser, “Zur Problematik der römischen Rechtsquellenlehre”, in: *Festschrift für Werner Flume zum 70. Geburtstag*, I (1978), 101-123, 111 = 同, *Römische Rechtsquellen und angewandte Juristenmethode. Ausgewählte, zum Teil grundlegend erneuerte Abhandlungen* (1986), 9-41; Gunther Dietrich Gade, *Donationes inter virum et uxorem* (2001), 69f.

별개의견이 존재하는 이유이다. 바로 이 맥락에서 오코 베렌츠(Okko Behrends)가 제시하는 최근의 새로운 학설이 주목된다.[55] 그에 의하면 이러한 작업이 필요했던 것은 고전기 前의 자연법적 법학이 법으로 정립했던 바를 고전기의 문명법적 법학이 변화된 새로운 규범이론의 틀 속에서 새로운 논거로써 수용하는 과정에서 특별한 法源範疇로 동원되었다는 것이다. 그의 표현을 직접 들어 본다:

> "Es war die eigentliche Aufgabe der spezifisch jurisprudentiellen Rechtsquellenkategorie des mos maiorum, den vorklassischen Regeln, deren naturrechtlich-spekulative Begründung nicht mehr trug, deren Anwendung aber auch unter den neuen Vorzeichen für wohltätig gehalten wurde, eine neue Grundlage zu geben …. Die Grundlage dieses (neuformulierten) Gewohnheitsrechts fand sich eben nicht, wie man unbefangener- oder naiverweise erwarten würde, im Rechtshandeln des Volkes selbst, sondern in den Normen einer älteren Rechtswissenschaft, die sich, als sie an der Herrschaft war, mit ihren naturrechtlichen Prämissen durchzusetzen gewußt hatte." (S.87)

이 과정에서 그는 mos maiorum의 독일어 번역어로는 Gewohnheitsrecht ("관습법")을, consuetudo의 번역어로는 Gewohnheit des Rechts("법관습")를 사용하고 있다. 이러한 번역어가, 가령 최근 들어 만민법(ius gentium)에 대한 신조어로서 종전의 Völkerrecht를 대체하는 어휘로서 성공적으로 채택된 Völkergemeinrecht처럼, 독일학계에서 정착될지는 더 두고 볼 일이다. 관건은 무엇보다도 로마법학의 발전양상에 관한 대단히 복합적인 논증과정에 기초한 그의 거시 이론[56]의 타당성 여부와

55) Behrends (위 주 11), 21ff.; bes. 84ff.

56) 일응의 간단한 소개는 Kaser/Knütel, *Römisches Privatrecht* (17. Aufl. 2003), 5f.

이를 특히 관습(법)과 관련지어서 입론하고 있는 그의 博覽强記한 설시의 타당성 여부이다. 이를 검토하는 것은 본고의 범위에서는 불가능에 가깝기 때문에 기본 아이디어를 소개하는 것으로 만족할 수밖에 없다. 그 중 다른 하나는 지적한 두 법학 조류가 고전 성기에 대타협을 하면서 고전법학에 의하여 생산적 의사원리가 도입되고, 관습법과 관련해서도 법을 정립하는 생산적인 인민의 의사를 인정하기에 이르렀다는 것이다. 이것이 큰 변화인 것은 원래 개인적 인간이성을 통하지 않고서 법을 창출할 수 있는 객관적 원리의 法源性을 알지 못 했던 고전법학이 율리아누스의 손을 거치면서 고전법학의 제도적 법사고가 前古典法學의 원리적 법사고를 수용한 결과이기 때문이다.[57] 일단 그가 들고 있는 예들(부부간 증여 금지, 부부간 절도 배제,[58] 은행조합원의 연대책임, 무유언상속에서의 女系 배제)[59]은 그의 논리를 뒷받침하는 것으로 이해될 수 있으나, 그밖의 다양한 다른 모든 경우들(후술 Ⅶ 참조)이 과연 그렇게 해석될 수 있을 것인지는 더 살펴보아야 할 과제이다.

---

57) Behrends (위 주 11), 95ff. 비교: Dieter Nörr (위 주 45), 363/655*: "Alles dasjenige, was sich einer Regelbildung entzieht, vor allem der weite und wichtige Bereich der allgemeinen Rechtsgrundsätze, der principles of law im Sinne der angelsächsischen Rechtstheorie, konnte in der Lehre vom Gewohnheitsrecht keinen Ort mehr finden. Seither irrt dieser Bereich bis in die moderne Rechtstheorie hinein ziellos und heimatlos in der Rechtsquellenlehre umher."

58) D.25.2.1 Paulus libro septimo ad Sabinum.
Rerum amotarum iudicium singulare introductum est adversus eam quae uxor fuit, quia non placuit cum ea furti agere posse: quibusdam existimantibus ne quidem furtum eam facere, ut Nerva Cassio, quia societas vitae quodammodo dominam eam faceret: aliis, ut Sabino et Proculo, furto quidem eam facere, sicut filia patri faciat, sed furti non esse actionem constituto iure, in qua sententia et Iulianus rectissime est:

59) Behrends (위 주 11), 85ff. mit n.146.

VI. 지방의 관습(법)

지금까지 살펴본 것은 로마의 관습(법)이었다. 지방의 경우에는 어떠하였을까? 이곳에서는 로마의 법률가들이 명시적으로 지방의 관습(법)(consuetudo loci, mos regionis etc.)을 언급하고 있는 개소들을 소개하는 것으로 그치기로 한다.[60] Mos civitatis 등에서와 같이 civitas가 사용된 경우에는 이 용어가 국가나 도시를 모두 의미할 수 있어서 과연 이 용어로 한정된 관습(법)의 지역적 적용범위가 어디까지인지가,[61] 비록 문맥을 고려하면 대체로 밝힐 수 있다고는 하지만, 반드시 분명한 것이 아니므로, 이곳에서는 제외하였다. 또 이곳에 소개한 개소들에서 문제된 것이 단순한 관습을 넘어서는 관습법인지는 더욱 면밀한 고찰을 요할 터인데, 다음 기회로 미루기로 한다.

안토니누스 피우스와 마르쿠스 아우렐리우스 시대에 활동한 것으로 보이는 법률가 파피리우스 유스투스는 포도주 매매에 있어서는 어떠한 계량척을 사용하는가는 당사자들의 자유이고 이것이 마음에 들지 않으면 매도가 강제되지 않는다고 하면서 특히 이것이 지역의 관습에 반하지 않는 경우 그러하다고 지적한다(D.18.1.71).

파피니아누스는 誠意訴訟에서 다투어지는 경우 이자율은 심판인이

60) 구체적인 지명이 등장하는 경우의 예로는 Lex colonis fundi villae magnae data ad exemplum legis Mancianae (a.116 vel 117)(FIRA, I, n.100, p.484-490 (consuetudo Manciana)

61) 18세기의 용어로 말하자면 보편관습법(consuetudo universalis)인지 아니면 限地관습법(consuetudo particularis)인지의 여부이다. Vicat (위 주 16), s.v. Consuetudo, p.344-346, 344에 의하면 전자는 "quae in civitate ita viget, ut ad societatem civitate minorum non restringatur"이고, 후자는 "quae in societate quae familia quidem major, at civitate minor est, nascitur"이다.

계약체결지의 관습에 따라 裁定하되 법률에 위반해서는 안 된다고 설시하고 있다(D.22.1.1.pr). 이자율의 결정에 있어서 지역의 관습을 고려한다는 결정은 울피아누스에게서도 발견된다(D.26.7.7.10; D.30.39.1). 울피아누스는 그밖에도 태아와 영・유아의 보호(D.25.4.1.15) 및 범죄행위 처벌(D.47.11.9), 그리고 계약의 해석(D.50.17.34)과 관련해서도 지역의 관습을 고려하고 있다.

울피아누스와 더불어 고전 후기의 쌍벽이었던 파울루스에 의하면 속주지사는 추수시기를 결정함에 있어서 그 지역의 관습을 따라야 한다(D.2.12.4). 그는 또 市參事會의 투표 규율이 영속적 관습에 반하지 말아야 한다는 것(D.3.4.6.pr)과 시참사회의 소송은 市의 변호인(syndicus)이 지역의 관습에 따라 수행하는 것이 당시의 일반적인 모습(D.3.4.6.1)이라고 밝히고 있다.

끝으로 consuetudo로 표현된 것 중에는 로마의 관습도 아니고, 지방의 관습도 아니면서, 장기의 관행에 해당하는 제3의 유형에 해당하는 사례들이 있다는 점을 지적해 두어야 할 것이다. 이것은 로마와 지방 사이의 관계에 있어서 발견되는, 로마가 용인함으로써 지속된 일정한 관행의 영역이다. 이것이 관습법이 아님은 로마가 이 관행에 의하여 구속될 의사가 없다는 사실에서 분명히 드러난다.[62)]

---

62) 예컨대 면세특권에 관하여 Tyras 시민에게 보낸 황제의 서한인 Epistula Severi et Caracallae ad Tyranos (a.201) lin.3-8 (FIRA, I, n.86, p.442-444, 443): origine immunitatis inspecta, quod usurpatum esse diu quaqua ratione uidebatur, cum iusta moderatione seruauimus, ut neque ipsi consuetudine diuturna pellerentur, et in posterum decreta ciuium adsumendorum consiliis praesidis prouinciae clarissimi uiri perpenderentur.

VII. 각론적 고찰

이제 관습(법)이 원용된 구체적 사례들을 살펴보아야 할 차례인데, 사료의 수가 비교적 많으므로[63] 지면관계상 간략하게 어떤 사항이 문제된 경우였는가 하는 것만을 밝히는 방식으로 소개하는 데 그치기로 한다.[64] 이러한 조치는 이들 사례들에 대한 각론적인 고찰이 관습법에 관한 로마 법률가들의 기본적인 관념을 인식하는 데 총론적 고찰 이상의 정보를 크게 더해 주는 바가 있는 것도 아니므로 본고의 목적상 크게 부당한 것도 아니라고 생각된다. 물론 앞으로 세부적으로 고찰할 기회가 주어지기를 기대해 본다. 이하에서는 굳이 로마와 지방의 구별 없이 사항을 중심으로 서술하기로 한다. 개개의 사안에서 구체적으로 문제된 것이 관행에 불과한 것인지, 비교적 공고한 관습인지, 아니면 더 나아가서 관습법인지는 매 개소마다 면밀히 검토해 보아도 최종적인 확실성을 얻지 못할 수도 있다.[65] 그러나 어쨌든 이러한 다양성은 관행과 관습의 존재를 입증함은 물론이고, 더 나아가 관습법의 존재도 적어도 매우 개연성이 있었다는 사실을 시사하는 바이다.

관습(법)이 원용된 사안들의 관련사항들은 대체로 오늘날의 범주를 적용하면 거칠지만 다음과 같이 정리해 볼 수 있다.

---

63) Cf. *Vocabularium Iurisprudentiae Romanae*, tom. I (1903), s.v. consuetudo I, II, p.981-982; tom. III/2 (1983), s.v. mos, p.1994-1996; Max Kaser, (위 주 54), 111ff.

64) 물론 이하의 소개는 완벽한 것이 결코 아니다.

65) Cf. Glück (위 주 33), 440-449 (Herkommen, Gewohnheit, Observanz의 구별 및 분류 시도).

(1) 공법 부문

① 행정법

- 여자에 공무직(officia civilia) 금지: Paul. D.16.1.1.1 (mores)
- 공휴일: Ulp. D.1.16.7.pr (mores et consuetudo)
- 추수시기: Paul. D.2.12.4 cit. (consuetudo provinciarum)
- 속주 부임절차: Ulp. D.1.16.4.5 (moris est; consuetudo)
- 자치시 정무관직 수행: Ulp. D.50.1.25 (mores)
- 公課(vectigal): Paul. D.39.4.4.2 (consuetudo); Papirius Iustus D.50.12.13.1 (vetus consuetudo)
- 인적 부담(munera personalia): Arcadius Charisius D.50.4.18.27 (civitatis suae mos); Hermog. D.50.4.1.2 (cuiusque civitatis consuetudo longa)
- 부담(munus): Marci. D.50.16.214 (mos)
- 양곡 부담 등: Mod. D.26.7.32.6 (mos et consuetudo [civitatis])
- 買穀담당관: Arcadius Charisius D.50.4.18.5 (moris est)
- 市參事會 투표: Paul. D.3.4.6.pr cit. (perpetua consuetudo)
- 市參事會員: Callistratus D.50.2.11 (longa consuetudo)
- 시참사회 소송: Paul. D.3.4.6.1 cit. (locorum consuetudo)
- 拂下광산 광맥 수익: Lex metallis dicta (a.117-138) lin.11f (mos)[66]

② 소송법

- 압류식 법률소송: Gai. 4.26 (mores); 兵士 사안 Gai. 4.27 (introducta moribus)
- 여자 및 노예에 심판인 자격 금지: Paul. D.5.1.12.2 (mores)
- 변호 금지(속주지사에 의한): Ulp. D.48.19.9.pr (moris est)

66) FIRA, I, n.104, p.498-502; Wenger (위 주 26), 406.

- 심판인 의무: Inst. Iust. 4.17.pr (moribus proditum)
- 증인 소환: Callistratus D.22.5.3.6 (consuetudo in provincia)
- 변호사 보수(법원 관행): Ulp. D.50.13.1.10 (fori consuetudo et iudicii)
- 평판(existimatio): Callistratus D.50.13.5.1 (mores)

③ 형 법

- 파렴치행위: Ulp. D.50.16.42 (mos civitatis)
- 담합고소(praevaricatio): Macer D.47.15.3.pr (moribus inductum)r
- 범죄행위 처벌: Ulp. D.47.11.9 cit. (mos provinciarum)
- 輕流配 출발일: Ulp. D.48.22.7.17 (moris est)
- 벌금액: Ulp. D.48.3.4 (consuetudo, quae certam formam habet)

(2) 私法 부문

① 人 法

- 귀환권(postliminium): Paul. D.49.15.19.pr (moribus constitutum)[67]
- 家長權: Ulp. D.1.6.8.pr (moribus receptum)[68]
- 행위무능력자인 태아와 영・유아의 보호: Ulp. D.25.4.1.15 cit. (mos regionis)
- 낭비자 금치산: Ulp. D.27.10.1.pr (moribus ab initio introductum)
- 후견인 조성 없을 시 피후견인의 의무 불구속: Ulp. D.29.2.8.pr (mos nostrae civitatis)
- 후견인: Ulpiani Epitome 11.2; 11.24; 選定후견인: Frag. Vat. 155

---

67) 정녕 고대의 제도인 이 귀환권에 관해서는 Fernand de Visscher, "Aperçus sur les Origines du Postliminium", in: *Festschrift Paul Koschaker*, I (1939), 367-385; Alberto Maffi, *Ricerche sul postliminium* (1992).

68) Cf. Collatio 4.8.1 (Pap.): Cum patri lex regia dederit in filium vitae necisque potestatem.

(mos)

· 자유 우대: Tryph. D.49.15.12.9 (institutum a maioribus)

② 재산법

· 지역권: Ulp. D.39.3.1.23 (longa consuetudo); Paul. D.39.3.17.1 (consuetudo); 採石 Ulp. D.8.4.13.1 (consuetudo)

· 이자율: Pap. D.22.1.1.pr. cit. (mos regionis); Ulp. D.30.39.1 cit. (mos regionis); Scaev. D.33.1.21.pr (consuetudo in provincia); Ulp. D.26.7.7.10 cit. (mos provinciae)

· 이자 지급 지연시 고율 관행: Pail. D.22.1.11.pr (consuetudo)

· 계약의 해석: Ulp. D.50.17.34 cit. (regionis mos)

· 공동은행가(은행조합원) 1인에 예탁 置簿한 금전의 타 공동은행가로부터의 인출: Auctor ad Herennium 2.13.19 (consuetudine ius)

· 불융통물: Paul. D.18.1.34.1 (mores civitatis)

· 매매시 담보문답계약: Ulp. D.21.1.31.20 (quae sunt moris et consuetudinis)

· 추탈담보: Gai. D.21.2.6 (consuetudo regionis)

· 포도주 매매의 계량: Pap. D.18.1.71 (consuetudo regionis)

· 인격침해(iniuria)소권: Paul. Sent. 5.4.6 (mos)

③ 가족법

· 기한부 양자 금지: Paul. D.1.7.34 (mores nostri)

· 약혼: Ulp. D.23.1.2 (moris fuit)

· 母 및 姉妹와의 금혼: Pomp. D.23.2.8 (mores); Paul. D.23.2.39.1 (mores-incestum)

· 부부간 증여 금지: Ulp. D.24.1.1 (moribus receptum); D.24.1.3.1 (mores nostri); Proculus-Pomp. D.24.1.31.7 (maiores)[69]

---

69) 반면에 다음 개소는 부부간 증여 금지가 이미 시민법으로 편입되었음을 잘 보

· 居喪기간(재혼금지기간): Iul. D.3.2.1 (moris est); Frag. Vat. 320-321 (moris est)
· 유언: Ulp. D.28.1.21.1 (consuetudo regionis); D.32.75 (consuetudo ex regionis)
· 미성숙자보충지정(substitutio pupillaris) 유언: Ulp. D.28.6.2.pr (moribus introductum); Inst. Iust. 2.16.pr (moribus institutum)
· 유증: Ulp. D.30.50.3 (consuetudo regionis)
· 가재도구: Cels. D.33.10.7.1 (mores civitatis)
· 유산 신탁유증: Marci. D.48.22.16 (consuetudo)

Ⅷ. 로마의 관습법에 관한 학설

이상으로 관습(법)과 관련하여 로마의 법률가들의 구체적인 논변을 두루 살펴보았다. 이로써 일단 로마의 경우에도 일정한 관습법이 존재하였고, 또 일정한 경우 중요한 규범적 논거로서 작동하였다고 결론지을 수 있을 것처럼 보인다. 그러나 과연 법률과 동일한 차원의 규범층으로서 관습법이 존재했는지는 이로써 충분히 밝혀진 것은 아니다. 실제로 연구사적으로 보면[70] 1966년 부르크하르트 슈미델(Burkhard

---

여준다.

D.41.2.1.4 Paulus libro quinquagensimo quarto ad edictum.

Si vir uxori cedat possessione donationis causa, plerique putant possidere eam, quoniam res facti infirmari iure civili non potest: et quid attinet dicere non possidere mulierem, cum maritus, ubi noluit possidere, protinus amiserit possessionem?

70) 이하의 내용은 Wolfgang Waldstein (위 주 27), 105-126; 同, "Werner Flume, Gewohnheitsrecht und römisches Recht (Rheinisch-Westfälische Akademie der Wissenschaften, Vorträge G 201). Westdeutscher Verlag, Opladen 1975. 41 S.", in: *SZ* 93 (1976), 358-369; 同, "Jean Gaudemet, La formation du droit

Schmiedel)의 연구[71]에 이르기까지에도 로마에는 관습법이 존재하지 않았다는 부정설이 지배적인 학설이었고,[72] 이후 Schmiedel의 연구를 계기로 수정비판적 방법론에 대한 반성과 더불어 루치오 보베(Lucio Bove), 디이터 뇌르(Dieter Nörr), 테오 마이어-말리(Theo Mayer-Maly), 막스 카저(Max Kaser) 등의 새로운 연구들은 관습법의 존재를 긍정하는 방향으로 학설의 선회를 가져왔지만,[73] 이에 대해서는 다시금 1975년에 베르너 플루메(Werner Flume)가 전면적으로 부정설의 입장을 대변하는 발표[74]를 함으로써 다시금 논쟁을 유발하였지만, 그 후의 학설은 볼프강 발트슈타인(Wolfgang Waldstein)을 필두로 한 Flume에 대한 정당한 비판을 근거로 하여 관습법 긍정설을 다지기에 이르렀다.[75] 공화정기에 대해서는 관습법의 존재를 여전히 부정하고 있는 프란츠 비악커(Franz Wieacker) 조차도 고전기에 대해서는 그 존재를 긍정한다.[76] 이곳에서는 원칙적으로 속주를 제외하고 로마의 경우에 한정하여 살펴보기로 한다.

---

séculier et du droit de l'Église aux IVe et Ve siècles (=Institut de droit romain de l'Université de Paris XV). 2. Aufl. Sirey, Paris 1979. 247 S.", in: SZ 100 (1983), 699-705, 703ff.에 의하였다.

71) Burkhard Schmiedel, *Consuetudo im klassischen und nachklassischen römischen Recht* (1966).

72) 대표적: Steinwenter, Solazzi, Schulz, 改說 전의 Kaser, Thomas, D'Ors, Gioffredi, Lombardi, von Lübtow, Scherillo, Schmiedel, Biscardi, Horak. 상세는 Franz Wieacker, *Römische Rechtsgeschichte*, 1. Abschnitt (1988), 499 n.43.

73) 대표적: Lauria, Gaudemet, Mayer-Maly, Waldstein, 改說 후의 Kaser, Nörr, Wacke. 상세는 Wieacker (위 주 72), 499 n.43.

74) *Gewohnheitsrecht und römisches Recht* (1975)[필자 未見].

75) 다양한 관점에서의 중간설(대표적: Hausmaninger, Gallo, Bove, Watson, Kunkel)에 대해서는 Wieacker (위 주 72), 499 n.43.

76) Wieacker (위 주 72), 500 n.49.

1. 관습법 존재 부정설

가장 근래에 이를 대변하는 Flume의 견해를 Waldstein이 정리한 것을 바탕으로 간략히 살펴보기로 한다.

그는 고전 법률가들이 관습법의 효력을 인정했는가 하는 문제는 역사적-방법론적 문제로서 고전기의 로마 법률가들이 그들의 법에 대하여 어떠한 태도를 취하였는가, 또 그들이 법률전문가로서 그들의 과제를 어떻게 이해했는가하는 문제로 파악하였다. 이 문제에 답하기 위하여 그는 Pomponius D.1.2.2.5[77] 및 12[78]를 관건으로 보는데, 이 개소들은 관습법이 속할 不文法(ius non scriptum)의 영역에 법률가법만을 허용하고 있다는 것이다. 그런데 법률가법은 로마 법률가들의 견해에 의하면 법으로서의 승인을 위하여 관습에 의한 정당화가 필요하지 않았다는 것이다. 그리하여 Flume의 결론은 다음과 같다.

---

77) D.1.2.2.5 Pomponius libro singulari enchiridii
His legibus (sc. duodecim tabularum) latis coepit (ut naturaliter evenire solet, ut interpretatio desideraret prudentium auctoritatem) necessariam esse disputatione fori. haec disputatio et hoc ius, quod sine scripto venit compositum a prudentibus, propria parte aliqua non appellatur, ut ceterae partes iuris suis nominibus designantur, datis propriis nominibus ceteris partibus, sed communi nomine appellatur ius civile.

78) D.1.2.2.12 Pomponius libro singulari enchiridii
Ita in civitate nostra aut iure, id est lege, constituitur, aut est proprium ius civile, quod sine scripto in sola prudentium interpretatione consistit, aut sunt legis actiones, quae formam agendi continent, aut plebi scitum, quod sine auctoritate patrum est constitutum, aut est magistratuum edictum, unde ius honorarium nascitur, aut senatus consultum, quod solum senatu constituente inducitur sine lege, aut est principalis constitutio, id est ut quod ipse princeps constituit pro lege servetur.

> "법률가법이, 즉 제정법의 현상형태와 달리 폼포니우스 개소의 표현에 의하면 'sine scripto in sola prudentium interpretatione consistit'(不文으로 오로지 법률가들의 해석으로 존재하는) 법이, 관습법으로의 귀속에 대하여 떨어져 나가면, 고전기의 법률가들이 관습법을 法源으로 긍정하였다는 견해에 대해서는 시민법과 관련하여 관습법이 실현될 수 있는 영역이 결여된다."

그에 의하면 로마 시민법에 대하여 不文法의 영역을 완전히 채웠고 그 자체 정당화가 필요 없이 법률전문가들의 권위와 결부되었던 법률가법의 종언과 더불어 不文法은 정당화가 필요하였는데, 이제 이것은 관습법 이론에서 발견할 수 있었다고 한다. 고전기 후의 이러한 관습법 이론은 Hermogenianus D.1.3.35에 분명히 표현되었다고 한다. 그리고 Julianus D.1.3.32.1도 고전기 후의 개찬을 통하여 이러한 이론에 짜맞춰졌다고 한다. 반면에 고전법률가들의 경우 법이 그 발생에 있어서 관습에 소급한다는 언급이 있는 경우(가령 D.27.10.1.pr: moribus ab initio introductum est) 이것은 그 현재의 효력이 法源으로서의 관습에 환원됨이 없이 행해진 것이고, 오히려 법은 그 현재의 실존에 있어서 효력근거가 필요 없는 것이라고 한다. 법률가들에게는 "이것이 현행법이다"(hoc iure utimur)라는 확인으로 족하다고 한다. Flume도 그러나 속주의 경우에 대해서는 관습법을 인정한다.

2. 관습법 존재 긍정설

이상의 Flume의 견해에 대해서는 Waldstein이 세밀하게 비판적으로 검토하여 반박하였다. 여기서는 그의 반대논거들을 역시 간략하게 소개하는 것으로 그치기로 한다.

첫째로, Pomp. D.1.2.2.5 및 12는 12표법의 구술 해석으로서의 disputatio

fori가 실제로 不文으로 행해지던 시기를 다룬 것이고, 따라서 이로부터 고전기의 법에 대한 어떠한 결론도 이끌어 내서는 안 된다는 점이다. 실제로 고전기 전과 고전기의 법률가들의 해답(responsa)을 다루고 있는 같은 Pomponius의 D.1.2.2.49[79]를 보면 이것을 不文法에 귀속시키고 있지 않다. 따라서 법률가법을 成文法에 귀속시켜야 한다는 Mayer-Maly의 견해에 대한 Flume의 반박은 이해할 수 없는 것이다.

둘째로, Pomp. D.1.2.2.12가 Gai. 1.2[80] 및 Pap. D.1.1.7[81]과 마찬가지로 法源을 언급하면서 관습법을 거명하고 있지 않는 이유가 해명되어야 하는데, 이는 Flume의 이해와 달리 이들 개소들이 Mayer-Maly가 지적했듯이 일차적으로 成文法만을 다루고 있고, 모든 법원을 완벽하게 열거하지 않았기 때문으로 보아야 한다는 점이다. leges도 언급이 없음은 물론, 不文法源에 속하는 ius gentium, aequitas, ius naturale들도 빠져있는 것이다. 따라서 완벽한 열거를 전제로 관습법의 존재를 부인하는 논리는 취할 수 없다는 점이다.

---

79) D.1.2.2.49 Pomponius libro singulari enchiridii
Et, ut obiter sciamus, ante tempora Augusti publice respondendi ius non a principibus dabatur, sed qui fiduciam studiorum suorum habebant, consulentibus respondebant: neque responsa utique signata dabant, sed plerumque iudicibus ipsi scribebant, aut testabantur qui illos consulebant. primus divus Augustus, ut maior iuris auctoritas haberetur, constituit, ut ex auctoritate eius responderent: et ex illo tempore peti hoc pro beneficio coepit. et ideo optimus princeps Hadrianus, cum ab eo viri praetorii peterent, ut sibi liceret respondere, rescripsit eis hoc non peti, sed praestari solere et ideo, si quis fiduciam sui haberet, delectari se populo ad respondendum se praepararet.

80) Gai. 1.2: Constant autem iura populi Romani ex legibus, plebiscitis, senatus consultis, constitutionibus principum, edictis eorum, qui ius edicendi habent, responsis prudentium.

81) D.1.1.7 Papinianus libro secundo definitionum.
Ius autem civile est, quod ex legibus, plebis scitis, senatus consultis, decretis principum, auctoritate prudentium venit.

셋째로, 법원 목록에서 열거된 규범들의 효력은 법이 그 현재의 실존에 있어서 효력근거가 필요한가 아닌가 하는 문제와는 독립적이라는 점이다. 전통과 전승에 대한 경외심을 가진 로마인들인데 그런 로마의 법률가들이 명시적인 입법행위가 아니라 관습에 그 발생근거를 가지는 규범들을 고려하지도, 또 그러한 것으로서 승인하지도 않았을 것이라는 점은 처음부터 극히 개연성이 없는 것으로 보인다. Flume가 주장하는 다양한 전환을 거쳐서 처음에는 관습에 그 효력근거를 힘입었던 규범들이 ius honorarium이나 법률가법으로 전환되었다 하더라도, 이로써 독립적인 법원으로서의 관습법의 원래적 존재를 반박하는 증거일 수는 없다는 점이다. 더욱이 구체적인 개소들(가령 Ulp. D.24.1.1 et 3; D.21.1.31.20)에서 새로운 규범 발생의 근거로서 관습이 원용되고 있는 것으로 볼 때, 사료에서 法源으로서의 관습을 근거로 결정을 내린 예를 찾아볼 수 없다는 Flume의 주장도, 또 이러한 사료 자체를 고려하지 않은 Schmiedel의 결론도 취하기 어렵다는 점이다.

넷째로, 수사학의 관련 사료(특히 Cicero, Quintilianus, Tertullianus)들은 법률가들과 그들의 활동에 대하여 아무런 의미도 없었다는 Flume의 견해도 변론가들이 법정에서 원용한 법원이라면 그것들이 사실상 승인되었기 때문일 것임을 고려할 때 설득력이 없다는 점이다. 특히 Tertullianus의 De corona 4.6(전술)에 대한 Flume의 비판, 즉 consuetudo의 효력이 ratio에 의해 상대화되고 있다는 주장도 그와 부합하는 Cels. D.1.3.39를 보거나, 제정법에 대해서도 그러한 현상이 발견되는 사실(Iul. D.1.3.15;[82] Paul. D.1.3.14 = D.50.17.141.pr[83])로 미루어 보더라

82) D.1.3.15 Iulianus libro XXVII digestorum.
In his, quae contra rationem iuris constituta sunt, non possumus sequi regulam iuris.

83) D.1.3.14 = D.50.17.141.pr Paulus libro LIV ad edictum.

도 관습법의 존재를 승인하는 쪽이지 부인하는 근거일 수 없다는 점이다. 이상의 지적들은 모두 설득력이 있는 것으로 생각된다.

그러나 끝으로 반드시 짚고 넘어가야 할 것이 하나 있다. 그것은 기존의 학설들이 로마의 관습법을 논할 때 mos (maiorum)과 consuetudo를 뒤섞어서 고찰하고 있다는 점이다.[84] 이것은 매우 복잡한 양태를 보이는 로마법 사료 자체에 기인하는 측면이 분명히 있지만, 이 양자는 방법론상으로 구분해야 할 서로 다른 층위에 속한다는 사실을 몰각해서는 안 될 것이다. 그리고 이런 한도에서 기존의 학설 논쟁의 의미는 재고되어야 마땅하다. 아주 세밀한 검토가 필요한 만큼 지면 관계상 제대로 점검하지 못 했으나, Okko Behrends가 기존의 그의 거시 이론의 연장선상에서 2000년에 발표한 최근의 연구논문에서 제시하고 있는 진정한 의미의 새로운 해석은 연구사적으로 대단히 각별한 의미가 있는 작업이다. 이에 힘입어 매우 착종된 외관을 제시하고 있는 법사료의 역사적 층위를 제대로 해체하여 재구성할 수 있다면 그것은 로마법 연구의 큰 발전을 의미할 것이다. 또한 그가 기존의 학설에 대하여 지적하고 있는 역사법학에까지 소급하는 그 방법론상의 오류가 교정되는 성과도 아울러 이룰 수 있을 것이다.

Quod vero contra rationem iuris receptum est, non est producendum ad consequentias.

84) 이러한 태도가 전형적으로 반영된 예가 Adolf Berger, *Encyclopedic Dictionary of Roman Law* (1953), s.v. Consuetudo, p.411; s.v. Mores (mos) maiorum, p.587이다.

IX. 맺음말

이상으로 로마 고전기의 관습과 관습법에 대한 법률가들의 관념이 어떠한 것이었는가를 走馬看山格으로 일별해 보았다. 이를 통해서 로마 고전법학도 관습법의 존재를 다양한 방식으로 시인하고 있다는 사실을 확인할 수 있었다. 그러나 私見으로는 오늘날의 관점에서 로마법이 우리에게 시사하는 점을 구하고자 한다면, 그것은 관습법의 존재 여부나 그 구체적인 내용이라기보다는, 관습법을 확인하는 절차와 관련될 것이다. 로마법에서 관습법이 나타나는 양상을 다시 한 번 정리해 본다면 다음과 같다.

로마인들에게 법적으로 유의미한 관습(법)은 서로 다른 두 층위로 구성되어 있었다. 하나의 층위는 mos로 표시되는 처음부터 다소간에 가치부하적 풍속질서를 전제한 영역이었다. 그러나 현전하는 구체적인 적용사례를 살펴볼 때, 물론 이것 자체로 다른 층위에 속하는 consuetudo와 반드시 別異한 개념의 폭과 적용영역을 가졌던 것이라고 단정하기는 어렵다. 다만 maiores와 결부되어 mos maiorum으로 나타날 때에는 그 규범적 기능이 너무나도 뚜렷하여 의심의 여지없이 관습법으로서의 속성을 보여준다. 이것은 이 결합어의 정치이데올로기적 배경과 밀접하게 결부된 것이지만, 어쨌든 적어도 고전법률가들의 경우에는 순수한 법률제도의 始原性을 설명하기 위하여 원용되었음에도 불구하고 현안성이나 현실성 있는 논변의 담지자로서 역할을 하지는 못하였고, 실제로도 이 개념이 동원된 구체적인 실례는 극소수에 불과하였다. 이것은 공화정이 제정으로 바뀐 로마의 현실을 반영하는 결과였다. 이것이 Okko Behrends가 지적하듯이 고전기 前 법학의 자연법적 규범을 고전기의 문명법적 법학의 입장에서 재수용하면서 활용한 순수한 법학 내부적인 범주였는지의 여부는 더 면밀한 검토가 필요할 것이다.

로마 관습(법)의 다른 하나의 층위는 consuetudo로 표시되는 순수한 사실영역에서 비롯한 관행의 세계이다. 여기서는 관습법은 長期의 관행과 만인의 동의로 표시된 법공동체의 규범의식이 결합함으로써 그 존재근거가 확립되는 것으로 관념되었다. 이 영역도 그러나 정작 로마 자체에 대해서는 적어도 고전기에는 큰 역할을 하지 못 하였다. 법률가들에 의한 수용과정을 거치면서 법률가법, 곧 ius civile로 轉化함으로써 단순히 현행의 법제도나 규칙에 대한 기원을 소개하는 데 그치는 경우가 그 소명의 전부였다고 해도 과언이 아니기 때문이다. 이러한 이유는 로마법 연구자들로 하여금 고전기의 로마법에서 관습법을 박탈하는 매우 과감한 주장까지도 허용하였지만, 이러한 주장은 근거가 없는 것으로 밝혀졌다.

지방의 관습(법)은 로마인들로 하여금 관습(법)에 대한 실천적·이론적 고찰을 강요하였다.[85] 로마의 법률가들은 제국 차원에서 관습법을 포함하여 지방 고유의 법을 많은 경우 해석을 통하여 로마법적으로 善解하고자 시도하였으며, 특히 관습법에 대해서는 이를테면 합당성의 통제를 가하여 제국법과의 조화를 도모하였다.[86]

이로써 우리는 관습법의 승인 절차의 문제로 되돌아 왔다. 로마 고전기의 법률가들은 만인의 동의를 관습법의 정당성의 기초로 내세움으로써 사실 차원의 확인을 통하여 관습법의 존부를 판단하고 있다는 외관

85) 이와 관련하여 정복의 역할에 관해서는 Jean Gaudemet, "L'autorité de la loi et de la coutume dans l'Antiquité", in: *Rapports généraux au VIe Congrès international de droit comparé (Hambourg, 30 juillet-4 août 1962)* (Bruxelles 1962), 9-36 = *Études de droit romain, I: Sources et théorie générale du droit* (1979), 81-110, 105.

86) Jean-Pierre Coriat, *Le Prince Législateur. La technique législative des Sévères et les méthodes de création du droit impérial à la fin du Principat* (1997), 410-415.

을 보인다. 그러나 드러내 놓고 하지는 않았고, 또 아직 로마의 법률가들 스스로가 이를 밝혀야 할 것으로 생각할 만큼 명백한 것이 아니었음도 분명하지만, 이의 확인은 사안의 성질상 그 합당성에 대한(communis opinio를 통한) 모종의 통제를 포함하였을 것이다. 그런데 이러한 태도에도 시대에 따른 미묘한 차이가 보인다는 점이 흥미롭다. 이미 지적했듯이 고전 성기에는 법학자 율리아누스가 ratio의 입장에서 mos maiorum을 비판할 수 있음을 밝히면서도 그 자체의 효력을 문제 삼고 있지는 않고(D.1.3.20 cit.), 또 그와 동시대에 자웅을 겨루었던 켈수스도 ratio의 측면에서 문제가 있는 관습(법)도 그것 자체가 정착된 경우에는 이를 부인할 수 없음을 전제한 가운데 다만 이의 확대적용만을 부인할 뿐이다. 아직 만인의 동의가 ratio에 앞선다.

D.1.3.39 Celsus libro XXIII digestorum.

Quod non ratione introductum, sed errore primum, deinde consuetudine optentum est, in aliis similibus non optinet.
(법적 이치로 도입된 것이 아니라 처음에는 착오로 도입되었다가 그 다음에 관습에 의하여 유지된 것은 다른 유사한 사례들에 효력이 없다.)

반면에 224년의 한 칙령은 비록 지방의 관습(법)에 관련된 것이기는 하지만 이미 ratio가 관습(법) 판단에 척도로 등장했음을 보여준다.

CJ.8.52.1: Imperator Alexander Severus (a.224):

Praeses provinciae probatis his, quae in oppido frequenter in eodem genere controversiarum servata sunt, causa cognita statuet. nam et consuetudo praecedens et ratio quae consuetudinem suasit custodienda est, et ne quid contra longam consuetudinem fiat, ad sollicitudinem suam revocabit praeses provinciae.
(속주지사는 그 城邑에서 동종의 분쟁들에서 빈번히 준수된 것들

을 고려해서 사안을 심리한 후 결정할 것이다. 왜냐하면 관습(법)이 先在하면 그 관습(법)을 지지한 이치가 지켜지지 않으면 안 되는 고로, 장기의 관습(법)에 반하는 일이 없도록 속주지사는 면밀한 처사를 환기해야 할 것이다.)

그럼에도 불구하고 그러한 통제가 盛期의 로마법에 대해서는 명시적인 형태로 표현되고 있지 않은 것은 다른 한편으로는 동의의 주체인 인민[시민사회]에 대한 로마 법질서의 신뢰가 또한 자리 잡고 있었기 때문이기도 하다.[87] 지방법과의 만남이 강화되고, 로마제국이 후견국가화하는 후기로 오면 올수록 국민생활 전반에 대한 국가의 규제가 강화되는데,[88] 동시에 관습법에 대한 통제가 명시적인 형태로 천명되고 있는 것 또한 시사적이다.

CJ.8.52.2: Imperator Constantinus (a.319):

Consuetudinis ususque longaevi non vilis auctoritas est, verum non usque adeo sui valitura momento, ut aut rationem vincat aut legem. (장기의 관습과 관행의 권위는 천한 것이 아니지만, 그러나 이치나 법률을 이길 만큼 그 정도로까지 효력이 있는 것은 아니다.)

이제 관습법이 관습법이기 위해서는 장기의 관행을 정당화시켜주었던 인민의 동의만으로는 부족하고, ratio라는 명목으로 관습법을 확인하는 권한 있는 당국(담당자인 법률가)의 합당성 통제가 부가되어야만 했

---

87) 그러나 Glück (위 주 33), 428의 다음과 같은 평가는 너무 지나친 감이 있다: "sie (=Römer) nahmen überdies Gewohnheitsrechte weit lieber, als geschriebene Gesetze, an, weil erstere, als Früchte der Autonomie, der Freiheit des Volkes mehr schmeichelten, als die letztern, deren drohende Worte in aufgehangenen ehernen Tafeln gelesen wurde."

88) 법률 분야에서의 가장 대표적인 예로 이른바 引用令(C.Th. 1.4.3 [a.426])을 들 수 있다. 졸저, 『로마법강의』 (1999), 198.

다.[89] 이러한 방향의 발전[90]은 향후 교회에 의한 관습법 통제로까지 이어지는 관습법 퇴조의 역사의 서막이기도 하다. 법률가로부터 신학자로 전향했던 것으로 강력히 추정되는 테르툴리아누스의 이미 인용했던 대목은 관습법이 아예 ratio와 일치하는 모습으로까지 나타난다.[91]

Tertertullianus, de corona 4.6 cit.:

Consuetudo autem etaim in civilibus rebus pro lege suscipitur cum

89) 여기서 ratio를 본성상 불가변의 자연법(lex naturalis)으로 보고, 관습법이 이를 이길 수 없음은 확실하다는 Pothier의 해석(*Pandectae Justinianeae, in novum ordinem digestae: cum legibus Codicis, et Novellis, quae jus Pandectarum confirmant, explicant, aut abrogant*, tom, I [Lugduni, nova editio 1782], ad Lib. I, Tit. III, Sectio II n.(a), p.11)은 그 자신의 시대의 모종의 관념을 표현하는 것일 수는 있어도 로마법에 대한 해석으로서는 부당한 것이다. 상론할 수는 없으나 아울러 한 가지 더 지적해 두자면 로마인들은 자연법을 표시하기 위하여 lex naturalis를 결코 사용하지 않았다는 점이다. 참고로 우리가 "자연법"이라고 번역하는 용어의 용례를 소개한다.

결합어	naturae	naturalis
Ius	ius naturae: 고대의 문필가들	ius naturale: 로마법률가들
Lex	lex naturae: 고대의 문필가들	lex naturalis: 중세

90) D.1.3.35 cit.를 재현한 Bas.2.1.44의 Schol. (Heimbach, I, p.39)의 "quatenus … nec contra rationem ab initio introducta sunt"도 이러한 경향을 반영하는 것으로 생각된다.

91) Cf. Jean Gaudemet, *La doctrine canonique médiévale* (1994), III ("La coutume en droit canonique"). 이후 Ratio는 알라릭 2세가 제정한 서고트 로마인법전(Lex Romana Visigothorum. 일명 알라릭抄典[Breviarium Alaricianum], a.506)에서는 utilitas publica와 동일한 것으로 나타난다. Filippo Gallo, "La consuetudine nel diritto Romano", in: *Apollinaris* 51 (1978), 440-454, 450.
Brev. 5,12 (de longa consuetudine),1: Venientium est temporum disciplina instare veteribus institutis. Ideoque, cum nihil per causam publicam intervenit, quae diu servata sunt permanebunt.
Interpretatio: Longa consuetudo, quae utilitatibus publicis non impedit, pro lege servabitur.

deficit lex; nec differt scriptura an ratione consistat, quando et legem ratio commendet.[92)]
(그런데 관습법은 또한 시민의 법문제에 있어서도 법률이 흠결된 경우 법률로 인정된다. 그리고 성문법에 의거하는가 이성에 의거하는가는 차이가 없는데, 이성은 또한 법률도 보살피기 때문이다.)

이제까지의 고찰을 통하여 우리는 로마의 법률가들이 관습법의 문제를 매우 신중하게 다루면서도, 결국은 의식적인 법학적 노력을 통하여 이를 통어하고자 했음을 알 수 있다. 이러한 노력은 그들의 성과가 결코 하늘에서 떨어진 것도 아니고[93)] 타고난 천부적 자질에 힘입어 직관적으로 얻어낸 것도 아니라,[94)] 그야말로 이성적 노력의 소산이라는 점

---

92) 이것을 수용한 것이 Isidorus, Etymologiae, II.10.2 = V.3.3 cit.이다:
(2) Mos autem longa consuetudo est de moribus tracta tantundem. Consuetudo autem est ius quoddam moribus institutum, quod pro lege suscipitur, cum deficit lex; nec differt scriptura an ratione consistat, quando et legem ratio commendet.
이 이시도루스(ca. 570~636년)의 개소에 대해서는 Behrends (위 주 11), 78ff. 참조 (단 이 개소와 테르툴리아누스의 관련성에 대해서는 아무런 언급이 없다. 이시도루스의 전거를 다루고 있는 같은 논문의 100f.도 마찬가지이다).

93) 당대 유럽의 만능 인재였던 Lodovico Antonio Muratori (1672~1750)가 인문주의적 시각에서 로마법대전에 대해 "un libro caduto dal cielo"(하늘에서 떨어진 책)이 아니라고 했다는 비판 참조. P. Caroni, "Kodifikation", in: *Handwörterbuch zur deutschen Rechtsgeschichte*, II (1972), 907-922, 913에서 재인용. Muratori에 관해서는 A. Erler, "Muratori", in: ibid., III (1984), 790-793.

94) 참고로 이러한 직관적 법인식 내지 법획득의 사상을 대변한다는 점에서 그 숱한 업적에도 불구하고 Max Kaser의 로마법에 대한 이해에는 근본적인 문제점이 있었다는 사실에 유의할 필요가 있다. Cf. Wolfgang Waldstein, "Max Kasers Beitrag zur Erkenntnislehre", in: SZ 115 (1998), 203-213; Okko Behrends, "Nachruf Max Kaser 21. April 1906-13. Januar 1997", in: *Jahrbuch der Akademie der Wissenschaften in Göttingen* 1997, 288-295, 292ff. 실제로 관습법과 관련해서도 그는 앞에서 인용한 Flume 기념논문(위 주 54)에서 이러한 자신의 생각을 그대로 토로하고 있다(113: "Aber den klassischen Juristen, die das

을 잘 보여준다. 동시에 그들의 성과 또한, 위대한 것이었든 미미한 것이었든, 그것 나름으로 시대의 산물이었음도 잘 보여준다.

끝으로 사족 하나: 로마 후기의 관념에 의하면 서울이 우리나라의 수도라는 관습헌법(2004. 10. 21, 2004헌마554: 헌공제98호)이 유효한 관습법인 이유는 그것이 이치에 맞는 합당한 것이기 때문일 것이다. 참고로 덧붙이자면, 고전기는 물론이고 유스티니아누스 시대의 법에 있어서도 수도는 긍지에 찬 요람으로서 관습법에 있어서도 수위권을 주장할 수 있었다.

Iustinianus, Constitutio "Deo auctore" 10 (a.530):

Sed et si quae leges in veteribus libris positae iam in desuetudinem abierunt, nullo modo vobis easdem ponere permittimus, cum haec tantummodo optinere volumus, quae vel iudiciorum frequentissimus ordo exercuit vel longa consuetudo huius almae urbis comprobavit, secundum Salvii Iuliani scripturam, quae indicat debere omnes civitates consuetudinem Romae sequi, quae caput est orbis terrarum, non ipsam alias civitates. Romam autem intellegendum est non solum veterem, sed etiam regiam nostram, quae deo propitio cum melioribus condita est auguriis.

(그러나 옛 책들에 들어있는 법들이 이미 관습법적으로 不使用에 빠진 경우에도 朕은 그대들[=학설휘찬 편찬자들]에게 어떤 경우에도 이것들을 채택하는 것을 허용하지 않는 바이니, 왜냐하면 극히 빈번한 재판절차가 적용했거나 또는 이 고귀한 母市[=콘스탄티노폴리스]의 長期의 관습이 승인한 것만이 유효하기를 원하기 때문인데, 이는 모든 도시들이 세계의 수도인 로마의 관습을 따라야 하고 로마가 다른 도시들을 따라서는 안 된다고 적시하고 있는 살비우스 율리아누스의 記述[=D.1.3.32.pr cit.]을 따른 것이다. 그

Recht nicht konstruktiv, sondern intuitiv finden, diente hier, wie zumeist auch sonst, der Vergleich nicht als tragende Stütze, sondern als bloßes Mittel der *Veranschaulichung*.").

런데 로마란 비단 옛 로마뿐 아니라, 神의 자비 하에 吉兆로써 건립된 朕의 皇都 역시 의미하는 것으로 이해해야만 한다.)

주제어: 관습, 관습법, 관습법론, 관행, 로마법, 法源(로마법), 祖宗成規

Customs and Customary Law in Classical Roman Law

This article surveys the ways how the Roman jurists of the classical period dealt with the customs and the customary law of Rome and its provinces. Although there have been much debates among the Roman law scholars of today about their acceptance of the customary law, we must expect as a matter of fact that they recognized the fact of various customs in the Roman society and succeeded in moulding a concept of customary law. It is very interesting to find out that they had two different words for custom and customary law: *consuetudo* and *mos*. The former was usages and observances lasting long enough *(longa, diuturna, inveterata)* and able to become a customary law if supported by the consent of all (*consensus omnium*). The latter was used to designate a concrete norm envisaged by the Roman jurists as based on the old custom of ancestors (*mos maiorum*), which, contrary to *consuetudo*, was conceived to have its normative force from the beginning without any reference to its time dimension. It was in fact a device with which the Roman jurists qualified a legal institute, figure or concept as originating from the old custom of ancestors, now incorporated into the *ius civile*. It played, therefore, not a significant role in the contemporary legal context, and was very limited also in number. The Republican ideological background of *mos maiorum* already faded out in the classical period to function nearly as an argument in a purely legal discourse. It must further be discussed whether or not it reflected a category newly introduced into the legal debates by the classical jurists, who themselves, representing a theory of law as a civilizational norm system, tried to revive the achievements of the natural law theory of *veteres*, the old jurists of the Republic influenced by the Stoic norm theory.

It is also very interesting to discover that the Roman jurists' attitude to *consuetudo* underwent a change that reflected the changing constellation of the state and the civil society. In the classical period the Roman jurists did not try or dare to control customary law from the viewpoint of its reasonableness. With the time going by, they showed to an increasing extent a more or less positive attitude for a control in the name of *ratio*, which then seemed to substitute the consent of all as a legitimizing factor of a customary law. The autonomy of the civil society failed seemingly in asserting itself against the state. The trend continued in the church and in the Middle Ages.

Key words: Classical Roman law, *consuetudo, consuetudines*, custom, customary law, custom of ancestors, *mores, mores maiorum, mos, mos maiorum*, Roman law, usages, *usus*

로마法上의 相計
—學說彙纂 제16권 제2장(相計에 관하여) 譯註 포함—

Ⅰ. 머리말

현행민법상 相計(민법 제492조~제499조)는 쌍방이 서로 같은 종류를 목적으로 한 채무를 부담한 경우에 그 쌍방의 채무의 이행기가 도래한 때에 각 채무를 대등액에 관하여 소멸시키는 의사표시이다. 이것은 민법의 많은 다른 규정들과 같이 그 기원을 로마법에 두고 있는 제도로서, 우리 민법의 상계에 대한 이해에는 로마법적 기원과 배경에 대한 지식이 대단히 유용하다. 이하에서는 相計의 법리를 <로마법대전>에 나타난 모습을 중심으로 살펴본다.[1] 즉 <학설휘찬> 제16권 제2장의 관련 사료를 번역, 소개하되(III), 이의 이해에 필요한 한도에서 로마법상의 상계를 유스티니아누스법을 중심으로 개관하기로 한다(II). 현행법과 로마법의 기본적인 차이점은 현행법이 相計를 실체법적인 관점에서 채권소멸원인으로 고찰하는 데 비하여 로마법은 이를 소송법적인 관점에서 고찰하고 있으며 고전법의 다양한 현상형태를 비로소 통일시킨 유스티니아누스법도 이러한 성격을 불식하지 못하고 있다는 점이다.[2]

---

1) 논문의 말미에 수록한 기본참고문헌은 필자명만으로 인용한다.

[일러두기] D.h.t. = D.16.2를, C.h.t. = C.4.31을 가리킨다. 또 Otto Lenel, *Palingenesia Iuris Civilis*, I-II(1889)는 Lenel, Pal.로, 그리고 Otto Lenel, *Das Edictum Perpetuum. Ein Versuch zu seiner Wiederherstellung* (3. Auflage 1927)은 Lenel, EP로 인용한다.

II. 로마법상의 相計 일반론

1. 相計의 용어와 개념

로마법상 상계는 compensatio 또는 pensatio라고 부르는데(D.h.t.7.1),[3] 이것은 "함께 稱量하다"는 뜻에서 온 것으로 古時에 돈으로 쓰인 粗銅의 무게를 재는 儀式으로부터 유래한 것이다.[4] 후기 고전기의 법학자 모데스티누스의 간명한 개념 정의에 의하면 相計란 채무와 채권의 相互控除이다(D.h.t.1). 이것은 채무를 변제한 후에 다시 채권으로서 그 반환을 청구하는 대신에 처음부터 해당하는 몫만큼 아예 변제하지 않는 것이 채권을 가진 채무자의 이익에 부합하기 때문에(D.h.t.3), 衡平(D.h.t.18.pr; D.26.7.36; D.34.9.15; I.4.6.39)의 차원에서 법이 정하

---

2) 가이우스도, 유스티니아누스도 相計를 채권소멸 원인의 章(I.3.29; Gai.3. 168-180)이 아니라, 소권법을 다루는 곳(I.4.6; Gai.4.61-68)에서 논하고 있다. 실체법적 법률관계가 아니라 訴權에 着目하는 이러한 로마적 관점에 관해서는 Cf. Werner Flume, *Rechtsakt und Rechtsverhältnis* (1990), 9.

3) 바실리카법전의 용어는 ἀντέλλογος이다.

4) Cf. Festus s.v. pendere; Pendere poenas 'solvere' significat, ab eo, quod aere gravi cum uterentur Romani, penso eo, non numerato, debitum solvebant: unde etiam pensiones dictae; Ulp. D.23.3.34: Mater cum filiae aurum dedisset utendum, pater puellae id aurum in dotem viro adpendit: …

는[5] 特典이다.[6] 즉 상계는 개개의 채권채무를 고립적으로 포착하는 경

5) 이와 무관하게, 법이 허용하는 상계의 요건이 갖추어지지 않은 경우에도 당사자들의 합의에 의한 相計契約(Cf. 이탈리아민법 제1252조)이 가능하였음은 물론이다(Cf. D.h.t.18.1 주해). 이것은 독자적인 계약이 아닌 다른 계약에 따른 부수약정으로도 가능하다. 그래서 不提訴의 特約(pactum de non petendo)이나 債務의 免除 방식으로도 가능하지만(Cf. D.2.14.51.1; C.h.t.13), 흔히 기존의 채권과의 상계를 가능하게 하기 위하여 반대채권을 발생시키는 방식으로 이루어졌다(예컨대 [담보]채권자에게 물건을 매도하면서 매매대금채권과 기존채권을 상계하기로 약정하는 경우. Constantinus Roncaglia, *Universa Moralis Theologia*, I [Lucae 1773], 489는 이런 경우를 부진정한 상계[compensatio improprie dicta]라고 부른다). 가령

D.18.1.81 Scaevola 7 digestorum.

Titius cum mutuos acciperet tot aureos sub usuris, dedit pignori sive hypothecae praedia et fideiussorem Lucium, cui promisit intra triennium proximum se eum liberaturum: quod si id non fecerit die supra scripta et solverit debitum fideiussor creditori, iussit praedia empta esse, quae creditoribus obligaverat. quaero, cum non sit liberatus Lucius fideiussor a Titio, an, si solverit creditori, empta haberet supra scripta praedia. respondit, si non ut in causam obligationis, sed ut empta habeat, sub condicione emptio facta est et contractam esse obligationem.

D.20.1.16.9 Marcianus libro singulari ad formulam hypothecariam.

Potest ita fieri pignoris datio hypothecaeve, ut, si intra certum tempus non sit soluta pecunia, iure emptoris possideat rem iusto pretio tunc aestimandam: hoc enim casu videtur quodammodo condicionalis esse venditio. et ita divus Severus et Antoninus rescripserunt.

D.20.4.4 Pomponius 35 ad Sabinum.

Si debitor, antequam a priore creditore pignus liberaret, idem illud ob pecuniam creditam alii pignori dedisset et, antequam utrique creditori solveret debitum, rem aliam priori creditori vendiderat creditumque pensaverit cum pretio rei venditae, dicendum est perinde haberi debere, ac si priori creditori pecunia soluta esset: nec enim interesse, solverit an pensaverit: et ideo posterioris creditoris causa est potior.

6) 그러므로 쌍방의 청구에 대하여 동일한 심판인이 병합심리를 한 경우에 먼저 승소한 당사자라 하여도 타방의 채권에 대한 판결이 있기까지는 판결채무의 이행을 청구할 수 없었다.

우에 발생할 수 있는 채권채무의 만족과 관련한 위험배분의 불균형을 관련당사자의 법률관계를 총체적으로 포착하여 합리적인 이해조정을 도모한 결과 인정되는 제도이다.

> 따라서 부인이 남편에 대한 채무를 相殺할 목적으로 남편을 자신의 상속인으로 삼은 경우(C.6.24.6 [a.246])나 신탁유증 의무자인 父가 신탁유증 권리자인 아들을 자신의 상속인으로 지정하는 것(D.35.2.15.4; D.31.77.7)은 진정한 의미의 상계가 아니다.[7] 또 자신이 획득한 것을 자신의 청구를 소멸시키는 데 귀속시켜야만 하는 "自己相計"(secum [com]pensare)의 사례들도 진정한 상계가 아니다.[8] 예컨대 미성년자가 매도했던 토지를 원상회복하는 경우에 매수인이 수취한 果實이 매매대금의 利子에 상당하는 것으로 서로 相殺된다(PS. et IP.1.9.7; D.4.4.40.1; D.25.1.3.1)고 하는 경우나 토지를 번갈아 임차하고 果實로써 賃貸料에 상당하는 것으로 삼기로 한 경우(D.19.2.35.1)의 compensatio는 진정한 의미의 상계가 아니다.[9] 또 노예에게 기능을 교육하여 그로 인하여 수익을 얻은 경우 비용과 수익이 노예가 25세에 달하면 상쇄된 것으로 본다는 경우도 상계가 아니다(D.6.1.32). Compensare 용어는 그밖에 算入하다(imputare)는 의미로 많이 사용되었고,[10] 경우에 따라서는 조정하다(D.9.4.17.pr), 報償하다는 뜻으로 사용되었으며(가령 C.8.50.7 [a.291]), 드물지만 代物辨濟에도 사용되었다.[11] 이러한 용례들은

D.49.8.1.4 Macer 2 de appellationibus.

Si apud eundem iudicem invicem petamus, si et mea et tua petitio sine usuris fuit et iudex me priorem tibi condemnavit, quo magis tu prior me condemnatum habeas: non est mihi necesse pro hac causa appellare, quando secundum sacras constitutiones iudicatum a me petere non possis, priusquam de mea quoque petitione iudicetur. sed magis est, ut appellatio interponatur.

7) 또한 Cf. D.24.3.33 Afr. 7 qu.

8) Cf. D.13.7.18.pr; D.15.1.9.8; D.20.1.13.2; D.23.3.38; D.24.3.33; D.35.2.82.

9) 또한 D.6.1.65.pr Pap. 2 resp.

10) 가령 D.33.2.17 Scaevola 3 resp.

11) C.8.42.20 Diocl./Maxim.(a.294)

후술하듯이 專主政期에는 더욱 빈번해진다(아래 II 2 가 ⑤). 그밖에 이른바 損益相計(compensatio lucri cum damno)의 사례들도 물론 상계가 아니다.[12]

상계가 허용되는 영역은 訴權 및 그와 동일시되는 問答契約들이었다(D.h.t.10.3).

2. 역사적 변천과정

1) 고전법

古時에는 法律訴訟(legis actiones)의 엄격한 要式主義가 지배하여 상계가 인정될 여지가 없었으며, 방식서소송이 채용된 이후 비로소 상계가 고려되었는데, 고전로마법에서 상계는 아직 통일된 모습을 보이기보다는 로마법 특유의 소권법 체계 속에서 다양한 모습을 띠었다.[13] 즉 원수정 초기에도 상호간 소권을 갖는 당사자는 자신의 소권을 각기 독립적으로 행사할 것이었다.[14] 그러나 이 원칙을 관철하면 일방이 지급

Si operas certi servi pecunia sumpta creditorem sibi in debitum compensare placuit, his secundum conventionis fidem praestitis de mancipio restituendo pacti tenor servari debet.

그밖에 그냥 '(값을 쳐서) 변제하다'는 뜻으로 pretium debitori satis compensare가 쓰이기도 하였다(C.8.30.3 Diocl//Maxim. [a.293]).

12) Cf. D.3.5.10; D.17.2.23.1; D.19.1.42; D.22.1.11.1; D.26.7.39.14; D.39.3.1.23; D.40.4.41.1.

13) Girard/Senn, 749f.

14) Seneca [philosophus], *De beneficiis* 6.5.5:

Separantur actiones, nec de eo, quod agimus, et de eo, quod nobis cum agitur, confunditur formula: si quis apud me pecuniam deposuerit, idem postea furtum mihi fecerit, et ego cum illo furti agam et ille me cum depositi.

불능이 되는 경우에 불공평한 결과가 발생하므로 이미 공화정 말기에는 당사자의 의사에 의하지 않고 상계가 행해지는 경우가 예외적으로 인정되었는데, 다음에 살펴보는 ①, ③ 및 ④의 경우가 그것이다.[15]

① 誠意訴訟

誠意訴權의 경우에는 相計適狀에 있으면 심판인이 직권으로 고려하였다(Gai.4.61-63).[16]

Gai.4.61-63:

(61)－‖ continetur, ut habita ratione eius, quod invicem actorem ex eadem causa praestare oporteret, in reliquum eum, cum quo actum est, condemnare. (62) Sunt autem bonae fidei iudicia haec: ex empto vendito, locato conducto, negotiorum gestorum, mandati, depositi, fiduciae, pro socio, tutelae, rei uxoriae. (63) Liberum est tamen iudici nullam omnino invicem conpensationis rationem habere; nec enim aperte formulae verbis praecipitur; sed quia id bonae fidei iudicio conveniens videtur, ideo officio eius contineri creditur.

(§ 61 … 원고가 역으로 동일한 원인에 기하여[17] 급부해야만 할 것

---

15) 船田亨二, 597f.

16) 예컨대 D.24.3.24.2 Ulp. 33 ed.:
Quotiens mulieri satisdandum est de solutione dotis post certum tempus, si maritus satisdare non possit, tunc deducto commodo temporis condemnatio residui repraesentatur: sed si, cum maritus satisdare posset, nollet, in solidum eum condemnandum Mela ait non habita ratione commodi temporis. iudicis igitur officio convenit, ut aut satisdatione interposita absolvat maritum aut habita ratione compensationis eum condemnet, quod quidem hodie magis usurpatur: nec ferenda est mulier, si dicat magis se velle dilationem pati quam in repraesentatione deductionem.

17) 심판인은 訴訟에 係屬된 법률관계(res in iudicium deducta)만을 심리할 수 있었으므로 전혀 다른 원인에 기한 채권의 주장은 고려의 대상이 될 수 없었기 때문이다.

을 고려해서 잔액에 대하여 피고를 유책판결하는 것이 포함된다. § 62 그런데 誠意訴訟에는 이런 것들이 속한다: 賣買訴訟, 賃約訴訟, 事務管理訴訟, 委任訴訟, 任置訴訟, 信託訴訟, 組合訴訟, 後見訴訟, 妻財產訴訟. § 63 그러나 심판인은 상호간에 상계를 전혀 고려하지 않는 자유가 있다. 왜냐하면 방식서의 문언으로 명시적으로 지시되고 있지 않기 때문이다. 그러나 그것이 誠意訴訟에 부합하는 것으로 인정되므로[18] 그래서 그의 職務에 포함되는 것으로 믿어진다.[19])

I.4.6.30:

In bonae fidei autem iudiciis libera potestas permitti videtur iudici ex bono et aequo aestimandi, quantum actori restitui debeat. in quo et illud continetur, ut, si quid invicem actorem praestare oporteat, eo compensato in reliquum is cum quo actum est condemnari debeat … (그런데 誠意訴訟에서는 원고에게 회복되어야만 하는 액수를 善과 衡平에 기하여 算定하는 자유로운 권능이 심판인에게 허용되는 것으로 인정되는데, 여기에는 또한 다음이 포함된다. 즉 원고가 역으로 급부해야만 할 것이 있는 경우 그것을 상계한 후 잔액에 대하여 피고가 유책판결을 받아야만 한다.)

상계의 의사표시가 반대채권의 부존재로 인하여 재판에서 받아들여지지 않은 경우에는 더 이상 상계는 불가능하다(D.h.t.7.1; D.27.4.1.4; D.3.5.7.2). 그러나 상계가 반대채권이 아직 相計適狀에 이르지 못하여 거부된 경우에는 차후 相計適狀에 이르는 때에 상계가 가능하다. 그러나 相計適狀에 있더라도 심판인이 이를—의도적이든 아니든— 고려하지 않았다면 旣判事項의 抗辯(exceptio rei iudicatae)을 대항 받음이 없

18) Wojciech Dajczak, "Erklärungen römischer Juristen zur Funktion der Wendung ex fide bona in Klageformeln," *RIDA* 46 (1999), 219-242 (231f. zu Gai.4.63).

19) 그러므로 이것은 엄밀한 의미에서 당사자에 의한 상계(Aufrechnung)가 아니라 심판인에 의한 控除(Abrechnung)였다. Kaser I, 645 n.7; Thielmann, 170.

이 別訴로써 청구할 수 있었다(D.h.t.7.1; D.13.6.18.4; D.27.4.1.4).[20] 양 당사자의 청구가 병합되어 심리가 이루어진 경우(가령 D.17.1.38.pr)에도 심판인은 반드시 상계판결을 내려야 하는 것은 아니었다.[21]

誠意訴訟에 속하는 사례들[22]을 소개하면 다음과 같다. 任置(depositum)의 경우에는 상계가 허용되지 않았다(아래 II 가 ② b) (ㄱ)).

a) 신탁(fiducia)

D.13.7.24.pr Ulpianus 30 ad edictum.[23]

Eleganter apud me quaesitum est, si impetrasset creditor a Caesare, ut [pignus]<fiduciam> possideret [idque evictum]<eaque evicta> esset, an habeat contrariam [pigneraticiam]<fiduciae>. et videtur finita esse [pignoris]<fiduciae> obligatio et a contractu recessum. immo utilis ex empto accommodata est, quemadmodum si pro soluto ei res data fuerit, ut in quantitatem debiti ei satisfiat vel in quantum eius intersit, et compensationem habere potest creditor, si forte [pigneraticia]<fiduciae> vel ex alia causa cum eo agetur.

채무자로부터 양도담보로 물건을 이전받은 채권자가 황제로부터 그 물건의 점유를 허락 받았는데, 이것이 추탈된 경우 신탁관계는 해소되지만, 채권자는 準賣買訴權이 인정되고, 또 채무자의 청구에 대하여 相計도 가능하다.

b) 사용대차(commodatum)

D.13.6.18.4 Gaius 9 ad edictum provinciale[24]

---

20) Astuti, 3. Cf. D.h.t.7.1 주해.

21) Girard/Senn, 752 n.2.

22) I.4.6.28; Gai.4.62; D.17.2.38.pr.; Cicero, *Topica* 17.66; *De officiis* 3.17.70; *De natura deorum* 3.30.74; *Ad Atticum* 6.1.15. 상세는 Provera, 130-132.

23) Lenel, Pal. II, Ulpianus fr.903 (p.618)에 의하면 이 개소는 Fiduciae vel contra (EP. § 107)에 관한 것이다.

24) Lenel, *Pal.* I, Gaius fr.208 (p.210)에 의하면 이 개소는 Commodati vel contra

Quod autem contrario iudicio consequi quisque potest, id etiam recto iudicio, quo cum eo agitur, potest salvum habere iure pensationis. sed fieri potest, ut amplius esset, quod invicem aliquem consequi oporteat, aut iudex pensationis rationem non habeat, aut ideo de restituenda re cum eo non agatur, quia ea res casu intercidit aut sine iudice restituta est: dicemus necessariam esse contrariam actionem. 반대소송으로써 얻어낼 수 있는 것은 직접소송에서 상계에 의해서도 얻어낼 수가 있다. 그러나 반대소송의 청구액이 직접소송의 청구액보다 크거나, 심판인이 상계를 고려하지 않았거나(同旨 D.27.4.1.4 [후술 f)]), 물건이 事變으로 멸실했거나 심판인의 조력 없이 반환된 경우에는 반대소송이 필수적이다.

c) 組合(societas): D.h.t.9.pr; D.h.t.10.pr; D.h.t.6 [自然債務].

d) 사무관리(negotiorum gestio): D.3.5.3.4; D.3.5.7.2[25)]

e) 妻財產返還請求訴權(actio rei uxoriae)

妻財產, 즉 嫁資(dos)의 반환과 관련하여 상계가 거론된 일련의 사례가 전해지는데,[26)] 특별한 법리가 적용되었다. 우선, 嫁資와 夫가 嫁

(EP. § 98)에 관한 것이다.

25) 상세는 拙著, 『로마法上의 事務管理: 學說彙纂 제3권 제5장 譯註』 (2001), 29-30; 71-73.

26) 다음 개소들은 원래 상계가 아니라 留置(retentio)가 문제되었던 것으로 보이므로 제외하는 것이 맞을 것이다. Andreas Wacke, *Actio rerum amotarum* (1963), 9ff.; 23 n.1; 18 n.17.

D.24.3.7.5 Ulpianus 31 ad Sabinum

Ob donationes, item ob res amotas ex his fructibus, qui post divortium percepti sunt, [compensationes]<retentiones *Lenel*> fieri possunt.

D.24.3.15.1 Paulus 7 ad Sabinum

Heredi mariti, licet in solidum condemnetur, [compensationes]<retentiones Lenel> tamen, quae ad pecuniariam causam respiciunt, proderunt, ut hoc

資物에 지출한 必要費는 법률상 당연히 상계되었으므로[27] 妻가 필요비를 상환하면 嫁資는 다시 증가하였고(D.25.1.5.1), 심지어는 필요비의 상환을 청구하지 않기로 하는 특약조차도 효과가 없었다(D.23.4.5.2). 또, 부인이 남편의 물건을 사용대차로 빌려주었는데 그 물건이 멸실한 경우 그러한 행위를 남편이 금지시켰다면 남편이 반환해야 할 嫁資로부터 그 물건의 가액이 즉시 상계되었다. 금지하지 않은 경우에는 심판인의 裁定에 따라서 담보부로 상당한 기간이 부인에게 許與되었다(D.24.3.24.6). 그러나 부인이 嫁資에 속하는 물건의 사용허가를 받은 경우 —이런 경우에도 소유권은 남편의 것이 된 것이지만(D.23.3.69.8) — 그 물건이 사용에 의하여 악화되더라도 남편측은 이로 인한 손해액을 嫁資額과 상계할 수 없었다(D.24.1.53.1). 자연적 소모에 따른 위험을 남편이 감수할 뜻을 밝힌 것으로 보기 때문이다. 또 아버지가 딸이 혼인 중에 사망하자 既支給된 嫁資의 利子를 문답계약에 기하여 청구하고 사위가 자신이 要約했던 嫁資 未支給分의 利子를 가지고 상계로써 대항하는 경우 이러한 상계가 정당한 것으로 인정되기 위해서는 妻가 夫의 비용으로 부양된 경우에 한하고, 이와 달리 그녀가 父의 비용으로 부양된 경우에는 사위가 要約한 利子의 문답계약은 무효이므

---

minus sit obligatus, veluti ob res donatas et amotas et impensas: morum vero coercitionem non habet.

27) Girard/Senn, 751f.; Rudolph von Jhering, *Geist des römischen Rechts*, Teil 3 (9. Auflage 1968), 69-70. 그러나 상계하지 않고 전액 반환한 경우의 처리에 관해서는 학설상 이견이 있었던 것 같다. 다수설은 부당이득반환청구를 부인하였다. Cf. D.h.t.10.1.

D.25.1.5.2 Ulpianus 36 ad Sabinum.

Si dos tota soluta sit non habita ratione impensarum, videndum est, an condici possit id, quod pro impensis necessariis compensari solet. et Marcellus admittit condictioni esse locum: sed etsi plerique negent, tamen propter aequitatem Marcelli sententia admittenda est.

로 상계가 인정되지 않았다(D.24.3.42.2).

f) 後見(tutela)

D.27.4.1.4 Ulpianus 36 ad edictum.

Praeterea si tutelae iudicio quis convenietur, reputare potest id quod in rem pupilli impendit: sic erit arbitrii eius, utrum compensare an petere velit sumptus. quid ergo, si iudex compensationis eius rationem non habuit, an contrario iudicio experiri possit? et utique potest: sed si reprobata est haec reputatio et adquievit, non debet iudex contrario iudicio id sarcire.

후견소송으로 제소되는 후견인은 피후견인의 이익으로 지출한 비용으로써 상계할 수 있는데, 상계할 것인지 아니면 비용의 상환을 청구할 것인지는 그 자신의 재량에 속한다. 상계했으나 심판인이 이를 고려하지 않은 경우에는 반대소송으로써 청구할 수 있다. 그렇지만 상계가 배척되고 상계를 주장한 소송당사자가 이를 받아들인 경우에는 반대소송의 심판인은 반대소송에서 이를 塡補해서는 안 된다.

g) 상속재산분할

D.10.2.52.2 Iulianus 2 ad Urseium Ferocem.

Arbiter familiae erciscundae inter me et te sumptus quaedam mihi, quaedam tibi adiudicare volebat, pro his rebus alterum alteri condemnandos esse intellegebat: quaesitum est, an possit pensatione ultro citroque condemnationis facta eum solum, cuius summa excederet, eius dumtaxat summae, quae ita excederet, damnare. et placuit posse id arbitrum facere.

상속재산분할소송의 裁定人은 분할당사자들이 상호간에(Cf. D.5.1.13 = D.10.3.2.1; D.10.1.10) 일정한 급부의무가 있다고 판결해야 할 경우에(Cf. D.10.2.27) 상계하여 잔액에 관하여만 유책판결하는 것이 가능하다.[28)]

---

28) Kaser/Hackl, 345-346.

h) 상속재산회복청구(hereditatis petitio)[29]

D.5.4.1.4 Ulpianus [5]<15> ad edictum.[30]

Item si, cum me ex parte dimidia heredem dicerem, trientem hereditatis possiderem, deinde residuum sextantem velim persequi, qualiter agam videamus. et Labeo scribit utique partem dimidiam me petere debere a singulis: sic fieri ut a singulis sextantem consequar, et habebo bessem: quod verum puto: sed ipse tenebor ad restitutionem sextantis ex triente quem possidebam. et ideo officio iudicis invicem compensatio erit admittenda eius quod possideo, si forte coheredes sint a quibus hereditatem peto.

상속지분이 1/2인 상속인 甲이 현재 1/3만을 점유하고 있어서 나머지 1/6을 다른 두 명의 공동상속인으로부터 청구하는 경우 그들 각각으로부터 1/6을 청구할 수 있고, 그래서 2/6을 받게 되면 그 중에서 1/6을 다시 반환해야만 하는데, 이 경우 심판인은 甲과 공동상속인들간에 상계를 인정해야 한다.

② 嚴正訴訟

후술하는 ③ 및 ④를 제외한 일반 嚴格訴權의 경우에는 반대채권이 법정에서 판단하기에 충분히 확실한 경우에는 법무관이 방식서 승인시 이를 참작하고, 사실심리를 통한 증명이 필요한 경우에는 惡意의 抗辯의 삽입을 승인하는 방식으로 고려되었다. 마르쿠스 아우렐리우스 황제에 의한 칙령(I.4.6.30)은 온전한 형태로 전해지지 않는데, 종전의 실무를 명시적으로 승인하면서 악의의 항변이 관철된 경우에 엄밀한 논리에 따른 全部 免訴判決이 아니라 특별히 相計判決을 法認한 것으로 추정된다.[31]

---

29) 誠意訴訟性에 관해서는 C.3.31.121.3 Iust. (a.531):

Illo, ne in posterum dubitetur, observando, ut et ipsa hereditatis petitio omnimodo bonae fidei iudiciis connumeretur.

30) Lenel, *Pal.* II, Ulpianus fr.538 n.2 (p.506). 이 개소는 Si pars herditatis petatur (EP. § 66)에 관한 것이다.

I.4.6.30:

… sed et in strictis iudiciis ex rescripto divi Marci opposita doli mali exceptione compensatio inducebatur …[32)]

(그러나 또한 嚴格訴訟의 경우에도 神皇 마르쿠스 아우렐리우스(161-180)의 批答에 기하여 惡意의 抗辯[33)]의 제기에 의하여 相計가 도입되었다.)

본질상 片務的인 채무관계를 특징으로 하는 嚴正訴訟에 속하는 사례로는 판결채무이행청구소권(actio iudicati)을 다루고 있는 D.h.t.16.1을 들 수 있다.

③ 銀行業者

그러나 고전법에서 가장 전형적인 경우는 엄격소권에 속했던 銀行業者(금융업자)[34)]의 상계였다(Gai.4.64).

---

31) 악의의 항변을 둘러싼 문제점에 대한 상세는 Astuti, 8f.; Kaser I, 646f.; 玄勝鍾/曺圭昌, 915; 船田享二, 603f.; Thielmann, 181.

32) Theophilus, *Institutionum Graeca Paraphrasis* 4.6.30 (Ferrini II, p.433): In strictis autem iudiciis, quoniam ibi ipsa iuris suptilitas versatur, si quis a me X aureos forte petat, cum ipse mihi V invicem debeat, nihilominus in X aureos sum condemnandus. haec quidem quod ad meram suptilitatem. constitutio autem prodiit divi Marci, qua cavetur, ut si stricto iudicio X aureos a me quis petat, cum ipse invicem V debeat, doli mali exceptionem ei opponere possim. tali vero exceptione opposita, potestas datur iudici compensationem recipiendi et me in V tantummodo aureos condemnandi. id vero ex antiquioribus constitutionibus.

33) Cf. D.h.t.8; D.h.t.18.1; Kaser I, 646 n.20.

34) Argentarius에 관한 상세는 Alfons Bürge, "Fiktion und Wirklichkeit: Soziale und rechtliche Strukturen des römischen Bankwesens," SZ 104 (1987), 465ff., 476-555. 그는 로마의 경우 근대적인 의미의 은행의 존재를 부인하고, 해당업무가 흔히 법적이 아닌 사회적 차원에서 종속적 人間網을 통해 原子化된 구조 속에서 처리되었다고 본다.

Gai.4.64-68:

(64) Alia causa est illius actionis, qua argentarius experitur: nam is cogitur cum compensatione agere, et ea conpensatio verbis formulae exprimitur, adeo quidem, ut/itaque (?)/ab initio conpensatione facta minus intendat sibi dari oportere. Ecce enim si sestertium X milia debeat Titio, atque ei XX debeantur, sic intendit: si paret Titium sibi X milia dare oportere amplius quam ipse Titio debet. (66) Inter conpensationem autem, quae argentario opponitur, et deductionem, quae obicitur bonorum emptori, illa differentia est, quod in conpensationem hoc solum vocatur, quod eiusdem generis et naturae est: veluti pecunia cum pecunia conpensatur, triticum cum tritico, vinum cum vino, adeo ut quibusdam placeat non omni modo vinum cum vino aut triticum cum tritico conpensandum, sed ita si eiusdem naturae qualitatisque sit. …(67)… conpensatur autem hoc solum, quod praesenti die debetur. (68) Praeterea conpensationis quidem ratio in intentione ponitur; quo fit, ut si facta conpensatione plus nummo uno intendat argentarius, causa cadat et ob id rem perdat …

(§ 64 은행업자가 제소하는 소권의 경우에는 사정이 다르다. 왜냐하면 그는 相計附로 訴求하도록 강제되고,[35] 이 상계는 방식서의 문언으로 표현되고 있기 때문이다. 그리하여 처음부터 상계가 이루어져서 자신에게 그만큼 적게 공여되어야 함을 청구취지로 해야 한다.[36] 가령 티티우스에게 1만금의 빚을 지고 있고 그에게 2만금의

---

35) Agere cum compensatione의 실체법적 근거가 은행업자의 expensilatio(支出記帳)이었다는 점에 관해서는 Thielmann, 159-163. 異見 Bürge (위 주 34), 509-519 (소송상 일반적 書證의 자료로서의 범위를 넘는 회계기록의 존재와 기능에 대해 회의적). 그러나 엄밀한 기술적 측면은 그렇다 치더라도 일반적으로 영업적・지속적 활동을 영위하는 자로서 자신의 채권채무에 관하여 知悉하고 있을 것을 요구할 수 있는 기대가능성은 다른 경우들(가령 고객이나, 대체로 일회성으로 그치는 파산재단매득자)보다는 분명히 높다고 할 것이다. Cf. Jhering (위 주 27), 81.

36) Cf. D.h.t.21. 하나의 예: D.2.14.47.1 Scaevola 1 digestorum.

Lucius Titius Gaium Seium mensularium, cum quo rationem implicitam

빚을 지고 있다면 청구취지는 이렇게 되는 것이다: *티티우스가 자신에게 공여해야만 하는 것이 자신이 티티우스에게 채무부담하는 것보다 1만금이 더 많다고 판명되면.*[37] § 66 그런데 은행업자에게 대항되는 相計와 파산재단매득자에게 대항되는 控除 사이에는 이런 차이가 있다. 즉 相計에는 동일한 종류와 동일한 성질의 것만이 용인된다. 예컨대 금전이 금전과 상계되고, 곡물이 곡물과, 포도주가 포도주와 상계되는데, 일부 법률가들의 견해에 따르면 전적으로 포도주가 포도주와, 또는 곡물이 곡물과 상계되어야만 하는 것이 아니라, 동일한 성질과 속성의 것이면 된다. … § 67 … 그러나 相計되는 것은 현재 채무부담하는 것뿐이다. § 68 그밖에 相計의 취지는 (방식서의) 請求趣旨(intentio) 부분에 놓인다. 그래서 상계가 이루어진 후 1錢이라도 많이[38] 은행업자가 청구취지로 한다면 敗訴하고 그 때문에 모든 청구를 잃는다.[39] …)

---

habebat propter accepta et data, debitorem sibi constituit et ab eo epistulam accepit in haec verba: "Ex ratione mensae, quam mecum habuisti, in hunc diem ex contractibus plurimis remanserunt apud me ad mensam meam trecenta octaginta sex et usurae quae competierint. summam aureorum, quam apud me tacitam habes, refundam tibi. si quod instrumentum a te emissum, id est scriptum, cuiuscumque summae ex quacumque causa apud me remansit, vanum et pro cancellato habebitur." quaesitum est, cum Lucius Titius ante hoc chirographum Seio nummulario mandaverat, uti patrono eius trecenta redderet, an propter illa verba epistulae, quibus omnes cautiones ex quocumque contractu vanae et pro cancellato ut haberentur cautum est, neque ipse neque filii eius eo nomine conveniri possunt. respondi, si tantum ratio accepti atque expensi esset computata, ceteras obligationes manere in sua causa.

37) 법무관고시는 은행업자의 경우만을 규정했는데, 그 소송방식서는 다음과 같았을 것으로 추정된다(Lenel, EP Tit. XVII § 100, p.256).
Si paret Nm. Nm. (피고 = 고객) *Ao. Ao.* (원고 = 은행업자) *sestertium decem milia dare oportere amplius quam As. As. No. No. debet, iudex Nm. Nm. Ao. Ao. sestertium decem milia condemnato: si non paret, absolvito.*

38) Plus petitio re (Gai.4.53a):
Plus autem petitur … re, velut si quis pro X milibus, quae ei debentur, XX milia petierit, aut si is, cuius ex parte res esset, totam eam aut maiore ex oarte suam esse intenderit.

PS.2.5.3:[40]

Compensatio debiti ex pari specie et causa dispari admittitur: velut si pecuniam tibi debeam et tu mihi pecuniam debeas, aut frumentum aut cetera huiusmodi, licet ex diverso contractu, compensare vel deducere debes: …
(채무의 상계는 동일한 종류와 상이한 원인에 기하여 인정된다. 가령 내가 너에게 금전채무가 있고 너도 나에게 금전채무가 있거나, 또는 곡물이나 기타 그런 類의 채무가 있는 경우에는 비록 상이한 계약에 기해서일지라도 너는 상계하거나 또는 공제해야만 한다.)

은행고객이 청구하는 경우에도 相計附로 訴求해야만 하는지에 관해서는 현대의 로마법 연구자들 사이에 의견이 갈린다. 一說은 이를 인정하지만, Lenel을 위시한 다수설(Appleton, Kipp, Arangio-Ruiz, Rezzonico, Siber, Lübtow의 후기학설, Kaser)은 과다청구의 위험을 고객에게까지 부담시키지는 않았을 것이란 취지에서 오히려 전액 청구시에 은행업자에게 '相計된 金額의 抗辯'(exceptio pecuniae pensatae)을 인정했을 것으로 본다.[41] 또 다른 일설은 Gai.4.64-68의 내용과 상계된 금

39) 이러한 엄격한 조치의 이유는 물론 은행업자에게 고객과의 채권채무관계에 대한 회계기록을 정확히 유지할 것을 기대했고, 또 그러한 기대가능성이 존재했기 때문이다. 私人인 고객에게까지 그러한 기대를 할 수는 없었으므로 고객이 청구하는 경우에는 과다청구의 제재가 따르지 않았음은 전술하였다(위 ③). 은행업자가 確定貸與金請求訴權(actio certae creditae pecuniae)으로써 자기 채권의 전액을 청구하면 반대채권 있는 고객은 '상계된 금액의 항변'(exceptio pecuniae pensatae. 아래 주 137; 아래 주 41)으로써 방어할 수 있었다. Kaser I, 645 n.12; Aldo Petrucci, *Mensam exercere: Studi sull'impresa finanziaria romana (II secolo a. C.—metà del III secolo d. C.)* (1991), 373-374.

40) 이 개소도 내용상 원래는 은행업자의 상계에 관한 것이었을 것으로 추정된다. 同旨 Astuti, 5; Petrucci (위 주 39), 377-378; 船田享二, 605 n.1. Cf. IP.2.5.3: … quare illum in solidum pro totis decem solidis convenit, causam perdit, qui noluit debitum compensare …

41) Lenel, EP Tit. XLIV § 272c; D.22.3.19.3 Ulpianus 7 disputationum.

액의 항변은 이미 상계가 이루어진 다음에 가능했을 것이라는 이유 (Astuti, Siber), 또는 고객의 주관적 행태를 고려할 수 있다는 점 (Rezzonico) 등을 들어서 청구자에게 계산 잘못으로 인한 불이익이 따르지 않는 단순한 惡意의 抗辯(exceptio doli)이 인정되었을 것으로 본다.[42] 이에 반하여 Thielmann은 은행업자의 회계장부의 신빙성을 바탕으로 고객도 자신의 채권채무관계를 분명히 할 수 있다는 전제하에[43] '상계된 금액의 항변'이 삽입되고 승인된 경우에는 고객의 전부 패소로 결말이 나고, 이러한 결과도 부당한 것이 아니라고 한다.[44]

은행업자가 관련된 사례로는 다음의 개소들을 들 수 있다.

a) D.h.t.15; D.h.t.3; D.h.t.8; D.h.t.22; D.h.t.18.pr

(§ 2 Sed et si procuratoria quis exceptione utatur, eo quod non licuisset adversario dare vel fieri procuratorem, probare id oportet obicientem exceptionem.) Idem erit dicendum et si ea pecunia petatur, quae pensata dicitur.

船田享二, 601 n.2는 '淸算金額의 抗辯'이라고 번역한다. Cf. 아래 주 137; 위 주 39. 상세는 Thielmann, 147-148. 이 항변을 상계약정의 항변(exceptio pacti de compensando)으로 이해하는 받아들이기 어려운 학설(Eisele, Biondi)에 관해서는 Thielmann, 150. Cf. D.h.t.2. 또 이 항변을 前訴訟의 法廷節次(in iure)에서 상계가 이루어진 경우에 이를 부당하다고 여기는 당사자에 의하여 다시 소송이 제기된 경우에 그 상대방이 제기하는 항변으로 이해하는 학설(Eisele, Appleton, Siber, Lübtow)에 관해서는 Thielmann, 157-158. Thielmann 자신도 이의 연장선상에서 이 항변을 旣判事項의 抗辯(exceptio rei iudicatae)을 보충하는 기능을 갖는 것으로 이해한다(163-168).

42) 상세는 Astuti, 6; Thielmann, 149.

43) Cf. D.2.13.6.3 Ulpianus 4 ad edictum.
Rationem autem esse Labeo ait ultro citro dandi accipiendi, credendi, obligandi solvendi sui causa negotiationem: nec ullam rationem nuda dumtaxat solutione debiti incipere. nec si pignus acceperit aut mandatum, compellendum edere: hoc enim extra rationem esse. sed et quod solvi constituit, argentarius edere debet: nam et hoc ex argentaria venit.

44) Thielmann, 150-151; 156.

b) D.12.6.30(아래 D.h.t.10.1 주해)

c) PS.2.5.3 cit.

④ 破産財團買得者

또 破産財團買得者[45)]와 같은 특수한 경우에는 그에 따르는 특별규율이 알려져 있었다(Gai.4.65-68).

Gai.4.65-68:

(65) Item/de (?)/bonorum emptor cum deductione agere iubetur, id est ut in hoc solum adversarius eius condemnetur, quod superest deducto eo, quod invicem ei bonorum emptor defraudatoris nomine debet. (66) Inter conpensationem autem, quae argentario opponitur, et deductionem, quae obicitur bonorum emptori, illa differentia est, … In deductionem autem vocatur et quod non est eiusdem generis; itaque si / vero / pecuniam petat bonorum emptor et invicem frumentum aut vinum is debeat, deducto quanti id erit, in reliquum experitur. (67) Item vocatur in deductionem et id, quod in diem debetur; …(68)… Deductio vero ad condemnationem ponitur, quo loco plus petenti periculum non intervenit; utique bonorum emptore agente, qui licet de certa pecunia agat, incerti tamen condemnationem concipit.

---

45) 로마에서는 강제집행은 통상 파산절차여서 채무자의 전체재산이 압류되고 매각되었는데, 이 재산을 채권자들이 법무관의 위임을 받아 그들 중에서 선임한 破産管理人(magister bonorum)으로부터 경매에서 낙찰받은 자가 파산재단매득자(bonorum emptor)였다. 그는 법무관법상의 포괄승계인으로서 신고한 채권자들의 채권비율에 따른 청구에 응해야만 하였다. 이때 파산채무자의 포괄승계인인 파산재단매득자와 채권자들 사이에 일정한 특징을 지니는 상계(Gai.4.65-68)가 허용되었다. 상세는 玄勝鍾/曺圭昌, 299-301; Kaser/Hackl, 383-401. 단 현승종 · 조규창(300면; 914면)은 bonorum emptor를 "財產買受人"으로 변역하고 있으나, 너무 일반적인 표현이어서 사태의 본질을 지시하는 기능이 약하므로 역어로서는 破產財團買得者가 더 낫다고 여겨진다.

(§ 65 또 破産財團買得者는 控除附로 訴求하도록 命해지는데,[46] 다시 말해서 그의 상대방은 파산재단매득자가 역으로 그에게 詐害者[47] 명목으로 채무부담하는 것[=파산채권]을 공제하고 남는 금액에 한하여 有責判決을 받는다. § 66 그런데 은행업자에게 대항되는 相計와 파산재단매득자에게 대항되는 控除 사이에는 이런 차이가 있다. … 그러나 控除에는 동일한 종류가 아닌 것도 용인된다. 그래서 파산재단매득자가 금전을 청구하고 그가 역으로 곡물이나 포도주를 빚지고 있는 경우 이것 상당의 금액을 공제한 후 잔액에 대하여 소구한다. § 67 또 控除에는 기한부채무도 용인된다.[48] … § 68 … 그러나 控除는 (방식서의) 判決權限附與(condemnatio) 부분에 配置되는데,[49] 이곳에서는 過多請求者에게 위험이 개재되지 않는다. 파산재단매득자가 訴求할 때에는 언제나 비록 그가 確定金額에 관하여 소구하더라도 不確定物의 判決權限附與文을 작성하기 때문이다.)

파산재단매득자가 관련된 사례로는 D.h.t.14; D.h.t.10.3; D.h.t.12; D.h.t.13을 들 수 있다.

---

46) 이때의 소권은 Actio Rutiliana(방식서의 청구취지에서는 권리자가 파산채무자로, 판결권한 부여 부분에서는 파산재단매득자가 권리자로 표시됨. Lenel, EP Tit. XL § 218) 및 actio Serviana(파산재단매득자가 파산채무자의 상속인으로 의제됨. Lenel, EP Tit.XL § 222)이다. Gai.4.35. ―은행업자의 agere cum compensatione와 파산재단매득자의 agere cum deductione의 차이는 각각 쓰인 cogitur와 iubetur의 동사가 무엇보다도 잘 드러내 준다. Cf. Jhering(위 주 27), 80.

47) =파산채무자.

48) D.h.t.7.pr. 물론 기한 도래시까지의 기한의 이익이 산정된다. Cf. D.35.2.45.pr: In lege Falicidia non habetur pro puro, quod in diem relictum est: medii enim temporis commodum computatur.

49) 따라서 반대채권이 청구취지 부분에서 전혀 언급되지 않으므로 그것이 訴訟에 係屬되었는지가 문제된다. Thielmann, 168-169.

⑤ 非常審理節次

非常審理節次(cognitio)[50]에서는 이상의 방식서소송과 관련한 섬세한 기술적인 사항들이 문제되지 않았고, 더욱이 가이우스가 서술하고 있는 법상태가 3세기에는 이미 더 이상 현실이 아니었으므로 비상심리절차에서[51] 相計가 일반적 법제도로 발전하였다.[52] 이 시기의 법상태를 드러내는 사료는 문체상으로 보다 더 매끄럽고 기술적인 표현들로부터 자유로운 IP.2.5.3이다:[53]

IP.2.5.3:

Si quis debeat alicui solidos decem et illi, qui debet, de quacumque ratione debeantur a creditore suo solidi quinque et veniat creditor et

---

50) 로마소송법의 발전에 관한 종래의 통설을 비판하는 최근의 새로운 견해는 Cf. William Turpin, "*Formula, cognitio*, and proceedings *extra ordinem*," RIDA 46 (1999), 499-574.

51) 이 절차에서는 청구의 병합심리도 아무 문제없이 인정되었다.
D.50.13.1.15 Ulpianus 8 de omnibus tribunalibus
Haec omnia si apud praesides petantur, videamus an de mutuis petitionibus possunt praesides cognoscere. et putem debere admitti.
C.7.45.14 Iust.:
Cum Papinianus summi ingenii vir in quaestionibus suis rite disposuit non solum iudicem de absolutione rei iudicare, sed ipsum actorem, si e contrario obnoxius fuerit inventus, condemnare, huiusmodi sententiam non solum roborandam, sed etiam augendam esse sancimus, ut liceat iudici vel contra actorem ferre sententiam et aliquid eum daturum vel facturum pronuntiare, nulla ei opponenda exceptione, quod non competens iudex agentis esse cognoscitur. cuius enim in agendo observavit arbitrium, eum habere et contra se iudicem in eodem negotio non dedignetur.

52) 이에 속하는 사료: D.h.t.17; D.h.t.19; D.h.t.20; D.h.t.24; C.h.t.1; C.h.t.3 (a.223); C.h.t.5 (a.229); C.h.t.6 (a.229). Kaser I, 647 n.29; Astuti, 8f.. Cf. 아래 II 3 가 ② a).

53) Levy, 146f.

totos decem solidos a debitore petat, si probaverit ille debitor sibi ab eo quinque solidos deberi, quare illum in solidum pro totis decem solidis convenit, causam perdit, qui noluit debitum compensare. similis ratio est et de frumento et de aliis speciebus.
(어떤 자가 다른 자에게 10 솔리두스의 채무가 있고, 채무가 있는 그에게 어떤 이유에선가 그의 채권자에 의하여 5 솔리두스의 채무가 부담되는데 채권자가 채무자로부터 10 솔리두스 전체를 청구하는 경우 그 채무자가 자신에게 그에 의하여 5 솔리두스가 채무부담되고 있음을 입증하면 그는 채무자를 전체 10 솔리두스를 위하여 전액 제소한 것이므로 채무를 상계하기를 不願한 그는 패소한다. 마찬가지 법리가 또한 곡물과 다른 종류물에 대해서도 적용된다.)

專主政期에 들어서면 상계의 기술적인 내용은 더욱 더 희석되고 특별한 어려움 없이 취급되게 되었으며 학문적으로도 별로 다루어지지 않았다.[54] Compensatio 용어도 이미 일찍이 때때로 사용되던 相殺나 算入調整의 의미가 주된 용법이 되고, 나아가 報償이나 代償을 의미하기 시작하였다.[55]

비상심리절차에서 다루어졌던 전형적인 사례는 신탁유증(fideicommissum)을 둘러싼 상계의 사례들이었다(D.31.67.3; D.31.67.4; D.32.11.19; D.36.1.60.3; C.h.t.5 [a/229][56]).

54) C.h.t.에는 디오클레티아누스(284-305)에서 유스티니아누스(527-565) 사이의 시기에 반포된 칙령은 수록되어 있지 않다.

55) Levy, 147 m. Qu. (Codex Theodosianus 1.32.2; 3.8.2; .7.6.2; .7.13.6.2; .8.5.58; 13.11.4; 14.4.4.1; Constitutiones Sirmondianae 15 lin.14 et 26; Novellae Valentiniani 31.2; 34.1; 35.10; Edictum Theoderici .98; Lex Visigothorum 4.4.3; 10.1.9; Gai Epitome 2.5.2; Interpretatio ad CTh. 3.8.2; .4.8.5; 5.18.1; 9.1.14; Consultatio 2.2; 2.5).

56) C.4.31.5 Alex. (a.229)
Etiam si fideicommissum tibi ex eius bonis deberi constat, cui debuisse te minorem quantitatem dicis, aequitas compensationis usurarum excludit computationem, petitio autem eius, quod amplius tibi deberi probaveris, sola

이상의 논의를 알아보기 편하게 도표화하면 다음과 같다.

〈로마법상의 相計〉

	誠意訴訟	嚴格訴訟	銀行業者	破産財團買得者
상계의 방식 및 요건	심판인 職權	법무관 고려	agere cum comp (intentio에서)	agere cum deduct. (condemn.에서)
	동일 causa		동일 causa(-)	
	同種(-)		同種	同種(-)
			변제기도래	반대채권 변제기 도래(-)
효 과	차액 판결	차액 청구	차액 청구 (ipso iure)	
	불고려시 別訴	exceptio doli (전액 패소)		
과다청구 적용여부			pluris petitio Gai.4.56	pluris petitio (-) Gai.4.57
典 據	Gai.4.61-63	Inst.4.6.30	Gai.4.64	Gai.4.65-68
중요관점	*omnis condemnatio pecuniaria*			

2) 유스티니아누스법

상계에 대하여 비교적 엄밀한 의미를 회복시킴으로써 專主政期 이후의 발전에 개혁적으로 개입한 것은 유스티니아누스황제의 고전주의적인 입법에 의해서였다. 유스티니아누스 황제는 D.16.2와 C.4.31에서 訴權의 종류를 불문하고 相計適狀에 이르면 법률상 당연히(ipso iure, ἰδίῳ δικαίῳ) 상계가 이루어지는 것으로 통일적으로 규율하였다(I.4.6.30; C.h.t.14.pr; D.h.t.4; D.h.t.10.pr; D.h.t.21; C.h.t.4).

I.4.6.30:

> … sed nostra constitutio eas compensationes, quae iure aperto nituntur, latius introduxit, ut actiones ipso iure minuant sive in rem sive personales sive alias quascumque …
>
> (그러나 朕의 한 칙령(C.h.t.14.pr)은 명백한 권리에 의존하는 상계들을 더 넓게 도입하였는바, 訴權들은, 對物訴權이든 對人訴權이

relinquitur.

든 아니면 다른 임의의 어떤 소권이든, 법률상 당연히 감축된다.)

C.h.t.4 Alex. (a.229)

Si constat pecuniam invicem deberi, ipso iure pro soluto compensationem haberi oportet ex eo tempore, ex quo ab utraque parte debetur, utique quoad concurrent quantitates, eiusque solius, quod amplius apud alterum est, usurae debentur, si modo petitio earum subsistit.

(상호간에 금전채무가 있음이 확정되는 경우 금액이 경합하는 한 언제나 양당사자가 채무를 부담하는 그 시점으로부터 법률상 당연히 상계를 변제로 간주해야만 하며, 어느 일방에 더 많은 금액만의 이자가, 그 청구가 이유있는 한, 채무부담될 뿐이다.)

C.h.t.14.pr. Iust. (a.531)

Compensationes ex omnibus actionibus ipso iure fieri sancimus nulla differentia in rem vel personalibus actionibus inter se observanda.

(朕은 相計가 對物訴權이나 對人訴權들 사이에 차이를 고려하지 않고서 모든 訴權으로부터 법률상 당연히 행해짐을 규정한다.)

그리고 대립하는 채무가 同一의 原因(eadem causa)에 기할 필요가 없다고 보았다(D.h.t.10.2). 그러나 다른 한편으로 모든 판결은 금전배상 판결이라는 원칙(omnis condemnatio pecuniaria)[57]을 포기한 결과 채무의 同種性을 요구하게 되었다(I.4.6.39).[58]

이러한 개혁조치는 물론 고전법의 소송절차가 사라지고, 訴權의 절

---

57) Cf. 상계에 관한 한, 파산법 제17조에 의한 非金錢債權의 평가액 확정은 모든 판결채무를 금액으로 확정하는 로마법의 태도와 비견할 만하다.

58) I.4.6.39:

Compensationes quoque oppositae plerumque efficiunt, ut minus quisque consequatur, quam ei debeatur: namque ex bono et aequo, habita ratione eius, quod invicem actorem ex eadem causa praestare oporteret, in reliquum eum cum quo actum est condemnaret, sicut iam dictum est.

차법적 특성과 차이점들이 의미를 상실했으며, 무엇보다도 과잉청구와 결부되었던 완전패소의 엄격한 법률효과가 지양되고(C.3.10.2 Iust. = B.7.6.22.4)[59] 차액판결이 인정되면서 법생활 전반이 크게 변모한 배경하에서 취해진 것이었다. 결과적으로는 誠意訴訟을 지배하던 원칙에 크게 근접한 모습을 띠게 되었다. 그러나 이러한 통일화 경향은 旣述했듯이 이미 고전기에(Papinianus D.h.t.16-20; D.22.3.26), 그러나 무엇보다도 고전시대 후 비상심리절차에서(C.h.t.1ff.) 드러나기 시작했었다.[60]

이하에서는 유스티니아누스법을 중심으로 상계를 살펴보기로 한다.[61]

3. 相計의 요건: 相計適狀

상계의 요건은 다음과 같았다.

1) 상호간에 대립하는 채권이 있을 것(D.h.t.1; D.h.t.2; C.h.t.9).

(1) 당사자

상계는 채무자 상호간에 이루어진다(D.h.t.1; D.h.t.2; C.h.t.4 [a.229]).

---

59) Kaser/Hackl, § 89 III. 2 (p.586); 상세는 Provera, 225-237.

60) Kaser/Hackl, § 89 III. 3 (p.586); Zimmermann, 766; Kaser II, 447-448; Astuti, 9.

61) 유스티니아누스의 개혁법은 고전기 법률가들의 저작을 수정하도록 유도했으므로 現傳하는 사료의 해석에 텍스트비판과 모순되는 개소들의 조화라는 어려운 문제를 제기한다. Cf. Astuti, 9. 그러나 이 글에서는 지면도 부족하고 해서 지금까지 많은 시도에도 불구하고 확실한 전말을 밝히기가 쉽지 않은 이 문제에 주안점을 두지 않았고, 대체로 전승된 텍스트가 그대로 유스티니아누스법을 반영한다는 입장을 취하였다.

따라서 서로간에 채무자가 아닌 자들 사이에서는 원칙적으로 상계가 인정되지 않는다[62](D.h.t.16; D.h.t.18.1; C.h.t.9[63]). 예컨대 피후견인의 채무자는 피후견인을 대리한 후견인에 대한 채권으로 상계할 수 없다(D.h.t.23). 다만 실질적으로 본인에 해당하는 自益代訟人(procurator in rem suam)의 경우에는 상계를 할 수도, 상계를 당할 수도 있다. 물론 채권양도 이전에 이미(D.h.t.21) 상계가 가능해야만 한다(D.h.t.18.pr).[64] 법적으로 人的 同一性이 인정되는 상속의 경우에도 피상속인의 채권자 또는 채무자와 상속인 사이에 상계가 가능하였다(D.10.2.25.9; C.5.58.3 [a.294]).[65] 그러나 상속의 경우에도 별개로 취급되는 軍營財

---

62) 法諺 Ex persona tertii compensatio fieri nequit (제3자의 사유로 인해서는 상계는 이루어질 수 없다).

63) C.h.t.9 Gord.:

Eius, quod non ei debetur qui convenitur, sed alii, compensatio fieri non potest.

이 개소의 사실관계에 관해서는 B.24.10.33 (Heimbach III, p.49):

Agebat quis adversus quendam. Ille autem compensationem ei obiicere volebat. Eam vero abiiciebat non ex causa debiti proprii, sed actori dicebat: tu et Petro debes, Petrus autem mihi. Hoc igitur constitutio denegat his verbis.

64) 他益代訟人(procurator)은 본인의 채권을 행사한다는 의미에서는 상계의 의사표시가 가능했지만, 그것만으로는 상계의 효과가 발생하지 않았고 본인의 추인에 대한 담보제공이 필요했다는 점(Cf. D.h.t.21)에서는 家子의 경우(D.h.t.9.1)와 흡사하였다.

65) 다음의 사례는 상속채권자인 프로쿨라가 상속인들을 상대로 상계를 하고자 했으나 상속채무자로서 피상속인이었던 그녀의 남자형제의 신탁유증 이행채무를 묵시적으로 면제해 준 것으로 코모두스 황제(180-192)에 의하여 판단된 결과 상계가 받아들여지지 않은 사례이다.

D.22.3.26 Pap. 20 quaest.

Procula magnae quantitatis fideicommissum a fratre sibi debitum post mortem eius in ratione cum heredibus compensare vellet, ex diverso autem allegaretur numquam id a fratre quamdiu vixit desideratum, cum variis ex causis saepe rationi fratris pecunias ratio Proculae solvisset: divus Commodus cum super eo

産이 개재된 경우에는 사정이 다를 수 있었다(D.h.t.16.pr). 그밖에 特有財產訴權이 문제되는 경우에 노예와 소유주 사이에서 일반법리에 따라 상호간에 상계가 가능했음은 물론이다(D.33.8.6.4). 나아가 특유재산을 가진 家子는 訴求 당한 경우 계약당사자가 아닌 父의 채권을 自動債權으로 하여 상계하는 것이 허용되었지만 父의 追認에 대한 담보를 제공해야만 하였다(D.h.t.9.1). 그리고 특유재산을 가진 公奴隷를 상대로 한 채권은 그 공노예가 소속한 공공단체의 청구에 대하여 특유재산액을 한도로 상계할 수 있었다(D.h.t.19).

그러나 제3자라 할지라도 법률관계의 특성상 채권자와 긴밀히 연계된 일정한 자들에게는 채권자의 채권으로써 하는 상계가 인정되거나 상계의 효과가 미칠 수 있다. 따라서 보증인은 主債務者의 채권으로써(D.h.t.4-5), 또 연대채무자 중의 1인은 다른 연대채무자의 채권으로써(D.45.2.10)[66] 상계할 수 있다.

채무자의 性, 연령, 법적 지위 등에 따른 차별은 인정되지 않는다(D.h.t.2; C.5.58.3 [a.294]; magistratus C.h.t.11[67]). 부부 사이에서도 당

---

negotio cognosceret, non admisit compensationem, quasi tacite fratri fideicommissum fuisset remissum.

66) D.45.2.10 Pap. 37 quaestionum.
Si duo rei promittendi socii non sint, non proderit alteri, quod stipulator alteri reo pecuniam debet.
Pothier, 449 n.(a): Ergo … si socii sint, poterit compensare quod socio suo debetur; quia societas facit ut quodammodo videantur una persona.

67) C.h.t.11 Diocl./Maxim.
Si tutores pupillis officio magistratus urguente nominastis ac pro his propter onus primipili pecuniam solvistis, superstitiosam geritis sollicitudinem, ne ab ipsis conventi hanc eis imputare minime possitis vel a vobis quicquam amplius exigatur, si tantum, quantum eis tutores debuerunt, vel vos nomine ipsorum maiorem quantitatem dedisse probetur.
이 개소의 사실관계에 관해서는 Cf. B.24.10.35 (Heimbach III, p.50):

연히 인정된다(Cf. D.23.3.38). 또한 國庫(D.49.14.46.5; D.h.t.12)[68]나 都市(C.h.t.3 [a.223])를 상대로 해서도 상계로 대항할 수 있었다. 물론 이에는 이들 공공단체가 가진 채권의 내용에 따라서 일정한 제한이 있었다(후술 ② b) (ㅁ)).

(2) 채 권

가. 상계가 허용되는 채권

이들 채권은 진정한 것이어야 하며, 항변으로써 배제될 수 없는 항구적인 것이어야 한다(D.h.t.14). 단순한 自然債務(D.h.t.6) 또는 信託遺贈債務(C.h.t.5 [a.229])라도 무방하지만, 물론 유효한 것이어야 한다(D.12.6.40.pr i.f. et D.12.6.41). 그러므로 錯誤나 欺罔에 의한 채무인 경우에도 이를 야기한 惡意의 상대방은 상계를 주장할 수 없다(C.4.49.2.pr-1 [a.259]).[69]

Magistratus quidam tutores pupillis dederant. Cum autem tutores solvendo non essent, eorumque fideiussores, conveniebantur magistratus, obiiciebantque pupillis compensationem, quod dicerent, se ex causa primipili (Cf. C.12.62.4 Diocl./Maxim.) pro eis tantum solvisse, quantum a tutoribus suis tutelae iudicio agentes consequi deberent, vel etiam amplius, et pupillos adversus magistratus subsidiaria actione agentes eius compensationem pati debere. Recte haec contendunt magistratus compensationem opponentes.

68) 다만 상계는 동일한 國庫의 部署(statio)를 상대로 해서만 인정되었다(B.24.10.25 Heimbach III, p.47; Pothier, 448 n.(d)).

C.h.t.1 Ant.

Et senatus censuit et saepe rescriptum est compensationi in causa fiscali ita demum locum esse, si eadem statio quid debeat quae petit. hoc iuris propter confusionem diversorum officiorum tenaciter servandum est. si quid autem tibi ex ea statione cuius mentionem fecisti deberi constiterit, quam primum recipies.

69) C.4.49.2.pr-1 Valer./Gallien. (a.259)

또 계약채무이든 불법행위채무이든 불문한다. 불법행위채무인 경우에도 금전배상을 訴求하는 한, 상계가 적용된다(D.h.t.10.2).

> 로마법의 영향을 받은 현대 각국의 상계규정 중 相計禁止에 관하여 살펴보면, (a) 우리 민법 제496조(불법행위채권을 受動債權으로 하는 相計의 금지)와 같이 유스티니아누스 황제법의 규정을 보다 더 일반화하여 故意의 不法行爲 一般에 대하여 相計禁止를 규정한 포괄주의 입법(독일민법 제393조, 네덜란드 新民法 제135조 b호)과 (b) 유스티니아누스 황제법(C.h.t.14.2 [a.531]; D.h.t.10.2)을 충실히 답습하여 불법행위 일반이 아니라 오직 不法한 占有侵奪로 인한 경우에만 相計禁止를 규정한 한정주의 입법(오스트리아민법 제1440조 제2문, 프랑스민법 제1293조 1호, 스위스채무법 제125조 1호, 이탈리아민법 제1246조 1호)으로 양분됨을 알 수 있다. 후자의 입법은 또 유스티니아누스 황제법(C.h.t.14.1 [a.531]; C.4.34.11 [a.529])에 충실하게 任置物返還債權을 受動債權으로 하는 相計의 금지를 明定한다(Cf. 아래 b) (ㄱ), (ㄴ)).[70]

訴權이 어떠한 성질의 것인지, 對物訴權인지 對人訴權인지, 하는 사정은 유스티니아누스법에서는 의미가 없었지만(C.h.t.14.pr [a.531]; I.4.6.30), 그 전에는 對人訴權에 대해서만 인정되었었다. 채무의 발생원인은 다양할 수 있었다. 그리하여 아무런 부담이 없는 부동산으로 매

Venditi actionem ad recipiendum residuum pretium intendere adversario tuo poteris.

(1) Nec quod in compensationem venerit, quasi et tu invicem deberes, id obesse tibi poterit, si in bonae fidei contractu, in quo maiores etiam viginti quinque annis officio iudicis in iis quae dolo commissa sunt adiuvantur, iusto errore te ductum vel fraude adversarii captum, quasi debitum id esset, quod re vera non debebatur, pepigisse monstraveris.

70) 상세는 Klaus Pielemeier, *Das Aufrechnungsverbot des § 393 BGB* (1988) [독일민법의 태도에 반대]; 民法注解 [XI]: 債權 (4) (박영사, 1995), 410-411 (尹容燮).

수한 부동산에 담보가 설정되어 있자 담보를 해제하기 위하여 매수인이 담보채권자에게 자발적으로 이행한 경우 이 금액은 비록 非債를 변제한 것이지만 매도인의 매매대금 청구시에 상계의 자동채권으로 삼을 수 있었다(C.h.t.10).[71] 상호적인 私的 불법행위로 인한 경우도 원칙적으로 상계가 가능하였다(D.24.3.39). 따라서 상호적인 권리의 행사가 배제되었다. 예컨대 서로 詐欺(dolus)를 행한 경우(D.4.3.36).

> 상호적 公的 犯罪行爲로 인한 경우는 엄밀한 의미의 상계가 문제되는 것은 아니었지만, 이를 이유로 면책을 주장하는 것이 허용되지 않았다. 그리하여 자신의 간통을 남편의 음행매개행위의 탓으로 돌려서 면책하려는 부인의 주장은 받아들여지지 않았다(D.48.5.2.4-5; D.48.5.14.5). 물론 남편의 음행매개행위가 그 원인인 때에는 남편은 부인의 음행을 원용하여 그녀의 권리행사를 저지할 수 없었다(D.24.3.47).

別訴로써 청구 중인 채권도 상계의 자동채권으로 삼을 수 있었다(D.h.t.8). 물론 상대방의 채권이 선택채권인 경우 선택이 있기까지는 상계할 채무가 특정되지 못하므로 상계가 가능하지 않다(D.h.t.22). 상속이 취소되어 원상회복이 되면 상계권도 되살아난다(D.5.2.21.2).

나. 상계가 허용되지 않는 채권

그러나 다음의 경우들에는 상계가 배제된다.[72]

---

71) C.h.t.10 Diocl./Maxim.
Quoniam liberum fundum distractum proponis, post vero, veluti praecedente emptionem obligatione, certum quid solvisse, si debitum a te apud praesidem provinciae petatur, compensationem eius quod indebite solvisti potes opponere. B.24.10.34(Heimbach III, p.49)는 토지매수인이 매도인에게 일정금액을 非債辨濟한 것으로 잘못 이해하고 있다.

(ㄱ) 任置의 경우(C.4.34.11 [a.529][73]; C.h.t.14.1 [a.531] i.f.; D.16.3.1.45)[74]

任置의 경우에는 물건 자체가 반환되어야만 한다(PS.2.12.12).[75] 受

---

72) 기타 개별적으로 특수한 이유에 의하여 상계가 배제되는 경우가 있었다. 예컨대 D.26,7.39.14 Papinianus 5 responsorum.

Neglegentiae tutorum periculo nominum, quae pater usuris maioribus fecit, adscripto pupilla quidem actionem calendarii praestare cogitur, exactas autem usuras tutelae tempore citra ullam compensationem retinet.

(아버지가 高利로 빌려준 貸與金債權의 위험이 공동후견인들의 過責에 기인하는 경우에 被後見女는 債權帳簿의 訴를 제기하도록 강제된다. 하지만 후견을 받는 중에 추심한 利子들은 어떤 상계도 없이 보유한다.)

73) C.4.34.11.pr-2 Iust. (a.529)

Si quis vel pecunias vel res quasdam per depositionis accepit titulum, eas volenti ei qui deposuerit reddere ilico modis omnibus compellatur nullamque compensationem vel deductionem vel doli exceptionem opponat, quasi et ipse quasdam contra eum qui deposuit actiones personales vel in rem vel hypothecarias praetendens, cum non sub hoc modo depositum accepit, ut non concessa ei retentio generetur, et contractus qui ex bona fide oritur ad perfidiam retrahatur.

(1) Sed et si ex utraque parte aliquid fuerit depositum, nec in hoc casu compensationis praepeditio oriatur, sed depositae quidem res vel pecuniae ab utraque parte quam celerrime sine aliquo obstaculo restituantur, ei videlicet primum, qui primus hoc voluerit, et postea legitimae actiones integrae ei reserventur.

(2) Quod obtinere sicut iam dictum est oportet et si ex una parte depositio celebrata est, ex altera autem compensatio fuerit opposita, ut integra omni legitima ratione servata depositae res vel pecuniae prima fronte restituantur.

74) 고전법(Gai.4.62)에 비추어 볼 때, 任置의 경우 상계를 제한한 것은 고전기 후의 일일 것이다. 同旨 Astuti, 3. 상세는 Pascal Pichonnaz, "L'interdiction de compenser dans le contrat de dépôt," *RIDA* 46 (1999), 393-425. 상계금지와 관련하여 특히 문제가 되는 것은 不規則任置이다. Pothier, 447 n.(g).

75) PS.2.12.12:

In causa depositi compensationi locus non est, sed res ipsa reddenda est.

Levy, 148은 이 개소가 원래 은행업자와 관련하여 相計附로 訴求할 필요가 있

置人에게 任置한 물건의 반환과 관련하여 특별한 信義를 요구한 때문이다.[76)]

(ㄴ) 使用貸借의 경우

現傳하는 유일한 批答(C.4.23.4 [a.294])[77)]에 의하면 사용대주가 빌려준 물건을 반환 청구하는 경우 반대채권을 주장하여 반환을 거절할 수 없었다. 이것은 任置의 경우와 동일한 이유에서 사용대주를 보호하기 위한 조치였을 것이다. 그러나 이러한 조치가 일반적 법리로 발전하지는 못했던 것 같다.[78)]

(ㄷ) 提示訴權의 경우

提示訴權을 상대로 하는 상계는 용인되지 않는다(C.9.32.1 [a.205]).[79)] 이를 인정하면 제시소권의 특수한 목적 자체가 무위로 돌아가기 때문이다.

는 것은 은행업자에 한하고 고객은 그렇지 않다는 취지를 밝히려 했을 것으로 추정한다. 그러나 그도 시인하듯이 비상심리절차에나 적합할 이 개소의 문언만으로는 정확한 이야기는 할 수 없다.

76) I.4.6.30: … excepta sola depositi actione, cui aliquid compensationis nomine opponi satis impium esse credidimus, ne sub praetextu compensationis depositarum rerum quis exactione defraudetur.
同旨 교회법 Remigius Maschat, *Institutiones Juris Civilis et Canonici* (Augustae Vindelicorum: 4a ed 1761), 366.

77) C.4.23.4 Diocl./Maxim. (a.294)
Praetextu debiti restitutio commodati non probabiliter recusatur.

78) Astuti, 3f. n.2; Levy, 149. 同旨 교회법 Maschat (위 주 76), 364 n.9; 이탈리아 민법 제1246조 2호.

79) C.9.32.1 Sev./Ant. (a.205)
Expilatae quidem hereditatis crimen intentare non potes, quando communis arcae rebus inspectis claves traditas coheredi profitearis. sed cum de his exhibendis apud iudicem quaereretur, rationem compensationis induci non oportuit. exhibitis enim quae desiderantur suis iudicibus directa quaestio derelinquenda est.

(ㄹ) 불법적으로 취득한 점유의 경우(C.h.t.14.2 [a.531])[80)]

타인의 점유를 위법하게 취득한 자는 그 회복을 구하는 자를 상대로 자신의 반대채권으로써 상계할 수 없다.[81)] 오히려 불법한 점유침탈자는 자신의 권리를 상실하거나 물건의 가액을 배상해야 하였다(C.8.4.7 Valent./Theod. [a.389]; D.48.7.7 = D.4.2.13). 점유를 특별히 보호하기 위한 비상한 조치이다.

(ㅁ) 公的 고려에 기한 상계 제한[82)]

공공단체와 私人 또는 담당공무원과의 사이에도 원칙적으로 상계가 허용되었지만 재정확보를 위한 公的 고려에서 일정한 경우 상계가 제한되었다(D.49.14.46.5).

– 국고로부터 매입하여 대금채무자가 된 경우(D.49.14.46.5; Ch.t. 7[83)]). 같은 취지에서 곡물담당관이 곡물매입자금을 반납할 때에도 (선의의 轉用時를 포함하여) 담당관은 자신이 都市에 대해 가지는 채권으로 상계할 수 없었다(D.50.8.2.4). 軍糧資金의 반납도 마찬가지였다 (D.h.t.20).

– 收稅, 公租公課, 公的 扶養, 公的 給養이나 給油 등의 이유로 國庫나 都市의 채무자가 된 경우(D.49.14.46.5; C.h.t.1; C.h.t.3 [a.22 3][84)]).[85)] 그러므로 예컨대 公租義務가 있는 甲이 자신의 채무자이자

---

80) C.h.t.14.2 Iust. (a.531)

Possessionem autem alienam perperam occupantibus compensatio non datur.

81) Cf. 法諺 Spoliatus ante omnia est restituendus.

82) Glück, § 932 pp.84~90.

83) C.h.t.7 Alex.

Si ex venditione pretium venditori debetur, compensationis ratio opponitur. adversus fiscum enim solum emptores petitioni pretii compensationem obicere prohibentur.

84) C.h.t.3 Alex. (a.223)

In ea, quae rei publicae te debere fateris, compensari ea, quae ab eadem tibi

公租擔當官인 乙에게 자신의 채권과 公租債務를 상계하면 그에 상당하는 채권액을 청구하지 않겠다고 밝혔고 乙도 이에 동의하였으나, 후에 상계되었던 액수의 금원을 甲 자신이 (아마도 乙의 후임자로부터 요구받고) 납부한 경우에는 일반적인 경우라면 이미 상계한 것을 다시 급부했으므로 非債辨濟의 부당이득 반환청구가 가능하겠지만, 公租債務는 상계 자체가 가능하지 않을 뿐더러 이것과 상계될 채권도 國庫가 아닌 乙에 대한 것이므로 결국은 乙에 의한 公租債務의 代納이 약속된 것에 지나지 않는데 이 약속이 지켜지지 않은 상태일 뿐, 제대로 된 相計가 이루어진 것이 아니므로, 乙에 대한 甲의 청구는 당연히 非債辨濟에 대한 부당이득반환청구가 아니라, 甲이 전부터 가지고 있던 원래의 채무의 청구일 뿐이다(C.h.t.13).[86] 그러나 按察官 재임시에 식량

---

debentur, is cuius de ea re notio est iubebit, si neque ex kalendario neque ex vectigalibus neque ex frumenti vel olei publici pecunia neque tributorum neque alimentorum neque eius, quae statutis sumptibus servit, neque fideicommissi civitatis debitor sis.

85) 法諺 In tributis non admittitur compensatio (公租公課에 있어서는 相計가 허용되지 않는다).

86) C.h.t.13 Diocl./Maxim.
Si velut in id debitum, quod sollemnium publicarum pensitationum debueras nomine, compensaturo tibi nihil petiturum postea Muciano scripsisti, redditis quae venerant in compensationem non indebiti soluti repetitio, sed ante debiti competit exactio.
이 개소의 사실관계에 관해서는 B.24.10.37 (Heimbach III, p.50):
Creditor quidam exactoris, idemque debitor publicarum pensitationum, earundem nomine conventus, compensationem debiti obiecerat, pacto interposito, ne ab eo peteretur. Postea vero a successore exactoris conventus solvit publica, quae iam compensaverat. Ait igitur constitutio: Licet omnis, qui solvit, quae iam compensaverat, condictionem habeat indebiti soluti, tamen hic talem actionem non habet: neque enim recte facta est compensatio cum publicis debitis: sed quasi facta non esset compensatio, principalem actionem adversus exactorem ad petendum movere debet.

을 아주 빡빡하게 공급한 것 때문에 유책판결을 받은 자는 식량자금의 채무자로 간주되지 않았고, 그래서 相計가 인정되었다(D.h.t.17).

2) 쌍방의 채권이 同種의 代替物을 내용으로 할 것 (C.h.t.4 [a.229]).

동종의 대체물[87]이어야 하므로 특정물이 특정물이나 종류물과(Cf. D.13.7.18; D.20.1.13.2; D.25.1.5.pr), 또 상이한 종류물끼리도 상계될 수 없다(D.16.3.1.9). 그러나 동종의 대체물인 한 채무의 원인이 같을 필요는 없다(PS.2.5.3). 그러므로 가령 유증의 이행채무와 수취한 果實로 인한 이익의 반환채무가 상계되는 경우(C.h.t.4)[88]에도 이를 전제해야

87) D.12.1.2.1 Paulus 28 ad edictum.
Mutui datio consistit in his rebus, quae pondere numero mensura consistunt, quoniam eorum datione possumus in creditum ire, quia in genere suo functionem recipiunt per solutionem quam specie: nam in ceteris rebus ideo in creditum ire non possumus, quia aliud pro alio invito creditori solvi non potest. 최근의 연구성과에 의하면 로마인들이 res, quae pondere numero mensura constant라고 불렀던 대체물에 대하여 res fungibiles라는 용어를 작명한 것은 Zasius였다. Cf. Tliman Repgen, TR 69/3·4 (2001), 407-409 (Th. Rüfner, *Vertretbare Sachen? Die Geschichte der res, quae pondere numero mensura constant*, Duncker & Humblot, Berlin 2000, 172 S.에 대한 서평).

88) C.h.t.8 Gord.
Si propter fructus ex possessione tua perceptos vitricus tuus debitor tibi constitutus est, cum id, quod a matre tua legatum est, a te petere coeperit, mutuo debitae quantitatis apud eum qui super ea re iudicaturus est compensationem non immerito obicies.
이 개소의 사실관계에 관해서는 B.24.10.32 (Heimbach III, p.49):
Mulier quaedam filium habens ex priore marito, et secundo marito nupta, mortuaque filio herede relicto, legatum marito reliquerat. Maritus autem fructus fundi hereditarii perceperat, et agere volebat. Et constitutio ait, agenti ei legati nomine compensationem fructuum obiici posse.

한다. 가장 빈번했던 사안은 그러나 금전채무가 문제된 경우들이었다.[89] 그밖에 채권의 액수, 이행기, 이행지(D.h.t.15) 등도 동일할 필요가 없다.

3) 쌍방의 채권이 無期限·無條件附일 것.

기한부이거나[90] 조건부일 때에는 기한이 도래하거나 조건이 성취되지 않는 한 상계할 수 없다(D.h.t.7; D.h.t.16.1; D.17.2.28).

4) 쌍방의 채권이 확실(liquida)할 것.

즉 認諾되었거나 용이하게 즉시 입증 가능한 채권일 것(C.h.t.14.1 [a.531]; I.4.6.30). 특히 유스티니아누스 황제는 이 점에서 심판인으로 하여금 相計의 허용 여부를 엄밀히 판단할 것을 요구하였다(Ch.t.14.1 [a.531]).[91] 불확실한 채무는 확실한 채무와 상계되지 않는다[92](C.h.t.

---

89) 예: C.h.t.11 Diocl./Maxim. (위 주 67);

D.13.7.18 Paulus 29 ad edictum.

Si convenerit, ut nomen debitoris mei pignori tibi sit, tuenda est a praetore haec conventio, ut et te in exigenda pecunia et debitorem adversus me, si cum eo experiar, tueatur. ergo si id nomen pecuniarium fuerit, exactam pecuniam tecum pensabis, si vero corporis alicuius, id quod acceperis erit tibi pignoris loco.

90) Cf. D.50.17.14 Pomponius 5 ad Sabinum.

In omnibus obligationibus, in quibus dies non ponitur, praesenti die debetur.

91) C.h.t.14.1 Iust. (a.531)

Ita tamen compensationes obici iubemus, si causa ex qua compensatur liquida sit et non multis ambagibus innodata, sed possit iudici facilem exitum sui praestare. satis enim miserabile est post multa forte variaque certamina, cum res iam fuerit approbata, tunc ex altera parte, quae iam paene convicta est, opponi compensationem iam certo et indubitato debito et moratoriis

14.1 [a.531]). 물론 현실적으로 상대방의 채권이 불확실할 때에는 방어(D.22.3.19)의 필요성 자체가 없을 것이다(C.8.35.9 [a.294]).

國庫에 대하여 상계의 항변을 하는 자는 2개월 내에 자기의 채권을 입증해야 하였다(D.49.14.46.4; D.h.t.24).

4. 相計의 방법: 相計의 意思表示, 특히 相計의 抗辯

상계는 소권을 법률상 당연히 감소시킨다(I.4.6.30). 이것은 자동적으로 상계가 이루어진다는 의미가 아니라, 상계가 審判人의 意思가 아닌 法의 意思에 따른다는 의미이다.[93] 따라서 상대방의 청구를 저지하고자 하는(D.13.7.24.pr)[94] 자에 의하여 소송에서 원용되어야 한다.[95] 쟁

---

ambagibus spem condemnationis excludi. hoc itaque iudices observent et non procliviores in admittendas compensationes existant nec molli animo eas suscipiant, sed iure stricto utentes, si invenerint eas maiorem et ampliorem exposcere indaginem, eas quidem alii iudicio reservent, litem autem pristinam iam paene expeditam sententia terminali componant: …

(그러나 朕은 상계의 원인이 확실하고 많은 不明함으로 얽혀 있는 것이 아니라, 재판관에게 자신의 용이한 결말을 가능하게 하는 경우에 상계가 대항되기를 명한다. 왜냐하면 數多하고 다양한 爭論 후에 사안이 이미 판정났을 때 이미 거의 패소한 일방 당사자에 의하여 이미 확실하고 의심의 여지가 없는 채무에 대하여 상계가 대항되고 지연시키는 不明한 주장으로써 유책판결의 전망이 배제되는 것은 충분히 통탄할 일이기 때문이다. 그러므로 재판관들은 이것을 준수하여야 하는바, 상계를 인정함에 있어서 쉽게해서도 안 되고 관대하게 그것들을 認容해서도 안 되며, 엄격한 법을 지켜서 그것들이 더욱 충실하고 치밀한 탐구를 요구하는 것을 발견하는 때에는 그것들을 다른 재판에 유보할 것이다. 그렇지만 이미 거의 심리된 현재의 訴는 終局判決로써 打決할 것이다.)

92) 法諺 Liquidi cum illiquido nulla est compensatio (확실한 채권과 불확실한 채권 사이에는 상계가 성립하지 않는다). 상세는 Arnold Vinnius, *Selectae iuris quaestiones*, I (Ultrajecti, editio quinta 1697), cap. L (pp.132~134).

93) Astuti, 10. 반대 船田享二, 606.

점결정(litis contestatio)의 前은 물론 後에도(D.h.t.8; D.h.t.18.pr)[96] 판결채무(iudicatum)가 확정되기까지는[97] 상계를 원용할 수 있었지만(C.7.50.2.pr [a.294]), 일단 판결채무가 확정되면 반대채권을 이유로 상계할 수 없었고,[98] 이를 이행한 경우 반환청구할 수도 없었다(C.h.t.2).[99] 그러나 나아가 쌍방의 채무가 모두 판결채무로 확정된 경우에는

---

94) D.13.7.24.pr. Ulp. 30 ed.: … et compensationem habere potest creditor, si forte pigneraticia vel ex alia causa cum eo agetur.

95) C.h.t.2 compensationem implorare; C.h.t.6 conpensationis aequitatem postulare; C.h.t.8, C.h.t.7, C.h.t.14.1, D.h.t.13 compensationem obicere, compensationis ratio opponi; I.4.6.39 compensationes oppositae; D.24.3.42.2, C.h.t.10 compensationem opponere; D.25.2.7 compensare cum actione. Cf. 아래 II 5 나. 현행법상의 재판상 상계에 관하여는 民法注解 [XI]: 債權 (4) (박영사, 1995), 388-393 (尹容燮).

96) 쟁점결정으로 인한 원채무의 소멸효에도 불구하고 여전히 유효한 변제 및 상계가 가능했던 점 및 고전법률가들이 이에 대하여 자연채무의 관념을 원용했을 개연성에 관해서는 Kaser/Hackl, 300.

97) 上訴에서도 가능하였다. Kaser/Hackl, 585 n.24.

98) 同旨 Hexabiblos 1.4.29 cum Schol. [Heimbach, p.80]:

Si quis iudicatum retractare velit praetextu novae computationis, non potest. [Schol.]

… Aut sic dicito: Reus, a quo actor centum aureos petit, et cui ipse actor aequalem quantitatem debet, quum condemnaretur, non dixit: "Et tu mihi centum aureos debes, eos imputa, et ego liberabor actione," sed adquievit et condemnatus fuit. Sed post illa reputans, se debuisse compensationem inducere, sententiam voluit (sc. iudex) retractare, ut compensationem inducat. Ait igitur constitutio, id fieri non posse, ut ne iudicia inde maneat indissolubilia. Sed centum quidem det, in quae condemnatus est: ipse autem post illa agat de centum, quae sibi debentur, et ius suum consequetur.

99) C.h.t.2 Ant.

Ex causa quidem iudicati solutum repeti non potest, eapropter nec compensatio eius admitti potest. eum vero, qui iudicati convenitur, compensationem pecuniae sibi debitae implorare posse nemini dubium est.

이러한 것은 판결채무의 이행으로 급부한 것은 기판력 때문에 판결이 유효한

판결채무의 이행기간 내에도 상계가 가능하였다(D.h.t.16.1). 따라서 상계 주장이 있는 경우 반대채권에 대한 심리확정이 있기 전에 채무의 변제를 명하는 것은 正義에 어긋난다(C.h.t.6 [a.229]).[100]

채무자가 상계할 수 있음을 모르고 변제한 경우에는 이행한 것을 非債辨濟로서 반환청구할 수 있다(D.h.t.3; D.h.t.10.1). 相計適狀임을 알면서 상계의 의사표시를 하지 않더라도 이 의사표시 자체가 그의 자유에 맡겨져 있는 것이므로(D.h.t.2) 그것만으로는 반대채권을 포기하거나 면제한 것으로 이해되지 않는다.[101] 채권자는 상계를 할 수도, 別訴를 제기할 수도 있다(C.5.44.2.1 [a.224]). 그러나 일단 어떤 청구에 대하여 상계의 의사표시를 한 경우에는 원칙적으로 다시 다른 청구에 대하여 상계로써 대항할 수 없다(D.h.t.13).

경우는 물론(D.12.6.35) 판결이 무효인 경우에도 반환청구가 배제되었던(D.5.1.74.2; D.17.1.29.5; D.10.2.36; C.4.5.1.pr) 판결채무의 특성 때문이었다. Kaser/Hackl, 378 n.24.

100) C.h.t.6 Alex. (a.229)

Neque scriptura, qua cautum est accepta quae negas tradita, obligare te contra fidem veritatis potuit et [C.5.21.1.pr=] compensationis aequitatem iure postulas. non enim prius exsolvi, quod debere te constiterit, aequum est, quam petitioni mutuae responsum fuerit, eo magis, quod ea te persequi dicis, quae a muliere divortii causa amota quereris.

이 개소의 사안에 관해서는 B.24.10.30 (Heimbach III, p.49):

Quidam, a quo uxor dotem suam repetebat, primum quidem dicebat, se eam non recepisse: deinde, licet recepisset, quaedam uxorem amovisse contendebat, et opponebat compensationem. De utroque constituio ita rescripsit.

Cf. Wacke (위 주 26), 24-28.

101) 가령 상대방이 상계의 의사표시가 없으면 채권을 포기한 것으로 본다고 통지하였으나 이에 대해 묵비한 경우라든가, 아니면 당사자 사이에 특별한 관계가 있어서 의사표시의 부작위가 면제의 의사표시로 해석될 수 있는 경우(예컨대 C.2.18.11; C.6.37.10; D.22.3.26)와 같은 특단의 사정이 없는 한.

5. 상계의 효과

1) 채무의 소멸효

상계는 변제의 효과가 있고[102](C.h.t.4 [a.229][103]; compensare = solvere C.4.44.11.2, D.20.4.4; compensatio = exactio D.18.4.23.1; compensare = dare D.40.7.20.2, D.40.12.19, D.50.16.76; cf. compensatione uti = petere D.27.4.1.4, D.46.8.12.3, D.46.8.15), 그래서 채무는 물론(I.4.6.30; C.h.t.14.pr [a.531]) 利子(C.8.42.7 [a.244]; D.h.t.11; D.h.t.12) 및 채무의 附從物도 함께 소멸한다(보증채무 D.h.t.4, D.46.3.43; 저당권 D.20.4.4, D.46.3.43). 따라서 상계 후 남은 잔존채무를 변제하거나 공탁하면 담보의 해제를 訴求할 수 있다(質權 C.h.t.12 [a.294]).[104] 相計로 쌍방의 채무는 對等額에 관하여(quoad summam concurrentem) 소멸하므로(D.h.t.9.pr), 피고는 殘額에 있어서만 유책판결을 받는다(C.5.58.3.1 [a.294]; I.4.6.39; D.h.t.4-5). 그리하여 예컨대 상대방이 진 빚과 상계하기 위하여 그로부터 물건을 매수하는 경우, 만일에 그 매매목적물이 진정한 소유자에 의하여 추탈 당하면, 매수인은 지급한 것이 없지만 매매소권을 행사해서 그 대가 상당을 반환청구할 수 있다.[105]

---

102) B.24.10.36 Schol.1 (Heimbach III, p.50): ὅτι ἀντὶ καταβολῆς ἡ κομπεσσατίων ἐστί (compensationem vice solutionis esse).

103) B.24.10.28 (Heimbach III, p.48): ἡ τού ἀντελλόγου δύναμις μίμησιν ἔχει καταβολῆς (compensationis vis imaginem habet solutionis).

104) C.h.t.12 Diocl./Maxim. (a.284)
Invicem debiti compensatione habita, si quid amplius debeas, solvens vel accipere creditore nolente offerens et consignatum deponens de pignoribus agere potes.

상계는 형평을 고려하여 인정된 제도이기 때문에 무효인 법률관계에 있어서도 인정되었다. 그리하여 원래 부부간의 증여는 무효이지만 부부가 상호간에 동일한 금액을 증여한 경우에도 증여물의 현존 여부와 상관없이 상계가 인정되었다(D.24.1.7.2).

2) 상계의 소급효 여부

우리 민법 제493조 제2항은 "相計의 意思表示는 各 債務가 相計할 수 있는 때에 對等額에 관하여 消滅한 것으로 본다"고 규정하여 독일민법 제389조와 마찬가지로 상계의 의사표시를 전제하면서(우리 민법 제493조 제1항; 독일민법 제388조; 스위스채무법 제124조) 상계의 효력이 발생하는 시기를 相計適狀의 시점으로 정하여 이른바 상계의 소급효를 인정하고 있다. 이것은 D.h.t.10.1 및 D.h.t.11을 근거로 하여 소급효를 인정했던 독일의 판덱텐법학자 Puchta, Dernburg, Windscheid의 학설을 추종한 것이다. 학설사적으로 보자면[106] 우선 유스티니아누스법(C.h.t.14.pr-1 [a.531]; I.4.6.30 i.f.)을 자동적 상계로 誤認하여 상계의 의사표시가 不要하다(sine facto hominis)[107]고 보았던 오랜 일련

---

105) 주인에게 속하는 상속재산을 그 노예가 판 전형적으로 로마적인 경우에 관한 D.15.3.7.4 Ulp. 29 ed. (제2건: nam et si～pervenit):
Idem (sc. Labeo) ait et si hereditatem a servo tuo emero quae ad te pertinebat et creditoribus pecuniam solvero, deinde hanc hereditatem abstuleris mihi, ex empto actione me id ipsum consecuturum: videri enim in rem tuam versum: nam et si hereditatem a servo emero, ut quod mihi ab ipso servo debebatur compensarem, licet nihil solvi, tamen consequi me ex empto quod ad dominum pervenit. ego autem non puto de in rem verso esse actionem emptori, nisi hoc animo gesserit servus, ut in rem domini verteret.

106) Astuti, 13-16, 특히 14f.; Zimmermann, 760-761; 또한 Werner Ogris, "Aufrechnung [Kompensation]," *Handwörterbuch zur deutschen Rechtsgeschichte*, I (1971), 254-256.

의 학설전통과 이에 기초한 舊普通法實務를 추종한 早期 법전들(Theophilos, Martinus Gosia, Cuiacius, Tyndarus [Alfanus], Sebastianus Medices, Sabelli, Richeri, Domat, Pothier, ALR I 16 § 301, Code civil Art. 1290, ABGB § 1438, Van Leeuwen, Savigny, 또한 Codice civile Ital. 1865 Art.1241, 1242)이 존재했다.[108] 이를 비판하면서 상계를 위하여는 의사표시가 필요하다고 본 학설에는 크게 두 부류가 있었는데, 하나는 상계의 의사표시가 불법행위사안을 제외한 모든 경우에 필요하지만 단순히 宣言的인 것일 뿐이라는 견해로서 Johannes Bassianus, Azo를 비롯한 주석학파의 다수설이었고, 이후 Cynus, Bartolus, Jo. Mynsinger 등을 거쳐 Grotius에 의하여 새롭게 다져졌고 Donellus와 Voet도 취했던 견해였다.[109] 다른 하나가 바로 판덱텐법학자들이 택했던 학설로, 이들은 상계의 의사표시를 創設的인 것으로 보았고,[110] von Wyss와 달리 재판상 표시를 요구하였다.[111] 남아프리카공화국의 법은

---

107) 이들은 ipso iure = ipsa legis potestate et auctoritate, absque magistratus auxilio et sine exceptionis ope (Brissonius)로 이해하였던 것이다. Zimmermann, 761 n.92에서 재인용. Cf. D.h.t.21: quia nihil compensat.

108) 그러나 법전편찬 이후의 실무는 항변에 의한 주장을 요구하였다. Helmut Coing, *Europäisches Privatrecht*, II (1989), 460 n.11.

109) 가령 Vinnius, ad I.4.6.30 n.2 (p.358)는 이러한 학설을 다음과 같이 요약하여 제시하고 있다:

nam cum iudex divinare non possit, an actor vicissim quid debeat, a reo utique hoc allegandum est, petendumque ut compensatio admittatur: quae tamen allegatio proprie exceptio non est, licet ita vulgo appelletur; nam allegandae compensationi quaevis tempora idonea sunt ante executionem judicati. … Sed ita, opposita & admissa compensatione statim ipso jure actionem tolli aut minui, reumque retroversus ipso jure usque ad concurrentem quantitatem liberatum intelligi, ex quo utrinque deberi coepit.

110) 同旨 民法注解 [XI]: 債權 (4) (박영사, 1995), 398 (尹容燮).

111) Bernhard Windscheid/Theodor Kipp, *Lehrbuch des Pandektenrechts*, II (9. A. 1906), § 349, pp.463~472; L. Arndts R. v. Arnesberg, *Lehrbuch der*

아직도 자동적 상계와 상계의 의사표시 요구 사이에서 갈등하고 있다.[112] 이러한 학설과 입법의 양상은 方式書訴訟의 기술적인 배경하에서 다양한 전개를 보였던 고전로마법을 통일시키려 했던 유스티니아누스의 시도(Cf. 위 II 2)가 온전한 방식으로 성과를 거두지 못했던 데 그 원인이 있다. 하지만 필자 생각에는 로마법의 모습에 가장 충실한 해석은 상계의 의사표시를 선언적인 것으로 보는 것이다(D.h.t. 10.1).[113]

Ⅲ. D.16.2 *De compensationibus* 譯註

D.16.2.1 Modestinus libro sexto pandectarum.

Compensatio est debiti et crediti inter se contributio.

相計[114]란 채무와 채권의 상호공제[115]이다.[116]

Pandekten (14. Auflage 1889), § 265, pp.535~536.

112) Zimmermann, 761 nn.95-97.

113) 同旨 Astuti, 10.

114) 단순히 Pensatio라고도 하였다. D.h.t.7.1; D.h.t.15; D.24.3.39; D.31.67.3; D.13.6.18; D.10.2.52.2; D.13.7.18.pr.

115) Donellus II, p.310: Contribuere debitum et creditum est ita permiscere utrumque, ut confundantur.

116) 同旨 Theophilus, *Paraphrasis* 4.6.30:
Compensatíωn ἐστὶν ὁ ἀντέλλογος τουτέστι τὸ ἀντέλλογίσασθαι τὰ ἐποφειλόμενα (Compensatio est mutua computatio, id est, debita inter se conferre et computare).
Noodt, 283은 이 과정을 간이인도에 비견되는 상호변제로 설명한다:
Sit igitur ompensatio mutua solutio, juris interpretatione quasi per brevem manum facta.

D.16.2.2 Iulianus libro nonagensimo digestorum.

Unusquisque creditorem suum eundemque debitorem petentem summovet, si paratus est compensare.

각자는 자신의 채권자이면서 동시에 채무자인 자가 청구하는 경우 相計할 용의가 있으면[117] 그를 방어할 수 있다.[118]

D.16.2.3 Pomponius libro vicensimo quinto ad Sabinum.

Ideo compensatio necessaria est, quia interest nostra potius non solvere quam solutum repetere.

相計는 변제한 것[119]을 반환청구하기[120]보다는 오히려 변제하지 않는 것이 우리의 이익[121]이기 때문에 필요하다.[122]

---

117) 同旨 D.27.4.1.4: sic erit arbitrii eius, utrum compensare an petere velit sumptus.

118) 율리아누스 시대에는 아직 상계가 일반화되어 있지 않았고, 따라서 전승된 문면 그대로 진정한 것으로 보기에는 어려움이 따르므로 이 개소의 원문맥을 복원하려는 다양한 시도가 있었다. 그 중 개연성이 있어 보이는 것은 [unusquisque]<argentarius>로 보아서 은행업자가 피고로서 '상계된 금액의 항변'을 제기한 사안으로 보는 견해이지만, 이것도 율리아누스의 원문 문맥상 설득력이 별로 없다. 그러므로 남는 가능성은 당사자 사이에 상계의 특약이 있은 경우라고 새기는 것이다(Lübtow, Thielmann). 상세는 Thielmann, 152-155.

Petentem summovere는 항변에 의한 방어를 표현한다(Cf. D.12.4.40; D.46. 3.50).

119) 변제의 청구 내지 수령은 猜害行爲(Schikane: D.44.4.8.pr = D.50.17.173.3 Dolo facit, qui petit quod redditurus est "곧바로 반환해야 할 것을 청구하는 것은 악의행위이다")에 해당한다.

120) Cf. D.h.t.10.1.

121) 상대방이 資力이 있는 경우에는 상호결제의 간편함이고, 상대방이 無資力인 경우에는 그로 인하여 채권의 만족이 좌절될 위험을 피할 수 있는 이익. Noodt, 283. 원인 없이 문답계약으로 諾約하고 보증인을 세운 자가 그 보증인이 그 채무를 이행하고 자기에게 委任訴權을 행사할 것을 원했더라도 그

D.16.2.4 Paulus libro tertio ad Sabinum.

Verum est, quod et Neratio placebat et Pomponius ait, ipso iure eo minus fideiussorem ex omni contractu debere, quod ex compensatione reus retinere potest: sicut enim, cum totum peto a reo, male peto, ita et fideiussor non tenetur ipso iure in maiorem quantitatem quam reus condemnari potest.

네라티우스의 所論이었고 또 폼포니우스가 말하고 있는 바, 즉 信命保證人은 모든 계약에 있어서 법률상 당연히 채무자가 相計로 인하여 보유할 수 있는 만큼 적게 채무를 부담한다는 것은 옳다.[123] 왜냐하면 내가 채무자로부터 전액을 청구하면 그릇 청구하는 것이듯,[124] 또한 信命保證人도 법률상 당연히 채무자가 有責判決 받을 수 있는 금액보다 많은 금액의 책임을 지지 않기[125] 때문이다.[126]

D.16.2.5 Gaius libro nono ad edictum provinciale.

보증인은 要約者를 상대로 抗辯을 행사할 수 있는데, 이것은 "변제한 것을 반환청구하기보다는 처음부터 변제하지 않고 보유하는 것이 그의 이익에 부합하기 때문"이라는 율리아누스의 결정(D.46.1.15.pr)에서도 보이듯이 로마인들은 당사자들의 이해관계에 대한 상식에 맞는 견해를 가지고 있었다.

122) Cf. C.h.t.6 (a.229).

123) C.5.58.3.1 [a.294]; I.4.6.39; D.46.3.43.

124) PS.2.5.3: … si totum petas, plus petendo cuasa cadis.
처음부터 차액청구를 인정하는 이 개소의 법률가들과는 달리 다음 개소(D.h.t.5)에 의하면 가이우스는 전액청구가 가능하고 그에 대하여 상계의 항변을 하는 것으로 보고 있다. 아마도 이 개소가 차액청구를 해야만 했던 은행업자(Gai.4.68)의 경우와 같은 사례를 염두에 두었다면 D.h.t.5는 일반의 상계사안(Gai.4.63)을 다룬 데서 이러한 차이가 나온 것으로 보인다. 단순한 異見으로 보는 견해로는 Kaser I, 645 n.11.

125) I.3.20.5.

126) C.h.t.14 [a.531]; Inst.4.6.30.

Si quid a fideiussore petetur, aequissimum est eligere fideiussorem, quod ipsi an quod reo debetur, compensare malit: sed et si utrumque velit compensare, audiendus est.

信命保證人[127]으로부터 채무가 청구될 경우 신명보증인이 자신의 또는 主債務者의 채권 중 어느 것과 相計할 것인지를 선택하는 것이 극히 공평하다.[128] 그러나 그가 양자와 相計하고자 하는 경우에도 聽許될 것이다.[129]

D.16.2.6 Ulpianus libro trigensimo ad Sabinum.

Etiam quod natura debetur, venit in compensationem.

自然債務[130]도 또한 相計의 대상이 된다.[131]

---

127) 이를 信命保證한 은행업자로 보는 견해(Lenel, Pal. I, Gaius fr.213 n.2 [p.211])도 있으나, 자연스러운 이해는 은행업자가 채무자의 보증인을 상대로 청구하는 것으로 보는 것이다. Petrucci (위 주 39), 374-375.

128) 주채무자가 원하지 않는 경우에도 가능하다.

D.46.1.32 Ulpianus 76 ad edictum.

Ex persona rei et quidem invito reo exceptio (et cetera rei commoda) fideiussori ceterisque accessionibus competere potest.

129) 同旨 우리 민법 제434조(保證人과 主債務者相計權); 이탈리아민법 제1247조. 이 개소는 또한 변제의 充當 규정을 상계에 준용하는 민법 제499조(同旨 이탈리아민법 제1249조)의 역사적 배후이기도 하다.

130) D.46.1.16.4 Iulianus 53 digestorum

Naturales obligationes non eo solo aestimantur, si actio aliqua eorum nomine competit, verum etiam cum soluta pecunia repeti non potest (=D.44.7.10 Ulp. 47 ad Sab.): nam licet minus proprie debere dicantur naturales debitores, per abusionem intellegi possunt debitores et, qui ab his pecuniam recipiunt, debitum sibi recepisse.

natura debere에 관해서는 Cf. D.5.3.31.1; D.12.6.26.12; D.12.6.41; D.35.2.1.17; D.46.3.101.7; D.50.16.10; D.50.17.81.

131) 誠意訴訟인 조합에 관련된 개소이다(Lenel, Pal. II, Ulpianus fr.2738 [p.1128]; Astuti, 2 n.1). Cf. D.h.t.9.pr. 그밖에 청구할 수는 없으나 상계는

D.16.2.7.pr Ulpianus libro vicensimo octavo ad edictum.

Quod in diem debetur, non compensabitur, antequam dies venit, quamquam dari oporteat.

기한부채무[132]는, 비록 급부의무는 존재하지만,[133] 기한이 도래하기[134] 전에는 相計되지 않을 것이다.[135]

가능한 특별한 사례에 관해서는 Cf. D.24.1.28.7: peti quidem non possunt, compensari autem possunt. 상세는 Vinnius (위 주 92), cap. XLIX (pp.128~132). ―현행법은 반대 大判 63.11.21, 63다429(集 11-2, 民 252); 民法注解 [XI]: 債權 (4) (박영사, 1995), 369; 405 (尹容燮).

In compensationem venire 표현에 관해서는 Cf. D.h.t.14; C.4.49.2.1 (a.259).

132) D.45.1.41.1 Ulpianus 50 ad Sabinum.

Quotiens autem in obligationibus dies non ponitur, praesenti die pecunia debetur, nisi si locus adiectus spatium temporis inducat, quo illo possit perveniri. verum dies adiectus efficit, ne praesenti die pecunia debeatur: ex quo apparet diei adiectionem pro reo esse, non pro stipulatore.

133) D.12.6.10 Paulus 7 ad Sabinum.

In diem debitor adeo debitor est, ut ante diem solutum repetere non possit.

D.45.1.137.2 Venuleius 1 stipulationum

··· nam et quod in diem debetur, ante solvi potest, licet peti non potest ···

Cf. D.46.3.70 Celsus 26 digestorum.

Quod certa die promissum est, vel statim dari potest: totum enim medium tempus ad solvendum promissori liberum relinqui intellegitur.

134) Cf. D.50.16.213 Ulpianus 1 regularum.

"Cedere diem" significat incipere deberi pecuniam: "venire diem" significat eum diem venisse, quo pecunia peti possit. ubi pure quis stipulatus fuerit, et cessit et venit dies: ubi in diem, cessit dies, sed nondum venit: ubi sub condicione, neque cessit neque venit dies pendente adhuc condicione.

135) Gai.4.67.

Cf. D.46.4.12 Pomponius 26 ad Sabinum.

Quod in diem vel sub condicione debetur, acceptilatione tolli potest: sed ita id factum apparebit, si condicio stipulationis extiterit vel dies venerit.

그러나 채권으로서의 실체가 존재하므로 기한도래 전에도 매매의 대상이 된다.

D.16.2.7.1

Si rationem compensationis iudex non habuerit, salva manet petitio: nec enim rei iudicatae exceptio obici potest. aliud dicam, si reprobavit pensationem quasi non existente debito: tunc enim rei iudicatae mihi nocebit exceptio.

심판인이 相計를 고려하지 않은 경우 訴求權은 보존된다.136) 왜냐하면 旣判事項의 抗辯이 대항될 수 없기 때문이다. 그가 채무가 부존재하므로 相計를 배척한 경우에는 나는 달리 말할 것이다. 왜냐하면 그 때에는 기판사항의 항변이 내게 불이익할 것이기 때문이다.137)

D.16.2.8 Gaius libro nono ad edictum provinciale.

D.18.4.17 Ulpianus 43 ad edictum.

Nomina eorum, qui sub condicione vel in diem debent, et emere et vendere solemus: ea enim res est, quae emi et venire potest.

136) Andreas Wacke, "Prozessformel und Beweislast im Pfandrechtsprätendentenstreit," TR 37 (1969), 369-414, 374 n.16.

137) Cf. Ulp. D.3.5.7.2; Ulp. D.27.4.1.4; 상세는 拙著 (위 주 25), 71ff. 한편 Thielmann, 170-182는 상계의 실체법적 효력을 부인하고 소송법적 효과만을 인정하면서 원고의 청구만이 소송물이 되는 고로 前訴에서의 상계의 주장 및 그에 대한 심판인의 판단에도 불구하고 後訴에서 다시 청구하는 것을 방해하지 않으며, 다만 前訴에서 상계가 인정된 경우에는 항변의 대항을 받지만, 이 경우 前訴의 원고였던 後訴의 피고가 제기할 수 있는 항변은 前訴의 상계가 前訴의 訴訟係屬이나 旣判事項의 대상이 아니었으므로 '相計된 金額의 抗辯'(exceptio pecuniae pensatae)만이 가능하다고 본다. Cf. 위 주 39; 위 주 41. 이 견해는 결국 본 개소와 D.3.5.7.2, D.27.4.1.4는 모두가 수정된 것이라고 한다. 그러나 사료상 보이는 학설대립의 가능성(拙著 [위 주 25], 72 n.139)을 고려해 보면 적어도 울피아누스는 기판사항의 항변을 옹호했던 것으로 보인다. 同旨 Rolf Knütel, *Stipulatio poenae. Studien zur römischen Vertragsstrafe* (1976), 307 n.19. Cf. 민사소송법 제202조 제2항("相計를 主張한 請求의 成立 또는 不成立의 判斷은 相計로 對抗한 數額에 한하여 旣判力이 있다.")

In compensationem etiam id deducitur, quo nomine cum actore lis contestata est, ne diligentior quisque deterioris condicionis habeatur, si compensatio ei denegetur.

(前訴에서 後訴의) 원고를 상대로 쟁점결정이 이루어진 채권[138]도 (後訴에서) 相計에 포함되는데,[139] (권리행사에) 더 부지런한 자[=前訴의 원고이자 後訴의 피고]가 그에게 相計가 거부됨으로써 더 나쁜 처지에 빠지지 않도록 하기 위한 것이다.[140]

D.16.2.9.pr Paulus libro trigensimo secundo ad edictum.

---

138) 즉 현재의 소송에 앞서서 別訴로 청구된 채권. litem contestari cum reo라는 표현은 원고에 대하여 사용되었다. Cf. Kaser/Hackl, 290 n.28. —이 개소의 원문맥에 관한 논의는 Thielmann, 155-156. 한편 Hansjörg Peter, *Texte zum römischen Obligationenrecht mit Verweisen auf das schweizerische Recht/Textes de droit romain des obligations avec références au droit suisse* (1997), 87 n.103은 이곳의 원고를 'Der jetzt Verrechnungswillige, Beklagter im ersten, noch hängigen Prozess'로 이해하는데, 현재 상계를 원하는 자는 後訴의 피고이지 前訴의 피고가 아니고, 또 Peter 자신이 같은 곳 n.104에서는 diligentior를 'Kläger im ersten Prozess'로 제대로 이해하고 있는 점에 비추어 볼 때, n.103의 'ersten'은 'zweiten'의 誤植으로 보인다.

139) In compensationem deduci 표현에 관해서는 Cf. D.h.t.15; C.5.74.1 (a.290).

140) Cf. D.50.17.86 Paulus 7 quaestionum.

Non solet deterior condicio fieri eorum, qui litem contestati sunt, quam si non essent, sed plerumque melior:

D.50.17.87 Paulus 13 quaestionum.

Nemo enim in persequendo deteriorem causam, sed meliorem facit. denique post litem contestatam heredi quoque prospiceretur et heres tenetur ex omnibus causis.

D.46.2.29 Paulus 24 quaestionum.

… neque enim deteriorem causam nostram facimus actionem exercentes, sed meliorem, ut solet dici in his actionibus, quae tempore vel morte finiri possunt.

Si cum filio familias aut servo contracta sit societas et agat dominus vel pater, solidum per compensationem servamus, quamvis, si ageremus, dumtaxat de peculio praestaretur.

家子 또는 노예와 (우리 사이에) 조합이 체결되었고 주인이나 家父가 (우리를) 訴求하는 경우 우리는, 비록 우리가 (주인이나 家父를) 訴求한다면 (그들의 경우) 단지 特有財産額까지만 책임부담될지라도,[141)](그들에 대한) 相計에 의하여는 全額을 保全한다.

D.16.2.9.1

Sed si cum filio familias agatur, an quae patri debeantur filius compensare possit, quaeritur: et magis est admittendum, quia unus contractus est, sed cum condicione, ut caveat patrem suum ratum habiturum, id est non exacturum quod is compensaverit.

그러나 家子를 상대로 訴求하는 경우에 家父의 (우리에 대한) 채권으로[142)] 家子가 相計할 수 있는지 문제이다. 이것은 인정해야만 할 것인데, 왜냐하면 하나의 법률관계이기 때문이다.[143)] 그러나 그가 자기 아버지가 追認할 것임을,[144)] 즉 그가 相計한 것을 그가 推尋하지 않을

141) Cf. D.3.5.5.3; C.4.25.2 (a.222); C.4.26.5 (223).

142) Pothier, 449 n.(b): Ex eadem societatis causa. Cf. Gai.4.61.

143) 父가 권력복종자인 子의 채무에 대하여 책임지는 것은 특유재산을 매개로 하여 법이 인정하는 "하나의 법률관계"에 입각한 특수사정에 기한 것이다.
Cf. D.45.3.40 Pomponius 33 ad Quintum Mucium.
Quidquid contraxit servus, dum nobis servit, etiam si stipulationem contulit in alienationem vel manumissionem suam, tamen nobis id adquisitum erit, quia potestas eius tunc, cum id contraheret, nostra fuit. idque est, si filius familias contrahat: namque etiam quod in emancipationis suae tempus contulerit, nobis debebitur, si tamen dolo malo id fecerit.

144) D.3.3.39.1 Ulp 9 ad ed.:

것임을,[145] 담보한다는 조건하에서이다.[146]

D.16.2.10.pr Ulpianus libro sexagensimo tertio ad edictum.[147]

Si ambo socii parem neglegentiam societati adhibuimus, dicendum est desinere nos invicem esse obligatos ipso iure compensatione neglegentiae facta. simili modo probatur, si alter ex re communi aliquid perceperit, alter tantam neglegentiam exhibuerit, quae eadem quantitate aestimatur, compensationem factam videri et ipso iure invicem liberationem.

우리 양 조합원[148]이 동일한 過責을 조합에 대하여 저지른 경우 우리는, 법률상 당연히 過責相計가 이루어졌으므로, 상호 구속되기를 그친다고 말해야만 한다. 유사한 방식으로 다음이 승인된다: 둘 중 한 사람이 공유물로부터 (조합의 불이익으로) 무엇인가를 얻고, 다른 사람은 동일한 금액으로 算定되는 정도의 過責을 범(하여 조합에 불이익을 가)한 경우 相計가, 그래서 법률상 당연히 상호적 免責이 이루어진 것으로 인정된다.[149]

Qui alieno nomine agit quamcumque actionem, id ratum habiturum eum ad quem ea res pertinebit cavere debet …

145) "즉 그가~하지 않을 것임을": 添注 또는 트리보니아누스의 修正. Lenel, Pal. I, Paulus fr.499 n.2 (p.1033).

146) D.h.t.9에 관하여는 Julio Hernando Lera, *El contrato de sociedad. La casuistica jurisprudencial clasica* (1992), 274-276. Procurator의 경우에도 유사하였다(위 주 64).

147) 이 개소는 파산재단매득자의 Rutiliana actio (EP. § 218)에 관한 것이다. Lenel, *Pal.* I, Ulpianus fr.1426 (p.792). 따라서 원래 deducere / deductio가 compensare / compensatio로 수정되었음이 분명하다.

148) 그러므로 한 조합원의 過責으로 조합이 손해를 보고, 그의 공로로 조합이 이득을 본 경우에 이 이득과 손실의 相殺 여부에 관한 D.17.2.25-26은 이 개소와는 사실관계가 전혀 다르다. Cf. Lera (위 주 146), 276-278.

149) 이 개소는 일견 엄밀한 의미의 상계에 관한 것이 아닌 것처럼 보인다(이 견해

D.16.2.10.1

Si quis igitur [compensare]<deducere *Lenel*> potens solverit, condicere poterit quasi indebito soluto.

그러므로 [相計]<控除>를 할 수 있는데 변제한 경우 非債를 변제한 것처럼 부당이득반환청구할 수 있을 것이다.[150)]

D.16.2.10.2

Astuti, 12). 그러나 파산재단매득자의 actio Rutiliana(Gai.4.35)를 다루고 있는 이 개소의 원래 문맥(Lenel, *Pal.* II, Ulp. fr.1426 [p.792])과 다음 § 1과의 연관을 고려할 때 상이한 손해에 관한 통상적인 채권상계가 문제되고 있음을 알 수 있다. Christian Wollschläger, "Das eigene Verschulden des Verletzten im römischen Recht," SZ 93 (1976), 115ff., 118 n.19.

Ipso iure 상계에 관해서는 Cf. 위 II 2 나; II 4; II 5 나.

150) 본 개소는 相計適狀이면 법률상 당연히 채무소멸의 효과가 있고, 따라서 자신의 채무를 이행하는 자는 논리필연적으로 非債를 변제한 셈이 된다는 점을 밝히고 있다. 이 개소는 로마법에서 상계의 의사표시가 창설적이지 않고 선언적인 것으로 이해되었음을 보여준다. Cf. 위 Ⅱ 5 나. 참고로 교회법에서는 상계의 의사표시를 창설적인 것으로 보았고, 그래서 이런 경우는 채무의 정상적인 변제이므로 변제자는 남아 있는 자신의 채권을 행사랄 수 있다고 보았다. Maschat (위 주 76), 392 n.20. 嫁資와 관련한 特則(D.25.1.5.2)은 위 주 27.

물론 상계가 가능하지 않은 경우에는 양측의 채권채무는 별개로 존립하므로 어느 일방이 자신의 채무를 이행하면 非債辨濟가 아니며, 따라서 그의 채무는 소멸하고 이후 그가 청구하는 것은 존속 중인 자신의 채권을 행사하는 것이 된다.

D.12.6.30 Ulp. 10 disp.

Qui invicem creditor idemque debitor est, in his casibus, in quibus compensatio locum non habet, si solvit, non habet condictionem veluti indebiti soluti (Cf. D.h.t.10.1), sed sui crediti petitionem.

玄勝鍾/曺圭昌, 916 n.90에서는 D.12.6.30을 "相計債權이 있음에도 全額을 변제한 경우 超過支給分은 非債辨濟로서 이를 반환청구할 수 있었다"는 주장의 근거로 제시하는데, 이는 명백히 잘못이다.

Quotiens ex maleficio oritur actio, ut puta ex causa furtiva ceterorumque maleficiorum, si de ea <re> pecuniarie agitur, [compensatio]<deductio *Lenel*> locum habet: idem est et si condicatur ex causa furtiva. sed et qui noxali iudicio convenitur, [compensationem]<deductionem *Lenel*> opponere potest.

불법행위로부터, 가령 절도 또는 기타 불법행위의 원인으로 訴權이 발생하는 경우에는 언제든지, 그에 관하여 금전배상이 訴求되는 한, [相計]<控除>가 적용된다. 竊盜原因의 不當利得返還請求의 경우에도 마찬가지이다.[151] 그리고 加害者委付訴訟으로 제소되는 자도 또한 [相計]<控除>를 항변할 수 있다.[152]

D.16.2.10.3

In stipulationibus quoque quae instar actionum habent, id est praetoriis, [compensatio]<deductio *Lenel*> locum habet, et secundum Iulianum tam in ipsa stipulatione quam in ex stipulatu actione poterit obici [compensatio]<deductio *Lenel*>.

소권들과 동일시되는[153] 문답계약들, 즉 법무관법상의 문답계약들[154]의 경우에도 [相計]<控除>가 적용되며,[155] 율리아누스에 의하

---

151) Wolfram Pika, *Ex causa furtiva condicere im klassischen römischen Recht* (1988), 105f. Cf. 위 II 3 가 ② a).

152) 이것은 加害者委付 대신에 손해배상을 선택한 가해노예의 주인이 그 노예의 특유재산으로부터 求償債權額을 공제할 수 있는 것(D.15.1.11.pr; D.33.8.16.pr)과는 구별해야 한다.

153) 이유: quia ab invitis extorquentur. Pothier, 447 n.(e).

154) D.44.7.37.pr ULp. 4 ed.

Actionis verbo continetur in rem, in personam: directa, utilis: praeiudicium, sicut ait Pomponius: stipulationes etiam, quae praetoriae sunt, quia actionum instar obtinent, ut damni infecti, legatorum et si quae similes sunt. interdicta

면 문답계약 자체에서는 물론, 문답계약에 기한 소권의 경우에도[156)][相計]<控除>가 항변될 수 있을 것이다.

D.16.2.11 [Ulpianus]<Paulus *Lenel*>[157)] libro trigensimo secundo ad edictum.

Cum alter alteri pecuniam sine usuris, alter usurariam debet, constitutum est a divo Severo concurrentis apud utrumque quantitatis

---

quoque actionis verbo continentur.
D.46.5.1 Ulpianus 70 ad edictum.
Praetoriarum stipulationum tres videntur esse species, iudiciales cautionales communes. (1) Iudiciales eas dicimus, quae propter iudicium interponuntur ut ratum fiat, ut iudicatum solvi et ex operis novi nuntiatione. (2) Cautionales sunt autem, quae instar actionis habent et, ut sit nova actio, intercedunt, ut de legatis stipulationes et de tutela et ratam rem haberi et damni infecti. (3) Communes sunt stipulationes, quae fiunt iudicio sistendi causa.
법무관법상의 문답계약은 법무관에 의하여 특정한 경우에 체결이 강제되는 문답계약으로 즉시 이행이 가능하지 않은 경우 장래를 위한 담보제공의 목적을 가진 것들이다. 상세는 Kaser/Hackl, 429-432.

155) 하나의 예: D.46.8.15 Paul. 14 ad Plautium.
Amplius non peti verbum Labeo ita accipiebat, si iudicio petitum esset. si autem in ius eum vocaverit et satis iudicio sistendi causa acceperit, iudicium tamen coeptum non fuerit, ego puto non committi stipulationem amplius non peti: hic enim non petit, sed petere vult. si vero soluta esset pecunia, licet sine iudicio, committitur stipulatio: nam et si quis adversus petentem compensatione deductioneve usus sit, recte dictum est petisse eum videri et stipulationem committi amplius non peti. nam et heres, qui damnatus non petere, si horum quicquam fecisset, ex testamento tenetur.

156) Cf. Pothier, 447 n.(f): Quod si *in ipsa stipulatione* interponenda hanc compensationem omiserim; adhuc potero compensatione uti, quum *Ex stipulatu* adversus me ages.

157) Lenel, *Pal*. II, Ulpianus * post fr. 953 (p.642); Lenel, *Pal*. I, Paulus fr. 500 n.3 (p.1033). 이 개소는 조합에 관한 서술부분에 속한다.

usuras non esse praestandas.

甲은 乙에게 無利子로, 乙은 (甲에게) 利子附로 금전채무가 있는 경우에 대하여 神皇 (셉티미우스[158]) 세베루스에 의하여 양자에 합치하는 금액[159]의 이자는 지급되어서는 아니 된다고 규정되었다.[160]

D.16.2.12 Ulpianus libro sexagensimo quarto ad edictum.

Idem iuris est non solum in privatis, verum etiam in causa fisci constitutum. sed et si invicem sit usuraria pecunia, diversae tamen sint usurae, [compensatio]<deductio Lenel> nihilo minus locum habet eius quod invicem debetur.

같은 내용[161]의 법이 비단 私的 법률관계에 대해서뿐만 아니라, 또한 國庫 사안에 대해서도 규정되었다.[162] 그런데 상호간에 利子附 金錢債務지만 利子가 상이한 경우에도 [相計]<控除>[163]가 그럼에도 불구하고 상호간의 채무에 대하여 적용된다.[164]

D.16.2.13 Ulpianus libro sexagensimo sexto ad edictum.[165]

---

158) Glück, § 930 n.83; Pothier, 447 n.(a).

159) Cf. 우리 민법 제483조 제2항.

160) C.h.t.4 [a.229]; C.h.t.5 [a.229]; C.8.42.7 [a.244]. Cf. D.h.t.12 i.f. 이에 반하여 고전법에서는 이자가 판결시까지 공존하였다. Cf. D.46.3.48; D.49.8.1.4; Astuti, 10.

161) D.h.t.11.

162) 이 개소는 파산재단매득자의 Serviana actio (EP. § 222)를 다루고 있는 부분에 속하며, 따라서 사망한 파산채무자의 재산과 國庫에 귀속한 재산을 비교하는 것으로 생각된다. Lenel, *Pal.* II, Ulpianus fr.1441 n.3 (p.794). Cf. C.h.t.1; C.h.t.3 (a.223).

163) Lenel, *Pal.* II, Ulpianus fr.1441 n.4 (p.794). Cf. 위 주 162.

164) Cf. D.h.t.11.

165) 이 개소는 旣判事項(res iudicata [EP. Tit.XLII § 226])을 논하는 부분에 속

Quod Labeo ait, non est sine ratione, ut, si cui petitioni specialiter destinata est compensatio, in ceteris non obiciatur.

라베오가 말하고 있는 것, 곧 相計가 어떤 청구에 대하여 특정된 경우에는 다른 청구들에 대하여 대항될 수 없다[166]는 것은 일리가 있다.[167]

D.16.2.14 Iavolenus libro quinto decimo ex Cassio.[168]

Quaecumque per exceptionem peremi possunt, in [compensationem]<deductionem? *Lenel*> non veniunt.

항변에 의하여 제거될 수 있는 것[169]은 무엇이든[170] [相計]<控

한다. Lenel, *Pal.* II, Ulpianus fr.1458 (p.800).

166) 이와 관련하여 Lenel, *Pal.* II, Ulpianus fr.1458 n.2 (p.800)는 다음과 같은 의문을 제기한다: Nec in iudicati actione, quae ex illa petitione oritur? Cf. D.h.t.16.1; 위 II 4.
—현행법상 상계의 의사표시의 철회에 관하여는 Cf.『民法注解』[XI]: 債權 (4) (박영사, 1995), 388 (尹容燮). 그리고 상계로 소멸한 채권에 관하여 다시 상계할 수 있는가에 관하여는 Cf.『民法注解』[XI]: 債權 (4) (박영사, 1995), 398-399 (尹容燮).

167) (Quae sententia) non est sine ratione라는 표현은 특히 울피아누스에게서 집중적으로 발견되는 語句이다(Ulp. D.4.2.9.6; D.7.1.9.4; D.13.7.11.4; D.14.4.9.2; D.14.5.3; D.22.3.6; D.28.5.9.4; D.37.4.17; D.48.15.15.—반면에 Afr. D.16.1.19.5; Pap. FV.81; Pomp. D.45.3.39; Paul. D.19.1.45.2; Mod. D.26.6.2.5).

168) 이 개소는 강제집행의 방법인 총재산매각(bonorum venditio)을 서술하는 부분에 속한다. 따라서 Lenel이 지적하듯이 파산재단매득자의 控除(deductio)가 거론되고 있을 가능성이 있다. Lenel, *Pal.* I, Iavolenus fr.68 n.5 (p.285).

169) 永久的 抗辯(Cf. I.4.13.1-5)이 대항될 수 있는 채권을 말한다. 단순한 延期的 抗辯의 경우에는 Gai.4.67에서 드러나듯이 控除의 대상이 된다.

170) Ulrich Manthe, *Die libri ex Cassio des Iavolenus Priscus* (1982), 170은 自然債務는 영구적 항변이 대항될 수 있더라도 상계가 가능하다고 보면서 그 근거로 D.h.t.6을 들고, 또 이 개소에서 야볼레누스가 quaecumque라는 표현을 사용

除?>의 대상[171]이 되지 않는다.[172]

D.16.2.15 Iavolenus libro secundo epistularum.

Pecuniam certo loco a Titio dari stipulatus sum: is petit a me quam ei debeo pecuniam: quaero, an hoc quoque pensandum sit, quanti mea interfuit certo loco dari. respondit: si Titius petit, eam quoque pecuniam, quam certo loco promisit, in compensationem deduci oportet, sed cum sua causa, id est ut ratio habeatur, quanti Titii interfuerit eo loco quo convenerit pecuniam dari.

나는 금전이 특정 장소에서 티티우스[173]에 의하여 (나에게) 지급될 것을 要約하였다. 그는 나에게서 내가 그에게 부담하는 금전채무를 청구한다. 나는 묻는다: 특정 장소에서 지급되는 데 대하여 내가 가졌던

한 것은 自然債務를 控除에서 배제하려는 의도였을지도 모른다고 하는데, 이해할 수 없는 해석이다.

171) 유사한 다른 경우, 가령 前債辨濟約束의 경우에도 동일한 법리가 적용된다.
D.13.5.3.1 Ulpianus 27 ad edictum.
Si quis autem constituerit quod iure civili debebat, iure praetorio non debebat, id est per exceptionem, an constituendo teneatur, quaeritur: et est verum, ut et Pomponius scribit, eum non teneri, quia debita iuribus non est pecunia quae constituta est.

172) D.50.17.66 Iulianus 60 digestorum.
Marcellus. desinit debitor esse is, qui nanctus est exceptionem iustam nec ab aequitate naturali abhorrentem.
D.50.17.112 Paulus 8 ed.
Nihil interest, ipso iure quis actionem non habeat an per exceptionem infirmetur.
Cf. Gai.4.63 et 66 deductio.
同旨 大判 69.10.28, 69다1084(要集 民 I-2, 823). 항변권의 존재 증명책임에 관해서는 『民法注解』[XI]: 債權 (4) (박영사, 1995), 377 (尹容燮).

173) 아마도 Ego의 은행업자. Bernd Eckardt, *Iavoleni Epistulae* (1978), 35 n.73.

이익[174] 또한 相計되어야 하는가. 그는 해답하였다: 티티우스가 청구하는 경우 그가 특정 장소에서 지급하기로 약속한 금액도 相計에 포함되어야만 하지만, 그러나 특수성이 있다.[175] 즉 약정한 장소에서 금전이 지급되는 데 대하여 티티우스가 가진 이익이 고려되어야 한다.[176]

174) D.13.4.2.pr-2 Ulp. 27 ed.
Arbitraria actio utriusque utilitatem continet tam actoris quam rei: quod si rei interest, minoris fit pecuniae condemnatio quam intentum est, aut si actoris, maioris pecuniae fiat. (1) Haec autem actio ex illa stipulatione venit, ubi stipulatus sum a te Ephesi decem dari. (2) Si quis Ephesi decem aut Capuae hominem dari stipulatus experiatur, non debet detracto altero loco experiri, ne auferat loci utilitatem reo. … (8) Nunc de officio iudicis huius actionis loquendum est, utrum quantitati contractus debeat servire an vel excedere vel minuere quantitatem debeat, ut, si interfuisset rei Ephesi potius solvere quam eo loci quo conveniebatur, ratio eius haberetur. Iulianus Labeonis opinionem secutus etiam actoris habuit rationem, cuius interdum potuit interesse Ephesi recipere: itaque utilitas quoque actoris veniet. quid enim si traiecticiam pecuniam dederat Ephesi recepturus, ubi sub poena debebat pecuniam vel sub pignoribus, et distracta pignora sunt vel poena commissa mora tua? vel fisco aliquid debebatur et res stipulatoris vilissimo distracta est? in hanc arbitrariam quod interfuit veniet et quidem ultra legitimum modum usurarum. quid si merces solebat comparare: an et lucri ratio habeatur, non solius damni? puto et lucri habendam rationem.

175) 누구의 이익을 구체적인 경우에 고려할 것인가 하는 문제는 특정장소에서 이행되지 않게 되면 불이익을 받게 되는 당사자가 누구인가에 따라서 결정하였다는 점에 관해서는 Eckardt (위 주 173), 36-37. 결국 특정장소에서 이행하기로 한 채무로써 먼저 상계를 하는 당사자가 상대방의 불이익을 전보해야만 한다.

176) 이것은 plus petitio loco (Gai.4.53c: Loco, veluti si, quod certo loco dari promissum est, id alio loco sine commemoratione eius loci petatur, velut si is, qui ita stipulatus fuerit: EPHESI DARE SPONDES? deinde Romae pure intendat DARI SIBI OPORTERE(?) …)에 해당할 것이지만, 상계의 경우 특별히 이러한 과다청구의 위험을 배제하고 대신에 당사자들의 이해관계를 합리적인 선에서 조정한 것이다. 同旨 우리 민법 제494조(履行地를 달리하는

D.16.2.16.pr Papinianus libro tertio quaestionum.

Cum militi castrensium bonorum alius, ceterorum alius heres exstitit et debitor alteri heredum obligatus vult compensare quod ab alio debetur, non audietur.

한 군인에게 軍營財産에 대하여는 甲이, 여타의 재산에 대하여는 乙이 상속인이 되고[177] 채무자가 상속인들 중의 한 사람에게 다른 상속인의 채무로 相計하고자 하는 때에는 聽許되지 않을 것이다.[178]

D.16.2.16.1

Cum intra diem ad iudicati exsecutionem datum iudicatus Titio[179] agit cum eodem Titio, qui et ipse pridem illi iudicatus est, compensatio admittetur: aliud est enim diem obligationis non venisse, aliud humanitatis gratia tempus indulgeri solutionis.

판결채무의 이행을 위하여 주어진 기한[180] 내에, 티티우스에게 패소

債務의 相計); 이탈리아민법 제1245조. Cf. 『民法注解』[XI]: 債權 (4) (박영사, 1995), 400-403 (尹容燮).

177) 군영재산과 민간재산은 －피상속인이 동일인이라는 사실로 인하여 어느 일방의 상속승인이 없는 경우 상속을 승인한 쪽의 상속인이 양쪽 재산 모두를 방어하거나 양쪽의 상속채권을 만족시키도록 강제되는 등(D.29.1.17.1) 일정한 견련성이 인정되지 않은 것은 아니지만－ 기본적으로 별개로 취급되었다.
D.10.2.25.1 Paul. 23 ad ed.:
Si miles alium castrensium, alium ceterorum bonorum heredem fecerit, non est locus familiae erciscundae iudicio: divisum est enim per constitutiones (Cf. C.6.21.11 [a.212]; C.6.21.2 [a.213]) inter eos patrimonium, quemadmodum cessat familiae erciscundae iudicium, cum nihil in corporibus, sed omnia in nominibus sunt.
그밖에 군영재산과 민간재산에 대하여 상속인을 달리 정한 사례에 관해서는 Cf. D.29.1.36.1; D.38.2.41.1.

178) 다른 사람간의 상계 금지(C.h.t.9)의 다른 예: D.h.t.18.1.

179) Pothier, 448 n.(g): condemnatus erga Titium.

한 甲이 얼마 전 甲에게 패소했던 바로 같은 티티우스를 상대로 소구하는 경우[181] 相計가 허용될 것이다. 왜냐하면 채무의 기한이 도래하지 않은 것[182]과 (이곳에서처럼) 人道性[183]의 施惠 차원에서 변제의 기간이 許與되는 것은 별개의 것이기 때문이다.[184]

D.16.2.17 Papinianus libro primo responsorum.[185]

Ideo condemnatus, quod artiorem annonam[186] aedilitatis tempore praebuit, frumentariae pecuniae debitor non videbitur, et ideo compensationem habebit.

按察官 재임시에 식량을 아주 빠듯하게 공급한 것[187] 때문에 유책

---

180) 30일(XII.Tab.3.1; Gell. N.A. 15.3). 유스티니아누스법에서는 4개월이었다 (C.7.54.3 [a.531]). Pothier, 448 n.(f).

181) 즉 actio iudicati(判決債務履行請求訴訟)를 제기하는 경우. Okko Behrends, *Der Zwölftafelprozess. Zur geschichte des römischen Obligationenrechts* (1974), 196 n.436.

182) 이 경우에는 plus petitio tempore (Gai.4.53b: Tempore, veluti si quis ante diem vel ante condicionem petierit))에 해당할 것이다. Cf. D.h.t.7.pr.

183) Cf. Giuliano Crifò, "A proposito di *humanitas*," *Ars Boni et Aequi. Festschrift für Wolfgang Waldstein zum 65. Geburtstag* (1993), 79-91. 79 n.7; 88 n.90.

184) Cf. D.42.1.7.Gaius libro ad edictum praetoris urbani titulo de re iudicata. Intra dies constitutos, quamvis iudicati agi non possit, multis tamen modis iudicatum liberari posse hodie non dubitatur, quia constitutorum dierum spatium pro iudicato, non contra iudicatum per legem constitutum est.
이 개소는 이탈리아민법 제1244조("La dilazione concessa gratuitamente dal creditore nonè di ostacolo alla compensazione")의 선구가 되었다.

185) 이 개소는 Ad municipalem (EP. I)을 다루고 있는 부분에 속한다. Lenel, *Pal.* I, Papinianus fr.398 (p.884).

186) Cf. Livius 26.20.8: sed adsidendo diutius artiorem annonam sociis quam hosti faciebat.

187) 시민에게 공급하는 빵의 중량을 속인 것(B.24.10.17 Schol.1 [Heimbach III, p.46]; Pothier, 448 n.(b): quod aliquid subduxit ex quantitate annonae quae

판결을 받은 자는 식량자금의 채무자[188]로 간주되지 않을 것이고, 그래서 相計權을 가질 것이다.[189]

D.16.2.18.pr Papinianus libro tertio responsorum.[190]

In rem suam procurator datus post litis contestationem, si vice mutua conveniatur, aequitate compensationis utetur.

自益代訟人으로 선임된 자[191]는 쟁점결정 후 반대로 자신이 제소되

---

viritim populo praebenda erat). Cf. *CIL* IV, 429: panem bonum fert; 시민들에세 최상급의 빵과 밀가루를 풍부하세 공급하려 했던 파로스(Paros)의 시장감독관(Agoranomos)에 보내는 칭송인 *C. I. Gr.* 2374e: ὅπως ὁ δῆμος [ἐν] εὐετηρίᾳ καὶ δαψιλείᾳ ὑπάρχῃ [χρ]ώμενος ἄρτοις καὶ ἀλφίτοις ὡς ἀξι[ωτ]άτοις καὶ βελτίστοις (Theodor Mommsen, *Römisches Staatsrecht*, II 1 [2. Nachdruck der 3. Auflage 1969], 503 n.2에서 재인용). 糧政 전반에 관해서는 Cf. Boudewijn Sirks, *Food for Rome. The Legal Structure of the Transportation and Processing of Supplies for the Imperial Distributions in Rome and Constantinople* (1991).

188) 도시로부터 식량구입자금을 위탁받은 자. Pothier, 448 n.(c): Hunc dumtaxat frumentariae pecuniae debitorem dicimus, qui pecuniam civitatis ad frumentum coëmendum sibi commissam retinet.

189) Cf. 위 II 3 가 ② b) (ㅁ).

190) 이 개소는 정통으로 상계를 다루고 있는 서술부분(De compensationibus [EP. § 100])의 일부이다. Lenel, *Pal.* I, Papinianus fr.454 (p.892).

191) 채권양도나 채무인수로(D.3.3.46.pr; D.3.3.27.pr) 형식적인 소송본인(dominus litis)을 대신하여 代訟人이 된 실질적인 소송당사자(D.2.14.13.1 Sed si in rem suam datus sit procurator, loco domini habetur; D.3.3.55 Procuratore in rem suam dato praeferendus non est dominus procuratori in litem movendam vel pecuniam suscipiendam: qui enim suo nomine utiles actiones habet, rite eas intendit). 상세는 Elena Quintana Orive/José Maria Blanch Nougués, "Nuevas consideraciones en torno al cognitor y al procurator in rem suam," *RIDA* 45 (1998), 321-353.

Lenel, Pal. I, Papinianus fr.454 n.1 (p.892)은 procurator의 경우 他益代訟人도 상계할 수 있다는 이유로 이를 cognitor(代訴人)가 수정된 것으로 본다. 그

는 경우 相計의 衡平手段[192]을 이용할 수 있다.[193]

D.16.2.18.1

Creditor compensare non cogitur quod alii quam debitori suo debet, quamvis creditor eius pro eo, qui convenitur ob debitum proprium, velit compensare.

채권자(甲)는 그가 자신의 채무자(乙) 아닌 타인(丙)에게 부담하는 채무와 상계하도록 강제되지 않는다. 비록 그의 채권자(丙)가 자기 자신의 채무로 인하여 제소되는 그자(乙)를 위하여 상계하고자 원할지라도.[194]

D.16.2.19 Papinianus libro undecimo responsorum.[195]

Debitor pecuniam publicam servo publico citra voluntatem eorum solvit, quibus debitum recte solvi potuit: obligatio pristina manebit, sed dabitur ei compensatio peculii fini, quod servus publicus habebit.

러나 이 개소의 논의의 초점을 그렇게 보아야 할 필연적인 이유가 없다.

192) D.26.7.36 Pap. 3 quaest.: aequitas, quae merum ius compensationis inducit. I.4.6.39: namque ex bono et aequo.

193) Pothier, 448 n.(i): Compensabit ei pecuniae quae ab ipso petitur, illam quam procuratorio nomine petit. Nec dicas esse alteri debitam, scilicet ei cujus procurator est. Imo enim, cum sit in rem suam procurator, vere ipsi debita videri debet; maxime post litem contestatem. Sed & ante litem contestatem, ipsi debita videtur; cum eo nomine actionem utilem habeat: l. [51]<55>. ff. *de Procurat*. (=D.3.3.55).

194) 이러한 경우에 가능한 방법은 상계특약이었다. 예: D.2.14.51.1 pactus; C.4.44.11.2 cautum. Cf. Astuti, 12; Kaser I, 646 n.16; 위 주 5. 다른 사람간의 상계 금지(C.h.t.9)의 다른 예: D.h.t.16.pr.

195) 이 개소는 변제와 채무면제(De solutionibus et liberationibus)를 다루고 있는 부분에 속한다. Lenel, *Pal*. I, Papinianus fr.672 (p.934).

채무자가 公金을 公奴隷에게, 채무가 정당하게 변제될 수 있는 자들의 의사 없이,[196] 변제하였다. 以前의 채무가 존속할 것이지만,[197] 그러나 [재차의 청구에 대하여] 그에게 公奴隷가 가질 특유재산액[198] 한도까지 相計가 부여될[199] 것이다.[200]

---

196) contra voluntatem(의사에 반하여)과 비교해 볼 때 이 표현은 전혀 권한이 없는 無權상태가 아니라, 권한 범위를 넘은 越權상태였음을 지시한다. Josef Menner, "Saturninus *servus publicus*, Ein wenig beachtetes Reskript der *divi fratres*," *Collatio Ivris Romani. Études dédiées à Hans Ankum à l'occasion de son 65e anniversaire*, I (1995), 317-330, 323.

197) 권한 없는 자에 대한 변제로서 무효이므로 채무가 계속 존속한다.
C.8.42.12 Diocl./Maxim. (a.293)
Invito vel ignorante creditore qui solvit alii, non se liberat obligatione. quod si hoc vel mandante vel ratum habente eo fecerit, non minus liberationem consequitur, quam si eidem creditori solvisset.

198) D.50.16.17 Ulpianus 10 ad edictum.
Inter "publica" habemus non sacra nec religiosa nec quae publicis usibus destinata sunt: sed si qua sunt civitatium velut bona. sed peculia servorum civitatium procul dubio publica habentur.

199) 채무자는 公奴隷에게 부당하게 변제한 것을 특유재산의 법리 일반에 따라서 공공단체로부터 반환청구할 수 있고, 따라서 이 채권과 자신이 여전히 부담하는 채무를 상계할 수가 있는 것이다. Pothier, 449 n.(c): Nam intra hunc peculii finem tenetur mihi Respublica *Condictione indebiti*. 이것은 현실적으로는 공공단체가 公奴隷로부터 특유재산을 沒取하고 그 한도에서 채무자가 면책되는 것을 의미한다(Cf. 아래 주 193).

200) 同旨 R. Heberdey, *Forschungen in Ephesos*, II [Österr. Akademie d. Wissenschaften], Wien 1912, (in der Folge FiE II), 119ff., Nr.23 = *Inschriften griechischer Städte aus Kleinasien* (in der Folge IK), Band II 1: Teil I a (1979), Nr. 25. 이하는 Menner (위 주 196), 318에서 재인용하되 편의상 그곳에 인용된 D. Knibbe, *Kunsthist. Museum Wien, Katalog der Antikensammlung*, II, 1978: Funde aus Ephesos und Samothrake, 118ff.에 의한 독일어 번역으로 제시한다. 마르쿠스 아우렐리우스와 루키우스 베루스 황제가 私信의 형식으로 내린 이 批答(162년 또는 163년)은 원로원속주 아시아의 수도였던 에페소스 自治市의 프로콘술 휘하 市評議會(Synedrion, Gerusie)의 회

D.16.2.20 Papinianus libro tertio decimo responsorum.[201)]

계관(λογιστής)인 Eurykles가 자신의 보조자인 公奴隷(δημόσιος) Saturninus가 市의 公的 債務金을 부당하게 추심·수령한 사안에 관하여 황제에게 법적 처리를 문의한 데 대하여 — 우리의 관심사인 상계에 관한 한 批答의 후반부에서 — 그가 수령한 금액을 횡령한 경우에는 그의 특유재산을 몰수하여 충당하되, 특유재산액이 모자라면 프로콘술의 결정으로 채무자들에게 재차 청구하되 市評議會에 이득이 있으면 상계를 허용하라는 諭示의 勅答이다. 이 銘文의 해석에 관한 상세는 Menner의 글 참조:

Heberdey, Nr.23 c (Z. 28-40):

Was den Staatssklaven Saturninus angeht ···, der, wie du [=Eurykles] sagst, von den Schuldnern des Synedrions viel eingetrieben hat, obwohl er dazu nicht befugt war, so is dazu folgendes zu sagen:

Wenn er etwas von dem abgeliefert hat, was er eingetrieben hat, und die einzige Besonderheit darin liegt, wovor zum Beispiel auch unser Verwalter bei den (eigenen) Abrechnungen unseres Hauses gewarnt hat, daß die Einzahler ihre Zahlungen nicht an den dafür Zuständigen geleistet haben, ohne daß jemand durch den Wechsel in der Person des Empfängers geschädigt wurde, dann hat dies keine Strafe zur Folge. Wenn aber sowohl jene die Zahlungen an einen nicht dafür Zuständigen geleistet haben, als auch der Empfänger die eingezahlten Summen unterschlagen hat, dann selbst du, sofern sich herausstellt, daß jener Saturninus Vermögen besitzt oder hinterlassen hat, das heißt, das sogenannte *peculium*, dieses ganz einziehen. Wenn aber auch dann über seine Zahlungsfähigkeit hinaus der Gerusie noch etwas von dem Geld fehlt, das er eingefordert und zurückbehalten hat, soll der hochmächtige Prokonsul aufgrund deiner Informationen entscheiden, an welche von denen, die schon an jenen Saturninus geleistet haben, du dich erneut wenden sollst, wobei er die inzwischen verstrichene Zeit berücksichtigen soll und die Art ···

Cf. 이보다 앞선 트라야누스 황제(재위 98~117년)의 한 告示:

Fragmenta de iure fisci § 6 [FIRA II, S.628]:

Edicto divi Traiani cavetur, ne qui provincialium cum servis fiscalibus contrahant nisi absignante procuratore: quod factum dupli damno vel reliquorum exsolutione pensatur ···

201) 이 개소는 財政法(De iure fisci)에 관한 부분의 일부이다. Lenel, Pal. I, Papinianus fr.705 (p.939). Cf. D.49.14.46.5; 위 II 3 가 ② b) (ㅁ).

Ob negotium copiarum expeditionis tempore mandatum curatorem condemnatum pecuniam iure compensationis retinere non placuit, quoniam ea non compensantur.

出征時 軍糧[202]의 사무로 인하여 위임받은 관리인[203]이 유책판결을 받은 때에 그 軍資를 相計法에 따라 보유할 수 없다는 것이 통설인바, 왜냐하면 그 금전은 相計되지 않기 때문이다.[204]

D.16.2.21 Paulus libro primo quaestionum.

Posteaquam placuit inter omnes id quod invicem debetur ipso iure compensari, si procurator absentis conveniatur, non debebit de rato cavere, quia nihil compensat, sed ab initio minus ab eo petitur.

모든 사람들 사이에서[205] 상호간 채무가 법률상 당연히 相計된다는 것이 통설인 후로,[206] 不在者의 재산관리인이 제소되는 경우 그는 (사무본인인 부재자에 의한) 追認[207]에 관하여 담보제공할 의무가 없을

---

202) =annona militaris, commeatus

203) =curator annonae, frumentarius, σιτώνης (D.50.4.18.5); σιτωνικός χρεώστης (B.24.10.20 Schol.1 [Heimbach III, p.47]).

204) Cf. D.50.8.2.4 Ulp. 3 opinioum
Ad frumenti comparationem pecuniam datam restitui civitati, non compensari in erogata debet. sin autem frumentaria pecunia in alios usus, quam quibus destinata est, conversa fuerit, veluti in opus balneorum publicorum, licet ex bona fide datum probatur, compensari quidem frumentariae pecuniae non oportet, solvi autem a curatore rei publicae iubetur.

205) 嫁資 반환과 관련하여 夫婦 사이에 관해서는 Cf. 위 II 2 가 ① e).

206) Cf. II 3 가. 이 부분은 ―진정한 것으로 보는 Kretschmar를 제외하고―모든 학자가 유스티니아누스법을 반영하기 위하여 수정된 것임을 인정한다(단 異說로는 [inter omnes]<in bonae fidei iudiciis>로 생각하는 Leonhard가 있다). Lenel, *Pal.* I, Paulus fr.1273 n.6 (p.1181); Thielmann, 165 n.184 m.Lit.

207) 相計行爲에 관한 추인(Gai.4.98).

것이다.[208] 왜냐하면 그는 아무 것도 相計하지 않고, 처음부터 그에게서 적게 청구되기 때문이다.[209]

D.16.2.22 Scaevola libro secundo quaestionum.[210]

Si debeas decem aut hominem, utrum adversarius volet, ita compensatio huius debiti admittitur, si adversarius palam dixisset, utrum voluisset.

네가 상대방이 원하는 바대로 선택적으로 10금 또는 노예를 급부할 채무를 부담하는 경우에는 상대방이 둘 중 어떤 것을 원했는지를 분명히 밝힌 때에야[211] 이 채무와의 相計가 허용된다.[212]

---

208) 수정됨. Cf. Kunkel/Selb, 533. Donellus II, 344 n.10은 이 부분이 D.12.6.6과 同旨인 것으로 세기면서 家子(D.h.t.9.1)와 다른 것은 家子는 家父의 procurator가 아니므로 追認이 요구된다는 점이라고 설명하고 있다. 그러나 D.12.6.6은 변제를 한 대리인(위탁사무관리인)에 관한 것으로서 委任이 있었던 것으로 이해되어서 追認이 문제가 되지 않는다고 해석된 사례이므로 不在者의 재산관리인과는 사정이 다르다.

D.12.6.6 Paulus 3 ad Sabinum.

Si procurator tuus indebitum solverit et tu ratum non habeas, posse repeti Labeo libris posteriorum scripsit: quod si debitum fuisset, non posse repeti Celsus: ideo, quoniam, cum quis procuratorem rerum suarum constituit, id quoque mandare videtur, ut solvat creditori, neque postea exspectandum sit, ut ratum habeat.

209) Gai.4.64. 이로 미루어 볼 때 이 개소에서 문제가 된 提訴者는 은행업자이다. 同旨 Lenel, *Pal.* I, Paulus fr.1273 n.6 (p.1181). 이 점에서 아예 [absentis]<ab argentario>를 인정하는 견해들도 있으나 확실한 것은 아니다. Thielmann, 164 n.179.

210) 이 개소는 정통으로 상계(De compensationibus [EP. § 100])를 다룬 서술부의 일부이다. Lenel, Pal. II, Scaevola fr.140 (p.273).

211) Cf. D.45.1.75.8 Ulp. 22 ad ed.:

Qui illud aut illud stipulatur, veluti "decem vel hominem Stichum," utrum certum an incertum deducat in obligationem, non immerito quaeritur: nam

D.16.2.23 Paulus libro nono responsorum.

Id quod pupillorum nomine debetur si tutor petat, non posse compensationem obici eius pecuniae, quam ipse tutor suo nomine adversario debet.

피후견인들의 채권을 후견인이 청구하는 경우에는 후견인 자신이 상대방에게 부담하는 금전채무와의 相計가 대항될 수 없다.[213]

D.16.2.24 Paulus libro tertio decretorum.

Iussit imperator audiri adprobantem sibi a fisco deberi, [quod]<a quo> ipse convenitur.

황제는 國庫에 의하여 제소 당하는 자[214]가 그 국고가 자신에게 채

---

et res certae designantur et utra earum potius praestanda sit, in incerto est. sed utcumque is, qui sibi electionem constituit adiectis his verbis "utrum ego velim," potest videri certum stipulatus, cum ei liceat vel hominem tantum vel decem tantum intendere sibi dari oportere: qui vero sibi electionem non constituit, incertum stipulatur.

D.45.1.112 Pomponius 15 ad Quintum Mucium.

Si quis stipulatus sit Stichum aut Pamphilum, utrum ipse vellet: quem elegerit, petet et is erit solus in obligatione. an autem mutare voluntatem possit et ad alterius petitionem transire, quaerentibus respiciendus erit sermo stipulationis, utrumne talis sit, "quem voluero" an "quem volam": nam si talis fuerit "quem voluero," cum semel elegerit, mutare voluntatem non poterit: si vero tractum habeat sermo illius et sit talis "quem volam," donec iudicium dictet, mutandi potestatem habebit.

212) 물론 10금을 선택한 경우에 한하여 상계된다. Pothier, 448 n.(h): Si eligat hominem, non poteris compensare; cum sit dispar species.

213) Cf. 위 II 3 가 ①.

214) 이 개소의 원래 위치는 확실하지 않다. Lenel은 國庫에 擔保잡힌 土地의 競落人(praediator)일 가능성을 우선적으로 제기한다. Lenel, *Pal.* I, Paulus fr.77 n.1 (p.965).

무가 있음을 입증하는 경우 聽許된다[215]고 命하였다.[216]

215) D.49.14.46.4 Hermogenianus 6 iuris epitomarum.
Qui compensationem opponit fisco, intra duos menses debitum sibi docere debet.

216) 황제의 결정 자체의 선언을 지시하는 동사 표현인 iubere와 기타 동사(dicere, statuere, pronuntiare, placere)의 용례에 관해서는 Jean-Pierre Coriat, *Le Prince Législateur. La technique législative des Sévères et les méthodes de création du droit impérial à la fin du Principat* (1997), 95-96.

〈참고문헌〉

玄勝鍾 著・曺圭昌 增補, 『로마法』(1996), 911~916.

船田享二, 『ローマ法』第三巻 (改版 第一刷 昭和 四十五年), 597~608.

Guido Astuti, "Compensazione－a) Premessa storica," *Enciclopedia del Diritto* 8 (1961), 1~17.

Paul Frédéric Girard/Félix Senn, *Manuel élémentaire de droit romain* (8e éd. 1929), 748~755.

Herbert Hausmaninger/Walter Selb, *Römisches Privatrecht* (5. Auflage 1989), 387~389.

Max Kaser, *Das römische Privatrecht*, I (2. Auflage 1971), 644~645 (=Kaser I).

Max Kaser, *Das römische Privatrecht*, II (2. Auflage 1975), 447~448 (=Kaser II).

Max Kaser/Karl Hackl, *Das römische Zivilprozessrecht* (2. Auflage 1996).

Wolfgang Kunkel/Heinrich Honsell, *Römisches Recht* (4. Auflage 1987), 272~276.

Ernst Levy, *Weströmisches Vulgarrecht: Das Obligationenrecht* (1956), 145~149.

Detlef Liebs, *Römisches Recht* (1975), 256~258.

Giuseppe Provera, *Lezioni sul Processo civile Giustinianeo*, I-II (1989), esp. 127~150.

Fritz Raber, "Compensatio," *Der Kleine Pauly. Lexikon der Antike*, I (1979), 1264~1265.

Günter Schnebelt, *Reskripte der Soldatenkaiser. Ein Beitrag zur römischen Rechtsgeschichte des dritten nachchristlichen Jahrhunderts* (1974), 159~163.

Georg Thielmann, *Die römische Privatauktion, zugleich ein Beitrag zum römischen Bankierrecht* (1961), bes. 146~186.

Reinhard Zimmermann, *The Law of Obligations* (1992), 761~765.

[19세기 이전 문헌]

Hugo Donellus, *Opera omnia*, IV: *Commentarii De Jure Civili* (Florentiae 1842), lib.XVI cap.XV, pp.871~906 (=Donellus I).

Hugo Donellus, *Opera omnia*, VIII: *Commentarii in Codicem Justiniani*, II (Florentiae, 1846), ad C.4.31, pp.309~358 (=Donellus II).

Christian Friedrich Glück, *Ausführliche Erläuterung der Pandecten nach Hellfeld. Ein Commentar*, Fünfzehnten Theils erste Abtheilung (1813), ad D.16.2, pp.59~114.

Gerard Noodt, *Opera omnia*, II: *Commentarius ad Digesta seu Pandectas* (Coloniae Agrippinae 1732), ad D.16.2, pp.282~288.

Robert Josèphe Pothier, *Pandectae Justinianeae, in novum ordinem digestae: cum legibus Codicis, et Novellis, quae Jus Pandectarum confirmant, explicant, aut abrogant*, I (nova editio, Lugduni, 1782), ad D.16.2, pp.446~449.

Arnold Vinnius, *In Quatuor Libros Institutionum Imperialium Commentarius Academicus et Forensis* (Norimbergae, editio postrema, 1726), ad I.4.6.30, pp.357~359; ad I.4.6.39, p.372.

Johannes Voet, *Commentarius ad Pandectas*, I (Coloniae Allobrogum 1757), ad D.16.2, pp.581~589.

Hendrik Zoes, *Commentarius ad Digestorum seu Pandectarum Iuris Civilis Libros L* (Lovanii 1645), ad D.16.2, pp.299~304.

Set-off in Roman Law

−with the Translation of and Commentaries on the D.16.2 *De compensationibus*−

Compensatio, the Roman term for set-off, is nowadays widely recognized, because it is considered fair for the parties concerned to offset their mutual debts if certain requirements are satisfied. The Korean Civil Code also has its provisions pertaining to set-off (§§ 492-499), which no doubt date back to Roman law. The purpose of this article is to trace the footsteps of, and to shed new light on the Roman law doctrine of *compensatio* to contribute to the proper understanding of the present Korean legal regime of set-off.

To this end, Part I deals with the historical development of the Roman set-off as described especially by Gaius, the author of the famous *Institutes*. This is followed by an introduction of its general doctrinal structure as has been transmitted to the succeeding generations of lawyers by Roman Emperor Justinian through his great codifications (*Corpus iuris civilis*). Part II presents the Korean translation of, and short commentaries on the second title of the sixteenth book of the Digest (*D.16.2*), i.e. that part of the *Corpus iuris civilis* containing the main sources of the Roman set-off. Thus, the relevant sources from the *Codex* are, as a rule, referred to in the footnotes only.

This article is the first attempt in Korea to study the Roman set-off. For this reason, I have tried mainly to present it properly, introducing as many sources as possible. One point that should be stressed here is that notwithstanding its wording *ipso jure* (C.4.31.14.pr), Justinian's *compensatio* was not a regime operating 'automatically' without a declaration of the will of a party. In fact, the party intending to demand a counter-claim was required by law to declare his intention to the other party. And even this declaration of set-off becoming operative normally by way of a defence (*ope exceptionis*) was not constitutive as the German Pandectists of the 19th century argued. Set-off in Roman law was only declarative in its legal effect as the old doctrinal tradition of the *ius commune* had correctly recognized.

D.18.1.6.1 (Pomp. 9 ad Sab.)의 釋義

—로마법상 賣買失效約款(D.18.3)의 법리—

Ⅰ. 머리말

이 글은 D.18.1.6.1의 釋義를 통하여 로마법상 실효약관(lex commissoria)을 둘러싼 로마법률가들의 논의를 살핌으로써 그 법리의 일단을 정리해 보려는 의도에서 시도된 것이다. 원래 로마법상 실효약관은 試味賣買약관(pactum displicentiae) 및 高價請約留保附賣買약관(in diem addictio)과 더불어 전형적인 매매계약상의 부과조항으로 활용된 것으로서,[1] 로마의 법률가들 자신이 이들 약정들을 대체로 공통적으로

---

1) 이들 조항(Cf. J.A.C. Thomas, "Provisions for calling off a sale", *TR* 35 [1967], 557ff.)과 관련하여 국내에서는 아직 용어가 통일되지 못한 듯하다. 玄勝鍾 著 · 曺圭昌 增補, 『로마法』(1996)에서는 in diem addictio의 경우 最高價額請約留保附賣買(459면), 賣却權留保約款(750면)으로, pactum displicentiae는 失效約款 내지는 非隨意約款(749면)으로, lex commissoria는 解除約款(460면, 750면)으로 옮기고 있고, 姜信雄, "解除의 效果", 民事法硏究 제8집(大韓民事法學會 2000), 17ff., 33 n.4도 이에 따르고 있다. 그러나 필자의 생각으로는 특히 pactum displicentiae의 역어로서 非隨意약관이라는 용어는 그 對概念인 "隨意約款(pactum si res placuerit)"(玄勝鍾 著 · 曺圭昌 增補, 749면)과 함께 적절하지 않은 것 같다. 왜냐하면 이 경우 매수인의 임의가 중요한 것이기는 하지만 물건을 시험해 보고 결정한다는 생활사태의 측면이 부각될 수 있는 용어가 더 낫다고 생각되기 때문이다. 또 실효약관이라는 역어는 너무 일

고찰하고 있지만, 이곳에서는 구체적인 개별사례의 석의를 시도함으로써 이 개소에서 문제된 협의의 실효약관에 국한하여 고찰하기로 한다. 대상개소를 필자 나름으로 몇 개의 부분으로 나누어서 인용상의 편의를 도모하였다.

다른 한편으로 이와는 다른 체계적인 맥락에서 피담보채권의 만족이 없을 경우에 담보물이 채권자인 담보권자에게 귀속한다는 失權약관을 또한 lex commissoria라고 하였는데,[2] 구체적으로는 채권자에게 담보물의 매각권을 인정하거나[3] 담보물로써 변제에 갈음한다[4]는 방식으로

반적이어서 이 특정한 약관의 성격을 드러내지 못하며, 매매를 없던 것으로 한다는 세 약관 모두에 공통된 성격을 감안할 때 매수인 측의 대금불이행이 있으면 그렇게 하기로 하는 lex commissoria의 경우를 실효약관이라고 부르는 것이 차라리 더 타당할 듯 싶다. 특히 lex commissoria를 해제약관으로 번역하는 경우에는 이미 그 약관의 성질을 매도인을 위한 해제권의 유보로 이해하는 것인데, 후술하듯이 로마의 법률가들조차도 반드시 이러한 해석에 찬동한 것은 아니므로 보다 일반적인 실효약관이라는 표현이 더 적합할 것으로 생각된다. 그리고 in diem addictio의 경우－姜信雄, 33면은 indiem adictio라고 되어 있는데, 오식이다. in diem addictio가 맞는다. 玄勝鍾 著・曺圭昌 增補, 750면도 adictio라 되어 있는데 잘못이다. 459면에서는 제대로 표시되어 있다－에도 막연하게 "매각권유보"보다는 그 특성을 더 잘 보여줄 수 있는 "高價請約留保" 쪽이 더 좋지 않을까 생각되고, 이때 "最"高價임을 굳이 표시하지 않아도 무방하리라고 생각된다. 그리고 玄勝鍾 著・曺圭昌 增補, 749면에서 말하는 이른바 "隨意約款"이란 매수인이 목적물을 확인한 후 '마음에 들었다'는 사실의 통지를 정지조건으로 매매의 효력발생을 목적으로 하는 약관이며, 따라서 약정기간 내에 매수인의 통지가 없을 경우 매매계약은 성립하지 않았다고 하는데, 이것은 물건을 검토할 시간을 포함하여 승낙기간을 정한 청약에 대한 승낙의 의사표시에 다름 아니므로 이것을 독립된 별개의 매매약관으로 구성하는 것은 문제가 있는 것으로 보인다.

2) Frank Peters, *Die Rücktrittsvorbehalte des römischen Kaufrechts* (1973), 53ff.

3) Tryph. D.20.5.12.pr; Marcian. D.20.1.16.9; D.20.5.5.1; Paul. D.13.7.20.3; Mod. D.20.5.6; Diocl./Max. C.8.27.10.1 (a.290).

4) Ulp. D.46.3.45.pr; Alex. C.8.34.1 (a.222).

이루어지는 것이 보통이었다. 이러한 '流質契約'[5]은 채무자에게 매우 위험한 것이었으므로 326년 콘스탄티누스 황제에 의하여 금지되었다.[6] 그밖에 오늘날의 讓渡擔保에 해당하는 채권자와의 信託(fiducia cum creditore contracta)의 경우에도 유사한 형태의 실권약관이 상정될 수 있을 것이다.[7] 이 글에서는 이런 의미의 실권약관들에 관해서는 고찰하지 않는다.

---

5) 玄勝鍾 著 · 曺圭昌 增補 (n.1), 638 n.9; 644 n.42.

6) CTh.3.2.1 = C.8.34.3.pr-1 Const. (a.326)

Quoniam inter alias captiones praecipue commissoriae <pignorum *Cod. Iust.*> legis crescit asperitas, placet infirmari eam et in posterum omnem eius memoriam aboleri. <§ 1 *Cod. Iust.*> Si quis igitur tali contractu laborat, hac sanctione respiret, quae cum praeteritis praesentia quoque depellit et futura prohibet. creditores enim re amissa iubemus recuperare quod dederunt.

[Interpretatio]

Commissoriae cautiones dicuntur, in quibus debitor creditori suo rem, ipsi oppignoratam ad tempus, vendere per necessitatem conscripta cautione promittit: quod factum lex ista revocat et fieri penitus prohibet: ita ut, si quis creditor rem debitoris sub tali occasione visus fuerit comparare, non sibi de instrumentis blandiatur, sed quum primum voluerit ille, qui oppressus debito vendidit, pecuniam reddat et possessionem suam recipiat.

7) 사료상 신탁 맥락에서 이러한 실권약관이 거론된 것으로는 Pomp. D.18.3.2 (35 ad Sab.) = *Palingenesia* II, fr.797 (p.147); Ulp. D.18.3.3 (30 ad ed.) = *Palingeneisa* II, fr.905 (p.619); PS.2.13.6-8이 전부인데, 앞의 두 개소는 실질적으로 매매에 있어서의 실효약관을 다룰 뿐이고, 파울루스의 <견해록>은 "De lege commissoria"라는 제목에도 불구하고 관련된 내용적인 언급이 없어서 로마법상 신탁의 문맥에서 구체적으로 어떤 논의가 있었는가는 막연한 類比的 추정의 수준을 넘지 못한다. Cf. Peters (n.2), 57ff.; Kaser, *Das römische Privatrecht* I (2. Aufl. 1971), 461 n.11.

II. 대상개소 및 釋義

1. 대상개소

D.18.1.6.1 Pomponius 9 ad Sabinum.

(A) Si fundus annua bima trima die ea lege venisset, (a) ut, si in diem statutum pecunia soluta non esset, fundus inemptus foret et (b) ut, si interim emptor fundum coluerit fructusque ex eo perceperit, inempto eo facto restituerentur et (c) ut, quanti minoris postea alii venisset, ut id emptor venditori praestaret: (B) (a) ad diem pecunia non soluta placet venditori ex vendito eo nomine actionem esse. (b) nec conturbari debemus, quod inempto fundo facto dicatur actionem ex vendito futuram esse: (b-1) in emptis enim et venditis potius id quod actum, quam id quod dictum sit sequendum est, (b-2) et cum lege id dictum sit, apparet (b-2-i) hoc dumtaxat actum esse, ne venditor emptori pecunia ad diem non soluta obligatus esset, (b-2-ii) non ut omnis obligatio empti et venditi utrique solveretur.

D.18.1.6.1 폼포니우스, <사비누스 주해> 제9권

(A) 토지가 3회 年拂 분할상환 방식으로 매도되면서, (a) 정해진 상환일까지 금원이 변제되지 않는 때에는 토지가 不買受되는 것으로 하고, 또 (b) 그 사이에 매수인이 토지를 경작하고 그로부터 果實을 수취한 경우에는 토지가 불매수될 시 이것이 반환되며, 또 (c) 그 토지가 나중에 타인에게 (현 매매대금보다) 염가로 매도된 때에는 그 차액을 매

수인이 매도인에게 제공하기로 하는 계약조항 하에 한 경우, (B) (a) 그는 기일까지 금원이 변제되지 않으면 매도인에게 그 명목으로 매도인소권이 인정된다는 견해이다. (b) 그리고 우리는 토지가 불매수될 시에 매도인소권이 인정될 것이라는 말로 인하여 혼란스러워 해서는 아니된다. (b-1) 왜냐하면 매수와 매도에 있어서는 언명된 것보다는 실제 의도된 것을 따라야만 하는 것이고, (b-2) 그러므로 계약조항으로써 그렇게 언명되었다 하더라도 (b-2-i) 이것만이, 즉 금원이 기일에 변제되지 않으면 매도인이 매수인에게 구속되지 않는다는 것이 실제 의도된 것임이 명백하고, (b-2-ii) 매수와 매도의 모든 구속이 쌍방에 대하여 해소된다는 것이 실제 의도된 것이 아님이 명백하기 때문이다.

2. 釋 義

폼포니우스의 <사비누스주해>에서 발췌된 본 대상개소는 실효약관부 매매의 경우에 가장 전형적인 조항들을 포함한 한 사례를 다루고 있다. (A) 부분에서는 사실관계를 개진하고, (B) 부분에서는 폼포니우스의 결론과 이를 뒷받침하는 논거가 제시되고 있는데, 이런 구조는 전승된 로마법사례의 정형에 부합하는 것이다. 이제 각 부분별로 좀더 자세히 살펴보기로 한다.

1) Ad (A).

부동산이 3회 年拂 분할상환 방식으로 매도되었다. 로마의 경우에도 부동산인 토지(건물 포함)는 高價였으므로 할부방식으로 거래가 이루어지는 예가 드물지 않았는데, 전승된 학설휘찬 등의 법률사료에 비추어 보면 3회 年拂 할부방식이 가장 일반적이었던 것으로 보인다.[8] 물론 대금지급의 방식은 당사자들의 자유로운 합의사항이었으므로 시시비비를 논할 것이 아니지만, 다음의 사례에서 볼 수 있듯이 부동산의 가격과 매수인의 경제적 능력에 따라서 비교적 단기간 내에 거래를 종결짓는 경우에도 대체로 계약금, 중도금, 잔금의 형식으로 3차에 걸쳐서 분할지급하는 것이 보통이었던 것 같다.

D.4.4.38.pr. Paul. 1 decr.

Aemilius Larianus ab Ovinio fundum Rutilianum lege commissoria emerat data parte pecuniae, ita ut si intra duos menses ab emptione reliqui pretii partem dimidiam non solvisset, inemptus esset, item si intra alios duos menses reliquum pretium non numerasset, similiter esset inemptus. intra priores duos menses Lariano defuncto Rutiliana pupillaris aetatis successerat, cuius tutores in solutione cessaverunt. venditor denuntiationibus tutoribus saepe datis post annum eandem possessionem Claudio Telemacho vendiderat. pupilla in integrum restitui desiderabat: victa tam apud praetorem quam apud praefectum urbi provocaverat.

Putabam bene iudicatum, quod pater eius, non ipsa contraxerat: imperator (=Septimius Severus) autem motus est, quod dies committendi in tempus pupillae incidisset eaque effecisset, ne pareretur legi venditionis. dicebam posse magis ea ratione restitui eam, quod venditor denuntiando post diem, quo placuerat esse commissum, et pretium petendo recessisse a lege sua videretur: non me moveri quod dies postea transisset, non magis quam si creditor pignus distraxisset, post mortem debitoris die solutionis finita. quia tamen lex commissoria displicebat ei, pronuntiavit in integrum restituendam. movit etiam illud imperatorem, quod priores tutores,

---

8) Cf. D.13.7.8.3; D.30.19.pr; D.30.30.pr; D.30.49.1/3; D.33.1.3.pr/5; D.35.1.54.pr; D.35.2.32.3; D.40.7.3.13-14; D.45.1.140.1; UE 6.1; C.5.13.1.7-7a [a.530]. 또한 D.23.4.19: "annua bima trima quadrima quinto anno".

qui non restitui desiderassent, suspecti pronuntiati erant.
D.4.4.38.pr 파울루스, <裁決集> 제1권
(아이밀리우스 라리아누스가 오비니우스로부터 루틸리안 토지를 대금의 일부를 지급하고는 실효약관부로 매수하여 매수한 때로부터 2개월 내에 잔금의 절반을 지급하지 않으면 불매수로 되는 것으로, 또 다음 2개월 내에 나머지 금액을 지급하지 않으면 마찬가지로 불매수로 되는 것으로 하였다. 앞의 2개월 내에 라리아누스가 사망하여 후견받을 나이의 루틸리아나가 상속을 했는데, 그녀의 공동후견인들은 대금지급을 하지 않았다. 매도인이, 공동후견인들에게 수차 통지를 한 후, 1년 뒤에 같은 재산을 클라우디우스 텔레마쿠스에게 매도하였다. 피후견녀가 [미성년을 원인으로 한] 원상회복을 신청하였으나, 법무관 심급에서도, 또 도시장관 심급에서도 패소하고 상고하였다.
私見으로는 잘 재판한 것인바, 그녀 자신이 아니라 그녀의 아버지가 계약을 체결했던 것이기 때문이다. 그러나 (셉티미우스 세베루스) 황제는 실효약관의 발효일이 피후견녀인 기간에 발생했고 그녀가 매도약관이 준수되지 않도록 하였던 점에 마음이 움직였다. 나는 거듭 다음과 같이 주장하였다: 그녀를 회복시킬 수 있는 것은 오히려 매도인이 실효약관의 발효를 원한 일자 후에 통지하여 대금을 청구함으로써 자신의 약관을 포기한 것으로 보인다는 이유에서이다. 내 마음은 그 기일이 후에 도과했다는 사실로써 움직이지 않는데, 채권자가 채무자가 사망한 후, 그것도 변제기일이 종료한 다음에 담보물을 매각한 경우에 그렇듯이 말이다. 그렇지만 실효약관이 황제의 마음에 들지 않았으므로 그녀를 원상회복시켜야 한다고 선고하였는데, 원상회복을 신청하지 않았던 이전의 공동후견인들이 부정혐의자로 선고되었다는 사정 또한 황제를 움직였다.)

이 사안은 파울루스가 참여한 御前顧問會議의 논의 모습이 압축적이지만 생생하게 전해지고 있어서 주목할 만하고, 특히 13세기 이래로 황제가 사건 당사자인 루틸리아나의 아름다움 때문에 파격적인 결정을 내렸다(Vivianus *Tuscus*, casus ad D.4.4.38.pr: Imperator vidit puellam formosam et ideo fuit motus et partem suam fovebat … quia pulchra erat)는 식의 설명이 현대까지도 이어져 내려와서 더욱 홍미로운 개소이다.[9)]

2) Ad (A)(a).

(1) 실효약관 일반론

토지할부매매시에 계약당사자 사이에 우선 정해진 상환일에 금원이 변제되지 않는 때에는 토지가 不買受되는 것으로 하는 약정, 즉 실효약관(lex commissoria)을 두었다.[10)] 이 실효약관은 초기의 비법률문헌의 경우 전혀 나타나지 않고, 또 법률문헌의 경우에도 처음으로 나타나는 것이 사비누스에게서이므로,[11)] 일견 전승사료상으로만 보자면 대단히 日淺한 제도인 것처럼 보인다. 그러나 이미 플라우투스(ca. 254-184 B.C.) 시대에 알려진 다른 부과약정과 대비시켜 볼 때 그것들보다 더 단순한 구조의 실효약관이 더 늦게 출현했을 가능성은 거의 없으므로 일반적으로 이미 그 옛날에 발전했을 것으로 추정한다.[12)] 또, 이 실효약관은 古典期前 시대에는 매매계약 체결 즉시 당사자들이 체결한 이른바 부수약정(pactum adiectum)이 아니라, 매도인이 일방적으로 언명하여 부과한 조항(lex dicta)[13)]이었고, 특히 사료상 산견되는 여러 정황 −다른 부과조항과의 유사성; 非握取物이 대상인 매매에서는 언급이

9) 同旨 Detlef Liebs, "Der Sieg der schönen Rutiliana. Lex commissoria displicebat", *Festschrift für Max Kaser zum 70. Geburtstag* (1976), 373ff.−반대 Berthold Kupisch, "Rutiliana pupilla-schön oder energisch? (Paul. D. 4, 4, 38 pr)", *SZ* 94 (1977), 247ff. Vivianus 인용은 Liebs, 373 n.1; Kupisch, 247 n.1에 의함.

10) Cf. Reinhard Zimmermann, *The Law of Obligations* (1992), 737f.

11) Sab./Paul. D.41.4.2.3.

12) Peters (n.2), 68ff.

13) Kaser (n.7), 229.

없고 모두 악취물매매에서만 문제가 되고 있는 점[14]; 종종 매수인이 아직 대금이 완납되지 않았음에도 불구하고 매도된 물건의 소유권자로 취급되고 있는 점[15] 등등－으로 미루어 볼 때 매매계약에 부과된 언명이라기보다는 握取行爲(mancipatio)에 부과된 언명이었던 것으로 추정된다.[16] 본 대상개소가 문제되고 있는 고전시대에는 대체로 부수약정의 형태로 변모한 것으로 보인다.[17] 매매실효약관은 가령 매매대금의 2배액을 계약별로 정한 것과는 달리 적법한 것이었다.

D.19.1.13.26 Ulpianus 32 ad ed.

Ibidem Papinianus respondisse se refert, si convenerit, ut ad diem pretio non soluto venditori duplum praestaretur, in fraudem constitutionum videri adiectum, quod usuram legitimam excedit: diversamque causam commissoriae esse ait, cum ea specie, inquit, non faenus illicitum contrahatur, sed lex contractui non improbata dicatur.[18]

---

14) 토지: Paul. D.4.4.38.pr; Pomp. D.18.1.6.1 (본 개소); Ulp. D.18.3.1; D.eod. 4.pr; D.eod.4.3; Pomp. D.18.3.2; Aristo/Ner. D.18.3.5; Scaev. D.18.3.6; D.eod.8; D.18.5.10.pr/1; Ulp. D.43.24.11.13; Ant. C.4.54.1 (a.216); Alex. C.4.54.3.
노예: Afr. D.44.3.6.1; Hermog. D.35.2.38.
그밖에는 때때로 res라고만 표현할 뿐 구체적인 대상을 지칭하는 경우는 없다. Peters (n.2), 52.

15) Ner. D.18.3.5 (suo quoque iure); Ant. C.4.54.1 [a.216] (dominium ad te pertineret); Alex. C.4.54.3 (ad se reverteretur). 그러나 Scaev. D.18.3.8은 이에 해당하지 않는다. 매도인이 매수인으로부터 소유물반환청구를 할 수 없는 이유가 매수인이 소유자이기 때문이 아니라, 실효약관의 요건인 대금불지급의 발생이 인정되지 않아서이기 때문이다. Peters (n.2), 153은 잘못이다.

16) Peters (n.2), 70f.

17) Kaser (n.7), 561 n.73.

18) Fr.Vat.11: Convenit ad diem pretio non soluto venditori alterum tantum praestari. quod usurarum centesimam excedit, in fraudem iuris videtur

(D.19.1.13.26 **울피아누스, <법무관고시주해> 제32권**
같은 곳에서 파피니아누스는 자신이 다음과 같이 해답했었다고 보고하고 있다: 기일까지 대금이 변제되지 않으면 매도인에게 그 2배액이 지급되어야 한다고 약정한 경우 법정이자[=年 12%]를 초과한 것은 칙령들을 잠탈하여 부가된 것으로 인정된다. 그리고 그는 매매실효약관의 법률관계는 다르다고 하는데, 왜냐하면 이 경우에는, 그는 가로대, 불법한 이자가 약정되는 것이 아니라 불허된 것이 아닌 부수조항이 계약에 언명된 것이기 때문이다.)

한편 lex commissoria라는 용어에 관한 한, 그 사용은 비교적 늦은 것 같다. 네라티우스(Ner. D.18.3.5)와 폼포니우스(Pomp. D.18.1.6.1 [본개소]; D.18.3.2)도 아직 定式的 내용을 재현하는 데 그치고 있으며, 스카이볼라(Scaev. D.18.3.6.pr), 파피니아누스(Pap. fr.Vat. 3f.)와 울피아누스(Ulp. D.18.3.3; D.eod.4.pr)에 와서야 관련사태를 축약적으로 표현하는 이 용어가 등장하기 때문이다. 이 술어에서 사용된 committere의 의미에 관하여는 로마법연구자들 사이에 다양한 의견이 개진된 바 있으나, "실효한다"(verfallen)는 뜻으로 이해하는 것이 가장 자연스러운 해석으로 생각된다.[19)]

(2) 요 건

가. 대금지급기일

이제 이 계약조항의 각 요소들과 관련하여 살펴보면, 먼저 대금지급기일은 매수인의 대금채무 이행 유무를 결정하는 기준시점이었으므로 빠뜨릴 수 없는 계약요소였고, 물론 당사자들이 합의하여 정하였다. 한

---

additum. diversa causa est commissoriae legis, cum in ea specie non fenus inlicitum exerceatur, sed lex contractui non inprobabilis dicatur.

19) Peters (n.2), 50f. m.w.N.

편 상환일의 결정과 관련하여 마르켈루스의 한 개소는 閏日이 개재된 경우의 법률문제를 다루고 있는데, 지급기일을 날짜로써 지정한 것이 아니라 日數 내지 기간으로 지정한 경우에 閏日을 어떻게 처리할 것인가 하는 것이었다.

D.44.3.2 Marcellus 6 dig.

… et si quis fundum ea lege vendiderit, ut, nisi in diebus triginta pretium esset solutum, inemptus esset fundus, dies intercalaris proficiet emptori. mihi contra videtur.

D.44.3.2 마르켈루스, <학설집> 제6권

(… 그리고 어떤 자가 토지를 30일 이내에 대금이 지급되지 않으면 토지가 불매수된 것으로 한다는 약관부로 매도하는 경우에는 閏日은 매수인의 이익이 될 것이다. 私見으로는 반대로 생각된다.)

나. 대금의 불지급

다음으로 계약조항들이 발효하기 위해서는 매수인이 대금지급기일까지(ad diem)[20] 대금지급을 불이행해야만 한다. 즉 매수인은 기일 이전에도 이행할 수 있었다. 그러나 일단 이행한 경우에는 반환청구가 허용되지 않았다.[21] 이행은 완전한 실현이 아니라 변제의 제공으로 족하다. 催告가 필요한지에 관하여 신중한 의견의 대립이 있었던 것으로 추정되는데, 처음부터 대금지급기일이 정해져 있고[22] 만일 催告를 요구

20) Cf. D.44.7.44.1 Paulus 74 ad ed.

Circa diem duplex inspectio est: nam vel ex die incipit obligatio aut confertur in diem. ex die veluti "kalendis Martiis dare spondes?" cuius natura haec est, ut ante diem non exigatur. ad diem autem "usque ad kalendas dare spondes?" …

21) D.12.6.10 Paulus 7 ad Sab.

In diem debitor adeo debitor est, ut ante diem solutum repetere non possit.

22) 주지하다시피 이 법리는 전통적으로 Dies interpellat pro homine (Kaser [n.7],

한다면 매도인의 해제권 행사가 제약을 받게 될 것이므로 울피아누스는 이를 부인한다.[23)]

D.18.3.4.4 Ulpianus 32 ad ed.

Marcellus libro vicensimo dubitat, commissoria utrum tunc locum habet, si interpellatus non solvat, an vero si non optulerit. et magis arbitror offerre eum debere, si vult se legis commissoriae potestate solvere: quod si non habet cui offerat, posse esse securum.

(D.18.3.4.4 울피아누스, <법무관고시주해> 제32권

마르켈루스는 <학설집> 제20권에서 실효약관이 催告 후 지급하지 않는 경우에 적용되는지 아니면 변제의 제공을 하지 않는 경우에 적용되는지 의문을 표한다. 私見으로는 그가 실효약관의 권능을 벗어나고자 한다면 변제의 제공을 해야만 한다고 생각하는 쪽이다. 그러나 변제 제공될 자가 없는 경우에는 안전할 수 있다.[24)][25)]

그리고 로마의 법률가들은 이때 불이행을 채무불이행의 일반법리대로 매수인에게 책임귀속시킬 수 있는 불이행을 의미하는 것으로 이해하였던 것으로 보인다.

D.18.3.6.pr. Scaevola 2 resp.

De lege commissoria interrogatus ita respondit, si per emptorem factum sit, quo minus legi pareretur, et ea lege uti venditor velit, fundos inemptos fore et id, quod arrae vel alio nomine datum esset,

---

515 n.18)라는 法諺으로 표현되었다.

23) Peters (n.2), 72f.

24) Cf. D.22.1.17.3 Paulus libro singulari de usuris: … quid enim potest imputari ei, qui solvere, etiamsi vellet, non potuit? …

25) 이러한 결론은 비잔틴법에 그대로 수용되었다.
Hexabiblos 3.3.43 (Heimbach p.355):
… Illud etiam hic discas, debere emtorem etiam sine interpellatione ad diem praestitutam solvere: quod si cui exsolvat, non habuerit, poenae haud subiacet.

apud venditorem remansurum.

(D.18.3.6.pr 스카이볼라, <해답록> 제2권
그[=스카이볼라]는 실효약관에 관하여 문의 받고 다음과 같이 해답하였다: 약관에 따르지 않은 것이 매수인으로 말미암은 경우 그리고 그 조항을 매도인이 행사하기를 원하는 경우에는 토지는 불매수된 것으로 될 것이며, 계약금 기타 명목으로 공여된 것은 매도인에게 남을 것이다.)[26]

D.19.1.51.1 Labeo 5 post. a Iav. epit.

Quod si fundum emisti ea lege, uti des pecuniam kalendis Iuliis, et si ipsis calendis per venditorem esset factum, quo minus pecunia ei solveretur, deinde per te staret quo minus solveres, uti posse adversus te lege sua venditorem dixi, quia in vendendo hoc ageretur, ut, quandoque per emptorem factum sit, quo minus pecuniam solvat, legis poenam patiatur. hoc ita verum puto, nisi si quid in ea re venditor dolo fecit.

(D.19.1.51.1 라베오, <야볼레누스에 의한 抄錄遺稿集> 제5권
토지를 네가 7월 초하루에 대금을 지급한다는 조항부로 매수하였고, 그 날 매도인으로 말미암아 대금이 그에게 지급되지 못하는 사태가 발생하였고, 그런 다음 네가 지급하지 않은 것이 너로 말미암은 것이었던 경우에 매도인은 너를 상대로 그의 계약조항을 행사할 수 있다고 나는 말하였는데, 왜냐하면 매도에 있어서는 매수인이 대금을 지급하지 않는 것이 매수인으로 말미암은 것이면 그 조항의 제재를 감수해야 하는 것이기 때문이다. 私見으로는[=야볼레누스] 이것은 매도인이 그 일에 있어서 무엇인가를 악의로 행하지 않은 한에서만 옳다고 생각한다.)[27]

---

26) Peters (n.2), 75; 257은 이 개소에서 매수인 귀책은 계약금 몰취의 요건일 뿐, 매매실효의 요건은 아니라는 견해를 펼치고 있으나 그 자신도 인정하듯이 이러한 이해는 자연스러운 해석이 아니며, 취하기 어렵다.

27) 이 개소가 매매실효약관을 다룬 것인지는 다투어진다. 진정한 계약벌을 다른 사안으로 보는 견해로는 Peters (n.2), 75; 실효약관으로 보는 견해로는 Rolf Knütel, *Stipulatio poenae* (1976), 117ff. 전승된 문언과 문맥만으로는 어느 쪽이라고 확정하기 어렵다. 이 한도에서는 신중을 기한다면 이 개소는 제외하고 생

D.44.7.23 Africanus 7 quaest.

Traiecticiae pecuniae nomine, si ad diem soluta non esset, poena (uti adsolet) ob operas eius qui eam pecuniam peteret in stipulationem erat deducta: is qui eam pecuniam petebat parte exacta petere desierat, deinde interposito tempore interpellare instituerat. consultus respondit eius quoque temporis, quo interpellatus non esset, poenam peti posse: amplius etiamsi omnino interpellatus non esset: nec aliter non committi stipulationem, quam si per debitorem non stetisset, quo minus solveret: alioquin dicendum et si is, qui interpellare coepisset, valetudine impeditus interpellare desisset, poenam non committi. de illo sane potest dubitari, si interpellatus ipse moram fecerit, an, quamvis pecuniam postea offerat, nihilo minus poena committatur: et hoc rectius dicitur. nam et si arbiter ex compromisso pecuniam certo die dare iusserit neque per eum, qui dare iussus sit, steterit, non committi poenam respondit: adeo ut et illud Servius rectissime existimaverit, si quando dies, qua pecunia daretur, sententia arbitri comprehensa non esset, modicum spatium datum videri. hoc idem dicendum et cum quid ea lege venierit, ut, nisi ad diem pretium solutum fuerit, inempta res fiat.

(D.44.7.23 아프리카누스, <질의록> 제7권

해상소비대차금의 명목으로, 그것이 기일까지 지급되지 않는 경우에 대하여, 벌금이 (관행이 그렇듯이) 그 금원을 청구할 자의 노무에 대하여 문답계약에 규정되었다. 그 금원을 청구한 자가 일부를 추심한 후 청구하기를 그쳤고, 그런 다음 시간이 지난 후 催告하기에 이르렀다. 그[=율리아누스]는 자문을 청해받고는 다음과 같이 해답하였다: '최고되지 않았던 기간의 벌금도 청구될 수 있다. 나아가 비록 전혀 최고되지 않았을지라도 그렇다. 그리고 지급하지 않은 것이 채무자로 말미암은 것이 아니었던 경우에 한하여 문답계약은 발효하지 않는다. 그렇지 않다면 최고하기 시작한 자가 건강상 장애를 받아서 최고하기를 그친 경우에도 벌금이 발효하지 않는다고 말해야만 할 것이다.' 최고받고도 지체를 한 경우에 비록 금원을 나중에 제공하더라도 그럼에도 불구하고 벌금이 발효되는지 여부

각해도 될 것이다.

에 관하여 정녕 의문이 제기될 수 있다. 그리고 이것은 긍정하는 것이 보다 옳다. 왜냐하면 중재계약에 기한 중재인이 일정 기일에 공여할 것을 명하고 공여를 명받은 자로 말미암은 것이 아닌 경우에도 벌금은 발효하지 않는다고 그[=율리아누스]는 해답하였던 것이다. 그 결과 세르비우스가 또한 이렇게, 즉 금원이 공여될 기일이 중재인의 판정에 포함되지 않은 경우에는 상당한 기간이 부여된 것으로 인정된다고 판단한 것은 극히 정당하다. 기일에 대금이 지급되지 않으면 물건이 불매수로 된다는 조항부로 어떤 것이 매도되는 경우에도 이와 동일한 이야기를 하지 않으면 안 된다.)[28]

이 점은 특히 채권자 수령지체 후에 공권적 조치로 인하여 이행에 장애사유가 발생한 사안을 다루고 있는 다음 개소가 명시적으로 밝히고 있다.

D.18.3.8 Scaevola 7 dig.

Mulier fundos Gaio Seio vendidit et acceptis arrae nomine certis pecuniis statuta sunt tempora solutioni reliquae pecuniae: quibus si non paruisset emptor, pactus est, ut arram perderet et inemptae villae essent. die statuto emptor testatus est se pecuniam omnem reliquam paratum fuisse exsolvere (et sacculum cum pecunia signatorum signis obsignavit), defuisse autem venditricem, posteriore autem die nomine fisci testato conventum emptorem, ne ante mulieri pecuniam exsolveret, quam fisco satisfaceret. quaesitum est, an fundi non sint in ea causa, ut a venditrice vindicari debeant ex conventione [venditoris]<venditionis *Haloander*>. respondit secundum ea quae proponerentur non commisisse in legem venditionis emptorem.

(D.18.3.8 스카이볼라, <학설집> 제7권

한 부인이 토지들을 가이우스 세이우스에게 매도하고 계약금 명목으로 일정금액을 수령한 후 잔금 지급기일이 정해졌다. 이 계약조항을 매수인이 준수하지 않은 경우에 대하여 그가 계약금을 상실하

28) Knütel (n.27), 220ff.

고 농장들은 불매수된 것으로 한다고 약정되었다. 정해진 기일에 매수인은 증인입회 하에 선언하기를 자신이 모든 잔금을 지급할 용의가 있었(고 돈자루를 증인들의 인장으로 봉인하였)는데, 그러나 賣渡女가 부재하였다고 하였다. 다음 날 그러나 국고의 명목으로 증인입회 하에 매수인은 그가 국고를 만족시키기 전에는 그 부인에게 대금을 지급해서는 안된다는 통고를 받았다. 토지들이 賣渡女에 의하여 매도(실효)약정에 기하여 소유물반환청구되어야만 하는지가 문의되었다. 그[=스카이볼라]는 해답하였다: 제시된 사실관계에 의하면 매수인은 매도약관에 위반한 것이다.[29)]

그러므로 매도인의 상속인을 위하여 후견인이 된 매수인의 경우에도 변제에 상응하는 행위를 하지 않은 때에는 당연히 대금불지급의 요건을 충족시킨 것이 됨은 물론, 나아가 후견사무를 제대로 처리하지 않은 책임까지도 질 수 있었다.

D.18.5.10.pr. Scaevola 7 dig.

Seius a Lucio Titio emit fundum lege dicta, ut, si ad diem pecuniam non solvisset, res inempta fieret. Seius parte pretii praesenti die soluta, defuncto venditore, filiis eius pupillaris aetatis et ipse tutor cum aliis datus, neque contutoribus pretium secundum legem numeravit nec rationibus tutelae rettulit: quaesitum est, an irrita emptio facta esset. respondit secundum ea quae proponerentur [inemptam]<inemptum *Mommsen*> videri.

(D.18.5.10.pr 스카이볼라, <학설집> 제7권

세이우스가 루키우스 티티우스로부터 토지를 기일까지 대금을 지급하지 않은 경우에는 물건은 불매수로 된다는 조항부로 매수하였다. 세이우스는 대금의 일부가 卽日에 변제된 후 매도인이 죽자 피후견인 연령의 그의 아들들을 위하여 다른 사람들과 함께 그 자신도 후견인으로 지명되었는데, 공동후견인들에게 대금을 계약조항

29) Cf. Peters (n.2), 64ff.; 76f.; Wesel (n.42), 133f.; Werner Flume, *Rechtsakt und Rechtsverhältnis* (1990), 158f.

에 따라 지급하지도 않았고, 또 후견회계장부에 채무기입도 하지 않았다. 매수가 무효로 된 것인지 여부가 문의되었다. 그[=스카이볼라]는 제시된 사실관계에 따르면 (토지는) 불매수된 것으로 인정된다고 해답하였다.)

대금의 지급이 다른 전제와 연계된 경우에는 물론 그 전제의 성취여부를 살펴야만 한다. 다음의 개소는 매수인 보호라는 그러한 전제(여기서는 매도인에 의한 보증인 설정)의 존재이유가 다른 사정의 변화(제3자가 제기한 소유권쟁송에서의 매도인의 승소 기타 이에 준하는 사유)로 인하여 실질적으로 사라진 경우에도 그 전제를 고수해야만 할 것인가를 둘러싼 실제의 예인데, 법률자문을 받은 스카이볼라는 意思解釋을 전제한 가운데 형식적 관점에서 해결하고 있다. 아마도 追奪臨迫의 抗辯(exceptio evictionis imminentis)[30]에 있어서 보증인의 설정 자체가

30) 당사자간에 명시적 약정(Cf. D.18.5.10.1)이 없더라도 추탈의 위험이 존재하는 때, 즉 추탈소송의 쟁점결정 후에는 대금의 지급을 유보할 수 있었는데, 이것을 "추탈임박의 항변"이라고 부른다. 그 요건에 관하여는 견해의 대립이 보인다. 다수설은 담보의 제공이 없는 경우에 한하여 인정하였다(Cf. 민법 제588조).

C.8.44.24.pr Diocl./Maxim. (a.294):

Si post perfectam venditionem ante pretium numeratum rei venumdatae mota fuerit quaestio vel mancipia venumdata proclament in libertatem, cum in ipso limine contractus immineat evictio, emptorem, si satis ei non offeratur, ad totius vel residui pretii solutionem non compelli iuris auctoritate monstratur.

(매도의 완성 후 대금 지급 전에 매도된 물건에 대하여 쟁송이 제기되거나 또는 매도된 노예들이 자유회복 청구를 하는 때에는 계약의 시초에 이미 추탈이 임박한 것이므로 매수인은 그에게 담보가 제공되지 않는 한 전부 또는 잔여의 대금의 지급을 강제당하지 않는다고 법의 권위에 의하여 宣示되는 바이다.)

D.18.6.19.1 Pap. 3 resp. (itp.)

Ante pretium solutum dominii quaestione mota pretium emptor solvere non cogetur, nisi fideiussores idonei a venditore eius evictionis offerantur.

(대금 지급 전에 소유권쟁송이 제기되면 매수인은 그 추탈에 대비한 적절한 신명보증인들이 매도인에 의하여 제공되지 않는 한 대금을 지급하도록 강제되지

매수인의 이익을 도모하는 데 충분하지 못하므로 그 설정 여부와 관계없이 이 항변을 인정해야 한다는 견해가 있는 것을 고려하여 분쟁의 소지가 실질적으로는 비록 사라졌다고는 하지만 보증인 설정의 다른 기능까지 만족된 것은 아니라고 보아서 그 전제를 유지하는 쪽으로 감정의견을 낸 것으로 보인다.

D.18.5.10.1 Scaevola 7 dig.

Emptor praediorum cum suspicaretur Numeriam et Semproniam controversiam moturas, pactus est cum venditore, ut ex pretio aliqua summa apud se maneret, donec emptori fideiussor daretur a venditore: postea venditor eam legem inseruit, ut, si ex die pecunia omnis soluta non esset et venditor ea praedia venisse nollet, invendita essent: interea de adversariis alteram mulierem venditor superavit, cum altera transegit, ita ut sine ulla quaestione emptor praedia possideret: quaesitum est, cum neque fideiussor datus est nec omnis pecunia secundum legem suis diebus soluta sit, an praedia invendita sint. respondit, si convenisset, ut non prius pecunia solveretur quam fideiussor venditi causa daretur, nec id factum esset, cum per emptorem non staret quo minus fieret, non posse posteriorem legis

---

않을 것이다.)
반면에 파피니아누스는 이와 무관하게 언제나 항변을 인정하였다. Kaser (n.7), 556 n.30.

Fr.Vat.12: Ante pretium solutum dominii quaestione mota pretium emptor restituere non cogetur, tametsi maxime fideiussores evictionis offerantur, cum ignorans possidere coeperit. Nam usucapio frustra complebitur anticipata lite nec oportet evictionis securitatem praestari, cum in ipso contractus limine domini periculum immineat.
(대금 지급 전에 소유권쟁송이 제기되면 매수인은 비록 특히 추탈에 대비한 신명보증인들이 제공될지라도 不知한 채로 점유하기 시작했다면 대금을 지급하도록 강제되지 않을 것이다. 왜냐하면 사용취득은 소송이 미리 시작된 상태에서는 완성이 좌절될 터이고, 계약의 시초에 이미 소유자의 위험이 임박한 것이므로 추탈에 대한 안전이 보장되어야 하는 것은 아니기 때문이다.)

partem exerceri.

D.18.5.10.1 스카이볼라, <학설집> 제7권

(여러 필지의 부동산의 매수인이 누메리아와 셈프로니아가 쟁송을 하리라는 것을 예감했기 때문에 매도인과 사이에 매수인에게 信命保證人이 매도인에 의하여 주어질 때까지 대금의 일부가 자기에게 남아있도록 약정하였다. 그후 매도인이 기일에 대금이 전액 변제되지 않고 매도인이 그 부동산들이 매도되기를 원하지 않으면 不賣渡된 것으로 한다는 조항을 삽입하였다. 그사이에 매도인은 쟁송자들 중 한 부인은 이겼고, 다른 부인과는 화해를 하였고, 그결과 매수인이 아무런 문제 없이 부동산들을 점유할 수 있게 되었다. 신명보증인도 주어지지 않았고, 또 계약조항에 따라서 대금이 기일에 전액 변제된 것도 아니었던 경우에 부동산들은 불매도로 되는가의 여부가 문의되었다. 그는 해답하였다: 신명보증인이 매도를 위하여 주어지기 전에는 대금이 변제되지 않을 것이 합의되었었고 그 일(=보증인 설정)이 이루어지지 않았었고, 그렇게 되지 않은 것이 매수인으로 말미암은 것이 아니었다면 계약조항의 후반부는 행사될 수 없다.)

(3) 법률효과

가. 매매실효약관의 법적 성질

이 조항과 관련하여 가장 중요한 문제는 "불매수로 된다"[31)]는 문언

---

31) 물론 이런 전형적인 문구 외에 다른 표현들도 사용되었다. 예컨대

C.4.54.1 Antoninus [a.216]

Si ea lege praedium vendidisti, ut, nisi intra certum tempus pretium fuisset exsolutum, emptrix arras perderet et dominium ad te pertineret, fides contractus servanda est.

(그대가 부동산을 일정기간 내에 대금이 완납되지 않으면 買受女는 계약금을 잃고 소유권이 그대에게 귀속한다는 조항부로 매도한 경우 계약의 신의가 준수되어야만 한다.)

C.4.54.3 Alex.

Qui ea lege praedium vendidit, ut, nisi reliquum pretium intra certum tempus restitutum esset, ad se reverteretur, si non precariam possessionem tradidit, rei

으로 표현된 법률효과가 과연 무엇인가 하는 것이다.[32] 이 점은 또한 기본적으로 실효약관(위 2.2.1)의 법적 성질을 어떻게 이해할 것인가 하는 문제와도 직결되어 있는데, 사료상 분명히 다른 두 가지 견해가 발견된다. 하나는 본 대상개소의 폼포니우스와 같은 견해이고, 다른 하나는 실효약관에 관한 <학설휘찬>의 章(D.18.3)을 개시하고 있는 울피아누스의 견해인데, 이 후자부터 살펴보기로 한다.

D.18.3.1 Ulpianus 28 ad Sabinum.

Si fundus commissoria lege venierit, magis est, ut sub condicione resolvi emptio quam sub condicione contrahi videatur.

(D.18.3.1 울피아누스, <사비누스 주해> 제28권
토지가 실효약관부로 매도되는 경우에는 매수가 조건부로 체결된다기보다는 조건부로 해소되는 것으로 보인다.)

이 개소에 의하면 울피아누스는 실효약관부 매매의 경우 매매대금의 지급이 있어야 비로소 매매계약 자체가 성립한다고 보는 것이 아니라, 매매계약은 이미 성립하였고, 다만 대금지급이 없으면 그때 비로소 해소된다고 보는 것인데, 이러한 논의 자체가 의미가 있을 수 있는 것은 매매에 있어서 대금의 지급은 단순한 附款이 아니라, 이른바 법률행위의 本質素(essentialia negotii) 중의 하나이기 때문에[33] 계약조항의 문언

---

vindicationem non habet, sed actionem ex vendito.
(부동산을 잔금이 일정 기간 내에 급부되지 않으면 그것이 자신에게 다시 되돌아온다는 조항부로 매도한 자는 허용점유를 인도한 것이 아닌 한 소유물반환청구소권을 가지지 않고 매도인소권을 가진다.)

32) 소권형태에 관하여는 아래 2.5, 기타의 법률효과에 관하여는 아래 2.6 및 2.7 참조.

33) 이러한 사정이 로마의 법률가들이 당사자관계의 정산을 위한 소권으로서 condictio를 고려하지 않은 이유라는 점에 관하여는 졸저(Byoung Jo Choe), *Culpa in contrahendo bei Rudolph von Jhering* (1988), 54f.

에도 불구하고 이를 정지조건으로 해석할 여지가 없지 않기 때문인 것으로 보인다. 그러나 대금이 매매계약의 본질소이기는 하지만, 순수한 낙성계약인[34] 매매계약의 성립에 반드시 그 실질적 지급이 이루어지는 것이 전제는 아닐 뿐더러,[35] 조항의 문헌을 살리는 해석을 하자면 역시 대금불지급 사태의 발생으로 일단 성립한 매매계약 자체가 부존재로 낙착된다고 보는 것이 더 타당할 것이다. 문제는 이 경우 대금불지급이 발생하면 바로 자동적으로 매매가 해소되는 것으로 볼 것인지, 아니면 계약당사자들의 이해상황을 고려하여 매도인에게 계약의 해소 여부를 다시 결정하는 선택의 여지를 인정할 것인가 하는 점인데, 울피아누스는 문언을 엄격하게 해석하면서 본질소인 대금이 부존재하는 상황을 매매의 개념징표에 바로 연결시킴으로써 실효약관을 조건으로 이해하는 구성을 취한 것이다.[36] 이러한 울피아누스의 태도는 후술하듯이(아래 2.5) 관계정산을 위한 소권의 종류와 관련해서도 그대로 드러난다.

그러나 폼포니우스는 (b-2-ii)에서 실효약관의 효과로서 매수와 매도의 모든 구속이 쌍방에 대하여 해소된다는 구성을 배척함으로써 울피아누스와 같은 견해를 취할 경우의 논리적 귀결을 부인하고, 일정한 근거에서 매도인만이 매매의 구속에서 벗어난다는 구성을 취한다(b-2-i).[37] 이것은 실효약관을 삽입함으로써 유리한 입지에 서게 되는 매도인의 이익상황과 의사를 고려하여(b-1) 문언의 표면적 의미가 지지하는 조건으로서의 구성을 취하지 않고(b-2), 그의 이익으로 실효약관이 삽입된 매도인에게 선택권을 인정하는 구성, 즉 실효약관은 해제권 유보의 약

34) Gai.3.135; Ulp. 28 ad Sab. D.18.1.19.pr; Paul. 33 ad ed. D.18.1.1.2.

35) Gai.3.139: Emptio et venditio contrahitur, cum de pretio convenerit quamvis nondum pretium numeratum sit …

36) 결과 同旨 Peters (n.2), 100f.

37) 이 부분에 대한 Peters (n.2), 268f.의 해석에 대한 비판은 졸저 (n.33), 50f.

정이라는 구성을 취하고 있는 것이다.[38] 이 점에 관한 한 파울루스로 대변되는 로마법률가들의 이론적 입장은 특히 다음의 개소에서 분명하게 부각되었다.

D.41.4.2.3 Paulus 54 ad ed.

Sabinus, si sic empta sit, ut, nisi pecunia intra diem certum soluta esset, inempta res fieret, non usucapturum nisi persoluta pecunia. sed videamus, utrum condicio sit hoc an conventio: si conventio est, magis resolvetur quam implebitur.

(D.41.4.2.3 파울루스, <법무관고시주해> 제54권
사비누스: 대금이 일정기일 이내에 지급되지 않은 경우에는 물건이 불매수된 것으로 된다고 하는 식으로 매수된 때에는 대금이 완급되지 않으면 사용취득하지 못할 것이다. 하지만 이것이 조건인지 아니면 약정인지 살펴보자. 이것은 약정인데, 그렇다면 (계약은) 성취되기보다는 해소될 것이다.)

이 문제는 결국 구체적인 계약의 내용을 확정하는 계약해석의 문제이고, 따라서 일차적으로는 구체적인 계약당사자들의 의사가 무엇이었는가를 확인하는 작업에 다름 아니지만(b-1), 별단의 사정이 존재하지 않는 한[39] 원칙적으로 울피아누스와 같이 조건(condicio)으로 보는 것은

---

38) David Johnston, "Sale and transfer of title in Roman and Scots Law", *The Roman Law Tradition* (ed. by A.D.E. Lewis and D.J. Ibbetson, 1994), 182ff., 183f.; Gian Gualberto Archi, "Condizione－I. a) Diritto romano", *Encicolpedia del Diritto* VIII (1961), 743ff., 756.

39) 당사자들이 명시적으로 조건으로 구성한 경우는 그 전형적인 사례이다.
D.41.3.19 Iavolenus 1 epist.
Si hominem emisti, ut, si aliqua condicio extitisset, inemptus fieret, et is tibi traditus est et postea condicio emptionem resolvit: tempus, quo apud emptorem fuit, accedere venditori debere existimo, quoniam eo genere retro acta venditio esset redhibitioni similis, in qua non dubito tempus eius qui redhibuerit venditori accessurum, quoniam ea venditio proprie dici non potest.

경직된 접근방법이라 아니할 수 없다.[40] 로마의 통설이 해제권 유보의 약정(conventio) 구성을 선호한 것은 당연한 결과라 할 것이다.[41] 그리고 이 약정의 효과가 계약의 체결이 아니라 그 해소인 것은 조건의 경우보다도 더욱 명백한 사실이다. 당사자들은 물론 처음부터 그러한 조항의 의미를 매도인을 위한 해제권의 유보로 분명히 해 둘 수가 있었다.

D.18.5.10.1 Scaevola 7 dig. [위 2.2.2 (2)]

… postea venditor eam legem inseruit, ut, si ex die pecunia omnis soluta non esset et venditor ea praedia venisse nollet, invendita essent: …

(… 그후 매도인이 기일에 대금이 전액 변제되지 않고 매도인이 그 부동산들이 매도되기를 원하지 않으면 불매도된 것으로 한다는 조항을 삽입하였다. …)

나. 매매 실효의 효과

법률효과와 관련하여 중요한 문제가 하나 남아있다. 그것은 불매수로 되는 경우에 그 효과가 물권적인가 하는 점이다. 이것은 본 대상개소의 釋義 범위 내에서는 이를 꼭 다루어야 할 필연적인 계기가 있는 것도 아니고, 무엇보다도 다양한 사료를 면밀히 검토한 연후에도 그 판단이 결코 쉽지 않은 어려운 문제인 데다가, 지면관계도 있으므로 후일

---

40) Flume (n.29), 154ff.는 파울루스와 울피아누스의 견해가 같은 것으로 이해하나 이는 잘못이다. 그는 대금불지급을 조건으로 해제권이 발생한다는 것과 매매 자체가 조건부라는 것을 정지조건 및 해제조건과 이리저리 착종시킨 가운데 사료의 분명한 使信에도 불구하고 이해하기 어려운 주장을 펴고 있다.

41) 이러한 결론은 비잔틴법에 그대로 수용되었다.

Hexabiblos 3.3.43 (Heimbach p.355):

Ceterum et illud scito pretio ad diem non soluto venditorem, si voluerit, recte uti lege commissoria, agrumque esse inemtum: …

을 기약하기로 한다.[42)]

3) Ad (A)(b).

토지 매매계약의 두번째 부과조항은 매매 성립 후 매매가 해소되기까지의 기간에 매수인이 토지를 경작하여 수취한 果實을 토지가 불매수될 시 반환한다는 내용이다. 이러한 약정은 당사자들의 이해관계를 고려할 때 특단의 사정이 없는 한 합당한 조항이라고 할 수 있고, 이런 이유에서 실제로도 로마매매법상 전형적인 조항의 하나였던 것으로 보인다. 나아가 계약에서 이 점에 관하여 명문의 조항을 두지 않은 경우에도 동일한 방향으로 해석이 이루어졌던 것으로 보인다.

D.18.3.5 Neratius 5 membr.

Lege fundo vendito dicta, ut, si intra certum tempus pretium solutum non sit, res inempta sit, de fructibus, quos interim emptor percepisset, hoc agi intellegendum est, ut emptor interim eos sibi suo quoque iure perciperet: sed si fundus revenisset, Aristo existimabat venditori de his iudicium in emptorem dandum esse, quia nihil penes eum residere oporteret ex re, in qua fidem fefellisset.

(D.18.3.5 네라티우스, <雜錄> 제5권
토지 매도에 대하여 일정기간 내에 대금이 지급되지 않으면 물건이 불매수된 것으로 한다는 조항이 부가된 경우에 그 사이에 매수인이 수취한 果實에 관하여는 다음과 같이 합의된 것으로 인정되어야 한다: 즉 매수인은 그 사이에 그것들을 자신의 권리에 기하여 수취한다. 그러나 토지가 반환된 경우에는 아리스토는 매도인에게 이것들에 관하여 매수인을 상대로 소송을 부여해야만 한다, 왜냐하면 그가 신의를 속인 그 물건에 기하여서는 아무 것도 그에게 남아서

42) 이 문제에 관하여는 이미 Uwe Wesel, "Zur dinglichen Wirkung der Rücktrittsvorbehalte des römischen Kaufs", SZ 85 (1968), 94ff.의 훌륭한 논문이 있으나 많은 점에서 재검토가 필요하다. Cf. Johnston (n.38), 183f.

는 안되기 때문이다라고 판단하였다.)[43]

그러나 다른 한편으로 네라티우스는 본 대상사안의 경우처럼 매수인이 대금 중의 기지급분을 매매실효로 말미암아 매도인에게 상실하게 되는 경우에는 매수인이 기왕에 취득한 果實을 보유하여야 한다는 이익조정적 견해를 취하였고, 울피아누스 역시 인간적인 해석이라는 차원에서 이에 동조한 바가 있다.

D.18.3.4.1 Ulpianus 32 ad ed.

Sed quod ait Neratius habet rationem, ut interdum fructus emptor lucretur, cum pretium quod numeravit perdidit: igitur sententia Neratii tunc habet locum, quae est humana, quando emptor aliquam partem pretii dedit.

(D.18.3.4.1 울피아누스, <법무관고시주해> 제32권
그러나 네라티우스가 말하는 바, 즉 지급한 대금을 상실했으므로 때로는 果實을 매수인이 취득해야 한다는 점이 타당하다. 그러므로 네라티우스의 견해는, 이 견해는 인간적인데, 매수인이 대금의 일부를 공여한 때에 적용된다.)[44]

---

43) Reinhold Greiner, *Opera Neratii: Drei Textgeschichten* (1973), 49ff.; Vincenzo Scarano Ussani, "Ermeneutica, diritto e 'valori' in L. Nerazio Prisco", *Labeo* 23 (1977), 146ff., 159ff. 이곳에서 아리스토가 인정한 소권은 actio in factum이라는 점에 관하여는 졸저 (n.33), 48 n.92.

44) Peters (n.2), 258f.; 239; Greiner (n.43), 53f. 이러한 결론은 비잔틴법에 그대로 수용되었다.

Hexabiblos 3.3.42 (Heimbach p.355):

In lege commissoria si pars pretii soluta est, neque reliquum intra conventum tempus solvitur, amittit etiam quod numeratum fuit emtor, rescissa venditione: neque hoc sine ratione, sed ideo quia temporis intermedii fructus lucratur. Quod si nihil omnino ab initio emtor solverit, repetuntur ab eo fructus quos interim percepit, ac nihil apud eum ex re manet quum intra praefinitum tempus pretium non solverit. …

4) Ad (A)(c).

토지 매매계약의 세번째 부과조항은 매매계약의 해소로 인하여 반환된 토지가 나중에 제3자에게 원래의 매매계약에서 예정했던 가격보다 염가로 매도된 때에는 그 차액을 원래의 매수인이 매도인에게 제공한다는 내용의 계약조항이다. 예상손해에 대한 배상책임을 지우는 이러한 불이익조항은 매수인에게 간접적으로나마 정해진 기일에 대금을 지급하도록 유인을 제공하므로 매도인으로서는 바람직한 조항임은 물론이다. 이 조항 역시 통례적인 것이었다.

D.18.3.4.3 Ulpianus 32 ad ed.

In commissoriam etiam hoc solet convenire, ut, si venditor eundem fundum venderet, quanto minoris vendiderit, id a priore emptore exigat: erit itaque adversus eum ex vendito actio.

(D.18.3.4.3 울피아누스, <법무관고시주해> 제32권
실효약관에는 또한 다음 조항이 포함되곤 한다: 즉 매도인이 같은 토지를 [달리] 매도하는 경우 낮은 가격으로 매도하는 차액만큼 제1 매수인에게서 청구한다. 그러므로 그를 상대로 매도인소권이 인정될 것이다.)

5) Ad (B)(a).

(B) 부분은 (A)의 사실관계에 대하여 대금지급기일에 금원이 변제되지 않았을 경우의 법률효과를 제시한다. 원문에 사용된 placet는 이 부분이 폼포니우스의 견해임을 보여준다. 그에 의하면 계약조항에서 정한 효과는 대금의 불지급을 요건으로 하며, 매도인에게는 그로 인하여 발생하는 자신의 권리를 실현할 수 있도록 매도인소권이 인정된다.

그러면 실효약관이 발효한 상황에서 매도인은 과연 어떤 소권을 행

사할 수 있는 것인가? 이 문제에 관해서는 다음의 울피아누스의 개소가 흥미롭다.

D.18.3.4.pr Ulpianus 32 ad ed.

Si fundus lege commissoria venierit, hoc est ut, nisi intra certum diem pretium sit exsolutum, inemptus fieret, videamus, quemadmodum venditor agat tam de fundo quam de his, quae ex fundo percepta sint, itemque si deterior fundus effectus sit facto emptoris. et quidem finita est emptio: sed iam decisa quaestio est ex vendito actionem competere, ut rescriptis imperatoris Antonini et divi Severi declaratur.

(D.18.3.4.pr 울피아누스, <법무관고시주해> 제32권
토지가 실효약관부로 매도되는 경우, 즉 일정기간 내에 대금이 지급되지 않으면 불매수되는 것으로 한다는 조항부로 매도되는 경우, 매도인이 토지 및 토지로부터 수확한 것들에 관하여 어떻게 소구해야 하는지, 또 토지가 매수인의 행위로 악화된 경우에는 어떠한지를 살펴보자. 정녕 매수는 종료한 것이다. 그렇지만 안토니누스 황제 및 神皇 세베루스의 批答들에서 선언되고 있듯이 매도인소권이 인정된다는 것은 이미 결판난 문제이다.)

전술했듯이(위 2.2.3) 실효약관을 매도인의 이익을 고려한 융통성 있는 해제권 유보의 약정(conventio)으로 이해하는 것이 아니라 기계적인 논리적 귀결을 속성으로 하는 조건(condicio)으로 파악하는 울피아누스의 개념법학적 입장(D.18.3.1)에서는 대금불지급의 사실이 발생하면 조건법의 논리에 따라서 매수가 없던 것으로 되고, 이처럼 매매가 해소되어 부존재로 낙착된 경우(et quidem finita est emptio)에 매도인소권을 인정한다는 것은 －초기의 예링이 그랬던 것처럼－ 개념논리적 모순으로 보일 수밖에 없다. 울피아누스와 달리 관계적 · 원리적 법학전통에 입각했던 다른 법률가들의 경우 별다른 어려움 없이 인정했던 매매소

권이지만,[45] 울피아누스로서는 칙령이라는 실정적 · 권위적 근거를 원용함으로써만 그나마 마지못해 받아들일 수 있다(iam decisa quaestio)는 태도를 보이고 있는 것인데, 이 또한 그의 실증주의적 태도를 그대로 반영하는 것이다.[46] 어쨌든 통설은 이미 이런 경우에 매매소권을 인정하는 것으로 귀착되었다.[47]

> **Fr. Vat. 14 (Papinianus 3 resp.):**
> Lege venditionis inempto praedio facto fructus interea perceptos iudicio venditi restitui placuit, quoniam eo iure contractum in exordio videtur, sicuti in pecunia quanto minoris venierit ad diem pretio non soluto.
> (바티칸단편 14 [파피니아누스, <해답집> 제3권]
> 매도약관에 의하여 부동산이 불매수로 된 경우에 그 사이에 수취된 果實들은 매매소송으로 회복된다는 것이 통설인바, 왜냐하면 매매법에 의하여 처음에 체결된 것으로 인정되기 때문이며, 이것은 기일까지 대금이 지급되지 않은 경우 더 낮은 가격으로 매도되는 때의 차액의 경우와 마찬가지이다.)[48]

6) Ad (B)(b)~(b-2-ii).

이하에서는 (B)(a)의 결론을 뒷받침하는 논거를 제시하는 대목이다. 전술한 바와 같이 (B)(a)의 결론은 엄격한 개념논리적 입장에서 볼 때에

---

45) 졸저 (n.33), 53 n.112.

46) Cf. 졸저 (n.33), 52.

47) Manlio Sargenti, "Appunti sull'esperibiltà dell'azione contrattuale nella compravendita", *St. Arangio-Ruiz* II (1953), 233ff.; David Daube, "Si … tunc in D.19.2.22.pr. Tenancy of Purchaser and lex Commissoria" (1958), *Collected Studies in Roman Law* II (1991), 723ff. 로마의 법률가들이 고려했던 다양한 소권의 형태에 관하여는 졸저 (n.33), 53ff.

48) 졸저 (n.33), 52 m.w.N.

는 결코 자명한 것이 아니다. 이처럼 울피아누스와 같은 대가가 疑念을 품을 만한 문제임을 잘 알고 있는 폼포니우스로서는 "토지가 불매수될 시에 매도인소권이 인정될 것이라는 말로 인하여 혼란스러워 해서는 아니 된다"는 지적으로 시작하는 것은 자연스러운 순서일 것이다. 그의 논증은 먼저 계약해석의 제1원칙을 확인하는 것으로부터 시작한다 (b-1): "매매계약에 있어서는 언명된 것보다는 실제 의도된 것을 따라야만 한다."[49] 그런데 실효약관의 취지로 보아서 지급기일에 불이행이 있음에도 불구하고 계약관계를 유지할 수 있는 가능성을 인정하는 쪽으로 이해하는 것(conventio 구성)이 바로 계약관계의 기계적 해소를 초래하는 해석(condicio 구성)보다 매도인과 매수인 양자 모두에게 이익이 되므로, 이 실제합의의 내용(id quod actum)은 외견상의 인상과는 달리 (b-2) 매수와 매도의 모든 구속이 쌍방에 대하여 해소된다는 것이라기보다는(b-2-ii) 금원이 기일에 변제되지 않으면 매도인만이 매수인에게 구속되지 않는다는 취지라고 보는 것이 합리적이다(b-2-i). 이미 살펴보았지만, 이것이 통설임은 다른 개소들로부터도 확인된다.[50] 특히 같은 폼포니우스는 D.18.3.2에서는 실효약관을 condicio로 보는 경우 매도인을 위하여 마련된 조항을 그의 의사에 반하여 강제하는 결과가 되어 비인간적이라는 기조 위에서[51] 매수인이 위험부담의 법리를 잠탈할 수

49) Cf. Pasquale Voci, "Interpretazione－II. Diritto romano b) Interpretazione del negozio giuridico", *Enciclopedia del Diritto* XXII (1972), 252ff., 262f.; Herbert Hausmaninger, "*Id quod actum est* als Argumentationsfigur bei Celsus", *Vestigia Iuris Romani: Festschrift für Gunter Wesener zum 60. Geburtstag* (1992), 159ff.; Filippo Cancelli, "Dissenso-a) Profilo storico", *Enciclopedia del Diritto* XIII (1964), 235ff., 237; David Daube, "Slightly different" (1961), *Collected Studies in Roman Law* II (1991), 1025ff., 1053ff.

50) Günther Jahr, "Auflösende Bedingungen und Befristungen im klassischen römischen Recht", *Festschrift für Hubert Niederländer zum siebzigsten Geburtstag* (1991), 27ff. m.w.N.

있음을 추가적인 이유로 제시하고 있다. 이것은 로마매매법상의 매수인 위험부담주의의 당부는 별론으로 하더라도 법내재적 논리의 일관성을 고려했다는 점에서는 탁월한 논거라고 할 것이다.[52]

D.18.3.2 Pomponius 35 ad Sab.

Cum venditor fundi in lege ita caverit: "si ad diem pecunia soluta non sit, ut fundus inemptus sit", ita accipitur inemptus esse fundus, si venditor inemptum eum esse velit, quia id venditoris causa caveretur: nam si aliter acciperetur, exusta villa in potestate emptoris futurum, ut non dando pecuniam inemptum faceret fundum, qui eius periculo fuisset.

(D.18.3.2 폼포니우스, <사비누스 주해> 제35권
토지의 매도인이 계약조항에서 "기일까지 대금이 지급되지 않으면 토지가 불매수된 것으로 한다"고 규정하는 경우에는 토지는 매도인이 그것이 불매수될 것을 원하는 경우에 한하여 불매수되는 것으로 인정된다. 왜냐하면 그 조항은 매도인을 위하여 규정된 것이기 때

---

51) 같은 논리(Cf. Erwin Seidl, "Moderne zivilrechtliche Lehren als Erkenntnismittel der Rechtsgeschichte", *Festschrift für Heinrich Lehrmann* I [1956], 97ff., 106f.)는 폼포니우스의 다른 개소에서도 발견된다
D.13.7.6.pr Pomponius 35 ad Sab.
Quamvis convenerit, ut fundum pigneraticium tibi vendere liceret, nihilo magis cogendus es vendere, licet solvendo non sit is qui pignus dederit, quia tua causa id caveatur. sed Atilicinus ex causa cogendum creditorem esse ad vendendum dicit: quid enim si multo minus sit quod debeatur et hodie pluris venire possit pignus quam postea? melius autem est dici eum, qui dederit pignus, posse vendere et accepta pecunia solvere id quod debeatur, ita tamen, ut creditor necessitatem habeat ostendere rem pigneratam, si mobilis sit, prius idonea cautela a debitore pro indemnitate ei praestanda. invitum enim creditorem cogi vendere satis inhumanum est.

52) 그럼에도 불구하고 Peters (n.2), 116f.는 폼포니우스가 매도인에게 선택권을 인정한 것이야말로 매매가 해제조건부라는 근거라고 혼란스러운 그릇된 주장을 편다.

문이다. 즉 달리 인정된다면 농장이 燒滅한 경우 매수인이 대금을 지급하지 않음으로써 그의 위험이었던 토지를 불매수된 것으로 하는 것이 매수인의 권능에 속할 것이기 때문이다.)

D.18.3.3 Ulpianus 30 ad ed.

Nam legem commissoriam, quae in venditionibus adicitur, si volet venditor exercebit, non etiam invitus.

(D.18.3.3 울피아누스, <법무관고시주해> 제30권
왜냐하면 매도조항에 부가되는 실효약관은 매도인이 원하는 경우 행사할 것이고, 불원하는 경우에도 그런 것은 아니기 때문이다.)

D.18.3.6.pr. Scaevola 2 resp. [위 2.2.2 (2)]

이 때 매도인은 실효약관에 따른 자신의 선택을 즉시 하는 한편, 한 번 내린 결정은 다시 번복할 수 없다.[53]

D.18.3.4.2 Ulpianus 32 ad ed.

Eleganter Papinianus libro tertio responsorum scribit, statim atque commissa lex est statuere venditorem debere, utrum commissoriam velit exercere an potius pretium petere, nec posse, si commissoriam elegit, postea variare.[54]

(D.18.3.4.2 울피아누스, <법무관고시주해> 제32권
멋들어지게 파피니아누스는 <해답록> 제3권에서 다음과 같이 쓰고 있다: 실효약관이 발효하자마자 즉시 매도인은 실효약관을 행사할 것인지 아니면 오히려 대금을 청구할 것인지를 확정하지 않으면 안되며, 실효약관을 선택한 경우에는 나중에 변경할 수 없다.)[55]

---

53) Cf. D.50.17.75 Pap. 3 quaest.
Nemo potest mutare consilium suum in alterius iniuriam.
(아무도 자신의 결정을 타인의 손해로 변경할 수 없다.)

54) Fr.Vat.4: Qui die transacto legem commissoriam exercere voluit, postea variare non potest.

55) 이러한 결론은 비잔틴법에 그대로 수용되었다.

그러므로 대금을 청구하는 쪽을 선택하거나 대금의 일부 또는 전부를 수령한 경우에는 실효약관에 따른 권리행사를 포기한 것으로 간주된다.[56]

D.18.3.7 Hermogenianus 2 iuris epitomarum.

Post diem commissoriae legi praestitutum si venditor pretium petat, legi commissoriae renuntiatum videtur, nec variare et ad hanc redire potest.[57]

(D.18.3.7 헤르모게니아누스, <法抄錄> 제2권
실효약관에 미리 정해진 기일 후에 매도인이 대금을 청구하는 경우에는 실효약관을 포기한[58] 것으로 간주되고, 변경하여 다시 되돌릴 수 없다.)

D.18.3.6.2 Scaevola 2 resp.

Post diem lege commissoria comprehensum venditor partem reliquae pecuniae accepit. respondit, si post statutum diem reliquae pecuniae venditor legem dictam non exercuisset et partem reliqui debiti accepisset, videri recessum a commissoria.

Hexabiblos 3.3.42 (Heimbach p.355):
… quod si hoc quod pro se est [=legem commissoriam], sponte repudiet et pretium petat, non potest postquam alterutrum processit, ex poenitentia ad alterum relabi, sed ei unum semel eligenti alterum ademtum est. …

56) 또한 C.4.54.4 Alex.
Commissoriae venditionis legem exercere non potest, qui post praestitutum pretii solvendi diem non vindicationem rei eligere, sed usurarum pretii petitionem sequi maluit.
(매매계약의 실효약관은 예정된 대금지급기일 후에 소유물반환청구가 아니라 대금 이자의 청구를 추구하기를 선호한 자는 행사할 수 없다.)

57) Fr.Vat.3: Venditor, qui legem commissoriam exercere noluit, ob residuum pretium iudicio venditi recte agit, quo secuto legi renuntiatum videtur.

58) Theo Mayer-Maly, "Renuntiatio", *Ars boni et aequi: Festschrift für Wolfgang Waldstein zum 65. Geburtstag* (1993), 261ff., 262 n.14.

(D.18.3.6.2 스카이볼라, <해답록> 제2권
실효약관에 의하여 정해진 기일 후에 매도인이 잔금의 일부를 수령하였다. 그[=스카이볼라는]는 다음과 같이 해답하였다: 정해진 잔금기일 후에 매도인이 언명된 조항을 행사하지 않고 잔여채무금의 일부를 수령한 경우에는 실효약관을 포기한 것으로 간주된다.)

7) 기타 효과

이상에서 D.18.1.6.1에 대한 釋義의 범위내에서 로마법상 실효약관의 법리를 살펴보았다. 이하에서는 이 범위를 벗어나지만 관련이 있는 몇 개의 개소를 소개하기로 한다. 각 개소의 구체적인 결론은 비단 실효약관 뿐 아니라 관련된 다른 법제도를 아울러 고찰해야만 충분히 이해될 수 있음은 물론이지만, 상론은 다른 기회로 돌리기로 한다.

가. 첨가물

D.44.3.6.1 Africanus 9 quaest.

Vendidi tibi servum et convenit, ut, nisi certa die pecunia soluta esset, inemptus esset: quod cum evenerit, quaesitum est, quid de accessione tui temporis putares. respondit id quod servetur, cum redhibitio sit facta: hunc enim perinde haberi ac si retrorsus homo mihi venisset, ut scilicet, si venditor possessionem postea nactus sit, et hoc ipsum tempus et quod venditionem praecesserit et amplius accessio haec ei detur cum eo, quod apud eum fuit, a quo homo redhibitus sit.

(내가 너에게 노예를 매도하고 일정기일에 대금이 지급되지 않으면 불매수로 된다고 약정하였다. 이런 일이 발생했을 때 [interdictum utrubi와 관련하여] 네 점유기간중의 첨가물에 관하여 네가 어떻게 생각해야 하는지가 문의되었다. 그[=율리아누스]는 해답하였다: 매매해제가 일어난 경우의 법리가 준수되어야 한다. 왜냐하면 이 자는 노예가 다시 나에게 매도되었던 것처럼 취급되는 것인바, 즉 매도인이 점유를 나중에 취득한 경우 이 기간 자체 및 매도에 선행

했던 기간은 물론, 나아가 이 첨가물이 노예를 해제당한 자의 점유 기간과 더불어 그에게 인정될 것이다.)

D.18.3.6.1 Scaevola 2 resp.

Idem respondit, si ex lege inempti sint fundi, nec id, quod accessurum dictum est, emptori deberi.

(같은 스카이볼라는 다음과 같이 해답하였다: 약관에 기하여 토지들이 불매수로 된 경우에는 첨가될 것으로 언명된 것도 또한 매수인에게 귀속되어서는 안 된다.)

나. 계약금 몰수[59)]

D.18.3.6.pr. Scaevola 2 resp. [위 2.2.2 (2)]

D.18.3.8 Scaevola 7 dig. [위 2.2.2 (2)]

C.4.54.1 Antoninus (a.216) [위 2.2.3 (1) 각주 28]

다. 임대차

[D.19.2.20.2 Paulus 34 ad ed.

Interdum locator non obligatur, conductor obligatur, veluti cum emptor fundum conducit, donec pretium ei solvat.]

D.19.2.22.pr Paulus 34 ad ed.

Item si pretio non soluto inempta res facta sit, tunc ex locato erit actio.

(또 [매수인이 토지를 그가 대금을 매도인에게 변제하기까지 임차하는 경우] 대금이 지급되지 않아서 물건이 불매수되는 것으로 된 때에는 임대인소권이 인정될 것이다.)

---

59) 이러한 결론은 비잔틴법에 그대로 수용되었다.

Hexabiblos 3.3.42 (Heimbach p.355):

… Retinet autem venditor etiam quae arrhae aut alterius caussae nomine ab emtore data sunt.

라. 사용취득

D.41.4.2.3 Paulus 54 ad ed. [위 2.2.3 (1)]

마. 特示命令

D.43.24.11.13 Ulpianus 71 ad ed.

Si ita praedium venierit, ut, si displicuisset, inemptum esset, facilius admittimus interdictum (sc. quod vi aut clam) emptorem habere, si modo est in possessione: et si rescissio emptionis in alterius arbitrium conferatur, idem erit probandum: idemque et si ita venisset, ut, si aliquid evenisset, inemptum esset praedium: et si forte commissoria venierit, idem dicendum est.

(부동산이 마음에 들지 않으면 불매수된 것으로 한다는 방식으로 매도되는 경우 우리는 보다 용이하게 매수인이 이 특시명령을 가진다고 인정한다. 그가 점유중이기만 하다면 말이다. 그리고 매수의 취소가 제3자의 裁定에 맡겨지는 경우에도 같은 법리가 승인되어야만 한다. 또 어떤 일이 발생하면 부동산이 불매수된 것으로 한다는 방식으로 매도된 경우에도 동일하다. 그래서 가령 실효약관부로 매도되는 경우에도 같은 이야기를 해야만 한다.)

바. 절도소권

D.47.2.68.3 Celsus 12 dig.

Cum servus inemptus factus sit, non posse emptorem furti agere cum venditore ob id, quod is servus post emptionem, antequam redderetur, subripuisset.

(노예가 불매수로 된 경우에 매수인은 그 노예가 매수 후, 반환되기 전에 탈취한 것을 이유로 매도인을 상대로 절도소권으로 소구할 수 없다.)

III. 맺음말

로마법은 계약의 일반적 解除를 알지 못했다. 따라서 계약으로부터 벗어나기 위한 방편은 당사자 사이의 또 다른 계약일 수밖에 없었다.[60] 이런 목적에 이바지한 것이 각종의 附隨約定이었으며, 그 중에서 매매실효약관(lex commissoria)은 대금의 지급이 이루어지지 않는 경우에 대비한 대표적인 것이었다. 그만큼 이 약관은 로마법률가들의 관심사였고, 그들은 살펴본 바와 같이 이 약관과 관련한 법률문제들을 여러 가지 측면에서 論究하였다. 이들은 특히 약관의 기본적인 성질과 관련하여 자신의 실증주의적 사고 성향에 충실했던 울피아누스를 제외하고는 대체로 이를 조건(condicio)이 아니라 해제권 유보의 약정(conventio)으로 이해함으로써 당사자들의 현실적인 이해상황에 부합하는 이론을 전개하였다. 그러나 계약의 일반 해제에 관한 법리는 중세 이후를 기다려야만 하였다.[61]

---

60) Dagmar Kaiser, *Die Rückabwicklung gegenseitiger Verträge wegen Nicht- und Schlechterfüllung nach BGB: Rücktritts-, Bereicherungs- und Schadensersatzrecht* (2000, 13; Hans G. Leser, *Der Rücktritt vom Vertrag. Abwicklungsverhältnis und Gestaltungsbefugnisse bei Leistungsstörungen* (1975), 2; 16ff.

61) Karl Otto Scherner, *Rücktrittsrecht wegen Nichterfüllung. Untersuchungen zur deutschen Privatrechtslehre der Neuzeit* (1965).

로마매매법상 노예매춘금지조항*

Ⅰ. 서론: 노예매매 시의 부수조항

주지하듯이 로마는 노예제 사회였다.[1] 로마의 노예주인들은 노예를 팔 때에도 그들의 의사를 일정한 특약조항을 통하여 관철시킬 수 있었고, 실제로도 그러한 특약조항들은 거래에서 어렵지 않게 발견할 수 있는데, 다음의 네 가지 유형이 전형적이었다.[2]

(1) *ut exportetur* 추방조항(D.18.7, C.4.55): 이것은 노예를 파는 자가 매도되는 노예를 매수인이 일정한 지역 밖으로 추방할 것을 특약사항으로 정하여 매도하는 경우이다.

(2) *ut manumittatur* 해방조항(D.18.7, C.4.57): 이것은 노예를 파는 자가 매도되는 노예를 매수인이 해방시킬 것을 특약사항으로 정하여 매

---

* 이 논문은 서울대학교 법과대학 2003학년도 교내연구비에 의한 것임.

1) Henri Wallon, *Histoire de l'esclavage dans l'Antiquité* (1988), 353ff.; Carl W. Weber, *Sklaverei im Altertum: Leben im Schatten der Säulen* (1981), 228ff.; *Handbuch der europäischen Wirtschafts- und Sozialgeschichte, Band I: Europäische Wirtschafts- und Sozialgeschichte in der römischen Kaiserzeit* (hrsg. v. Friedrich Vittinghoff, 1990), 173ff.; 183ff.; 189ff.

2) W. W. Buckland, *The Roman Law of Slavery* (1908/reprint 1969), 68ff.; 603f.; Christian Friedrich Glück, *Ausführliche Erläuterung der Pandecten*, 17. Theil 1. Abteilung (1815), 199ff.; Max Kaser, *Das römische Privatrecht*, I (2. Auflage, 1971), 562.

도하는 경우이다.

(3) *ne manumittatur* 해방금지조항(D.18.7, C.4.57): 이것은 (2)의 경우와는 반대로 노예를 파는 자가 매도되는 노예를 매수인이 해방시키지 않도록 구속하는 특약사항을 정한 경우이다.

(4) *ne serva prostituatur* 여자노예 매춘금지조항(C.4.56): 이것은 여자노예를 파는 자가 매도되는 여자 노예를 매수인이 매춘에 내모는 것을 금지하는 특약사항을 정한 경우이다. 인류사의 보편적 현상 중 하나였던 매매춘[3)]은 로마의 경우에도 엄연한 사회현실이었다.[4)] 매매춘에서 노예가 차지했던 비중을 정확히 밝히는 것은 거의 불가능한 일이지만, 최근의 한 연구자는 90%~80%를 차지했을 것으로 추정한다.[5)] 남성 매매춘이 없던 것은 아니지만 대부분이 여성 매매춘이었음을 고려할 때, 주인의 절대적 권력에 복종할 수밖에 없었던 무력한 존재였던 여성 노예가 매춘에 내몰릴 가능성은 단순한 가능성 이상의 현실적 위험이었을 것이다.[6)] 이 조항은 이러한 사회적 배경 하에서 비로소 이해될 수

---

3) 번 벌로, 보니 벌로 / 서석연, 박종만 옮김, 『매춘의 역사』 (1992[원저 1987]); 喜多壯一郎 / 尾佐竹猛 著, 『賣淫・掏摸・賭博』 (昭和 4年[=1929]); *Die Religion in Geschichte und Gegenwart*, 5 (3. Auflage, 1961/1986), s.v. Prostitution, p.642ff.; *dtv Lexikon des Mittelalters* (1999/2002), s.v. Prostitution, p.267ff. 동양에 관해서는 R. H. 반 훌릭/장원철 옮김, 『중국 성풍속사: 선사시대에서 명나라까지』 (1993[원저 1961]).

4) 로마사회에 관한 한, 로물루스와 레무스 형제에게 젖을 먹인 암늑대(lupa) = 창녀(lupa)로 해석할 수 있고, 그럴 경우 로마의 古拙期로 매춘의 역사가 거슬러 올라갈 수 있다는 견해로는 Italo Mereu, "Prostituzione a) storia," in: *Enciclopedia del diritto* 37 (1988), 440ff., 441f.

5) Rebecca Flemming, "*Quae corpore quaestum facit*: The sexual economy of female prostitution in the Roman empire," *Journal of Roman Studies* 89 (1999), 38ff., 59.

6) 브래들리(K. R. Bradley) 지음 / 차전환 옮김, 『로마제국의 노예와 주인: 사회적 통제에 관한 연구』 (2001[원저 1984]), 189ff. 학설휘찬에 전하는 여자에 대한 불법침해도 주로 性的인 것이었으며, 또 여자노예들은 확실히 매질과 性的인

있다.

본고에서는 이들 네 유형의 특약조항 중에서 네 번째의 여자 노예 매춘금지조항을 고찰하기로 한다. 흥미로운 사실은 매수인에게 위의 네 가지와는 다른 행위를 강제하려는 노예매매특약의 경우에 대해서는 정형화된 해당조항이 알려져 있지 않다는 것이다. 아마도 노예의 인신과 신분에 관련된 중대사항이 이것들이기 때문에 특히 이것들에 주목했던 것이 아닌가 생각된다. 특히 본고에서 다룰 (4)의 경우의 법적인 효과가 당시 매춘녀와 마찬가지로 사회적 평가가 낮았던 다른 직업군의 인물들(광대, 배우, 검투사 등등)에게는 인정되지 않았던 사정도 매매춘에 대한 로마인들의 관념의 일단 보여준다는 점에서 흥미롭다. 이하에서는 먼저 이 조항 자체에 관하여 살펴보고(II), 다음에 그 사회적, 법적 의미를 궁구해 보기로 한다(III 및 IV).

남용에 시달렸다. Amalia Sicari, *Prostituzione e tutela giuridica della schiava: Un problema di politica legislativa nell'Impero Romano* (1991), 63 n.11; Richard P. Saller, *Patriarchy, Property and Death in the Roman Family* (1994/Ppb. 1997), 152; Jane F. Gardner, *Women in Roman Law and Society* (1986/1991, reprinted 1995), 221f. 가내출생노예 (verna)의 매춘에 관해서는 또한 Elisabeth Hermann-Otto, *Ex ancilla natus: Untersuchungen zu den "hausgeborenen" Sklaven und Sklavinnen im Westen des römischen Kaiserreiches* (1994), 344f.

한편 Gérard Boulvert et Marcel Morabito, "Le droit de l'esclavage sous le Haut-Empire," in: *Aufstieg und Niedergang der Römischen Welt*, II 14 (1982), 98ff.의 광범위한 노예법 연구논문이나 차영길, 『억눌린 자의 역사 —로마 노예의 삶과 의미—』 (2001)에는 이 문제에 관한 고찰은 빠져있다.

II. 여자노예 매춘금지조항

1. 형 식

여자 노예 매춘금지조항은 노예매매에 따르는 부수약정으로, 그 내용의 핵심은 매도되는 여자 노예가 매춘에 내몰리지 않는다(ne serva prostituatur)는 점이었지만, 경우에 따라서는 그에 위반한 경우의 후속조치나 효과를 정하기도 하였다. 이에 따라 사료에 나타나는 이 특약조항은 다음과 같은 네 가지 유형으로 구분해 볼 수 있다.[7)]

(1) "매춘 금지"만을 정한 경우

(2) "매춘 금지"+"위반시 자유"임을 정한 경우

(3) "매춘 금지"+"위반시 自力支配行使權 유보"를 정한 경우

(4) "매춘 금지"+"위반시 違約罰"을 정한 경우. 이 경우는 다시

① 위약벌의 약정이 문답계약(stipulatio)에 의한 경우와

② 단순한 무방식의 약정(pactum nudum)에 의한 경우로 나누어 볼 수 있다.

이 특약조항에 관한 전승되는 사료를 살펴보면 이것을 언급하고 있는 시기적으로 가장 오래된 법률가는 티베리우스 황제(14~37년) 및 그 후계 황제들 치세 하에서 활동했던 고전기 법률가였던 사비누스이다(Pap. D.18.7.6.pr). 그러나 이러한 특약조항의 관행은 이보다 훨씬 앞선 시기로 소급한다고 보는 것이 타당할 것이다. 이러한 특약조항은 일차

---

7) Barnabas Brissonius, *De formulis et solemnibus populi Romani verbis libri VIII* (Francoforti et Lipsiae, 1754), 471f.; Armin Wagner, *Die soziale Entwicklung des Skalvenrechts in der römischen Kaiserzeit* (1968), 32ff.

적으로 계약법의 일반법리를 따르므로 반드시 서면에 의해야 하는 것도 아니고, 문답계약과 같은 요식행위에 의해야 하는 것은 아니며 당사자 사이에 합의가 있으면 성립한다.[8] 무방식의 약정(pactum) 형태의 특약은 매매계약에 부수하는 약정으로서 매매계약과의 일체성을 인식하기 어려울 정도로 本契約 체결 후 시간이 지난 다음에 특약을 삽입할 경우에는 무효였다(D.2.14.7.5).[9]

이 조항은 여자 노예를 매춘행위를 시키지 못하도록 하기 위한 것이다. 매춘행위는 로마인들에 의하여 性的 서비스의 대가로서 금전적 반대급부를 취하는 영리활동(quaestum facere)으로 규정되었는데,[10] 옥타베누스처럼 대가를 받지 않고 亂交를 행하는 것도 이에 포함시키는 경우도 있었으나, 이러한 차이는 관련된 법률문제의 영역에 따른 고려에 기인하는 것 같다.[11]

---

8) C.4.56.2 Alex. <a.223>(B.19.17.1 i.f.)
(… 그런데 이 조항은 매도증서에 삽입되지 않은 경우에도 서한에 의했든 文記 없이 행해졌든 그 사실이 證示되면 유효하다.)

9) D.2.14.7.5 Ulp. 4 ad ed.: si ex intervallo (sc. pacta subsecuta sunt), non inerunt (sc. bonae fidei iudiciis), nec valebunt, si agat, ne ex pacto actio nascatur.

10) 娼女에 해당하는 라틴어 meretrix는 mereo (돈을 벌다) 동사에서 (Menge-Güthling, *Lateinisch-Deutsches Wörterbuch, Hand- und Schulausgabe* [5. Auflage, 1911], s.h.v., p.471) 그리스어 πόρνη는 πέρνημι ([인신매매] 팔다; 팔리다) 동사에서 기원한다 (M. A. Bailly/M. E. Egger, *Dictionnaire Grec-Français* [1935], s.h.v., p.1607).

11) D.23.2.43.pr. Ulp. 1 ad l. Iul. et Pap. (B.28.4.13)
(공공연히 몸을 팔아 돈을 번다는 것은 매음굴에서 매춘하는 여자뿐 아니라, 또한 어떤 여자가 (통상 그렇듯이) 주막이나 여관 등지에서 자신의 성적 염치를 아끼지 않는 경우를 말한다.)
D.23.2.43.1 Ulp. 1 ad l. Iul. et Pap.
(공공연하다는 것은 구별없이, 즉 가리지 않고라는 의미이다. 어떤 여자가 姦夫나 私通者에게 자신을 맡기는 경우가 아니라, 어떤 여자가 매춘녀의 役을 하는

매춘녀가 노예인 경우 그 경제적 이득은 이미 법적으로 그 주인에게 돌아갔으므로-물론 자유녀인 경우라고 해서 현실이 크게 달랐을 것이라고 본다면 인류의 경험칙에 반하는 추정이 될 것이다-주인에 의한 性의 착취라는 형태로 행해질 수밖에 없었고, 라틴어의 prostituere 동사가 타동사로서 "어떤 자를 매춘행위에 내몰다"라는 의미인 것은 이러한 사태를 정확히 짚은 것이라고 하겠다. 현대 구미어에서 매춘녀를 뜻하는 단어가 prostituta(이탈리아어), prostituée(불어), Prostituierte(독어) 등으로 여성-피동형인 것은 이의 반영인 것이다. 매춘녀를 고용하여 매춘업을 영위하는 포주들[12]에 관해서는 법의 일정한 제재가 따랐다. 가장 전형적인 것이 음행매개죄(lenocinium)[13]와 파렴치(infamia)의 불명예처단[14]이었다. 물론 공개적으로 매춘에 내세우는 경우도 있지만,

---

경우를 의미한다.)

D.23.2.43.3 Ulp. 1 ad l. Iul. et Pap.

(그러나 옥타베누스(Domitianus-Traianus: 81-117)는 극히 정당하게 말하기를 돈을 벌지 않으면서 공공연히 몸을 파는 여자도 이들에 포함시켜야만 했다고 말한다.)

12) D.23.2.43.7 Ulp. 1 ad l. Iul. et Pap.

(여자포주라 함은 몸을 팔아 돈을 버는 여자들을 매춘시키는 여자들을 말한다.)

13) D.3.2.4.2 Ulp. 6 ad ed.

Ait praetor: "qui lenocinium fecerit." lenocinium facit qui quaestuaria mancipia habuerit: sed et qui in liberis hunc quaestum exercet, in eadem causa est. sive autem principaliter hoc negotium gerat sive alterius negotiationis accessione utatur (…), lenocinii poena tenebitur.

(법무관 曰: "음행매개를 행한 자", 몸으로 돈을 버는 여자노예들을 거느린 자는 음행매개를 행하는 것이다. 그런데 자유인들을 데리고 이러한 영업행위를 하는 자도 같은 지위에 있다. 그런데 이 사업을 주업으로 하든, 다른 사업의 부대영업으로 하든 (…), 음행매개죄의 형벌로 책임질 것이다.)

14) D.3.2.1 Iulianus 1 ad ed.

Praetoris verba dicunt: 'Infamia notatur … qui lenocinium fecerit: …'

소추권도 박탈되었다.

D.48.2.4 Ulpianus 2 de adulteriis

외형보다는 실질이 중요하므로 다른 명목으로 매춘에 내모는 행위도 그에 포함시켰다.[15] 티켓다방의 영업이 실질적인 윤락영업인 우리의 현실을 되돌아보게 하는 개소들이다. 매춘업소의 주인은 자유인에 한하지 않고 노예를 거느리는 노예도 있었다.[16]

2. 조항의 유형과 효과

이 특약 중 어떤 유형의 것이 시기적으로 앞서고, 어떤 유형의 것이 시기적으로 더 나중의 것인지는 확실한 것은 아니지만, 유형별로 그 내용과 실제로 전승되는 사료의 시기적인 면모를 고려해 보면 매춘금지

… sed et calumnia notatis ius accusandi ademptum est, item his, qui …, quive artem ludicram vel lenocinium fecerint, …

15) C.4.56.3 Alex. <a.225>(B.19.17.2)
(몸으로 영리활동을 하지 않는다는 조항으로 매도된 여자는, 언명된 조항이 潛脫되지 않도록, 또한 여관에서 시중의 구실 하에 매춘에 내몰려서는 안된다.)
D.23.2.43.9 Ulp. 1 ad l. Iul. et Pap.
(어떤 여자가 주막을 경영하면서 그곳에 몸을 팔아 돈을 버는 자들을 두고 있는 경우(통례적으로 많은 여자들이 주막의 부대시설이라는 구실 하에 매춘녀들을 두고 있듯이), 이 여자 또한 포주라 부르는 자에 포함된다.)
D.3.2.4.2 Ulp. 6 ad ed.
(… 그런데 이 사업을 주업으로 하든, 다른 사업의 부대영업으로 하든(예컨대 여관업주든가 모텔업주로서 시중을 들면서 시중의 기회에 몸을 팔아 돈을 버는, 그런 여자노예들을 가진 경우; 또는 목욕탕업주로서, 어떤 지방들에서처럼, 목욕탕에서 의복을 지키기 위하여 대여받았으나 의복보관소에서 이같은 종류의 행위를 하는 여자노예들을 가진 경우), 음행매개죄의 형벌로 책임질 것이다.)
同旨 PS.2.26.11: Cum his, quae publice mercibus vel tabernis exercendis procurant, adulterium fieri non placuit.

16) D.3.2.4.3 Ulp. 6 ad ed.
(폼포니우스는 노예일 때 특유재산에 속하는 여자노예들을 매춘녀로 거느렸던 자 또한 자유를 얻은 후에 파렴치의 낙인이 찍힌다고 말한다).

에 위반하는 효과를 특정하는 방식이 선행했을 것이라고 생각되고, 또 이러한 위반효과에 대한 특약 중에서는 선뜻 자유를 부여한다는 내용보다는 먼저 위약에 대한 일반적인 대처방법, 즉 위약벌의 합의가 이루어졌을 것이고(Pap.-Sab. D.18.7.6.pr), 이보다 다소 뒤에는 이와는 별도로 매도인이 해당 노예를 다시 회수할 수 있다는 取去權의 유보가 행해졌을 것으로 추정된다(Alex.-Hadr. C.4.56.1). 한편 위약 시 노예가 자유의 몸이 된다는 특약은 처음부터 부가되었다기보다는 위반효과로서 법이 자유를 선언하면서 관행화하고(Pap.-Sab. D.18.7.6.pr), 나중에는 아무런 부가적인 특약이 없이도 당연히 자유가 인정되기에 이르렀을 것으로 추정되는데(Marcian. D.40.8.6),[17] 이러한 자유 조항은 취거권의 유보보다는 앞섰을 것이다. 그러므로 이러한 발전의 순서에 따라서 살펴보기로 한다.

1) "매춘금지+위반시 위약벌" 조항:

(1) 위약벌 특약이 문답계약에 의한 경우

이러한 유형의 특약조항은 늦어도 사비누스의 시기로 거슬러 올라가는 법률논쟁을 전하고 있는 다음의 파피니아누스 개소가 다루고 있는데, 일단 매춘금지조항에 위반한 상태에서 위약벌의 발효 여부가 문제된 사안이다.

D.18.7.6.pr. Pap. 27 quaest.(B.19.7.6.pr)

Si venditor ab emptore caverit, ne serva manumitteretur neve prostituatur, et aliquo facto contra quam fuerat exceptum evincatur aut libera iudicetur, et ex stipulatu poena petatur, doli exceptionem

---

17) 이는 어디까지나 추정에 불과할 뿐, 물론 처음부터 자유조항이 매춘금지조항과 함께 관용되었을 개연성도 배제할 수는 없다.

quidam obstaturam putant, Sabinus non obstaturam. Sed ratio faciet, ut iure non teneat stipulatio, si ne manumitteretur exceptum est: nam incredibile est de actu manumittentis ac non potius de effectu beneficii cogitatum. Ceterum si ne prostituatur exceptum est, nulla ratio occurrit, cur poena peti et exigi non debeat, cum et ancillam contumelia adfecerit et venditoris affectionem, forte simul et verecundiam laeserit: etenim alias remota quoque stipulatione placuit ex vendito esse actionem, si quid emptor contra quam lege venditionis cautum est fecisset aut non fecisset.

(매도인이 매수인으로부터 여자노예가 해방되지 않는다는 조항이나, 또는 매춘에 내몰리지 않는다는 조항을 要約하고,[18] 이 계약조항의 어느 것에 위반한 다음 추탈되거나 자유로 판결된 후, 문답계약에 기하여 위약벌이 청구되는 경우에, 어떤 법률가들은 악의의 항변이 대항될 것이라고 생각하고, 사비누스는 대항되지 않을 것이라고 한다. 그러나 법의 논리는 노예해방금지조항이 약정된 경우 문답계약이 법적으로 발효하지 않도록 할 것이다. 왜냐하면 해방자의 행위에 관해서는 고려되었으나 그 施惠行爲의 효과에 관해서는 고려되지 않았다는 것은 믿을 수 없기 때문이다. 그러나 매춘금지가 약정된 경우에는 왜 위약벌이 訴求되고 추심되어서는[19] 안되는지 아무런 이유도 발견되지 않는 바, 왜냐하면 그는 여자노예에게 능욕을 가했을 뿐 아니라 매도인의 감정을, 어쩌면 동시에 염치심을 해쳤기 때문이다.[20] 뿐만 아니라 문답계약을 논외로 하더라도

18) Thomas A. McGinn, "*Ne serva prostituatur*. Restrictive covenants in the Sale of Slaves," *Zeitschrift der Savigny-Stiftung für Rechtsgeschichte, Rom. Abt*. 107 (1990), 315ff., 332f.은 두 조항을 공통취급하고 있는 것을 고전기 초 아직 조항유형 구별이 완전히 발전하지 않은 증거로 파악하지만, 이 개소 자체에서도 두 조항을 분리하여 고찰하고 있는 점으로 보아도 의문이다.

19) Cf. *Fontes Iuris Romani Anteiustiniani* I, #18 (lex municipii Tarentini) v.6: petitio exactioque.

20) 법적인 논증에 있어서 다른 어느 법률가보다도 자주 윤리적 格率을 동원했던 파피니아누스의 법학적 모습이 드러나는 대목이다. Cf. Ulrich Manthe, "*Votum parentium*: Pap. D.29,4,26," in: *Quaestiones Iuris: Festschrift für Joseph Georg Wolf zum 70. Geburtstag* (2000), 163ff., 178 n.65 (사료); Theo Mayer-Maly, "*Contra*

정설에 따르면 매수인이 매도조항에서 정한 바에 반하여 어떤 것을 행했거나 행하지 않았던 경우에는 달리 매도인소권이 인정된다.)

여기서 먼저 사실관계를 분명히 해 둘 필요가 있다. 우선, (1) ① 해방금지 조항을 특약한 경우에 그 노예가 자유라고 선언하는 판결이 있었다면 해방행위+해방효과가 온전히 성취된 것이어서 위약벌이 발효하는 데에 아무런 장애가 없는 것처럼 보인다. 그런데 기본적으로 해방금지 조항이 있는 경우에는 그 효력으로 인하여 자유 취득이 불가능한 것이므로,[21] 설령 법의 선언으로 자유가 부여되었다[22] 하더라도 해방행위와 해방효과 사이에는 인과관계가 없고, 따라서 위약이라고 평가할 수 있을지가 문제될 수 있다. 이와 관련하여 "법의 논리는 노예해방금지조항이 약정된 경우 문답계약이 법적으로 발효하지 않도록 할 것이다. 왜냐하면 해방자의 행위에 관해서는 고려되었으나 그 施惠行爲의 효과에 관해서는 고려되지 않았다는 것은 믿을 수 없기 때문이다"라는 이유 설시로 미루어 볼 때 자유를 선언하는 판결이 내려진 사안이 아니

---

bonos mores," in: *Iuris Professio: Festgabe für Max Kaser zum 80. Geburtstag* (1986), 151ff., 162.

21) D.40.1.9 Paulus libro singulari regularum
Servus hac lege venditus, ne manumittatur, … ad libertatem perduci non potest.
D.40.9.9.2 Marcianus 1 institutionum
Qui hac lege venierint, ne manumittantur, …, licet manumittantur, tamen ad libertatem non perveniunt.
R. J. Pothier, *Pandectae Justinianeae in novum ordinem digestae*, tom. I (nova editio, Lugduni: 1782), 514 n.(f).

22) D.29.5.3.15 Ulpianus 50 ad edictum
Hi quoque, qui non potuerunt alias ad libertatem pervenire, ut puta si hac lege distractus erat quis, ne manumitteretur, poterunt propter hoc, quod in commune utile est, ad libertatem pervenire.

라, 추탈이 이루어진 사안이었던 것으로 파악된다. 다음으로, ② 매춘금지 조항을 특약한 경우에는 그 노예가 자유라고 선언하는 판결이 있었다면 이것은 후대의 법의 양상으로 볼 때 그야말로 자연스러운 경과이고, 따라서 문제될 것이 없을 것이다. 그러나 아직 후대와 같은 발전이 이루어지지 않은 상태라고 본다면 위반의 효과로서 자유를 인정한 것은 당사자의 특약이 기초가 되었다기보다는 관할당국의 법정책적 결정에 기인한 것이라고 보겠다. 그러면 (2) 추탈의 경우는 어떠한가? 문제는 여기서 두 조항 모두에 대하여 추탈을 구체적으로 어떻게 이해할 것인가인데, 이를 매매 일반에서 문제되는 제3소유자에 의한 추탈로 보는 견해[23]와, 이 특약조항이 논의되는 상황에서 특히 문제되는 매도인에 의한 추탈, 즉 취거권 행사에 의한 탈환으로 보는 견해[24]가 대립한다. ① 해방금지조항의 경우로 말하자면, 앞의 견해에 의하면 제3소유자에 의하여 노예를 추탈당한 매수인은 소유권자가 아니었으므로 그의 해방행위는 무효이고, 따라서 해방효과가 없다는 점에서 위약이 없는 것이 될 뿐 아니라, 오히려 매도인에 대하여 추탈에 대한 책임을 물을 수 있게 되므로, 악의의 항변이 가능하다고 설명된다. 후자의 견해에 따르면 조항 위반 후 노예를 추탈 = 취거함으로써 해방의 효과를 제거한 것이므로 해방의 효과가 있어야 위약으로 된다는 점에서 위약벌이 발동할 기초가 사라진 것이 되고, 따라서 악의의 항변이 가능하다고 설명된다. 결국 두 경우 모두 "법의 논리는 노예해방금지조항이 약정된 경우 문답계약이 법적으로 발효하지 않도록 할 것이다. 왜냐하면 해방자의 행위

23) *Corpus Iuris Civilis, Text und Übersetzung, III: Digesten 11-20*, gemeinschaftlich übersetzt und herausgegeben von Okko Behrends, Rolf Knütel, Berthold Kupisch, Hans Hermann Seiler (1999), ad h.l., p.511; McGinn (주 18), 332 n.61 (∵evincere).

24) Rolf Knütel, *Stipulatio poenae* (1976), 359.

에 관해서는 고려되었으나 그 施惠行爲의 효과에 관해서는 고려되지 않았다는 것은 믿을 수 없기 때문이다." 즉, 해방의 법적 효과가 따르지 않았음에도 불구하고 조항에 위반한 해방의 행위가 있었다는 것만으로 위약이라 하여 책임을 지게 하는 것은 부당하다는 것이 "어떤 법률가들"과 파피니아누스의 견해라고 보는 것이다.[25] 반면에 ② 매춘금지 조항의 경우로 말하자면, 매춘의 경우에는 사실의 영역에 속하는 사태로서 그 금지에 반하는 행위와 동시에 효과도 발생한 것이고,[26] 따라서 어떤 의미의 추탈이건 추탈이 되었다거나 자유로 판결이 났다고 하는 법적인 사정은 매춘금지 특약에 위반하였다는 사실에 아무런 영향을 미치지 못하고, 따라서 위약벌의 기초에 의문의 여지가 없다. "왜 위약벌이 訴求되고 추심되어서는 안되는지 아무런 이유도 발견되지 않는" 것이다. 다만 그 위반에 의해 침해된 법익이 무엇인가는 매춘금지조항의 취지에 대한 로마인들의 관념에 달려 있다고 보이는데, 파피니아누스는 여자노예에 대한 침해와 매도인에 대한 정신적 침해를 모두 인정하고 있으면서도[27] 궁극적인 근거는 후자에 두고 있는 것으로 생각된다.[28] 위약벌 조항과 별개로 매도인소권의 범위 내에서 매도인의 이익

---

25) 이에 반하여 사비누스의 견해는 위약의 행위 자체로써 위약벌의 요건이 충족된 것으로 본 것이다. 그만큼 의무론적인 시각이 강하다고 할 것이다. McGinn (주 18), 332 n.62은 사비누스가 위약벌의 문답계약을 매매계약 및 소유권이전의 효력과는 절연된 독립약정으로 보았다고 하는데, 문제의 핵심은 어디까지나 위약벌의 발동요건이 위약행위만인지, 아니면 위약의 효과까지인지의 여부이므로 부정확한 표현이라고 하겠다.

26) Cf. Iust. C.9.13.1.pr <a.533>: maxime cum virginitas vel castitas corrupta restitui non potest.

27) 인간은 동료인간에게 우호적인 조력을 하는 것 자체에 대하여 이익이 있는 것(beneficio adfici hominem interest hominis)이라고 명언하면서(D.18.7.7) 주인도 노예도 모두 homo라고 같은 용어를 사용함으로써 공통된 인간성을 강조했던 법률가가 다름 아닌 파피니아누스였던 것을 기억함직하다. 졸저,『로마法·民法論考』(1999), 349f.; McGinn (주 18), 336 n.74.

을 도모할 수 있다[29]는 파피니아누스의 견해는 誠意訴權의 경직되지 않은 성격을 적절히 동원하여 당사자들의 이해를 조정하려고 했던 로마법학, 특히 사비누스 학파의 특성을 잘 보여준다고 하겠다.

(2) 위약벌 특약이 무방식의 약정에 의한 경우

이러한 유형의 특약조항에 대한 직접적인 사료는 전해지지 않는다. 그러나 다른 매매특약에 관하여 전해지는 바[30]가 매춘금지조항의 경우

---

28) 이 특약조항의 보호법익이 노예의 명예라는 설(Sicari)에 대하여 그것이 주인의 명예라는 설(McGinn)이 대립한다. Sicari (주 6), 117 n.27. 생각컨대 양자 모두를 보호하되 주인의 법익이 우선적인 고려대상이었다고 보는 것이 타당할 것이다. 同旨 Emilio Costa, *Papiniano: Studio di storia interna del diritto Romano*, II (1894), 82f.

29) 매도인소권의 내용에 관해서는 자유배상설(Heinrich Honsell, *Quod interest im Bonae-fidei-iudicium* [1969], 116)과 대금차액전보설(Dieter Medicus, *Id quod interest* [1962], 175)의 대립이 있는데, 매춘금지 특약으로 인해 덜 받은 매매대금의 부족분을 청구할 수 있다는 후자의 주장이 매매에 관한 가격 결정의 기준을 통상의 시장가격으로 보는 데 비하여, 전자는 결국 이때의 배상은 매도인의 감정이익의 배상과 같은 것이므로 심판인의 자유재량에 의한 결정에 맡겨졌다고 보는 것이다. 어느 쪽이었는지 확정짓기 어렵지만, 두 가지 방식이 모두 실무에서 채용되었을 것으로 추정하는 것이 합당하리라고 본다.

30) D.18.7.7 Pap. 10 quaest.
Servus ea lege veniit, ne in Italia esset: quod si aliter factum esset, convenit citra stipulationem, ut poenam praestaret emptor. vix est, ut eo nomine vindictae ratione venditor agere possit, acturus utiliter, si non servata lege in poenam quam alii promisit inciderit. huic consequens erit, ut hactenus agere possit, quatenus alii praestare cogitur: quidquid enim excedit, poena, non rei persecutio est. quod si, ne poenae causa exportaretur, convenit, etiam affectionis ratione recte agetur. nec videntur haec inter se contraria esse, cum beneficio adfici hominem intersit hominis: enimvero poenae non inrogatae indignatio solam duritiam continet.
(노예가 이탈리아에 在留하지 않는다는 계약조항 하에 매도되었다. 이에 위반할 경우에는 매수인이 위약금을 지급할 것을 문답계약 없이 합의하였다. 매도

에만 배제되었으리라는 추정은 전혀 근거가 없는 것으로 생각된다. 따라서 매춘금지조항의 경우에도 무방식의 약정(pactum)에 의한 위약벌의 특약이 때로는 행해졌을 것이고, 무방식의 약정에 적용되는 법리가 그대로 적용되었을 것이며, 따라서 적극적인 訴求는 가능하지 않았다 하더라도 D.18.7.7에 준하여 일정한 효력을 발휘했을 것이다.

2) "매춘금지+위반시 자유" 조항:

매춘금지 특약을 어긴 경우에는 노예에게 자유가 부여된다는 조항이 매매계약에 부가된 경우에 대해서는 Mod. D.37.14.7.pr.; Pomp. D.21.2.34.pr.; Ulp. D.2.4.10.1; Alex. C.4.56.2 <a.223>가 다루고 있다. 이미 살펴보았듯이 늦어도 사비누스 시기(즉 티베리우스[14~37년] 및 그 후계자들 치세)에는 매춘금지 조항 위반에 대하여 위반 시 자유가 된다는 특약조항이 없었어도 법이 노예에게 자유를 부여한 바가 있었고(Pap.-Sab. D.18.7.6.pr cit.), 이후의 발전은 자유 부여 조항을 관행화하였을 것이다. 이처럼 관행화된 이후에도 자유를 얻기 위한 조치(관할 당국의 확인)의 주도권은 원 매도인의 몫이었다. 이것은 그가 보호자가 된다는 사실로부터도 드러난다.[31]

인이 그 명목으로 보복을 위하여 소구할 수 있는 것은 아니겠지만, 계약조항이 지켜지지 않았기 때문에 그가 타인에게 약속했던 위약금에 대해 책임을 져야 하는 경우에는 그는 유효하게 소구할 수 있을 것이다. 그러므로 그는 그가 타인에게 지급하도록 강제되는 금액만큼 소구할 수 있을 것이다. 왜냐하면 모든 초과분은 벌금이지 該物의 추급이 아니기 때문이다. 그런데 노예가 처벌의 목적으로 수출되지 않도록 합의한 때에는 [매수인이 이에 위반하는 경우 매도인은] 또한 감정이익을 이유로도 정당하게 소구할 수 있을 것이다. 그리고 이 두 결정들은 상호 모순되는 것으로 생각되지 않는데, 왜냐하면 우호적인 조력을 인간에게 베푸는 것은 인간의 이익이기 때문이다. 이에 반하여 부과되지 않은 벌금의 응징은 嚴酷함만을 포함할 뿐인 것이다).

31) McGinn (주 18), 318 n.10.

C.4.56.2 Alex. <a.223>(B.19.17.1 i.f.)

Mulierem, quam ita venisse adlegas, ne prostitueretur aut, si prostituta fuerit, libera esset, per officium militare exhiberi apud tribunale oportet, ut, si controversia referatur pacto (quod tamen si verum est, libertas mulieri existente condicione competit), agatur causa apud eum cuius de ea re notio est. …

(그대가 주장하기를 매춘에 내몰리지 않는다거나, 매춘에 내몰린 경우 자유가 된다는 조항으로 매도되었다는 여자는 軍당국에 의하여 審判所에 회부되어, 그 약정에 대하여 분쟁이 제기되는 경우(그런데 약정이 진실인 경우에는 자유가 여자에게 조건이 존재하면 인정된다) 그 사안에 관한 심판권자 면전에서 소송이 진행될 수 있어야 한다….)

특히 자유조항에는 여자노예가 전전유통된 경우에도, 더욱이 제2매매 이후로 그 조항 자체가 붙지 않고서 전전유통된 경우까지도, 모든 매수인들을 상대로 그 효력이 인정되었는데,[32] 일반적인 채권계약의 인적인 효력범위를 넘어서는 이러한 강력한 효력은 늦어도 플라비우스朝 베스파시아누스 황제(69~79년)의 칙법에 의하여 인정되었던 것으로 보인다.[33]

---

32) 그러므로 선의의 매수인까지 포함하였다. McGinn (주 18), 324. 이 제3매수인의 자신의 매도인에 대한 책임 추궁은 추탈의 경우에 준하여 매수인소권(D.19.1.43) 또는 사기소권에 의하였을 것이다.

33) 학설은 베스파시아누스가 처음으로 규정했다는 설(Buckland, Albanese, McGinn[주 18], 325[일정한 유보]), 이전에 이미 그러한 규범이 존재했다는 설(Wallon, Nicolau, Biondi, Wiedemann, Marrone(?)[D.2.4.10.1], Wagner, Palazzolo), 전에는 후속 매매계약에서 조항을 언급했어야만 가능했을 것으로 보는 설(Dumont) 등이 있다. Sicari (주 6), 76ff.(Vespasiano … estendendo l'efficacia della clausola al terzo). 정확한 것은 알 수 없으나 일거에 베스파시아누스의 칙령에서 보이는 강력한 효과가 인정되었다기보다는 뒤몽이 추정하듯이 일정한 단계를 거쳐서 발전했을 가능성은 있다고 보인다. 어쨌든 이러한 결정은 일상의 법논리를 크게 벗어난다는 점에서 법률가들의 해석적 논변의 결과가 아니라 그때그때 일정한 법권력자의 정책적 결단이었음에 틀림없다. 이러한

D.37.14.7.pr. Mod. L.s. de manumiss. (B.49.1.7.pr)

Divus Vespasianus decrevit, ut, si qua hac lege venierit, ne prostitueretur et, si prostituta esset, ut esset libera, si postea ab emptore alii sine <ea *ins. Mommsen*> condicione veniit, ex lege venditionis liberam esse et libertam prioris venditoris.

(神皇 베스파시아누스는 裁決하였다: 어떤 여자노예가 매춘에 내몰리지 않으며 매춘에 내몰린 경우에는 자유가 된다는 조항 하에 매도된 경우에 나중에 매수인에 의하여 다른 사람에게 이 조건 없이 매도된 경우 그녀는 이 매도조항에 기하여 자유이고 제1매도인의 피해방노예가 된다).

전전유통된 경우에도 어느 매수인이 조항에 위반하여 그 여자 노예를 매춘시킴으로써 그에게 자유가 부여된 경우 피해방녀의 보호자(patronus)가 된 것은 조항을 삽입했던 제1매도인이었다(D.37.14.7.pr. cit.; D.2.4.10.1). 피해방녀가 자유가 된 후에 매춘을 계속하더라도 보호자는 자기를 위하여 그녀가 性的 서비스를 제공할 것을 요구할 수 없었다. 이러한 부도덕한 행위는 보호자가 피해방노예에게 요구할 수 있는 勞役(operae)에 속할 수 없었기 때문이다.[34]

결단의 주체가 "엄격한 風紀"로 유명했던(praecipuus adstricti moris auctor: Tacitus, Annales 3.55.4) 베스파시아누스였음이 흥미롭다. 同旨 Sicari (주 6), 79f. n. 27 (Con il suo decretum, l'imperatore flavio introduce una innovazione nella disciplina privatistica e fissa un nuovo principio giuridico); Francesca Galgano, "Vendita della schiava e prostituzione coatta," *Index* 24 (1996), 333ff., 334 (una decisione importante per l'epoca).

34) D.38.1.38.pr Callistratus 3 edicti monitorii.

Hae demum impositae operae intelleguntur, quae sine turpitudine praestari possunt et sine periculo vitae. nec enim si meretrix manumissa fuerit, easdem operas patrono praestare debet, quamvis adhuc corpore quaestum faciat: nec harenarius manumissus tales operas, quia istae sine periculo vitae praestari non possunt.

D.38.1.16; Jane F. Gardner, *Being a Roman Citizen* (1993), 31+n.47; J. A.

D.2.4.10.1 Ulp. 5 ad ed. (B.7.8.10.1)

Prostituta contra legem venditionis venditorem habebit patronum, si hac lege venierat, ut si prostituta esset, fieret libera …
(매춘에 내몰린 경우 자유가 된다는 조항 하에 여자노예가 매도된 경우에 매도조항에 반하여 매춘에 내몰린 여자노예는 매도인을 보호자로 가질 것이다…)[35]

다른 한편으로 조항을 위반한 매수인에게는 매도인을 상대로 하는 구상권의 행사가 부인되었는데, 그 이유를 마치 그 스스로 자의에 의하여 해방시킨 것처럼 생각될 수 있기 때문이라는 데서 찾고 있는 것이 이채롭다.[36] 이미 보았듯이 그는 그럼에도 불구하고 보호자가 될 수 없다는 것이 법의 결정이었기 때문이다.

D.21.2.34.pr. Pomp. 27 ad Sab. (B.19.11.33)

Si mancipium ita emeris, ne prostituatur et, cum prostitutum fuisset,

---

Crook, *Law and Life of Rome* (1967), 52f.; Susan Treggiari, *Roman Freedmen during the Late Republic* (1969), 142; McGinn (주 18), 338f.; Wolfgang Waldstein, "Soziale Schutzrechte im klassischen römischen Recht," in: *Festschrift für Hubert Niederländer zum 70. Geburtstag* (1991), 181ff., 187f.; Carla Masi Doria, *Civitas Operae Obsequium: Tre studi sulla condizione giuridica del liberti* (1993), 73f. 이러한 규율은 일반적으로 창녀인 노예의 해방을 유도하기보다는 오히려 저지하는 쪽으로 작용했을 개연성이 크지만, 매춘금지조항 위반의 경우에는 분명히 피해방노예의 보호에 기여했을 것이다.

35) Henr. Zoesius, *Commentarius ad Digestorum seu Pandectarum Iuris Civilis libros L* (Lovanii, 1645), ad D.18.7 n.4, p.367: "interpretatio contra emptorem, odio prostitutionis."

36) 매수한 노예의 소유권을 상실하게 된 매수인은 매도인을 상대로 추탈에 대한 배상을 청구할 수 있는 것이지만, 소유권 상실이 자신의 의사에 의한 것인 때에는 추탈된 것이 아니므로 그 청구가 배제되었는데(Ulp. 29 ad Sab. D.21.2.25), 여기서 "자의에 의한 해방"이란 이러한 법리를 적용하여 배상청구를 배제하기 위한 논리적 설정[擬制]일 뿐이며, 따라서 매도인이 보호자가 된다는 것과 모순되지 않는다. 결과 同旨 McGinn (주 18), 327 n.44.

ut liberum esset: si contra legem venditionis faciente te ad libertatem pervenerit, tu videris quasi manumisisse et ideo nullum adversus venditorem habebis regressum.
(그대가 노비를 그가 매춘에 내몰리지 않고 매춘에 내몰린 경우에는 자유가 되는 것으로 정하여 매수한 경우 이 매도조항에 반하여 그대가 행위하여 그 노예가 자유에 이른 경우에는[37] 그대는 마치 해방시킨 것으로 인정되고, 그래서 매도인을 상대로 아무런 求償權도 가지지 않을 것이다.)

3) "매춘금지+위반시 自力支配行使權 유보" 조항:

또 하나의 관행적인 조항의 형태는 매춘금지에 위반한 경우에 매도인이 그 노예를 다시 찾아올 수 있는 取去權能(ius abducendi)을 유보하는 것이었는데,[38] 이 권능은 달리 自力支配行使權(manus iniectio)이라고도 표현하였다(Fr.Vat.6).[39] 이 권능의 행사는 원 매도인의 재량이었다(Cf. Sev./Ant. C.4.55.2 [a.200]).[40] 이 권능은 황제가 관할관에게 처

---

37) McGinn (주 18), 327 n.44은 이곳에서의 자유 취득은 ipso iure 해방인 반면에, C.4.56.1 등 다른 개소에서는 정무관에 의한 심사 요건을 정하고 있다고 본다. 그러나 이 견해는 논의상 절차적 문제를 단순히 언급하지 않은 문맥을 곧이곧대로 받아들인 감이 있다. 자유의 문제는 중차대한 문제로서 일정한 관할당국의 확인이 필수적이었다고 보는 것이 합당하다. 그러나 그렇다고 해서 자유의 효과가 당국의 확인에 기한 것은 아니다. 이러한 확인은 다른 절차가 가동되지 않은 한 매매소송의 틀 안에서 특약의 존재와 내용에 대한 확인이라는 양태로 이루어졌다. 同旨 Max Kaser/Karl Hackl, *Das römische Zivilprozessrecht* (2. Auflage, 1996), 142.

38) D.18.7.9 Paul. 5 quaest. (B.19.7.9): manus autem iniectio in servum competit (그러나 自力支配行使는 노예를 상대로 해서만 인정된다).

39) Fr.Vat. 6: quae vendidit manum iniciet et ex iure concesso mancipium abducet; Iohannes Brunnemann, *Commentarius in Codicem Justinianeum* (editio novissima, Lipsiae: 1708), C.4.56.1 n.1, p.510.

40) Si, ut manus iniectionem haberes, cavisti tibi, iure tuo uti potes.

결을 지시하는[41] 내용을 전하는 다음 사료에 의하면 늦어도 하드리아누스 황제(117~138년)의 칙법에 의하여 法認되었다.[42]

C.4.56.1 Alex. <a.223> (B.19.17.1)

Praefectus urbis amicus noster eam, quae ita venit, ut, si prostituta fuisset, abducendi potestas esset ei, cui secundum constitutionem divi Hadriani id competit, abducendi faciet facultatem: …
(朕의 친구 도시장관은, 매춘에 내몰린 경우 取去權이 神皇 하드리아누스의 칙령에 따라 인정되는 자에게, 取去權이 인정된다는 조건으로 매도된 여자노예를 取去하는 권능을 인정할 것이다….)[43]

이 권능 또한 매춘금지 조항 일반과 마찬가지로 일종의 연장효[44]가 인정되었다(C.4.56.1; D.18.1.56).

C.4.56.1 Alex. <a.223> (B.19.17.1)

… Nec enim tenor legis, quam semel comprehendit, intermittitur,

---

41) Sicari (주 6), 124 n.1.

42) 하드리아누스 황제의 인도주의적 법정책(Cf. 라인하르트 라팔트 지음/김이섭 옮김, 『위대한 황제』[1997(원저 1978)], 161ff.)은 노예를 매춘업자에게 파는 것을 금지하는 데까지 나아갔으나 모든 경우에 금지한 것이 아니라 일정한 사유가 있는 경우에는 이를 인정하였다는 점에서 한계가 있는 것이었다. Historia Augusta, *Vita Hadriani*. 18.7-8: servos a dominis occidi vetuit eosque iussit damnari per iudices, si digni essent. Lenoni et lanistae servum vel ancillam vendi vetuit causa non praestita.

43) 관할관에 대한 지시의 형식으로 내려진 批答이다. Kaser/Hackl (주 37), 450 n.44.

44) McGinn (주 18), 317 n.9 mwN("real effect"); Kaser (주 2), 562("dingliche Wirkung"); 이미 Brunnemann (주 39), C.4.56.1 n.2(p.510): "quia hoc pactum est reale, & allicit rem ipsam alienatam." Nuncupatio에 관해서는 졸저, 『로마法研究(I)』 (1995), 15f.

quod dominium per plures emptorum personas ad primum qui prostituit sine lege simili pervenit.
(… 왜냐하면 한번 작성한 조항의 내용은 소유권이 다수의 매수인들을 거쳐서 유사한 조항 없이 매춘을 시킨 첫 매수인에게 이르렀다는 사정으로 인하여 중지되는 것이 아니기 때문이다.)

D.18.1.56 Paul. 50 ad ed. (B.19.1.54)

Si quis sub hoc pacto vendiderit ancillam, ne prostituatur et, si contra factum esset, uti liceret ei abducere, etsi per plures emptores mancipium cucurrerit, ei qui primo vendit abducendi potestas fit.
(어떤 자가 여자노예를 그녀가 매춘에 내몰리지 않고, 이에 반하는 때에는 그에게 取去가 허용된다는 조항 하에 매도한 경우에는 비록 그 노비가 다수의 매수인들을 거쳐 전전유통되었더라도 제1매도인에게 取去권능이 발생한다.)

그 결과 제2매도 이하에서 조건이 붙지 않았거나, 조건에 대한 통보가 없더라도 그 행사가 가능하였다.[45] 이 효과의 기원에 관하여는 원래 握取行爲 시의 부수적 儀式言明(leges mancipio dictae = nuncupatio: XII.T.6.1)에 기인한다는 것이 통설이다.[46] 그러나 다른 한편으로 고전기 이후로 악취행위 자체가 실용에서 멀어지는 추세 하에서 황제에 의한 권위적 결단이 그 발전의 새로운 원동력이었음은 틀림이 없는 사실이다.

取去의 효과는 원래의 지배권의 복원이었는데,[47] 아마도 정무관의

45) Buckland (주 2), 604, Sicari (주 6), 110.

46) Frank Peters, *Die Rücktrittsvorbehalte des römischen Kaufrechts* (1973), 188ff.; Knütel (주 24), 357ff. n.19; McGinn (주 18), 317 n.6 m.w.N.; Kaser (주 2), 562 n.85. 그러나 나중에 황제의 개입으로 성격이 흐려졌다. McGinn (주 18), 318.

47) Iohannes Brunnemann, *Commentarius in Pandectas* (editio quinta, Wittebergae & Berolini: 1701), D.2.4.10 n.1, p.68: "manet ancilla."

확인을 받았을 것이다.[48] 取去 후에 자신의 권력 하로 복귀한 노예를 조항에 위반하여 매춘을 시킨 경우(D.2.4.10.1; C.7.6.1.4)나 그에 앞서 아예 取去權의 행사를 부작위하는 대가를 받은 경우(D.40.8.7),[49] 더 나아가 금전적 대가를 취하지 않더라도 取去하지 않고 매춘을 방치한 경우(C.4.56.1)[50]에도 일단 성립한 조항 자체의 효력은 여전히 유지되

---

48) McGinn (주 18), 317.

49) D.40.8.7 Paul. L.s. de libertat. dandis. (B.48.6.7)

Imperator noster cum patre suo constituit in eo, qui, cum possit abducere prostitutam ancillam, pecunia accepta manus iniectionem vendidit, ut libera esset: nihil enim interesse, ipse abducas et prostituas an patiaris prostitutam esse pretio accepto, cum possis eximere.

(우리의 황제[=카라칼라(198, 211-217)]는 先王[=셉티미우스 세베루스(193-211)]과 더불어 매춘에 내몰린 여자노예를 取去할 수 있는데도 불구하고 금전을 받고 自力支配行使權을 팔아버린 자와 관련하여 그녀가 자유라고 勅定하였다. 왜냐하면 그대 스스로 取去해서 매춘에 내몰든, 해방시킬 수 있는데도 불구하고 금전을 받고서 매춘에 내몰린 것을 忍容하든 아무런 차이가 없기 때문이다.)

이 대가를 McGinn (주 18), 328은 조항으로 인해 낮아진 대금저락분을 상쇄하는 몫으로서, 매도인이 조항에 대해 가지는 실질적 이익이라고 이해한다. 경제적인 관점에서 그러한 이해가 타당하다 하더라도, 로마법이 이러한 상황을 규제하고 있는 것이야말로 소유주의 이익만을 고려하고 있는 것이 아님을 잘 보여준다고 하겠다. 비록 제한적일지언정 노예에 대한 배려가 그 저변의 큰 동기였음을 무시할 수 없는 것이다.

50) C.4.56.1 Alex. <a.223> (B.19.17.1)

Praefectus urbis amicus noster eam, quae ita venit, ut, si prostituta fuisset, abducendi potestas esset ei, cui secundum constitutionem divi Hadriani id competit, abducendi faciet facultatem: quod si eum patientiam accommodasse contra legem quam ipse dixerat, ut in turpi quaestu mulier haberetur, animadverterit, libertate competente secundum interpretationem eiusdem principis perduci eam ad praetorem, cuius de liberali causa iurisdictio est, ut lis ordinetur, iubebit. Nec enim tenor legis, quam semel comprehendit, intermittitur, quod dominium per plures emptorum personas ad primum qui prostituit sine lege simili pervenit.

었으므로 그 노예는 자유의 몸이 되었다. 그리고 스스로의 선행행위에 반하여 행동한 매도인은 보호자권을 제한당했다가(D.2.4.10.1),[51] 유스티니아누스의 개혁조치에 이르러서는 아예 이를 상실하였다(C.7.6.1.4 [531년 11월 1일]).[52] 유스티니아누스법에서 도덕훈시론적 논리가 고

(朕의 친구 도시장관은, … 그러나 그[=取去權者]가 자신이 언명한 조항에 반하여 부도덕한 영리활동에 여자가 놓이는 것을 忍容했음을 확인한 경우에는 같은 황제[=하드리아누스(117~138년)]의 해석에 따라 자유가 인정된 상태에서 그녀가 자유신분사건에 관하여 관할권이 있는 법무관에게 송치되어 소송이 수배되도록 명할 것이다. 왜냐하면 한번 작성한 조항의 내용은 소유권이 다수의 매수인들을 거쳐서 유사한 조항 없이 매춘을 시킨 첫 매수인에게 이르렀다는 사정으로 인하여 중지되는 것이 아니기 때문이다.)

취거권능 유보 사안임에도 불구하고 원매도인에 반하는 결과로 결판이 난 것을 보고 McGinn (주 18), 326은 "striking," but "logical enough"라고 보고 있는데, 취거권능이 인정되는 취지가 모든 것을 매매 이전의 상태로 복귀시키는 것이 아니라(매춘금지 조항 위반 시 계약을 무효화하지 않았다: Peters [주 46], 190+n.26; McGinn [주 18], 316 n.4) 매매조항에 위반하여 매춘에 내몰린 여자노예를 매춘에 내몬 주인의 손아귀를 벗어나서 보호의지를 천명했던 원매도인의 보호 하에 되돌리려는 것이라고 한다면, 이러한 조치는 하등 "striking"한 것이 아니다.

51) D.2.4.10.1 Ulp. 5 ad ed. (B.7.8.10.1)

… At si venditor, qui manus iniectionem excepit, ipse prostituit, quoniam et haec pervenit ad libertatem, sub illo quidem, qui vendidit, libertatem consequitur, sed honorem haberi ei aequum non est, ut et Marcellus libro sexto digestorum existimat.

(… 그러나 自力支配行使權을 유보한 매도인이 스스로 매춘을 시킨 경우에는 이런 여자노예도 자유에 이르는 것이므로 참으로 매도한 자 하에서 자유를 얻는 것이지만, 그러나 그 (매도인)에게 존경이 바쳐지는 것은, 마르켈루스도 학설집 제6권에서 판정하고 있듯이, 공정하지 않다.)

Buckland (주 2), 70 n.14, 604 n.5; McGinn (주 18), 327 n.43. 정상적인 보호자-피보호자 관계에서와 달리 보호자를 제소할 수 있었다.

52) C.7.6.1.4 Iust. <D. k. Nov. 531> (B.48.14.1)

Similique modo si quis ancillam suam sub hac condicione alienaverit, ne prostituatur, novus autem dominus impia mercatione eam prostituendam esse

전법에 비하여 강화된 것이 눈에 띈다. 유스티니아누스는 더 나아가서 先行行爲와는 무관하게 일반적으로 자기 노예를 매춘업에 종사시키는 자에게는 노예에게 자유를 인정함과 동시에 주인의 보호자권을 상실시켰다(Iust. C.6.4.4.2 [531년 12월 1일]).

C.6.4.4.2 Iust. <PP. k. Dec. 531>: [Gr.][53)]

Item si quis ancillam [Θεράπαινα] suam ut corpore quaestum faciat prostituet, rursus et serva ipsa libera fit (ἐλευθεροῦται) et dominus omni patronatus iure privatur: quemadmodum is, qui servum aegrotantem neglexerit, ut neque ipse eum curaret neque in xenonem eum mitteret neque victum solitum ei praeberet, omni iure in eius substantia [περιουσία] privatur.
(또 어떤 자가 자신의 여자노예를 몸을 팔아 돈을 벌도록 매춘에 내모는 때에는 다시 그 여자노예 자신은 자유가 되고 주인은 모든

---

temptaverit, vel si pristinus dominus manus iniectionem in tali alienatione sibi servaverit et, cum ad eum fuerit reversa, ipse ancillam prostituerit, ilico in libertatem Romanam eripiatur et, qui eam prostituerit, ab omni patronatus iure repellatur. Qui enim ita degener et impius constitutus est, ut talem exerceret mercationem, quomodo dignus est vel ancillam vel libertam eam habere?
(그리고 유사한 방식으로 어떤 자가 자신의 여자노예를 매춘시키지 않는다는 조건 하에 양도하였는데 새 주인이 부도덕한 장사활동으로써 그녀를 매춘시켜야만 한다고 시도했거나, 前主人이 그런 양도의 경우 自力支配行使權을 자신에게 유보하고 그에게 그녀가 되돌아온 후에 자신이 그 여자노예를 매춘시켰던 경우에는 즉시 그녀는 로마인의 자유상태에 놓이게 되며 그녀를 매춘시킨 자는 보호자의 모든 권리로부터 배척된다. 그런 장사활동을 영위할만큼 그렇게 타락하고 부도덕한 것으로 확인된 자가 어떻게 그녀를 여자노예로든 피해방녀로서든 가질 가치가 있겠는가?)
Brunnemann (주 39), C.7.6 n.12(p.827): "Perfidus enim ille nebulo jure Patronatus est indignus."(신의가 없는 몹쓸 놈인 이 자는 보호자권의 가치가 없기 때문이다.)

53) 앞으로 원문이 그리스어인 경우 편의상 라틴어 역문으로 轉載한다.

보호자권을 박탈당하는 바, 병든 노예를 방치하여 스스로 그를 치료하지도 않고, 그를 병원에 보내지도 않고, 통례적인 음식을 제공하지도 않는 자가 그 노예의 재산에 대한 모든 권리를 박탈당하는 것과 마찬가지이다.)

여자 노예가 전전유통된 경우에도 제1매도인의 특약조항이 延長效를 가진다는 법의 결정으로 말미암아 다음의 파울루스의 개소에서 다루고 있는 것과 같이 제1매도인은 매춘 시에 자유를 명하고, 제2매도인 이후의 자는 自力支配行使權을 유보한 경우나 그 逆의 경우에 과연 어떻게 처리할 것인지가 문제되었는데, 모든 경우에 자유를 우선시하는 결론(favor libertatis)을 내렸다.

D.18.7.9 Paul. 5 quaest. (B.19.7.9)

… Quod si prior ita vendidit, ut prostituta libera esset, posterior, ut manus inicere liceret, potior est libertas quam manus iniectio. Plane si prior lex manus habeat iniectionem, posterior libertatem, favorabilius dicetur liberam fore, quoniam utraque condicio pro mancipio additur et sicut manus iniectio, ita libertas eximit eam [iniuriam]<iniuria *Brenkmann*>.

(… 그런데 제1매도인이 매춘에 내맡겨진 여자노예는 자유라는 조항 하에 매도하였고, 제2매도인은 自力支配行使가 허용된다는 조항 하에 매도했던 경우에는 자유가 自力支配行使보다 우선한다. 그러나 제1매도의 조항이 自力支配行使를 규정하고, 제2매도의 조항은 자유를 규정하는 경우에는 보다 우호적으로 자유가 된다고 이야기될 것인 바, 왜냐하면 양 조건 모두 노비를 위하여 부가되는 것이고 自力支配行使와 마찬가지로 자유도 그녀를 불법침해로부터 면하게 하기 때문이다.)

4) "매춘금지" 조항:

단순히 "매도되는 여자 노예가 매춘에 내몰리지 않는다"는 핵심규정만을 매매 시에 특약한 경우에 대해서는 Marcian. D.40.8.6; Alex. C.4.56.2 <a.223>; Iust. C.7.6.1.4 <a.531>가 다루고 있는데, 그 위반의 효과에 대하여 노예가 자유로 됨을 밝히고 있다. 특히 이 경우는 위반 시에는 자유로 된다는 특약을 덧붙이지 않았지만 이를 부가한 경우(전술 (2))와 다르게 취급되지 않았다(C.4.56.2). 이미 살펴보았듯이 매춘금지 조항의 법리가 상당히 발전한 후에는 다른 부가적인 조항 없이 단순하게 매춘금지만을 규정하는 것이 관행화하고, 법에 의하여 자유의 효과가 인정된 것으로 보인다. 이 자유는 원래 라틴인 신분의 자유였으나,[54] 유스티니아누스에 의한 개혁조치로 로마인의 자유로 격상되었다(C.7.6.1.4).

C.4.56.2 Alex. <a.223> (B.19.17.1 i.f.)

Mulierem, quam ita venisse adlegas, ne prostitueretur … per officium militare exhiberi apud tribunale oportet, ut, si controversia referatur pacto (quod tamen si verum est, libertas mulieri existente condicione competit), agatur causa apud eum cuius de ea re notio est. Haec autem lex et nisi in tabulas venditionis inserta sit, quamvis epistula vel sine scriptis facta ostenditur, valet.

(그대가 주장하기를 매춘에 내몰리지 않는다는 조항으로, … 매도되었다는 여자는 軍당국에 의하여[55] 審判所에 회부되어, 그 약정에 대하여 분쟁이 제기되는 경우 (그런데 약정이 진실인 경우에는 자유가 여자에게 조건이 존재하면 인정된다) 그 사안에 관한 심판권자 면전에서 소송이 진행될 수 있어야 한다.[56] …)

---

54) Suetonius, *Claud.* 25.2; Mod. D.40.8.2; Kaser (주 2), 293 n.4.

55) 군대에 의한 호위(McGinn [주 18], 328); "manu militari eripere" (Brunnemann [주 39], C.4.56.2 n.1, p.510).

C.7.6.1.4 Iust. <a.531> (B.48.14.1)

Similique modo si quis ancillam suam sub hac condicione alienaverit, ne prostituatur, novus autem dominus impia mercatione eam prostituendam esse temptaverit, … ilico in libertatem Romanam eripiatur …

(그리고 유사한 방식으로 어떤 자가 자신의 여자노예를 매춘시키지

---

56) 이 개소와 관련하여 문제는 담당관서가 누구인가 하는 것이다. 일설에 의하면 앞의 심판소와 뒤의 심판권자는 별개라고 보며, tribunal(e)는 의도적으로 포괄적인 용어를 쓴 것으로서 이에는 praefectus urbi, praefectus praetorio, praeses가 모두 해당된다고 보고, is cuius de ea re notio est는 praetor de liberalibus causis, praeses provinciae, consul이 모두 해당된다고 본다. 이에 반하여 다른 일설은 두 기관을 단일한 것으로 파악하여 tribunale = is cuius de ea re notio est 이고, 로마의 경우는 praetor de liberalibus causis, 지방의 경우는 praeses provinciae라고 새긴다. Sicari (주 6), 132f. 그러나 어느 경우든 확실한 것은 아니다. 참고로 셉티미우스 세베루스 이래 매춘으로부터 노예를 보호하는 임무는 도시장관의 관할이었다.

D.1.12.1.8 Ulp. L.s. de off. praef. urb.(B.6.4.2)

(그러나 주인에 관하여 訴冤하는 노예들을 도시장관이 청문해야 한다고 이야기되는 것은 다음과 같이 이해해야만 한다: 주인을 고소하는 것이 아니라(이것은 왜냐하면 승인된 사안들을 제외하면 결코 노예에게 허용되어서는 안되기 때문이다) 존경을 유지한 채로 訴請하는 것, 그들을 짓누르는 잔인함, 가혹함, 굶주림을, 그들에게 강요했거나 강요하고 있는 음란행위를 도시장관에게 사뢴다는 의미이다. 노비가 매춘에 내몰리지 않도록 보호하는 것도 도시장관에게 神皇[셉티미우스] 세베루스(193-211)에 의하여 직무로 부과되었다.)

시민법에의 동참이 전면적으로 거부되었던(Ulp. D.28.1.20.7: cum iuris civilis communionem non habeat in totum) 노예에 대한 제한적인 보호조치임을 분명히 하고 있는 이 개소의 해석과 관련해서 도시장관(Ulp. D.1.12.1)의 직무가 미치는 범위에 관하여 매춘에 대한 일반적인 보호가 이루어졌다고 보는 설(Sicari [주 6], 150 n.36; 157f.)과 매춘금지 조항의 사안에 국한했다는 제한설(McGinn [주 18], 342f.)이 대립하는데, 후술하듯이 매춘에 대한 일반적인 보호조치는 4~5세기의 발전을 기다려야 했던 것으로 보인다. 참고로 로마의 후기에는 창녀의 통제와 같은 경찰업무는 遊興管理官들(tribuni voluptatum)의 소관이었다. A. H. M. Jones, *The Later Roman Empire 284-602*, I and II (1964/third printing 1992), 691+1283 n.8(사료).

않는다는 조건 하에 양도하였는데 새 주인이 부도덕한 장사활동으로써 그녀를 매춘시켜야만 한다고 시도한 … 경우에는 즉시 그녀는 로마인의 자유상태에 놓이게 된다….)

이 문제를 다룬 사료 중에서 다음의 개소는 특히 흥미롭다. 왜냐하면 시기적으로도 앞선 칙령을 전하고 있을 뿐만 아니라, 다루고 있는 사안도 담보권을 포함하는 다소 복잡한 사안이기 때문이다.

D.40.8.6 Marcian. L.s. ad form. hypoth. (B.48.6.6)

Si quis [obligatum *McGinn* 328][57] servum hac lege emerit, ut manumittat, competit libertas ex constitutione divi Marci, licet bona omnia quis obligaverit, quae habet habiturusve esset. Tantundem dicendum est et si hac lege emerit, ne prostituatur, et prostituerit. (어떤 자가 노예를 해방한다는 조항 하에 매수한 경우 비록 (현재) 가지고 있거나 (장차) 가지게 될 모든 재산을[58] 담보로 잡혔더라도[59] 神皇 마르쿠스 [아우렐리우스](161-180)의 칙법에 의하여 자유가 인정된다. 매춘에 내몰리지 않는다는 조항 하에 매수했으나 매춘에 내몬 경우에도 같은 말을 해야만 한다.)

이 마르키아누스의 개소에서 우리의 관심거리인 마지막 문장부분은

---

57) "obligatum"(담보잡힌)은 수정되었다. 담보잡힌 노예의 매도는 채권자의 승낙이 없이는 불가능하기 때문이다. 아마도 licet 이하 문장에서 영향을 받은 듯하다.

58) 이것은 재산을 포괄적으로 담보 잡힌 경우이고, 노예를 특정하여 담보 잡힌 경우에는 담보권자의 이익을 고려하여 노예해방이 부인되었다.

C.7.8.3 Sev./Ant. <a.209>

Ab eo, qui bona sua pignori obligavit, quae habet quaeque habiturus esset, posse servis libertatem dari certum est. Non idem iuris est in his servis, qui pignoris iure specialiter traditi vel obligati sunt.

59) 담보를 제공한 자가 누구인가에 관하여 매수인설과 매도인설이 있는데, 전자로 보는 것이 자연스럽다. 同旨 McGinn (주 18), 328("easier").

수정된 것이라는 견해가 있다.[60] 일견 앞부분과 문제 맥락이 닿아있지 않은 것은 분명 사실이지만, 그렇다고 이것이 수정되었다고 보아야만 하는 것은 아닐 것이다. McGinn 자신도 다른 곳에서는 ne prostituatur 부분도 담보 잡힌 상황을 전제한다고 봄으로써 의미 있는 해석의 가능성을 열어놓고 있다.[61] 따라서 사안을 나누어 살펴보면, (1) 우선 매춘 금지조항의 경우 담보와는 무관한 부연이라고 본다면 앞에서 살펴본 다른 개소들의 사안과 다르지 않다. (2) 다음으로 담보에 제공된 사안이라고 한다면, 누가 노예를 매춘시켰는지에 따라 다시 나누어 살펴보아야 한다. ① 담보권자 자신이 매춘을 시켰다면(이것은 占有質의 경우에 가능하다)[62] 어찌되었을까? 울피아누스의 한 개소에 의하면 이때에는 담보권이 해소된다(D.13.7.24.3).[63] 노예는 자유로 되는가? 매매로

---

60) McGinn (주 18), 330 n.55("non-classical").

61) McGinn (주 18), 328f.

62) 원래 담보권자는 담보물을 사용・수익할 수 없고, 허락 없이 이에 위반하면 절도(furtum)의 책임을 져야만 했는데(Gai. D.47.2.55(54).pr.), 물건의 수익으로 이자 및/또는 원본의 변제에 충당할 수 있었다(Marcian. D.20.1.11.1). Kunkel/Mayer-Maly, *Römisches Recht* (4. Aufl. 1987), 202. 여기서는 담보권자에게 이러한 수익권이 인정되었고, 그 방법의 일환으로 담보권자가 노예를 매춘에 종사시킨 것으로 재구성할 수 있다. 담보권자가 매춘금지 조항에 대하여 알았든 몰랐든 그것이 그의 담보물 수익권의 제한인지의 여부는 다투어졌을 것이다.

63) D.13.7.24.3 Ulp. 30 ad ed. (B.25.1.24.3)

In pigneraticio iudicio venit et si res pignori datas male tractavit creditor vel servos debilitavit. Plane si pro maleficiis suis coercuit vel vinxit vel optulit praefecturae vel praesidi, dicendum est pigneraticia creditorem non teneri. Quare si prostituit ancillam vel aliud improbatum facere coegit, ilico pignus ancillae solvitur.

(질권소송의 대상에는 또한 입질된 물건을 채권자가 나쁘게 취급하거나 노예들을 불구로 만든 경우도 속한다. 그러나 그 자신의 악행으로 인하여 징계하거나 구속하거나 담당관이나 지사에게 제공한 경우에는 채권자는 질권소송으로 책임지지 않는다고 말해야만 한다. 그런고로 여자노예를 매춘을 시키거나 다른

전전유통되어 소유권이 문제된 경우에 인정된 연장효라면 담보로 제공되어 담보권만이 문제될 뿐인 사안에서는 그만큼 더욱 당연히 적용될 수 있다는 해석이 가능할 것이고(*a fortiori*[自强至弱] 논법), 이 특약에 부여된 보호의 양태와 정신에 비추어 볼 때 자유가 인정되었을 것이다.[64] ② 담보에 제공한 매수인이 그리하였다면(이것은 非占有擔保의 경우에 가능하다), 이 개소의 내용은 담보에 제공된 여부와 무관하게 매춘금지 조항의 위반으로 노예가 자유의 몸이 된다는 것이 된다. 이것은 ―매춘금지 조항에 대하여 선의는 물론 악의의 경우에도[65]―매춘과는 아무런 관련이 없는 담보권자의 입장에서는 자신의 담보이익을 침해받는 결과가 되고,[66] 이것은 매춘금지 조항의 효력이 법에 의하여 그만큼이나 매우 강력하게 인정되었다는 증거가 될 것이다. 위 ①과 ②의 어느 경우든 아마도 의문의 여지없이 분명히 하기 위하여 다른 조항과 관련하여 내려진 황제의 칙령에 의한 권위적인 결정의 취지에 의탁했던 것 같다. 이미 다른 곳에서도 확인한 바 있거니와, 매춘금지 조항의 법

非道한 짓을 하도록 강제한 경우 즉시 그 여자노예에 대한 질권이 해소된다.) McGinn (주 18), 330 n.55은 이 개소의 이 부분도 수정된 것으로 본다("non-classical").

64) 이 모든 추론은 결국 3세기 초반에 활약했던 마르키아누스 (Federico del Giudice e Sergio Beltrani, *Dizionario giuridico Romano* [IIa edizione, 1995], 347) 시대의 법이 과연 매춘금지 조항에 대하여 어느 정도의 효력을 인정했는가의 문제로 귀착하는데, 파울루스와 울피아누스의 동시대인이면서 年少했던 점에 비추어 이미 그 법리가 충분히 발전한 상태였으므로 지나친 추정은 아닐 것이다.

65) 조항의 준수 여부는 어디까지나 매수인의 양심과 도덕에 맡겨진 것이므로(Sicari [주 6], 87), 담보권자가 악의라는 사정만으로 그의 불이익으로 돌아가서는 아니 된다.

66) 담보설정자는 담보권자의 이익을 해치지 않는 한에서만 담보물의 사용·수익권이 있다(Cf. Ulp. D.20.1.21.2). P. Petrus Vidal, *Institutiones Iuris Civilis Romani* (1915), 275f.

리가 발전하는 과정에서 차지했던 칙법의 역할을 간취할 수 있는 개소이다.

III. 매춘금지조항의 사회적 기능

매춘금지조항의 사회적 의미를 이해하기 위해서는 널리 로마 사회의 性文化 일반에 대한 이해가 선행되어야 할 것이지만, 이에 대해서는 이미 수많은 연구성과가 나와 있으므로,[67] 이곳에서는 주제와 관련된 범위 내에서만 극히 제한적으로 살펴보기로 한다. 이런 의미에서 관심의 초점은 특히 로마에서 매매춘이 어떠한 위상의 사태였는지,[68] 이러한 성적인 남용에 대한 로마법의 보호장치에는 어떠한 것들이 있었는지를 고찰할 필요가 있을 것이다.[69]

먼저, 로마인들은 매매춘에 대하여 비교적 관용적이었으며, 로마 고전기에 매매춘은 불법이 아니었다.[70] 2세기까지도 주인에 의한 매춘강

67) Cf. 오토 키퍼(Otto Kiefer) 지음 / 정성호 옮김, 『로마 성풍속사』, I 및 II (1995), 특히 매매춘과 매음굴에 관해서는 I 99ff.; 모토무라 료지 지음 · 서영 옮김, 『로마인의 사랑과 성』 (2001); 번 벌로, 보니 벌로 (주 3), 89ff.; Hugo Blümner, *Die römischen Privataltertümer* (1911), 367ff.; Pierre Grimal, *Liebe im Alten Rom* (1981[불어원저 1963]); 김경현, "제정 초기 로마 상류층의 혼인 및 혼외관계: 실제와 담론", in: 한국서양사학회 편, 『서양의 가족과 성』 (2003), 17ff.; 모시스 핀리 지음 / 송문현 옮김, 『고대 노예제도와 모던 이데올로기』 (1998[원저 1980]), 148; Gardner (주 6), 117ff.

68) Cf. Hans Herter, "Die Soziologie der antiken Prostitution im Lichte des heidnischen und christlichen Schrifttums," *Jahrbuch für Antike und Christentum* 3 (1960), 70ff.; Flemming (주 5), 38ff.

69) Cf. Flemming (주 5), 50ff.; McGinn (주 18), 315ff.

70) O. F. Robinson, *The Criminal Law of Ancient Rome* (1996), 67 n.202; Galgano (주 33), 334. 심지어는 오래된 축제였던 꽃의 여신 축제(Floralia)를 비롯하여

제는 규제되지 않았다. 오히려 매춘업은 국가에 의하여 금지되지 않고, 칼리굴라(37~41년) 이래로 매춘녀에게, 그리고 알렉산더 세베루스(222~235년) 때에는 유곽의 소유자에게 세금이 부과되었으며, 콘스탄티누스 이래로는 매춘녀에게 새로운 金銀稅(collatio lustralis, χρυσάργυρον)가 부과되었다.[71] 매춘업자들은 이를 어엿한 투자로 여겼다(D.5.3.27.1).[72] 매춘업소의 주인은 포주(leno)로서 파렴치의 낙인이 찍혔지만(infamis), 그러나 영업은 허용되었던 것이다.[73] 노예가 주인이었던 경우에는 그가 해방되면 infamis가 되었다. 매춘녀 자신도 파렴치의 낙인이 따랐다.[74] 그러나 그들은 물론 그들의 딸까지도 원로원 계층의 인사들은 말할 것도 없고 일반자유민과의 혼인이 거부되었음은 물론(C.5.5.7.2; UE 13.1-2),[75] 그녀와의 관계는 간통죄의 대상에서 제외될

베누스 여신 축제(Veneralia), 포도주 축제(Vinalia) 등이 창녀들과 결부되기도 하였다. H. H. Scullard, *Festivals and Ceremonies of the Roman Republic* (1981), 96ff.; 106ff.; 110f.; J. N. Adams, *The Latin Sexual Vocabulary* (1982/Ppb. 1990), 5; Robert Turcan, *The Gods of Ancient Rome* (1998/2001), 69.

71) Gardner (주 6), 252f.; Jones (주 56), 431+1178 n.52(사료).

72) D.5.3.27.1 Ulpianus 15 ad ed.
Sed et pensiones, quae ex locationibus praediorum urbanorum perceptae sunt, venient, licet a lupanario perceptae sint: nam et in multorum honestorum virorum praediis lupanaria exercentur.
졸저 (주 44), 326f. 징세조치가 적극적인 합법화(이 견해 McGinn)는 아니었다. 同旨 Flemming (주 5), 54f.

73) Tacitus, *Annales* 2.85.2: licentia stupri apud aediles.

74) D.23.2.43.6 Ulpianus 1 ad legem Iuliam et Papiam
Lenocinium facere non minus est quam corpore quaestum exercere.
수치스런 직업으로서의 매춘에 관해서는 Gardner (주 34), 135f.; 149f. 그런데 창녀가 몸으로 하는 불법교환을 할 수 없는 이유로 D.9.2.13의 "아무도 자기 몸의 주인이 아니다"(quoniam dominus membrorum suorum nemo videtur)라는 논거를 드는 견해가 있다. Mereu (주 4), 448 n.59. 그러나 자유인의 신체상해에 대해서는 아퀼리우스법의 직접소권이 배제된다는 기술적인 법리의 논거를 매춘과 관련지우는 것은 설득력이 없다.

만큼 사회의 인정된 권역 바깥에 위치한 국외자였다(C.9.9.22).[76]

75) UE.13.1-2: (1) Lege Iulia prohibentur uxores ducere senatores quidem liberique eorum libertinas et quae ipsae quarumque pater materve artem ludicram fecerit, item corpore quaestum facientem. (2) Ceteri autem ingenui prohibentur ducere lenam, et a lenone lenave manumissam, et in adulterio deprehensam, et iudicio publico damnatam, et quae artem ludicram fecerit: adicit Mauricianus et a senatu damnatam.

C.5.5.7.2 Valent./Marcian. <a.454>

Humiles vero abiectasque personas eas tantummodo mulieres esse censemus: ancillam, ancillae filiam, libertam, libertae filiam, scaenicam vel scaenicae filiam, tabernariam vel tabernarii vel lenonis aut harenarii filiam, aut eam quae mercimoniis publice praefuit: ideoque huiusmodi inhibuisse nuptias senatoribus harum feminarum, quas nunc enumeravimus.

일견 이와 다른 결정이 셉티미우스 세베루스 황제에 의하여 내려졌던 것으로 보인다.

D.3.2.24 Ulpianus libro sexto ad edictum

([셉티미우스] 세베루스 황제(193-211)는 노예상태였을 때 행했던 영리활동은 부인의 명성에 저해가 되지 않는다고 批答하였다).

이 개소에 대하여는 quaestus = 매춘수입을 의미한다고 보는 설(Brunnemann [주 47], D.3.2.24 n.2, p.141; 따라서 매춘업자의 경우는 해당되지 않는다: Brunnemann [주 47], D.3.2.24 n.1/2, p.141)과 수입의 종류를 불특정한 것이고 남녀구별조차 없는 것이라는 이견(Gardner [주 34], 223 n.80)이 있으나, 여자에만 국한해 보면 다른 사료를 아울러 고려해 볼 때 몸을 판 여자의 경우를 상정한 것으로는 보이지 않는다. 오히려 Brunnemann과는 정반대로 여기서 quaestus = 매춘업을 운영한 경우를 의미했던 것이 거의 틀림없을 것이다.

76) 同旨 PS.2.26.11: Cum his, quae publice mercibus vel tabernis exercendis procurant, adulterium fieri non placuit.

Imre Molnár, "Das *adulterium* als ein das Ansehen der römischen Familie verletzendes Verbrechen," in: *Status Familiae: Festschrift für Andreas Wacke zum 65. Geburtstag* (2001), 345ff., 354 n.32.

亂交者가 아닌 경우에는 일반 노예나 피해방자와의 혼외관계도 간통죄로 처벌받았음은 물론이다. Marcel Morabito, *Les réalités de l'esclavage d'après le Digeste* (1981), 192f.

C.9.9.22 Diocl./Maxim. <a.290> (B.60.37.62)

Si ea quae tibi stupro cognita est passim venalem formam exhibuit ac prostituta meretricio more vulgo se praebuit, adulterii crimen in ea cessat.

(너와 私通한 여자가 무차별적으로 몸을 팔고 창녀로서 아무 데서나 매춘에 몸을 내맡긴 경우에는 그녀와의 관계에서는 간통죄가 적용되지 않는다.)[77)]

그러나 다른 한편으로 로마법도 제한된 범위에서였지만 여자노예를 성적인 강제와 남용으로부터 보호하였다. 성적 염치(순결)의 침해는 자유인의 경우나 노예의 경우나 모두 불법적인 인격침해로서 처벌되었다 (D.47.10.9.4).[78)] 다만 범죄성의 정도가 자유인을 침해한 경우보다는 가벼운 것으로(minus peccare) 취급되었다.[79)] 그러나 타인의 여자노예를 강간한 경우 이를 소유자의 재산권 침해로 보고 있는 데(PS.2.26.16)[80)] 에서도 잘 드러나듯이 이러한 보호는 일차적으로 주인의 명예가 걸린

---

77) 그러나 간통을 저지르고 나서 처벌을 피하기 위하여 亂交에 몸을 맡긴 경우에는 간통으로 처벌되었다.

D.48.5.11.2 Papinianus 2 de adulteriis

Mulier, quae evitandae poenae adulterii gratia lenocinium fecerit aut operas suas in scaenam locavit, adulterii accusari damnarique ex senatus consulto potest.

78) D.47.10.9.4 Ulpianus 57 ad ed.

Si quis tam feminam quam masculum, sive ingenuos sive libertinos, impudicos facere adtemptavit, iniuriarum tenebitur. sed et si servi pudicitia adtemptata sit, iniuriarum locum habet.

그밖에 진정성이 다투어지기는 하지만(McGinn [주 18], 330 n.55: "non-classical") D.13.7.24.3과 같은 개소도 전해진다(위 주 63).

79) Ulp. D.47.10.15.15 (meretricia veste feminae); Diocl./Max. C.9.9.24(25) <a.291>; Iust. C.9.13.1 <a.533>).

80) PS.2.26.16: Ancillarum sane stuprum, nisi deteriores fiant, aut per eas ad dominam adfectet, citra noxam habetur. Buckland (주 2), 76.

문제로 인식되었다.[81] 유부남인 남자주인이 여자노예와 通情하더라도 간통이 성립하지 않았던 사실도 이러한 로마인들의 관념을 뒷받침한다.[82] 그러나 그렇다 하더라도 이미 살펴보았듯이 음행매개행위는 – 로마인들의 가치관념상 여자를 치욕(probrum)[83]에 노출시키는 행위로서 – 금지되고 처벌되었다(D.3.2.4.2 cit.; C.4.56.3 [a.225]).[84] 또 매춘녀라 하더라도 타인의 노예를 性的인 목적을 위하여 略取하는 경우에는 절도가 아니라 略取罪로 처벌되었다(D.47.2.39).[85] 신빙성이 확실치 않

81) 이러한 사회적 태도 일반에 관해서는 T. E. J. Wiedemann, *Slavery*[Greece & Rome. New Surveys in the Classics No. 19] (1987), 23. 참고로 매춘녀의 살해사건을 다룬 4세기 말 이집트총독의 형사판결(P. BGU IV 1024 [피고인 Diodemos])도 피해자 자체에 대해서는 가난으로 인하여 몸을 팔 수밖에 없었던 불행한 여인이라는 점에서 연민의 대상이지만 그럼에도 불구하고 그 수치스러운 賤職으로 인하여 스스로 인간의 존엄을 손상시킨 것이므로 범인에게 살해죄를 묻기에 충분하다고는 판단하지 않았고, 오히려 범인이 市參事會의 長(προπολιτευόμενος)이라는 점에서 그의 범행이 市의 명예를 침해했다는 차원에서 중형을 받아야 한다고 판단했던 것도 고대의 가치관의 한 단면을 잘 보여준다고 하겠다. Leopold Wenger, *Die Quellen des römischen Rechts* (1953), 833; 422.

82) 그러나 반대로 유부녀인 여자주인이 남자노예와 통정한 때에는 간통으로 처벌되었다(D.48.5.25.pr.).

83) D.23.2.41 Marcellus 26 dig.
Probrum intellegitur etiam in his mulieribus esse, quae turpiter viverent volgoque quaestum facerent, etiamsi non palam.

84) 물론 음행매개죄는 매춘업자에 한하지 않았다. 가령 자신의 부인이 간통한 사실을 알고서 姦夫에게서 무마조로 돈을 받거나, 혼인을 유지한 남편(실례: D.48.5.2.6)도 음행매개죄로 문의되었다(Ulp. D.48.5.2.2; D.48.5.30.pr; Sev. / Ant. C.9.9.2 [a.199]; Coll.4.12.7 = PS.2.26.8). 간통을 범한 자가 매수의 방법으로 벗어날 수 있도록 한 자도 음행매개의 예로 처벌되었다(Scaev. D.48.5.15.pr.). 부인을 매춘시켜 수입을 잡는 자는 의문의 여지없이 음행매개자였다(Cf. Scaev. D.24.3.47; Ulp. D.48.2.5.4; D.48.5.30.3; Diocl./Maxim. C.4.7.5 [a.284]). 그리고 간통으로 유죄판결을 받은 여자를 아내로 새로 또는 다시 맞이하는 행위도 음행매개였다(Alex. C.9.9.9 [a.224]).

은 사료인 ≪황제열전≫(Historia Augusta)에 의하면 세베루스 알렉산더 황제(222~235년)가 언젠가 모든 매춘녀들을 노예로 만들고 모든 남창은 重流配에 처하도록 명하였고, 또 타키투스 황제(275~276년)는 수도 안의 모든 매춘업소를 금지시켰으나 오래 가지 않았다고 한다.86) 이러한 법리의 발전은87) 급기야 로마가 그리스도교화한 4~5세기에 이

85) D.47.2.39 Ulp. 41 ad Sabinum.
Verum est, si meretricem alienam ancillam rapuit quis vel celavit, furtum non esse: nec enim factum quaeritur, sed causa faciendi: causa autem faciendi libido fuit, non furtum. et ideo etiam eum, qui fores meretricis effregit libidinis causa, et fures non ab eo inducti, sed alias ingressi meretricis res egesserunt, furti non teneri. an tamen vel Fabia teneatur, qui subpressit scortum libidinis causa? et non puto teneri, et ita etiam ex facto, cum incidisset, dixi: hic enim turpius facit, quam qui subripit, sed secum facti ignominiam compensat, certe fur non est.

86) Robinson (주 70), 69 n.236.

87) 3세기의 개별적인 예:
C.8.50.7 Diocl./Maxim. <a.291>
Foedissimae mulieris nequitia permovemur. Cum igitur filiam tuam <ab hostibus ins. R> captam ac prostitutam ab ea quae eam redemerat ob retinendae pudicitiae cultum ac servandam natalium honestatem ad te confugisse proponas, praeses provinciae, si filiae tuae supra dictam iniuriam ab ea, quae sciebat ingenuam esse, inflictam cognoverit, cum huiusmodi persona indigna sit pretium recipere propter odium detestabilis quaestus, etiamsi pretium compensatum non est ex necessitate miserabili, custodita ingenuitate natae tuae adversus flagitiosae mulieris turpitudinem tutam eam defensamque praestabit.
(극히 추악한 여인의 악행에 의해 朕은 다음과 같은 조치를 취할 수밖에 없다. [敵에 의하여] 포로로 잡혔다가 그녀를 贖償한 여인에 의해 매춘에 내몰린 그대의 딸이 貞潔을 유지하고 태어날 때의 명예를 보존하기 위하여 그대에게 도주하였다고 그대가 주장하므로, 속주지사는, 그대의 딸에게 위에 말한 불법침해가 출생자유인임을 알았던 여인에 의하여 가해진 것임을 확인하는 경우, 이런 부류의 인간은 혐오스러운 영리행위의 가증스러움으로 인하여, 비록 贖償金이 비참한 곤궁으로 인하여 보상되지 않았을지라도, 贖償金을 상환받을 가

르러서는 새로운 통치이념과 매춘에 대한 변화된 사회의식[罪][88]의 지원 하에 비로소 – 자유인이든 노예이든 – 매춘을 강요당하는 여자들 자체에 대한 보호조치가 일반화하는 모습을 보이게 되지만,[89] 여전히 제

치가 없으므로, 그대 자식의 출생자유신분이 보존된 가운데 파렴치한 여인의 부도덕함을 상대로 그녀를 보호하고 방어할 것이다.)

후대에 이러한 조치는 더욱 추상적인 형태로 법규범화하였다.

B.34.2.6 (Heimbach III, p.539):

Si quis captivam redemerit, eamque prostituerit, non solum pretium non recipit, sed etiam illa vindicatur a Praeside suisque restituitur.

88) 매춘 = "la morte spirituale" (Sicari [주 6], 94 n.8)

89) CTh.15.8.1 Imp. Constantius A. ad Severum praefectum urbi. <a 343>
(어떤 자가 至聖한 그리스도교 법률의 숭상에 헌신한 것으로 식별되는 여자들을 능멸하고자 원했고 遊廓에 팔린 여자들로 하여금 매춘의 비천한 서비스를 충족하도록 하는 경우, 어느 누구도 이들을 買集하는 권한을 가지지 않는다. 그러나 교회직책자로 알려진 자거나, 그리스도교인임이 顯示된 자들은 그러하지 아니하다. 물론 적절한 대가는 지급해야 한다.)

CTh.15.8.2 Theodosius et Valentinianus AA. Florentio praefecto praetorio (428 Apr. 21).
(자신의 자식들이나 여자노예들에게 죄를 짓도록 강요하는 포주인 아버지들과 주인들은 소유권을 향유하는 것도, 또 그런 엄청난 범죄행위의 자유를 향수하는 것도 朕들은 용인하지 않는다. 그러므로 그들이 권력의 권능을 유효하게 향유하거나 어떤 것이 그들에게 그런 방식으로 취득될 수 없도록 그들이 그러한 公憤에 의하여 (권리가) 박탈되는 것은 欣然한 일이다. 그러나 여자노예들과 딸들에게 또는 비천한 운명이 그런 형편으로 단죄한, 가난으로 인하여 고용된 자들에게는 그들이 원하는 경우 主教들, 審判官들 및 (庶民)保護官들의 도움을 요청하여 辛苦의 모든 강요로부터 석방되는 것이 허용될지어다. 그리하여 그들이 계속 포주일 수 있다고 믿거나 원하지 않는 자들에게 죄를 짓도록 강요하는 경우에는 그들이 가졌던 권력을 상실할 뿐만 아니라 추방당하여 광산노역의 억류형에 내맡겨져서 公鑛山에 배속될지어다. 이것은 포주의 명령에 의하여 누군가가 원하지 않는 交合의 汚辱을 감당하도록 강제되는 경우보다 경한 처벌이다.)

Novellae Theodosii 18.pr.-1 <a.439 Dec. 9>:
(朕들은 … 근위장관직의 수행이 혁혁한 輝官 플로렌티우스가 … 나라의 명성을 … 수치스러운 부도덕의 타락과 汚辱으로부터 해방시켰음을 인식하는 바이

한적이고 비효율적이었음은 시대적 한계였다.[90] 레오 I세(457~474년)의 칙령[91]에 의해서도 매춘영업을 금지하고 그 수입에 대한 세금을 폐지하였지만 아직 개별적인 매춘녀들은 영향을 받지 않았다. 이미 살펴보았던 C.6.4.4.2는 이러한 변화의 도달점이었던 유스티니아누스의 개혁조치(Nov.Iust.14 [a.535])의 일환이었다.[92]

므로 … 그는 온유한 朕들에게 염치와 정결에 대한 애정으로써 매춘업자들이 이 도시(=콘스탄티노폴리스)에서 영업이 허용되거나 그들의 더러운 수입으로 국고가 증대되는 것으로 보인다면 朕들의 治代의 害가 된다고 사뢰었다 … (1) 그러므로 그의 先見과 善心을 기꺼이 嘉納하여 영구히 남을 이 법률로써 朕들은 命하노라: 어떤 자가 향후 타인 및 자신의 노예들 또는 얼마에 임차했든 임차한 출생자유의 人身들을 매춘에 내몰기를 불경스러운 무엄함으로써 시도한 경우에는 먼저 극히 가련한 노예들이 자유로 회복되거나 출생자유의 인신들이 패륜한 임차로부터 자유로 되고, 그는 극심하게 매질하여 금지된 죄악을 영위해도 된다고 믿은 이 도시의 경계 밖으로 一罰百戒로 축출할 것이다.…)

90) McGinn (주 18), 339 n.88(사료); Jones (주 56), 976+1398 n.83(사료). 그러나 콘스탄티누스(306~337년)의 경우 아직 그리스도인으로서 취한 조처라기보다는 제국의 평화와 쇄신을 염두에 두었던 지배자로서였으며, 테오도시우스 I세(379~395년)와 II세(408~450년)의 경우에도 그리스도교의 인도주의적 요구에 응한 것은 매우 신중하게 진행되었다. 요컨대 "그리스도교의 使信은 사회혁명의 유토피아가 아니었고 또 아니다." Wolfgang Waldstein, "Schiavitù e Cristianesimo da Costantino a Teodosio II," in: *Atti dell'Accademia romanistica costantiniana, VIII Convegno Internazionale* (1990), 123ff.; 인용은 144.

91) Leo C.1.4.14.pr. <a.457-467> [Graece] ≒ C.11.41.7
(노예든 자유의 몸이든 음탕행위를 위하여 몸을 팔게 하거나 매춘으로 내모는 시도를 하지 않아야 하며, 俳優거나 다른 廣大인 경우에도 마찬가지이다. 노비가 매춘에 내몰린 때에는 아무런 비용부담 없이 지역담당관들이나 가장 양심적인 주교들에게 나아감으로써 어느 누구에 의하든 자유로 추탈(追奪)될 수 있다.)

92) 유스티니아누스 시대에 매춘이 창궐한 모습에 관해서는 Jones (주 56), 976+1398 n.84(사료).

Nov.Iust. 14 <a.535>[93)]

1. Haec constitutio iubet neminem lenonem esse neque in urbe imperiali, neque in provinciis, et hoc prohibere debent praetores et praesides; ultimo enim supplicio subiiciuntur, qui contra constitutionis normam lenones esse ausi sunt. Omnia autem instrumenta et fideiussiones apud lenones interpositas, vel a lenonibus contra bonos mores factas infirmas atque invalidas esse constitutio iubet.

(이 칙령은 아무도 제국의 수도에서도 또 지방에서도 매춘업자이지 않기를 명하고, 이는 國民警務官[94)]들과 지방군수들이 금지시켜야만 한다. 왜냐하면 이 칙령의 규범에 위반하여 매춘업자이기를 감행한 자는 극형에 처해진다. 그리고 매춘업자에게 제공된 모든 담보증서들과 보증서들[95)]은, 특히 매춘업자들에 의하여 선량한 풍속에 위반하여 행해진 것들은, 무력하고 무효임을 이 칙령은 명한다.)[96)]

---

93) 장문의 이 칙령—표준간본인 Schoell/Kroll, *Corpus Iuris Civilis, editio stereotypa tertia, volumen tertium: Novellae* [Berolini, 1904]에 의하면 그리스어로 142행 [pp.105~109]에 이른다—은 원문을 전부 또는 발췌하여 전재하는 것이 부적당하므로 편의상 그 내용의 요약인 Gustavus Haenel, *Iuliani Epitome Latina Novellarum Iustiniani*, Reimpressio phototypica editionis 1873 (1965), Constituio XXXI, Cap. CIX, p.52를 인용하기로 한다.

94) praetor populi 또는 plebis (N. van der Wal, *Manuale Novellarum Justiniani: Aperçu systématique du contenu des Novelles de Justinien* [1964], #128. p.27). 유스티니아누스 황제에 의하여(Nov. 13 [a.535]) 설치된 형사관할관. 이전의 praefectus vigilum(夜警總監)과 유사한 권한을 가졌다.

95) van der Wal (주 94), #861, p.103; p.91 n.5.

96) 그밖에 중요한 내용은 소유자가 알면서 매춘업자에게 임대한 건물의 압수와 그 주인에 대한 10 리브라(1 lbra = 327.45g)의 金에 해당하는 벌금이었다. Dieter Simon und Spyros Troianos (Hg.), *Das Novellensyntagma des Athanasios von Emesa* (1989), 12.1 (p.385).

Ⅳ. 결 론

결론적으로 매춘금지 조항과 그 부대조항들의 의미를 언급하자면, 우선 매춘금지 조항의 기저에는—그것이 원래 노예주인의 명예와 권리의식에 기초한 냉정한 것일 뿐이었을지라도[97)]—주인의 노예에 대한 일정한 배려[98)]가 깔려 있음을 부인할 수 없을 것이다.[99)] 그러나 동시에 이것들이 노예들 각자를 개인적인 관계에서 도움을 주었을 뿐, 노예제도 자체를 약화시켰던 것은 결코 아니라는 점을 지적해야만 할 것이다.[100)] 이것은 노예의 처지에 대한 다른 다양한 일련의 개선조치들[101)]이 모두 제도 자체의 존치를 전제로 오히려 노예제를 강화하려는 것이

---

97) 이 견해 McGinn (주 18), 320ff.

98) 노예에 대한 주인의 인간적인 관심과 배려 내지 애호(affectio)의 사례도 다수 전해진다. Sicari (주 6), 74 n.23(사료).

99) 간통과 혼외정사를 배격하고, 여자노예나 헤타이라이[妓女]와의 관계까지도 거부했던 후기스토아의 사상(대표적: 세네카[Sen. ep. 89.13]가 "인류의 스승"[humani generis paedagogus]이라고 불렀던 C. Musonius Rufus[대략 30~100년]: F. H. Sandbach, *The Stoics* [second edition, 1989/reprint 1994], 163)이 이에 있어 구체적으로 어떠한 영향을 미쳤을지는 가늠하기 어렵지만, 노예에 대한 인도적인 처우로의 일반적인 발전이 스토아 사상이 일정 정도 힘을 얻었던 시기(특히 5현제 때)에 있었다는 사실은 분명하다.

100) 同旨 McGinn (주 18), 338. 그러나 이곳에서 상론할 수는 없으나 그의 Honor-Shame이라는 심리적 구도에 의한 설명시도(McGinn [주 18], 345ff.)는 기껏해야 하나의 동기를 제공할 뿐이라고 하겠다(同旨 Sicari [주 6], 117 n.27; Galgano [주 33], 340 n.16).

101) 玄勝鍾 著 / 曺圭昌 增補, 『로마法』(1996), 349ff..; Norbert Brockmeyer, *Antike Sklaverei* (1987), 182f. Cf. Coll.3.3.2 = D.1.6.2: Si dominus in servos saevierit vel ad impudicitiam turpemque violationem compellat, …, ex rescripto divi Pii … manifestabitur. cuius rescripti verba haec sunt: "Dominorum quidem potestatem in suos servos illibatam esse oportet nec cuiquam hominum ius suum detrahi: …"

었다[102]는 부인할 수 없는 보다 큰 역사적 사실의 틀에 그대로 부합한다. 핀리와 같은 연구자는 이를 심지어는 제국의 우연적인 입법사례와 이른바 로마지식인들의 인도주의(humanitas)가 결합한 귀결로까지 본다.[103] 이들 조항들은 개별주인의 입장에서 볼 때에는 매도인과 매수인의 이익이 상호 충돌하는 상황에서 일정한 권리의 제약에 동의한 매수인보다는 매도인의 노예소유권자로서의 지위를 강화함과 동시에 사회적으로는 일정한 통풍구를 마련함으로써 결국은 공공의 이익으로 이해된 노예소유계층 전체의 이익을 도모했다고 평가될 수 있을 것이다. 그렇다고 해서 분명 이들 조항의 법리가 가져온 인도적인 개선의 측면[104]을 과소평가하는 우를 범해서는 아니 될 것이다.

---

102) 핀리 (주 67), 202f.; 208.

103) 핀리 (주 67), 191f.

104) Galgano (주 33), 335 (insomma la tutela della dignità umana prevale); 337 (di rilievo non indifferente nella civiltà romana).

Ne serva prostituatur. Prohibitive clause in the Sale of Slaves in Roman Law

The ancient Rome was a slave-owning society. The masters might stipulate a contractual terms for the sale of a slave, according to which the slave should be exported (*ut exportetur*), or manumitted (*ut manumittatur*), or not manumitted (*ne manumittatur*), or not prostituted (*ne prostituatur*). This article deals only with the last clause "*ne serva prostituatur*" in its usual typical forms. It shows that the Roman slaves were forcibly engaged in the prostitution organized and managed by a pimp (*leno or lena*).

The clause was used alone, or with other covenants sanctioning the effect of its contravention. Typical additional clauses were those prescribing liberty to the prostituted slave-girl, or securing a *manus iniectio* or *ius abducendi* for the vendor, or a conventional penalty (*poena*) either by a *stipulatio* (Pap. D.18.7.6.pr) or a nude pact (*pactum*) (Cf. Pap. D.18.7.7).

The first Roman jurist referring to these clauses is Massurius Sabinus who was active under Tiberius (14-37 C.E.) and the successive emperors (Pap. D.18.7.6.pr), but it is reasonable to assume that they had been used in the legal transactions much earlier.

According to the legal sources, the combination of a prohibitive clause and a conventional penalty was usual in its frequency and probably the oldest in its age (Pap.-Sab. D.18.7.6.pr). The *ius abducendi*, the right of the vendor to take the prostituted slave-girl back, was developing simultaneously or a little later (Alex.- Hadr. C.4.56.1 [a.223]). We may suppose that it was already in a full shape when Hadrianus (117-138 C.E.) endorsed and authorized it with a full legal effect. The third clause vindicating liberty for the slave-girl forced to sell herself without preference (*sine dilectu*) seems to have developed from the legal practice of the imperial council declaring the afflicted person to be free (Pap.-Sab. D.18.7.6.pr). Then, it apparently became a convention to insert such a clause; some time or other, it was no more necessary to add this liberating clause to the prohibition of the prostitution, because the contravention of the prohibitive clause in itself brought on the liberty to her (Marcian. D.40.8.6; Alex. C.4.56.2 [a.223]; Iust. C.7.6.1.4 [a.531]). It seems that this liberty clause was older than the reservation of the *manus iniectio*.

It is not easy to describe the exact lines of the development of these covenants, but it is without doubt that they got a strong support from the imperial constitutions which, favoring the liberty of the slave concerned (Cf. Paul. D.18.7.9), did play their important part to give them an exceptional "real" effect by urging surprisingly the successive buyers to conform to the clause, even if they did not know its existence (Mod.-Vespasianus [69-79 C.E.] D.37.14.7.pr; Paul. D.18.1.56; Alex. C.4.56.1 [a.223]). The slave-girl once liberated, the buyer who prostituted her, further, lost his legal position as her patron, according to the constitution of Septimius Severus and Caracalla (198 or 211 C.E.) (Paul. D.40.8.7; Ulp. D.2.4.10.1; Alex. C.4.56.1 [a.223]; Iust. C.7.6.1.4 [D. k. Nov. 531; C.6.4.4.2 [PP. k. Dec. 531]).

The origin of the additional agreements to protect slave-girls from a forced prostitution by the new master goes admittedly back to the solemn oral declaration (*nuncupatio*) on the occasion of a *mancipatio*, a solemn form of conveyance of ownership of a *res mancipi*. The "real," or better:

"extended" effect of the clauses is also explained by this solemnity, but in the classical period it must have been supported by the supreme legal authority represented by the emperor, to be sure because of its exceptional character with the falling into disuse of the *mancipatio* as the social background.

It is evident that the legal rules thus developed took only a small part of the steps which were intended to protect slaves in various situations of life, mostly taken under the more or less humanitarian government of the *Pax Romana*, but never envisaged abolishing slavery. It is for all that undeniable that these clauses, while preserving the interest of the slave-owning master class, were appreciably mitigating and ameliorating the situations of the slave-girls in the Roman society. The protective measures for the prostitutes themselves, freeborn or unfree, were, however, not a primary object of the legal policy even in the event of abolishing brothels at the time of Justinian (Nov. 18 [a.535]).

Cessante Labore Cessat et Praemium?* **

—無勞動 無賃金? 로마법상의 고용계약에 관한 소고—

Ⅰ. 로마법상의 고용계약과 임금지급의무

고전기 로마법상 고용계약은 賃約(locatio conductio: D.19.2; C.4.65; Inst. 3.24)의 한 유형으로서 被傭者(locator)가 雇用主(conductor)[1]에게 자신 또는 예외적으로 타인[2]의 노무(operae)를 제공하기로 약정하고, 고

* 이 글은 노동법에 헌신해 오신 김유성 교수님의 서울대학교 법과대학 정년을 기념하기 위하여 작성된 것이다. 선생님께서 흥미 있어 하실 주제를 잡는다고 잡았으나 어느 모로 보나 부족한 글이 되고 말았다. 가납해 주신다면 큰 기쁨이겠다.

** 이 논문은 서울대학교 법학발전재단 출연 법학연구소 기금의 2006학년도 연구지원비의 보조를 받았음.

1) 우리 민법은 "노무자" 및 "사용자"라는 표현을 사용하지만(민법 제657조, 제658조, 제662조, 제663조), 로마법상 賃約(locatio conductio)이 활용된 노무제공계약, 즉 雇傭관계의 종속노동성을 더 잘 표현하기 위하여 '피용자' 및 '고용주'라는 용어를 채택하였다.

2) 자유인인 타인의 노무를 제3자에게 고용계약에 의해 제공할 수 있는 경우는 로마신분법의 특유한 논리에 의한 다음 두 경우였다. ①은 피해방노예의 약정노무를 청구할 수 있는 舊주인이 그 노무를 제3자에 제공하는 외에 달리 사용할 수 없는 특별한 경우였고, ②는 권력에 복종하는 아들의 노무를 제3자에게 家父가 제공하는 경우였다.

용주가 그에 대하여 보수(merces)를 지급할 것을 약정함으로써 성립하는 낙성의 쌍무계약의 하나였으며,3) 임약으로 포괄된 locatio conductio의 계약유형에 속하는 賃貸借(locatio conductio rei: 물건의 임약) 및 都給(locatio conductio operis: 일의 임약)과 구별하기 위하여 종래 locatio conductio operarum, 즉 勞務의 賃約이라고 지칭되었다.

로마법상 자유인들 사이의 고용계약4)의 가장 두드러진 특징은 첫째로 계약의 대상이 저급의 노동급부(이른바 operae illiberales)를 내용으로 했다는 점이다. 두 번째 특징은 로마법상 고용계약은 有償이어서 미리 정해진 보수의 지급이 필수적이었다는 점이다. 보수의 약정이 없으면 법률의 도움으로 그것을 보충할 수 없었다.5) 그리고 보수를 받는다는 점이야말로 '몸을 파는 것'으로 인식하여 그러한 육체적 종속노동을 생업으로 삼는 것에 대하여 저급의 가치평가("더러운 직업", negotium sordidum)를 내렸던 로마 상류계층의 자의식6)이 법에 반영된 결과, 동

---

① D.38.1.25.pr-1. Julianus 65 digestorum : Patronus, qui operas liberti sui locat, non statim intellegendus est mercedem ab eo capere: sed hoc ex genere operarum, ex persona patroni atque liberti colligi debet. (1) nam si quis pantomimum vel archimimum libertum habeat et eius mediocris patrimonii sit, ut non aliter operis eius uti possit quam locaverit eas, exigere magis operas quam mercedem capere existimandus est.

② Edictum Theodorici 95 : Nec pro pignore filii a parentibus alicui dari possunt: et si sciens creditor ingenuos pro pignore a parentibus susceperit, in exilium dirigetur. Operas enim tantum parentes filiorum, quos in potestate habuerint, locare possunt.

3) 우리 민법 제655조는 바로 이러한 로마법의 후예이다.

4) 상세는 Cosima Möller, *Freiheit und Schutz im Arbeitsrecht. Das Fortwirken des römischen Rechts in der Rechtsprechung des Reichsgerichts* (1990), 3ff.

5) Andreas Wacke, "Faktische Arbeitsverhältnisse im Römischen Recht," in: *Zeitschrift der Savigny-Stiftung für Rechtsgeschichte, Rom. Abt*. 108 (1991), 123ff.

6) 가장 유명한 것이 Cicero, de officiis 1.150f.이다. 번역문을 포함한 상세는 졸저, 『로마법연구(I)』 (1995), 434ff.; Möller (주 4), 14ff. 그리고 토지와 富를 기준으

일한 노무라 하더라도 무상일 때에는 委任계약(mandatum)이나 그밖의 다른 계약이 되었고, 그에 상응하는 다른 논리의 지배를 받았다.[7] 그리하여 고용계약의 피용자가 되는 것은 지위의 악화로 이어지는 것으로 보았다.

PS.2.18.1:

Homo liber, qui statum suum in potestate habet, et peiorem eum et meliorem facere potest: atque ideo operas suas diurnas nocturnasque locat.
(자신의 신분 상태를 장악하고 있는 자유인은 이를 악화시킬 수도 개선시킬 수도 있다. 자신의 노무를 고용계약에 의해 밤낮으로 제공하는 자가 그 예이다.)

로 삼았던 로마 상류층의 노동관에 대한 비판적 조망과 이와 대비되는 중산층의 노동예찬에 대해서는 폴 벤느 편집 / 주명철 · 전수연 옮김, 『사생활의 역사 I: 로마 제국부터 천 년까지』 (2002/2003), 195ff. — 그리스 로마를 포함한 이후의 노동 개념의 변천사에 관해서는 특히 Otto Brunner (Hg.), *Geschichtliche Grundbegirffe*, Bd. 1 (1979), s.v. Arbeit (Werner Conze), 154ff.

7) D.17.1.1.4 Paulus 32 ad edictum : Mandatum nisi gratuitum nullum est: nam originem ex officio atque amicitia trahit, contrarium ergo est officio merces: interveniente enim pecunia res ad locationem et conductionem potius respicit.
D.19.5.22 Gaius 10 ad edictum provinciale : Si tibi polienda sarciendave vestimenta dederim, si quidem gratis hanc operam te suscipiente, mandati est obligatio, si vero mercede data aut constituta, locationis conductionisque negotium geritur. …
Inst. 3.26.13 : In summa sciendum est mandatum, nisi gratuitum sit, in aliam formam negotii cadere: nam mercede constituta incipit locatio et conductio esse et ut generaliter dixerimus: quibus casibus sine mercede suscepto officio mandati aut depositi contrahitur negotium, his casibus interveniente mercede locatio et conductio contrahi intellegitur. Et ideo si fulloni polienda curandave vestimenta dederis aut sarcinatori sarcienda nulla mercede constituta neque promissa, mandati competit actio.

가령 배우[8]나 鬪猛士[9]와 같은 賤職과 달리 사회적으로 승인된 전문적인 고급의 노동급부인 이른바 artes liberales, 가령 교사, 의사, 조산원, 변호사, 중개인, 토지측량사 등의 노무는 고용계약의 대상이 되지 않았고, 법형식상으로는 이른바 무방식의 약정(nudum pactum)에 의하였으며, 따라서 이들이 받는 도의적인 차원에서 이루어지는 반대급부도 이른바 '사례'(honorarium, salarium)로서 비상심리절차를 통해서만 소구가능하였다(D.50.13).[10] 로마 사회에서 자유인 사이에 체결되는 고용계약이 차지하는 비중을 법사료의 도움으로 가늠하는 일은 거의 불가능하다. 왜냐하면 저급 노무의 경우 다양하고도 흥미로운 법률문제가 많이 발생했고 이를 법률가들에게 문의할 수 있었던 사회환경은 노예[11]나 피해방노예의 노동력[12]을 두루 활용했던 상류층의 생활주변이었고, 실제로 법사료도 이들 영역에 집중되어 있기 때문이다. 노무를 논함에 있어서 관련자가 노예이든 피해방노예이든 자유인이든 이들 사이를 구별하지 않고서 모두 operae로 지칭하고 있는 학설휘찬부터도 operae를 다루고 있는 수많은 개소들에도 불구하고 자유인 임노동에 관해서는 거의 얻을 것이 없다. 로마에서 피용자가 되는 자들은 대체로 자영농민으로서 수확기와 같이 일손이 많이 필요할 때 일시적으로 타인에게 고용되는 자들이나, 생계를 아예 임노동에 의존하는 자들

---

8) D.3.2.3 Gaius 1 ad edictum provinciale : Qui autem operas suas locavit, ut prodiret artis ludicrae causa neque prodit, non notatur: quia non est ea res adeo turpis, ut etiam consilium puniri debeat.

9) 맹수와 싸우기 위한 고용의 경우에는 불명예의 낙인이 부가되고 다양한 법적 불이익이 따랐다(Ulp. D.3.1.1.6; D.38.17.1.6; Paul. Coll.4.3.2; D.38.1.37.pr).

10) Kaser/Knütel, *Römisches Privatrecht* (17. Auflage 2003), 279f.

11) 노예 노동력이 이용되는 사회적인 다양한 모습에 대한 일응의 개관은 Alfons Bürge, *Römisches Privatrecht. Rechtsdenken und gesellschaftliche Verankerung* (1999), 144ff.

12) D.38.1; Kaser/Knütel (주 10), 114; 280.

(mercennarii)이었다.[13] 이들은 광산의 노동자로, 건축 노무자로,[14] 숙박업소의 종업원으로, 또 선원으로 작업하였다.[15] 이들은 고용된 가내에서 노예와 한가지였다.[16] 그러나 "나를 役畜이나 석재운반선 쯤으로 생각하느냐? 馬力을 제공하려고 고용계약을 한 것이 아니라 인간의 노무를 제공하려고 한 것이다. 아버지가 나를 가난하게 남겼지만, 나도 너희들처럼 자유인이다"라고 투덜대는 페트로니우스(66년 자살)의 풍자적 풍속소설 속의 인물 임노동자 코락스처럼 자유인으로서의 자의식 또한 생생한 것이었다.[17] 타인 소유의 노예의 노동력을 이용하는 경우

---

13) 임노동자에 대해서는 Alfons Bürge, "Der *mercennarius* und die Lohnarbeit," in: *Zeitschrift der Savigny-Stiftung für Rechtsgeschichte, Rom. Abt.* 107 (1990), 80ff.의 mercennarius란 임금을 받고 일하는 타인 소유의 노예를 말한다는 독특한 소수 의견에 대하여 Cosima Möller, "Die mercennarii in der römischen Arbeitswelt," in: *Zeitschrift der Savigny-Stiftung für Rechtsgeschichte, Rom. Abt.* 110 (1993), 296ff.의 자유인 임노동자를 말한다는 근거 있는 타당한 반론을 참조.

14) J. M. Rainer, "Bauen und Arbeit im klassischen Römischen Recht," in: *Zeitschrift der Savigny-Stiftung für Rechtsgeschichte, Rom. Abt.* 107 (1990), 376ff.

15) 물론 사정은 시대와 장소에 따라, 그리고 국가의 정책적 대응에 따라 변하였다. Cf. Hans-Peter Benöhr, "Arbeitssuche und Arbeitsscheu in den Provinzen und Hauptstädten im 1. bis 6. Jahrhundert n. Chr.", in: Georg Klingenberg-Joh. Michael Rainer-Herwig Stiegler (Hg.), *Vestigia Iuris Romani. Festschrift für Gunter Wesener zum 60. Geburtstag* (1992), 59ff.—로마의 일상에서의 노동의 생생한 모습에 대해서는 일웅 제롬 카르코피노 지음 · 류재화 옮김, 『고대 로마의 일상생활』 (2003 [원서 1939]), 325ff.

16) D.7.8.4.pr Ulpianus 17 ad Sabinum : … sed et cum his, quos loco servorum in operis habet, habitabit, licet liberi sint vel servi alieni.
D.43.16.1.18 Ulpianus libro 69 ad edictum : Familiae appellatione et eos, quos loco servorum habemus, contineri oportere dicendum est.

17) Petronius, Satyricon 117.11-12 : … et mercennarius Corax, detractator ministerii, posita frequentius sarcina male dicebat properantibus affirmabatque se aut proiecturum sarcinas aut cum onere fugiturum. (12) 'quid vos' inquit 'iumentum me putatis esse aut lapidariam navem? hominis operas locavi, non caballi. nec minus liber sum quam vos, etiam si pauperem pater me reliquit'.

에는 노예 자체를 물건으로서 대여하는 형식을 취하였으므로 로마법상으로는 어차피 모두 임약에 속하였지만 오늘날의 관점에서 보자면 고용계약이 아니라 임대차가 성립하였다.

> 타인의 노무를 활용하는 법적 형식으로서 이처럼 고용계약과 무방식의 약정 이외에도 로마의 법률가들은 일정한 경우에는 통상의 소송절차를 통하여 소구할 수 있도록 이른바 前加文訴權(actio praescriptis verbis)을 인정하였는데, 가령 보수에 대한 약정이 사전에 없이 추후에 급부된 것을 고려하여 보수를 정하기로 한 경우[18]가 이에 해당하였다.

고용계약이 성립하면 양 당사자는 유상계약의 일반적인 원리에 상응하여 고의와 과실에 대하여 책임을 졌다. 자신의 지식과 능력을 벗어나는 급부를 인수한 경우에도 이미 과실로 치부되었다. 피용자는 인수한 노무를 원칙적으로 스스로 이행해야 했으며, 따라서 고용주는 그를 대신하는 사람의 노무를, 이를 거부하더라도 노무의 성질상 bona fides의 원칙에 위반하지 않을 경우에는, 받아들여야 할 의무가 없었다. 반면에 이행보조자의 사용은 원칙적으로 허용되었다. 보수의 청구와 관련해서는 원칙적으로 피용자는 제공된 노무에 해당하는 보수만을 청구할 수 있었다.[19] 노무의 제공이 사변으로 인하여 불가능하게 된 경우에 보수

---

nec contentus maledictis tollebat subinde altius pedem et strepitu obsceno simul atque odore viam implebat.

18) Cf. D.19.5.22 Gaius 10 ad edictum provinciale : Si tibi polienda sarciendave vestimenta dederim, … quod si neque gratis hanc operam susceperis neque protinus aut data aut constituta sit merces, sed eo animo negotium gestum fuerit, ut postea tantum mercedis nomine daretur, quantum inter nos statutum sit, placet quasi de novo negotio in factum dandum esse iudicium, id est praescriptis verbis.

19) Imre Molnár, “Verantwortung und Gefahrtragung bei der locatio conductio zur

를 더 이상 받을 수 없는가 하는 문제는 이하에서 더 상세히 살펴볼 것이다.

II. 無勞動 無賃金?

그러면 이러한 종속노동의 경우에 노동력의 제공이 고용주나 근로자 측의 사정, 또는 양측 모두에 책임이 없는 사변에 의해 불가능하게 된 경우에 과연 임금의 운명은 어떠했을까? 우선 지적해 두어야 할 것은 이 문제에 관한 사료가 단지 몇 개만이 전해지고 있어서, 그 전모를 파악하는 데 원천적인 한계가 있을 뿐만 아니라, 전승된 사료 자체의 해석에 관해서도 연구자들 사이에 세부적인 면에서 의견의 차이가 보이므로 성급히 어떤 일반화된 결론을 내리는 것은 신중을 기해야 한다는 점이다. 이하에서는 알려진 사료를 하나하나 검토해 보기로 한다.

1. 事　變

피용자의 노무가 당사자의 사망이 아닌 사변으로 인하여 제공되지 못하는 경우를 대비한 고용계약 규정이 로마시대 다키아(Dacia)였던 트랜실바니아 지방(현 루마니아 북부)에서 1786년과 1855년 사이에 발견된 밀랍판에서 발견되었다.[20] 이 밀랍판은 외형상으로는 이른바 三葉

Zeit des Prinzipats," in: Hildegard Temporini und Wolfgang Haase (Hg.), *Aufstieg und Niedergang der römischen Welt*, II 14 (1982), 583ff., 611ff.

20) Elemér Pólay, "Verträge auf Wachstafeln aus dem römischen Dakien," in: Hildegard Temporini und Wolfgang Haase (Hg.), *Aufstieg und Niedergang der römischen Welt*, II 14 (1982), 509ff.; Möller (주 4), 12ff.

板(triptychon)[21]의 형태이다. 특히 이곳에서 검토할 3개의 고용계약은 그 지역 경제생활의 중점을 이루었던 金鑛山의 운영자와 피용자 사이에 체결된 것이었다. 광산노무자들은 대부분 자유인이었고, 노예는 비교적 적었는데, 전쟁포로는 주로 이탈리아로 끌려가고, 광산노역형이 일반화된 것은 3세기 이후의 일이었기 때문이었다. 두 번째 계약서 작성의 시점은 알려져 있지 않지만, 특히 등장하는 인물들로 미루어 볼 때 첫 번째 것이나 세 번째 것과 비슷한 시기의 것으로 추정해 볼 수 있을 것이다. 당시에도 일정한 계약서 양식이 통용되었던 것을 알 수 있다.[22]

① FIRA III, No.150 a (a. 164):[23]

(一) Macrino et Celso cos. XIII kal. Iunias

(二) Flavius Secundinus scripsi rogatus a Memmio Asclepi, quia se litteras scire negavit,

(三) it quod dixsit se locasse et locavit operas suas opere aurario Aurelio Adiutori ex hac die in idus Novembres proxsimas denariis septaginta cibarisque.[24]

---

21) Cf. PS.5.25.6 : Amplissimus ordo decrevit eas tabulas, quae publici vel privati contractus scripturam continent, adhibitis testibus ita signari, ut in summa marginis ad mediam partem perforatae triplici lino constringantur atque impositae supra linum cerae signa imprimantur, ut exteriori scripturae fidem interior servet. Aliter tabulae prolatae nihil momenti habent.

22) 기본적으로 Carsten Hanns Müller, *Gefahrtragung bei der locatio conductio* (2002), 109-111에 의하였으나 Bruns, *Fontes Iuris Romani Antiqui* (7. ed., 1909), Nr.165 (pp.370~371)을 참조하였다. 단 가독성을 제고하기 위하여 편집자들에 의한 보충 부분의 괄호 [ ] 기타 표시는 무시하였다. 그리고 논의의 편의를 위하여 필자가 조항별로 임의로 괄호 한자 일련번호를 붙여 구분하였다. 또 시각적으로 잘 드러나도록 해당조항이 해독 불능인 부분에도 이 방법을 그대로 유지하였다.

23) Müller (주 22), 109; Bruns (주 22), Nr.165, 1 (p.370).

㈣ Mercedem per tempora accipere debebit.

㈤ Suas operas sanas valentes edere debebit conductori supra scripto.

㈥ Quod si invito conductore recedere aut cessare voluerit, dare debebit in dies singulos HS V nummos aere octussis[25)] conductori.

㈦ Quod si fluor inpedierit, pro rata computare debebit.

㈧ Conductor si tempore peracto[26)] mercedem solvendi moram fecerit, eadem poena tenebitur exceptis cessatis tribus.

㈨ Actum Immenoso Maiori. Titus Beusantis, qui et Bradua. Socratio Socrationis. Memmius Asclepi.

㈠ 마크리누스와 켈수스 집정관의 해, 5월 20일[27)]

㈡ 나, 플라비우스 세쿤디누스는 아스클레피우스의 아들 멤미우스에 의해, 그가 자신이 글을 안다는 것을 부인하였으므로, 요청을 받고 기록하였다.

㈢ 그는 자신의 노무를 金鑛을 위해 아우렐리우스 아드유토르에게 금일부터 최근의 11월 13일[28)]까지 70 데나리우스와 식량을 대가로 하여 제공하는 고용계약을, 자신이 체결하였음을 선언했고, (실제로) 체결하였다.

㈣ 보수는 분기별로 수령해야만 한다.

㈤ 자신의 노무는 건강하고 튼실한 노무를 상기한 고용주에게 제공한다.

㈥ 고용주의 의사에 반하여 (작업장을) 떠나거나 (작업장에) 나타나지 않고자 하는 경우에는 일당 주화 5세스테르티우스와 동전 8아스[29)]를 고용주에게 지불한다.

---

24) liberisque] CIL III, 948; Bruns (주 22), Nr.165, 1. 텍스트 복원의 상세는 Möller (주 4), 41 n.232.

25) Ⅴ numeratos] CIL Ⅲ, 948; Bruns (주 22), Nr.165, 1. 텍스트 복원의 상세는 Möller (주 4), 41 n.233.

26) per acto] Müller (주 22), 109.

27) 착오: Möller (주 4) 42 ("5월 19일").

28) 착오: Okko Behrends, *Institut und Prinzip, Ausgewählte Aufsätze*, II (2004), 713 n.273 ("11월 5일").

㈦ (갱도)침수가 작업을 방해할 시에는 비율에 따라 계산한다.
㈧ 고용주가 분기가 경과했으나 보수 지급을 지체할 경우에는 3일의 말미를 둔 후 동일한 배상의 책임을 진다.
㈨ 작성됨 임멘노수스 마요르 입회하. 티투스 베우산티스, 異名 브라두아. 소크라티오 소크라티오니스. 아스클레피우스의 아들 멤미우스.

② FIRA III, No.150 c:[30]

㈠ …
㈡ …cus scripsi rogatus per …m Restitutum agnomine Senioris, quia se litteras scire negavit:
㈢ fatetur se locasse et locavit operas suas aurario ius … quidquit opus fuerit ex hac die in idus Novemb. proximas venturas Tito Beusantis qui et Bradua denariis centum quinque.
㈣ Ex qua mercede adhuc in cesso accepit denariis viginti quinque. Reliquam mercedem per tempora accipere debebit.
㈤ Quas operas sanas valentes edere debebit conductori supra scripto.
㈥ Quod si invito conductore a re cessabit, in dies …
㈦ …
㈧ …
㈨ …

㈠ …
㈡ 나, …쿠스는 … 레스티투투스, 별명 세니오르에 의해, 그가 자신이 글을 안다는 것을 부인하였으므로, 요청을 받고 기록하였다.
㈢ 그는 자신의 노무를 金鑛을 위해 … 필요할 바를 금일부터 다가올 최근의 11월 13일까지 티투스 베우산티스, 異名 브라두아에게 105데나리우스를 대가로 하여 제공하는 고용계약을, 자신

29) 銀貨 1 데나리우스 = 黃銅貨 4 세스테르티우스 = 靑銅貨 16 아스. Karl-Wilhelm Weeber, *Alltag im Alten Rom: Ein Lexikon* (3. Auflage 1997), s.v. Geld, 136ff., 137.

30) Bruns (주 22), Nr.165, 3 (p.370f.); Müller (주 22), 110.

이 체결하였음을 고백했고, (실제로) 체결하였다.

㈣ 이 보수 중 지금까지 선불로 25 데나리우스를 수령하였다. 나머지 보수는 분기별로 수령한다.

㈤ 노무는 건강하고 튼실한 노무를 상기한 고용주에게 제공해야 한다.

㈥ 고용주의 의사에 반하여 작업에 나타나지 않을 시에는 일당 …

㈦ …

㈧ …

㈨ …

③ FIRA III, No.150 b (a.163):[31)]

㈠ Laeliano et Pastore cos. X kal. Nobembr.

㈡ Adiutor Macari scripsi rogatus coram ipso praesenti L. Ulpio Valerio, quia se litteras scire negavit,

㈢ id quod dixit se locasse et locavit Socrationi Socratis operas suas ex hac die in idus sequentes[32)] anno uno denariis septaginta.

㈣ Mercedes suis temporibus solventur.

㈤ Quas operas sanas valentes edere debebit … conductor…

㈦ … inpedierit … debebit.

㈥ … discedere vel cessare …

㈧ … cessatis …

㈨ Act. Alb. Maiori.?

㈠ 라일리아누스와 파스토르 집정관의 해, 10월 23일

㈡ 나, 아드유토르 마카리는 L. 울피우스 발레리우스 자신이 임석한 면전에서, 그가 자신이 글을 안다는 것을 부인하였으므로, 요청을 받고 기록하였다.

㈢ 그는 소크라티오 소크라티스에게 자신의 노무를 다음의 월 중간일부터 1년간 70 데나리우스를 대가로 하여 제공하는 고용계약

31) Bruns (주 22), Nr.165, 2 [a.164](p.370); Müller (주 22), 110f.

32) [ex hac die in idus sequentes]는 <ex idibus sequentibus>의 오류로 보인다. 거의 정형적인 서식문구(ex hac die in ~)를 사용하다가 세부적인 내용을 잘 챙기지 못하여 발생한 오류로 추정된다.

을, 자신이 체결하였음을 선언했고, (실제로) 체결하였다.
(四) 보수는 분기별로 지급된다.
(五) 노무는 건강하고 튼실한 노무를 … 고용주(에)… 제공해야 한다.
(七) … 방해할 … 해야 한다.
(六) … 떠나거나 나타나지 …
(八) … 말미를 …
(九) 작성됨 알브. 마요르 입회하.?

(一)은 계약서 작성의 연월일을 표시하는 부분이다.

(九)는 계약서의 말미로서 관련자들(증인과 보증인들과 채무자)의 기명이 되어 있다. 212년 카라칼라 황제의 시민권 칙령(constitutio Antoniniana)에 의한 제국 전체 자유인에 대한 로마시민 자격 부여 이전이므로 확실한 것은 아니지만 이름으로 볼 때 관련자들은 로마시민이 아닌 外人들이었던 것 같다.[33] 고용주는 사유 금광산의 소유주이거나 임차인인 운영자였거나, 아니면 국유 금광산의 임차인이었을 것이나 이 역시 확실한 것은 알 수 없다.

(二)는 계약서 대필자의 대필에 이르게 된 경위를 밝히고 있다. 바로 이 부분이야말로 이들 세 계약서에 공통된 점이기도 하고, 당시의 저급 노동력의 문자해독의 정도를 미루어 짐작케 하는 내용이기도 하다.

---

33) 특히 'Asclepius의 멤미우스'로 표기된 피용자는 자유인이라면 아스클레피우스의 아들이 될 것이고(同旨 J. A. Crook, *Law and Life of Rome* (1967/1984), 197f.), 그렇지 않다면 Asclepius의 노예가 될 터이다. Alfons Bürge, "Cibaria. Indiz für die soziale Stellung des römischen Arbeitnehmers?," in: Martin Josef Schermaier und Zoltán Végh (Hg.), *Ars Boni et Aequi. Festschrift für Wolfgang Waldstein zum 65. Geburtstag* (1993), 63ff., 76은 후자의 가능성을 시사한다. Möller (주 4), 42나 Müller (주 22), 109는 그저 Memmius Asclepi라고 그대로 옮기고 있을 뿐이다. 그러나 어느 쪽으로 보든 고용계약 자체의 본질적 이해에는 차이가 없다.

이상의 세 부분이 계약서의 형식적 구성부분이라고 한다면, 나머지 부분들은 계약의 본격적인 실질을 이루는 내용적 조항들이다. 그 시작부인 ㈢은 고용계약 체결의 사실과 그 본질적인 내용－계약의 당사자 쌍방, 노무 공급의 장소, 고용계약의 기간, 보수－을 일목요연하게 정리하여 기술하고 있다.

여기서 기존의 해석자들이 고심한 것 중의 하나가 바로 se locasse et locavit operas suas라는 표현의 정확한 의미가 무엇인가 하는 것이었는바, 종래 se를 locare 동사의 객어로 파악하여 이 표현은 단순한 노동력(operas suas)의 제공을 넘어서는 全人的인 복속(se = '자기 자신')까지를 표현하는 것이라고 새기는 견해가 주장되었는가 하면, 이를 반박하면서 오히려 계약서식에서 흔히 발견되는 단순한 정식적인 중복어로 새기는 것이 합당할 것인바, 왜냐하면 계약 위반에 대하여 ㈥과 ㈧에서 어떠한 인신적 강제조치 없이 단지 상호적인 배상책임만을 규정한 것으로 볼 때, 일방의 타방에 대한 전인적인 복속을 의도한 것으로는 볼 수 없기 때문이라는 견해도 주장되었다.34) 이러한 논란의 단초가 된 것은 이들 표현이 각각 학설휘찬(se locare-Call. D.22.5.3.5; operas suas locare-Ulp. D.3.1.1.6 cit.)이나 기타 법사료(operas suas locare-Coll. 4.3.2 cit.; se locare-Coll. 9.2.2)에서 사용되고 있기 때문이다. 그러나 이들 해석은 모두 라틴어의 해당구문을 분절적으로 오해한 잘못을 범하고 있다. 우선, se locasse는 locavit operas suas와 단순히 병렬되어 중첩된 표현이 아니라, 앞의 말하기 동사 dix(s)it 또는 fatetur의 목적문이고, 문법적으로는 이른바 accusativus cum infinitivo (a.c.i), 즉 이 목적문의 의미상 주어를 표시하는 대격+동사 不定形의 구문이다. 여기서 두 가지 해석이 가능하다. 하나는 종래의 학설들처럼 dix(s)it와 locasse의 주어가

34) 후자의 견해 Müller (주 22), 111f. m.w.N.

동일인이므로 a.c.i 문장에서 주어가 생략될 수 있으므로 se locasse에서 주어는 생략되고 se는 locare 동사의 객어라고 보는 것이다. 이렇게 보게 되면 그러나 앞의 dix(s)it−문장과 뒤의 locavit−문장은 분절되어 뒷 문장의 다양한 내용은 앞 문장과는 아무런 연관이 없는 것으로 새길 수밖에 없다. 그러나 전체적으로 보면 "이러 이러한 내용으로 나는 고용계약을 체결하였습니다"라는 언명을 한 것을 확인한 후, 실제로 '그는 이러 이러한 내용으로 고용계약을 체결하였다'는 구조를 취하고 있는 것으로 보는 것이, 앞 문장은 세부적인 내용적 특정 없이 그저 강한 복속의 고용계약을, 뒷 문장은 단순한 노무제공의 고용계약을 세부적인 내용과 더불어 표현한 것으로 보는 것보다 더 자연스럽다. 이처럼 서면을 작성하면서 당사자의 구술에 의한 동일한 내용의 의사표시가 선행하였음을 병기하는 방식은 특히 문답계약과 관련하여 문기에 문답계약 조항을 삽입하는 관행에서도 발견된다.[35] 그렇다면 se locasse는 뒤의 locavit operas suas 이하의 내용과 같은 내용을 가질 수밖에 없으므로, 설령 se를 locasse의 객어로 파악하여 locare 동사의 객어가 se와 operas suas의 두 가지라고 이해하더라도, 그러한 중첩은 어휘만 다를 뿐 내용상 어떠한 변화를 가져오지 않는다.[36] 학설휘찬 등의 두 가지 표현을 살펴보더라도 그 의미상 차이가 있지는 않다. 그러나 종래의 해석은 무

35) 이러한 관행은 이미 일찍이 발생하였다. 가령 60년의
Tab. Herc. IV: ea omnia q(uae) s(upra) s(cripta) s(unt) fieri praestari stipulatus est A. Tettius Severus, spopondi Q. Iunius Theophilus.
Dieter Simon, *Studien zur Praxis der Stipulationsklausel* (1964), 26f.

36) 이에 반하여 Behrends (주 28), 761 n.80는 se locasse에서 se를 객어로 보는 점에서는 공통되지만, se locasse에는 고전기 前의 법관념이, locavit operas suas에는 고전법이 각각 반영되어 있다고 보는 점에서 여타의 해석자들과는 다르다. 그러나 곧 후술하듯이 고전기 前의 법과 고전기의 법 사이의 의미 있는 중대한 차이점에도 불구하고, 한 계약서 내의 문구 해석에 관한 한, 더욱이 구문적으로 잘못 파악하고 있는 한, 그의 이 부분에 대한 해석도 취할 수 없다.

엇보다도 se locasse의 se를 locasse의 객어가 아니라 의미상 주어로 보아야 한다는 점을 간과하였다. se locasse는 dix(s)it 또는 fatetur의 목적문으로 이른바 a.c.i, 즉 이 목적문의 의미상 주어인 對格語+동사 不定形의 구문이며, 객어는 이어지는 locavit와 공통으로 지배하는 operas suas이기 때문이다. 이 점을 강화해 주는 증거가 TC XII (CIL III, 949)의 "dixsit se accepisse et accepit" 부분이다. 금전의 수령 사실을 선언하고 그 사실대로 수령했음을 기록하고 있는 이 문장에서 se는 대격 주어일 수밖에 없다.[37] 계약서식의 정형적인 구문이 이러한 형식이었던 것이다. 다시 말해서 원래 dix(s)it se locasse operas suas~, et locavit operas suas~라고 적을 것을 객어 operas suas와 그에 따르는 계약의 내용이 앞 뒤 문장에 공통되므로 일반적인 문장기법에 따라 그리고 기록자의 노력을 줄이기 위해 이를 생략하여 dix(s)it se locasse, et locavit operas suas~로 적은 것이다.[38] 또 이 점은 ③－계약의 문언에서 더욱 보강된다. 이 또한 종래의 해석에서 간과되었던 것인데, "se locasse et locavit Socrationi Socratis operas suas"는 삽입된 Socrationi Socratis를 통하여 앞의 se와 뒤의 operas suas가 동 수준의 대격일 수 없음을 보여주기 때문이다. 그리고 이렇게 보아야만 locare 행위의 동일한 내용이, 한 번은 간접화법의 방식을 통해서이기는 하지만 실질적으로는 계약체결에 즈음한 의사표시의 존재를 확인하는 1인칭의 서술방식으로 생생하게 재현되고, 한 번은 3인칭의 객관적 서술방식으로 확인되어 계약문기 작성의 현실적 과정과도 부합한다.[39] 이 점은 로마 계약문기의 두 종류, 즉 증

37) Möller (주 4), 43 m. n.240.

38) 이 점에서 同旨. Crook (주 33), 197.

39) 반면에 Möller (주 4), 44는 se locasse의 se를 이곳에서와 같이 대격 주어로 이해하면서도 locasse 다음에 계약의 세부적인 내용이 생략된 것이 아니라 다음 문장에서 비로소 구체화되고 있는 것으로 이해한다. 그 결과 locasse et locavit 사이의 et를 "그리고 그것도"(und zwar, und damit)로 번역하고자 한다. 그러나

인 입회하에 3인칭으로 작성되었던 testatio (증인입회작성문서)와, 원칙적으로 증인 서명 없이 채무자가 1인칭 문장을 사용하여 자필로 작성하고, 이러한 주관적 의사표시가 대개 이미 의무의 인수를 의미했던 chirographum (自筆手記文書)을 혼합한 형태라고도 할 수 있다.[40] 아무런 의사표시상의 하자 없이 스스로 자신의 노무를 고용계약에 의해 일정한 구속상태에 두었다는 사실을 드러내고 있는 이 앞부분은 계약이 체결된 2세기 중반 고전로마법상 이미 賃約은 더 이상 신분법적인 구속이 따르지 않는 순수한 낙성의 쌍무적 거래행위로 정착되었음을 뒷받침해 준다.

다른 한 가지 쟁점은 ①－문서의 ㈢ 부분 해독과 관련하여 liberisque인지 cibarisque인지를 둘러싼 것이다. 서판의 전승 상태로 볼 때 물리적으로는 두 가지 해독이 모두 가능한 상태라고 한다. 자식까지도 고용계약의 대상으로 삼은 것으로 보게 하는 전자의 해석보다는 임금의 액수로 볼 때(②－문서의 임금 액수와 비교해 보라) 생계의 유지에 부족하여 이에 더하여 현물급여로서 식량의 지원이 있었을 것이라고 보는 후자의 해석이 타당한 것으로 보이며, 근자의 학설도 모두 이 견해를 취하고 있다.[41] 그렇다면 임노동자의 생계에 대한 일정한 고려가 반영되어 있는 것이 이채롭다고 할 것이다.

노무공급의 장소, 즉 작업장소는 광산임이 명시되었으며, 그로부터의 무단이탈은 ㈥에서 간접적인 방식을 통하여 이를 억지하려고 하였다.

방금 인용한 TC XII (CIL III, 949)에서도 드러나듯이－accipere 동사는 두 번 다 객어인 금전을 보충하지 않고서는 생각될 수 없다－앞의 동사와 뒤의 동사 모두 같은 객어, 다시 말해 같은 계약 내용을 가질 수밖에 없는 것이므로 이곳의 해석이 더 타당하다고 생각된다.

40) Cf. Pólay (주 20), 512.

41) Möller (주 4), 44f. m.w.N.

고용기간은 대체로 1년 중의 일정한 채굴시즌(5월~11월)에 한정되었고, 그 해를 넘어 확장되지 않았다.

㈣에서는 보수의 지급방식을 규정한다. 당시 그 지역 광산노동의 경우 분기별 지급방식(시간급)이 통례적인 것이었음을 알 수 있다. 광산노동의 특성상 채굴량에 따른 성과급 방식(pro opere)도 고려될 수 있었을 것이지만, 그랬다면 계약관계는 전형계약인 고용계약이 아니라 비전형계약으로서 법적으로 달리 취급되었을 것이다. 그러나 그 분기가 가령 구체적으로 月 단위인지(월급), 週 단위인지(주급) 하는 것은 계약서상으로는 드러나지 않는다. 그러나 ㈥의 조항이 노무 불이행에 대한 손해배상을 1일 단위로 규정한 것이나, ㈦의 침수에 대한 조항에서 비율적 계산을 규정하고 있는 것으로 보아 적어도 관념적 계산상의 기간의 단위는 하루였던 것 같다. 1일을 단위로 하는 일용노동의 경우에는 노무는 온전한 하루의 노무가 모두 제공되지 않는 한, 시간에 따른 계산은 허용되지 않았다.[42] 그리고 청구자도 하루가 지난 후가 아니면 그에 대한 배상 청구가 허용되지 않았다.[43] 분기마다 보수 지급의 의무를 정했으므로 분기 경과 후에 미지급된 경우에는 고용주 측의 이행지체인데, ①-㈧에 의하면 고용주에게 3일간의 유예기간을 허용하였다. 자금 마련을 위한 통상의 준비기간으로 상정된 듯하다. ②-㈣에 의하면 피용자에게 작업 개시 이전에도 일정한 선급이 행해지는 수도 있었음을 알

---

42) D.38.1.3.1 Pomponius 6 ad Sabinum : Nec pars operae per horas solvi potest, quia id est officii diurni. itaque nec ei liberto, qui sex horis dumtaxat antemeridianis praesto fuisset, liberatio eius diei contingit.
참고로 신약성서 마태복음 20:1-16에 전하는 포도원 일꾼과 품삯의 비유는 이러한 일반적인 헬레니즘-로마 사회의 배경 하에서 그 의미를 음미해 볼 필요가 있다.

43) D.38.1.3 Pomponius 6 ad Sabinum : Operas stipulatus ante peractum diem operam eius diei petere non potest.

수 있다. 보수의 액수는 처음 두 계약의 경우에는 대략 반년에 70 데나리우스와 식량 및 105 데나리우스이고, 셋째 계약에서는 1년에 70 데나리우스인데, 이것들은 매우 저렴한 것이었다고 한다.44)

노무 제공의 의무와 관련하여 ㈤는 노무의 품질에 대한 규정이고, ㈥은 근무시간 중의 작업의무를 규정한 것이다. ㈤는 피용자의 노무 제공의무에 대한 정형적인 계약조항이었던 것으로 보인다. 노무는 건강하고 튼실한 노동력으로써 이행하여야 한다. 그 결과 피용자가 달리 자신의 노동력을 활용하여 추가로 수입을 얻을 수 있었을 가능성은 처음부터 배제되었다.

㈥은 무단결근과 무단퇴거에 대한 피용자의 손해배상의무와 그 배상액을 1일 단위로 미리 정한 것이다(계약벌, 위약금 내지는 손해배상액의 예정). 이 배상기준은 ㈧에 따르면 고용주의 임금지급 지체 시에도 그대로 적용되는 것으로 정하였다.

㈦은 보수 지급과 관련하여 특수한 상황에 대비한 조항이다. 광산사고의 전형적인 경우인 지하유출수로 인한 갱도의 침수는 대체로 불가항력적인 사변에 속하는 것으로, 당사자 쌍방의 과실 없이 노무의 제공이 불가능한 사안이다. 이때에 위험부담의 배분을 어떻게 할 것인가? 법적으로 고용계약의 경우에 채권자－고용주위험부담주의(periculum est conductoris)를 취하였는지, 아니면 채무자－피용자위험부담주의(periculum est locatoris)를 취하였는지, 아니면 이처럼 일률적인 해결책보다는 상황에 따라 융통성 있게 규율하였는지는 적어도 이 계약서 자료로써는 파악할 수 없다고 보는 것이 합당하다. 당사자 사이에 특약으로써 규율하고 있기 때문이다. 따라서 위험부담의 어느 한 원칙을 전제하고 이 부분을 새기는 것은 잘못이라고 생각된다. 한 가지 분명한 것

44) Pólay (주 20), 521 (비교: 당시 새끼 돼지 한 마리 값이 5데나리우스였다[CIL III, 953]).

은 이로써도 알 수 있듯이 위험부담의 규율은 설령 법정의 원칙이 있었다고 하더라도, 이는 어디까지나 임의법규로 당사자들의 특약이 그보다 우선했다는 사실이다. 특약의 구체적인 내용은 다른 계약서에도 해당 조항이 들어있었던 것으로 보이나 해당 부분이 멸실되었으므로 ①-계약서만을 참조할 수밖에 없는데, 보수를 비율에 따라 계산한다고 되어 있다. 즉, 제공된 노무에 상당하는 보수만을 지급하고 침수로 인해 제공하지 못한 부분에 대해서는 보수의 지급을 하지 않는다는 약정이다. 결과적으로 보면 채무자-피용자위험부담주의를 채택한 셈이다. 이러한 특약의 존재가 법정의 위험부담원칙이 그 반대였음을 입증한다고 볼 수 있는지는 확실하지 않다. 왜냐하면 사안의 해결을 보다 분명히 하기 위하여 법정의 원칙과 같은 방식으로도 얼마든지 위험부담의 규율을 특약할 수 있기 때문이다. 그러나 다른 한편으로 고전법의 노무에 대한 관념이 노무란 제공되는 순간에 비로소 이 세상에 존재하게 되는 것이고,[45] 고용관계에 놓였다는 것만으로는 아직 존재하는 것이 아니라[46] 고 보는 물적-대상적 고찰방식으로부터 연유하므로, 피용자에게 가능성이 아니라 현실적으로 노무를 제공할 것(operas edere-㈤)을 요구하고, 따라서 현실적으로 제공되지 못한 노무에 대한 보수의 위험은 피용자가 부담한다고 보는 법리가 고전법의 양상이었음을 전제한다면, 계약실무도 그에 부합하였던 셈이 된다.[47] 반면에 장래의 노무도 현존하는 것으로 파악하는 '古법률가들'(veteres)의 관점[48]은 이미 고용관계에 편

---

45) D.7.7.1 Paulus 2 ad edictum : Opera in actu consistit nec ante in rerum natura est, quam si dies venit, quo praestanda est, quemadmodum cum stipulamur "quod ex Arethusa natum erit."

46) D.38.1.9.pr Ulpianus 34 ad Sabinum: Operae in rerum natura non sunt.

47) 同旨 Behrends (주 28), 761 mit n.80.

48) D.38.2.1.1 Ulpianus 42 ad edictum : Et quidem primus praetor Rutilius edixit se amplius non daturum patrono quam operarum et societatis actionem,

입되었다는 사실만으로 피용자의 급부를 고용주가 포착한 양상으로 이해하는 것이었고, 이것은 결국은 피용자에 대한 신분법적 구속의 일정한 관계를 고용주가 지배하는 것으로 보게 되므로[49] 비록 노무 자체가 현실적으로 쌍방의 아무런 귀책 없이 제공될 수 없게 되더라도 보수의 지급을 해야 한다고 보게 되며, 이것은 다름 아닌 채권자－고용주위험부담주의로 귀착하였다.[50] 그러나 고전기에 자유로운 고용계약이 정착했음에도 불구하고, 저급노동의 사회적 평가와 실태로 인하여 종속 임노동자들은 여전히 일정한 정도로 고용주의 권력 하에 편입되었었다. 피용자가 절도를 범하면 사소한 경우 公節次에 따른 추급이 아니라 고용주의 家裁判의 범위 내에서 처리될 수 있었음을 밝히고 있는 다음의－명백히 고전기 前의 법관념을 전승하고 있는[51]－개소가 그 증거이다.

D.47.2.90 Paulus libro singulari de poenis paganorum.

Si libertus patrono vel cliens, vel mercennarius ei qui eum conduxit, furtum fecerit, furti actio non nascitur.

---

videlicet si hoc pepigisset, ut, nisi ei obsequium praestaret libertus, in societatem admitteretur patronus.

이 개소는 피해방자의 노무에 대한 舊주인의 권리를 이들 사이에 의사와는 무관한, 따라서 고전법상으로는 법논리상 불가능한 要物組合(societas re contracta)을 성립시킴으로써 보호하고자 한 스토아 사상이 투철했던 P. Rutilius Rufus(법무관 기원전 118년)의 告示에 관한 것인데, 여기 반영된 노무관은 바로 고전법의 물적－대상적 노무관과 달리 인적－신분법적 노무관이다. 상세는 졸저(주 6), 443ff.

49) 이러한 고전기 前의 법사고를 반영하는 것이 위에서 이미 인용했던 PS.2.18.1이다. 피용자는 노예처럼 "밤낮으로" 노무 제공의 의무를 부담하는 지위로 격하되었다. Möller (주 4), 22ff.; 27ff.; Behrends (주 28), 740f.

50) 졸저 (주 6), 437f.

51) Behrends (주 28), 714 n.282; 739 n.30; 794 n.50.

(피해방노예가 舊주인에게 또는 被護人이 보호자에게, 또는 임노동자가 그를 고용한 자에게 절도를 범한 경우에는 절도소권이 발생하지 않는다.)

D.48.19.11.1 Marcianus 2 de publicis iudiciis.

Furta domestica si viliora sunt, publice vindicanda non sunt, nec admittenda est huiusmodi accusatio, cum servus a domino vel libertus a patrono, in cuius domo moratur, vel mercennarius ab eo, cui operas suas locaverat, offeratur quaestioni: nam domestica furta vocantur, quae servi dominis vel liberti patronis vel mercennarii apud quos degunt subripiunt.

(家內 절도는 사소한 경우 公的으로 처벌되어서는 안 되며, 또 노예가 주인에 의해 또는 피해방노예가 그가 그의 집에 머물고 있는 舊주인에 의해, 또는 賃勞動者가 자신의 노무를 고용계약으로 제공했던 고용주에 의해 査問에 처해진 경우 이러한 것의 소추도 받아들여져서는 안 된다. 왜냐하면 가내 절도라고 하는 것은 노예들이 주인들로부터 또는 피해방노예들이 舊주인들로부터 또는 임노동자들이 그들이 지내고 있는 고용주들에게서 절취하는 것이기 때문이다.)

①－계약서에서 식량의 지급을 아울러 약속하고 있는 것도 이러한 일정한 복속과 그에 따르는 배려의 측면에서 그 의미를 살펴볼 수 있을 것이다. 한편 연구자들 사이에는 이 식량의 지급을 놓고 해석이 갈린다. 이를 임금과는 별개로 pactum을 통하여 약정된 부가적인 급여로 보는 견해가 있는데, 특별히 이를 인정할 근거는 발견되지 않는다.[52] 식량의 비중이 금전 보수에 대하여 어떠한 비례관계에 있었는지는 단지 추측만이 가능할 뿐인데, ①과 ②의 계약서를 비교해 보면 대체로 35 데나리우스 정도였지 않을까 생각된다.

---

52) 同旨 Müller (주 22), 114

2. 피용자의 병환

피용자가 아파서 노무 제공을 하지 못한 경우에는 보수청구권은 어찌되었을까? 피해방노예의 노역과 관련해서 건강 악화로 노역을 제공하지 못한 경우에 노역제공자의 탓으로 돌릴 사유가 아니라는 것이 울피아누스의 견해였다.53)

> **D.38.1.15.pr Ulpianus 38 ad edictum.**
>
> Libertus, qui post indictionem operarum valetudine impeditur, quo minus praestet operas, non tenetur: nec enim potest videri per eum stare, quo minus operas praestet.
> (노역의 요구통지 후 건강 때문에 그 노역의 이행이 방해된 피해방노예는 책임이 없다. 왜냐하면 그가 노역의 이행을 하지 못하는 것이 그의 탓인 것으로 볼 수 없기 때문이다.)

그러나 트랜실바니아의 계약문서들에서는 이 문제에 관한 명시적인 언급은 발견되지 않는다. 다만 세 문기 모두에 등장하는 ㈤-조항으로 미루어 볼 때, 질병은 피용자 측의 탓으로 보겠다는 의사가 반영된 것으로 보이고, 따라서 병환으로 노무를 제공하지 못한 피용자는 결근에 해당하는 만큼 보수의 청구를 포기해야 했던 것으로 이해된다.54) 이 한도에서 질병이 위험부담의 의미에서의 위험사유였는지, 또 그랬다면 위험부담의 배분은 어떻게 규율되었는지-울피아누스의 논리를 따르자면 '위험'은 고용주가 부담할 것이었다55)-하는 등의 문제는 엄밀한 의

53) 물론 이 개소에서 문제가 된 것은 보수 청구가 아니라 노역의무자의 손해배상 여부였다. Möller (주 4), 60ff.

54) 同旨 Möller (주 4), 46 n.256-257.

55) Molnár (주 19), 646f.는 정반대로 이해하고 있는데, 잘못이다.

미에서 고용계약에 관한 한 확인하기 어려운 상황임을 알 수 있다.

3. 고용주의 사망

다음으로, 울피아누스가 『법무관고시주해』 제31권에서 다루고 있는 고용주의 사망 사안을 검토해 보기로 한다.

D.19.2.19.8-10 Ulpianus 32 ad edictum.

(8) Ex conducto actionem etiam ad heredem transire palam est.

(9) Cum quidam exceptor operas suas locasset, deinde is qui eas conduxerat decessisset, imperator Antoninus cum divo Severo rescripsit ad libellum exceptoris in haec verba: "Cum per te non stetisse proponas, quo minus locatas operas Antonio Aquilae solveres, si eodem anno mercedes ab alio non accepisti, fidem contractus impleri aequum est."

(10) Papinianus quoque libro quarto responsorum scripsit diem functo legato Caesaris salarium comitibus residui temporis praestandum, modo si non postea comites cum aliis eodem tempore fuerunt.

(8) 雇用主訴權이 또한 상속인에게 이전함은 분명하다.

(9) 어떤 速筆士가 자신의 노무를 [賃約을 통해] 제공하였고, 그 후 그 노무를 제공받은 자가 사망한 경우에 안토니누스 황제는 神皇 세베루스와 더불어 속필사의 伸願書에 대하여 이러한 말로 批答하였다: "그대가 賃約된 노무를 안토니우스 아퀼라에게 이행하지 못한 것이 그대의 탓이 아니었음을 주장하는 고로, 그대가 같은 해에 賃金을 다른 자로부터 받지 않았다면 계약의 信義가 완수되는 것이 공정하다."

(10) 파피니아누스 또한 『해답집』 제4권에서 황제의 代官이 他界하면 그 隨行官들에게 잔여임기의 급여를 지급해야만 하는바, 후에 같은 기간에 다른 자들의 수행관이 아니었던 한에 있어서 그러

하다고 기록하였다.

§ 9는 속필사(exceptor)[56]가 노무의 賃約(locatio conductio operarum), 즉 雇傭계약에 의한 被傭者(locator)로서 雇用主(conductor)에게 속필 기술력을 제공하여 오던 중 고용주가 사망한 경우에 대하여 임금의 지급과 관련한 칙답에 의한 결정을 소개하고 있다. 속필사의 사회적 평판은 유사직종인 書記(scriba)의 예로써－비록 몇 백 년의 간격이 있지만－미루어 짐작할 수 있을 것이다. 소송방식서를 폭로한 것으로 유명한 그나이우스 플라비우스는 기원전 304년에 고등안찰관으로 선출되었으나 그의 직업이 서기라는 이유로 승인이 거절되자 다시는 그 직업활동을 하지 않겠다고 맹서하고서야 가까스로 취임할 수 있었던 것이다.[57] 키케로의 친구였던 코르넬리우스 네포스의 글에서도 그리스의 경우와 달리 로마에서는 직업적 書記가 임노동자로서 사회적으로 낮게 평가되었음을 알 수 있다.[58] 속필사의 노무가 고용계약의 대상일 수 있었다는 점에는 아무런 의문도 없다. 우선 여기서 전제되고 있는 것은 § 8이 천명하고 있는 법리, 즉 고용주의 사망으로 고용관계가 종료하는 것이 아니라, 그 상속인에게 승계된다는 것인데, 이 법리는 그 자체로서 피용자

56) 속기 부호를 이용하는 速記士를 포함하기 위하여 보다 넓은 의미의 속필사로 번역하였다.

57) Liuius, Ab urbe condita 9.46.1-2 : (1) Eodem anno Cn. Flavius scriba, patre libertino humili fortuna ortus, ceterum callidus vir et facundus, aedilis curulis fuit. (2) invenio in quibusdam annalibus, cum appareret aedilibus fierique se pro tribu aedilem videret neque accipi nomen, quia scriptum faceret, tabulam posuisse et iurasse se scriptum non facturum.

58) Cornelius Nepos, De uiris illustribus : Eumenes, 1, 5 : namque apud nos, re uera sicut sunt, mercennarii scribae existimantur; at apud illos (sc. Graecos) e contrario nemo ad id officium admittitur nisi honesto loco, et fide et industria cognita, quod necesse est omnium consiliorum eum esse participem.

보호를 위한 획기적인 조치라고 할 것인데, 유스티니아누스의 법학제요에서도 일반규정의 형태로 재확인된다.59)

Inst. 3.24.6:

Mortuo conductore intra tempora conductionis, heres eius eodem iure in conductionem succedit.
(고용주가 사망하면 고용계약 기간 동안 그의 상속인이 동일한 권리를 가지고 고용계약을 승계한다.)60)

이제 속필사가 고용주의 상속인을 상대로 고용계약 존속기간 중의 보수를 청구하였고, 황제는 노무 제공이 이루어지지 못한 것은 자신의 탓이 아니라는 그의 주장을 중립적인 입장에서 다만 주장으로서 받아들이는 듯한 외견을 보이고 있다. 문제는 거명된 안토니우스 아퀼라가 과연 어떤 지위의 사람인가 하는 것이다. '고용주의 사망'－'잘못없이 안토니우스 아퀼라에게 노무를 제공하지 못했음'으로 이어지는 문맥의

59) 같은 법리는 물건의 賃約., 즉 임대차의 경우에도 인정되었다.
C.4.65.10 Gordianus A. Pomponio Sabino (a. 239) : Viam veritatis ignoras in conductionibus non succedere heredes conductoris existimans, cum, sive perpetua conductio est, etiam ad heredes transmittatur, sive temporalis, intra tempora locationis heredi quoque onus contractus incumbat.
(그대는 임차에 있어서 임차인의 상속인들이 승계를 하지 않는다고 생각함으로써 진실의 길을 不知하고 있는바, 왜냐하면 영구적 임차라도 또한 상속인들에게 이전되고, 한시적 임차라도 임대의 기간 동안 상속인에게도 계약의 부담이 지워지기 때문이다.)

60) 이 규정은 임약 일반에 관한 것이지만 여기서는 고용계약에 관한 것으로만 번역하였다. 이 개소와 관련하여 D. Chr. Aug. Günther, *Principia iuris Romani privati novissimi in usum academicum*, II (Ienae, 1809), 700은 특별히 근면한 자질의 노무자(personae industria)가 선택된 경우에는 계약의 승계가 이루어지지 않는다고 하는데, 이는 보통법에 대한 설명이고, 고대 로마법에 대한 설명으로서는 타당하지 않다.

자연스러운 흐름과 § 10의 후속사안에 비추어 보면 안토니우스 아퀼라는 피상속인인 것으로 생각되지만, 노무를 아무 잘못 없이 제공하지 못했다는 것이 보다 현실적인 의미를 획득하려면 노무 불제공의 당연한 사유인 고용주－피상속인의 사망과 연결되기보다는 법에 의해 승계가 강제된 상속인과의 관계에서 아무 잘못 없이 노무가 제공될 수 없었음을 주장하는 것으로 보아야 하지 않는가 하는 점에서는 안토니우스 아퀼라를 상속인으로 보는 후자의 해석이 더 설득력이 있다고 할 것이다.[61] 황제의 비답은 실상 고용주의 사망이 피용자의 책임에 돌릴 사유가 아닌 한 이는 불가항력적인 사변에 해당하는 것이므로[62] 이를 아무런 문제없이 수용한 바탕 위에서, 세 가지 결정적인 요점을 밝혀서 회답을 하였다. 하나는 요건에 관한 것으로 그 피용자가 같은 해에 달리 임금을 받지 않았어야 한다는 점이고, 다른 하나는 효과에 관한 것으로 요건이 갖추어진 경우에는 "계약의 신의"가 준수되어야 한다는 점이다. 세 번째 요점은 이러한 결정은 aequitas의 가치에 부합한다는 점이다.

첫째로, 요건과 관련하여 주목되는 것은 "같은 해"라는 기간의 표시이다. 이것은 위 고용계약이 1년을 단위로 체결되었다는 사실을 전제한 것이다. 고대 세계에 널리 알려져 있던 일용고용의 경우에는 실제로 당사자 사이에 특별히 임금지급을 둘러싼 위험부담의 문제가 발생할 소지가 거의 없었을 것이다. 이 점에서 본 계약의 기간이 1년 단위인 것은 중요한 의미가 있다고 할 것이다. 속필사가 자신의 노무를 제공하던 중에 고용주가 사망한 경우에 법에 의하여 고용계약을 승계한 그 상속인으로서 취할 수 있었던 방도는 다음과 같았을 것이다.

① 그의 노동력을 그대로 활용하여 현실적으로도 계약을 그대로 유지하는 방안. 이때에는 일단 아무런 문제도 발생하지 않았을 것이다.

---

61) Müller (주 22), 94 m.w.N.

62) Cf. Severus-Ulp. D.50.13.1.13 (후술 4.).

② 그의 노동력을 피상속인과 달리 더 이상 활용할 필요가 없으므로 피용자와 합의하여 (일정한 급부를 하든가 하지 않고서) 고용관계를 해소시키는 방안. 이때에도 아무런 문제가 발생하지 않았을 것이다.

③ 그러므로 결국 문제가 되는 상황은 속필사의 노무를 더 이상 활용할 필요가 없어졌든 아니든 간에 실제로 그의 노무를 활용하지 않은 채로 계약관계도 해소시키지 않고 그대로 유지 내지 방치한 경우이다. 이때에는 일단 법에 의한 고용계약의 승계 법리에 의해 고용관계가 존속하므로 노무의 실제적 활용 여부는 관계 해소의 기준이 될 수 없었다. 그러면 이 경우 피용자는 노무의 제공 없이 임금을 청구할 수 있는가? 여기서 신원서에 사용된 표현에서 출발한다면, 그리고 무엇보다도 피용자의 노무는－달리 노무를 제공하고 임금을 받는 것을 상정하고 있는 데에서 확연히 드러나듯이－여전히 객관적으로 이행가능한 형편이므로 당사자들의 관점이나 황제 批答의 관점이나 일차적으로 속필사에게 이행 지체의 탓을 돌릴 수 있는가(si per exceptorem steterit, quominus solverit)[63] 하는 논점에 모아져 있다고 볼 수밖에 없다. 우리는 그의 주장대로 노무 불제공의 탓을 그에게 돌릴 수 없다고 사실관계를 확인한 비답의 결정을 받아들여야만 한다. 그리고 이 결정이 의미있는 것이 되려면 노무를 제공받지 않은 안토니우스 아퀼라가 원 고용주인 피상속인이 아니라 그의 상속인인 것으로 보아야만 한다는 점은 이미 지적하였다. 이제 의무자의 이행 지체 여부가 문제되는 상황이므로, 그 배면으로서 역시 같은 어구로써 표현되었던 상대방의 수령 지체 여부(si per creditorem steterit, quominus acciperet)[64]가 또한 고찰되지

63) Wenger/Honsell, *Römisches Recht* (4. Aufl. 1987), 245 n.12 (Afr. D.17.1.37; Paul. D.45.1.91.3; Pomp. D.12.1.5).

64) Wenger/Honsell (주 63), 248 n.33 (Afr. D.17.1.37; Cels. D.19.1.38.1; Ulp. D.46.3.8.1).

않으면 안 된다. 그런데 상대방이 노무 급부의 수령지체에 빠지기 위해서는 노무의 제공이 상시 가능한 상태로 유지되지 않으면 안 된다. 그러므로 달리 노동력을 활용하여 소득을 얻는 행위가 있었다면 그것은 상대방의 수령지체가 야기될 수 없는 상태를 피용자 스스로 작출한 것이고, 더 나아가서는 정황에 따라서는 기존의 고용관계를 스스로 파기한 것이라고도 볼 수 있으므로, 황제의 비답이 이를 지적한 것은—구체적인 사정을 알 수 없으므로 수령지체의 洗淨(purgatio morae creditoris)[65] 또는 계약 파기의 정도 등에 관해서 확실한 이야기를 하기는 어렵지만—일단 합당하다고 할 것이다. 그리고 이러한 논리에 입각하는 한 달리 임금소득이 있으면 앞의 계약에 기한 보수 청구가 전면적으로 부인되는 것이고, 만일 뒤의 계약에서 적게 받은 경우 그 차액을 앞의 계약관계에 기하여 청구할 수 있는 것이 아니다.[66] 반면에 이 대목을 독일민법 제616조 제2문과 같은 취지의 것으로 이해할 수 있다는 견해가 있다.[67] 그러나 이는 잘못이다. 독일민법 동 조문의 제1문은 피용자가 일신상의 사유로 인하여 자신의 잘못 없이 노무 제공을 일시적으로 할 수 없을 경우(예컨대 병환, 친척의 장례, 자식의 혼례 등[68])에 보수 청구권을 잃지 않는다는 내용이고, 제2문은 그러한 사유로 인하여 의료 또는 사고 보험금의 수령을 했을 때에는 이를 공제해야 한다는 내용이다. 이 조문이 로마법에 적용될 수 없는 이유는 첫째로 이러한 주관적 사유로 인한 노무의 불이행 시에 보수 지급을 명하는 법규가 있었는지 불분명하고(앞서 보았듯이 다키아 문서에서는 약정상 배제된다), 둘째로 일정한 사유의 발생으로 수령하게 되는 보험금과 다른 곳에서 일해

65) Wenger/Honsell (주 63), 248 n.36 (Pomp. D.18.6.18).
66) 同旨 Molnár (주 19), 644.
67) Kaser/Knütel (주 10), 281.
68) Hk-BGB/Eckert, § 616 Rn 4.

서 번 보수는 전혀 다른 것이기 때문이다. 공법관계상의 급여와 관련한 사안이기는 하지만[69] § 10에서도 달리 근무한 경우에는 잔여기간의 급여청구를 부인한 것도 같은 취지에 다름 아니다. 이곳에서 인용된 파피니아누스의 견해를 직접 전해주고 있는 D.1.22.4에 의하면 물론 代官이 후임자에게 업무인계를 해 준 경우에는 이제부터 신임자를 보좌해야 하는 수행관들에게 전임자가 정한 근무기간은 의미를 잃었고, 이는 당연하다.[70]

D.1.22.4 Papinianus 4 responsorum.

> Diem functo legato Caesaris salarium comitibus residui temporis, quod a legatis praestitutum est, debetur, modo si non postea comites cum aliis eodem tempore fuerunt. diversum in eo servatur, qui successorem ante tempus accepit.
>
> (황제의 代官이 他界하면 그 隨行官들에게 대관들에 의하여 예정되었던 잔여임기의 급여가 지급되어야만 하는바, 후에 같은 기간에 다른 자들의 수행관이 아니었던 한에 있어서 그러하다. 임기 전에 후임자를 받아들인 자[대관]의 경우에는 달리 취급된다.)

이와 관련하여 황제 행정의 실무가 私部門의 규율을 지침으로 삼았을 것으로 추정하는 견해가 있다.[71] 그러나 적어도 현존하는 사료들만 가지고 추정해 본다면 오히려 역으로 셉티미우스 세베루스 황제 및 카라칼라 황제 행정 부문의 후생복지적 관점이 앞서고(§ 10 = Pap.

---

69) Bürge (주 11), 144 n.129는 §§ 8-9까지도 국고가 관련된 행정조직상의 문제로 비상심리절차가 관계되는 사안이라고 보는데, 이것은 잘못이다. 그밖에 速筆士를 황제의 공공기관에 근무하는 자로 보는 해석도 있으나(Möller (주 4), 52 n.292), 분명히 본 개소의 문맥은 私人들 사이의 계약적 고용관계이다.

70) Molnár (주 19), 644는 후임자가 수행관들을 인수하였는지 불분명한 것으로 보지만("기껏해야 추정할 수 있다"), 이 사실은 당연히 전제된 것이다.

71) Bürge (주 11), 145 n.129.

D.1.22.4 cit.에서 드러나듯이 그 장본인은 당대의 최고법률가였고 212년 카라칼라에 의해 처형되었던 파피니아누스였다), 이를 참조하여 이들 황제의 비답이 私人간의 관계에까지도 확대적용되면서 울피아누스 시대를 거쳐(§§ 9, 8) 유스티니아누스 황제법에까지 반영되기에 이른 것일 수도 있다(Inst. 3.24.6 cit.).

둘째로, 황제 비답의 결론은 '계약의 신의'를 완수하라(fidem contractus impleri)는 것이다. 이 표현은 파피니아누스도 사용한 바 있는데,[72] 그 의미는 계약상의 약속을 지킨다는 것이다. 17세기의 Vinnius는 이를 C.4.65.10 cit.의 표현을 좇아서 '계약의 부담을 진다'(onus contractus incumbere)라고 표현하였다.[73] 속필사는 계약기간 전반에 대한 보수의 지급이 인정되었다. 그런데 이 경우의 신의(fides)를 良信(bona fides)과 동일시하는 견해가 있다. 이러한 견해의 귀결은 판결의 기초가 된 객관적 법원리인 bona fides가 당사자 관계에 대한 융통성 있는 취급을 허용한다고 보고 가령 피용자가 병환으로 아픈 경우에도 임금을 지급받는 것을 근거지울 수 있다고 새긴다.[74] 그러나 본 개소의 fides, 즉 엄밀한 당사자 합의의 신의는 bona fides와 같은 것이 아니며, 따라서 bona fides를 별도의 법원리로 적용하여 그러한 결과를 도출할 수는 있을지언정 ―그러나 이 점도 매우 의심스럽다. 바로 살펴보듯이 로마인들 자신은 그러한 법원리로서 bona fides가 아니라 aequitas를 원용하였다―, 적어

72) D.19.5.9 Papinianus 11 responsorum : Ob eam causam accepto liberatus, ut nomen Titii debitoris delegaret, si fidem contractus non impleat, incerti actione tenebitur. itaque iudicis officio non vetus obligatio restaurabitur, sed promissa praestabitur aut condemnatio sequetur.

73) Arnold Vinnius, *In quatuor libros Institutionum imperialium Commentarius* (editio postrema, Norimbergae: 1726), tom. II, ad Inst. 2.25.6 (p.203).

74) Müller (주 22), 95f.; 아무런 설명 없이 'Treu und Glauben', 즉 bona fides와 'Billigkeit', 즉 aequum을 병치하는 설명은 Molnár (주 19), 645.

도 본 개소의 fides를 bona fides와 동일시하면서 그를 기초로 해서는 그러한 결과를 도출해 낼 수는 없다.[75)]

셋째로, 황제 비답은 이러한 결론을 aequum한 것으로 평가한다. 계약관계의 존속이 전제된 상황에서 이행 제공의 용의가 있는 의무자에게 수령지체에 빠진 채권자를 상대로 반대급부를 청구할 수 있도록 한 것은 쌍무계약에 있어서 일반적인 채권자지체의 법률효과[76)]를 벗어나지 않는 결정이다. 그럼에도 불구하고 고용주 측에서 실제로 노무를 제공받지 않았으므로 보수를 지급할 수는 없다고 버틴 결과 당사자 사이에 분쟁이 생기고, 이에 적용된 법리가 외견상 급부 없이 반대급부를 청구할 수 있도록 허용한 것처럼 보이지만, 이것은 '무노동 무임금'이라는 쌍무계약의 기본법리가 수정된 것이 아니며, 그에 적용된 법리는 타당하다는 점을 강조하기 위하여 특별히 aequitas를 원용한 것으로 보인다. 이곳에서는 한 가지만 지적해 두기로 한다. 그것은 이러한 결론을 위험부담의 법리가 적용된 것으로 보는 로마법 연구자들이 있다는 점이다.[77)] 그러나 이러한 견해는 잘못이다. 왜냐하면 엄밀한 의미에서 우리 민법 제537조도 규정하는 위험부담의 법리는 쌍무계약에 있어서 당사자 일방의 채무가 당사자 쌍방의 책임 없는 사유로 이행할 수 없게 된 때에 한하여 적용되는 것으로서, 우리 개소의 경우 안토니우스 아퀼라를 피상속인으로 새기든 아니면 私見과 같이 상속인으로 새기든 계

75) 임약과 관련하여 다음의 개소에서도 언급된 bona fides는 전후 문맥(conventionem servari)에서 분명하듯이 fides에 다름 아니고 이때 bona는 단순한 부가적 형용사에 불과하므로, 이 개소를 fides = bona fides로 보는 증거로 삼을 수 없다.
C.4.65.22 Diocl./Maxim. (a.293) : Si hi, contra quos supplicas, facta locatione temporis certi suas tibi locaverint operas, quatenus bona fides patitur, causa cognita competens iudex conventionem servari iubebit.

76) Wenger/Honsell (주 63), 247f.

77) Müller (주 22), 95f. m.w.N.

약관계는 상속인과의 사이에 여전히 존속하고, 이 관계에 있어서 피용자의 노무는 여전히 객관적으로 이행가능할 뿐만 아니라, 이행이 이루어지지 못하는 원인도 채권자의 수령 불능 내지 거부에 있는 것이기 때문이다.

여기서 본 개소의 결론을 보다 일반적인 형태로 뒷받침하는 것으로 보이는 파울루스의 다음 개소를 살펴볼 필요가 있다.

> **D.19.2.38.pr Paulus libro singulari regularum.**
> Qui operas suas locavit, totius temporis mercedem accipere debet, si per eum non stetit, quo minus operas praestet.
> (자신의 노무 제공을 賃約에 의해 약속한 자는 全 기간의 보수를 수령해야만 한다. 그가 노무를 제공하지 않은 것이 그의 탓이 아닌 한.)

이 개소에서 비교적 분명히 추출해 낼 수 있는 것은 반대의 경우, 즉 노무가 피용자의 탓으로 제공되지 못한 경우에는 보수의 청구를 할 수 없다는 점이다. 더 나아가서 어떤 구체적 사실관계를 파울루스가 염두에 두었었는지는 si per eum non stetit, quo minus operas praestet라는 표현만으로는 확실히 알아내기 어렵다. 이 표현은 다의적이기 때문이다.[78] 그러나 이미 살펴보았듯이 가장 개연성 있는 해석은 노무의 제공이 고용주 측의 탓으로, 특히 수령지체로 인하여 좌절되었음을 시사한다고 보는 것이다. 같은 법리는 동시대에 변호사가 사례금을 이미 받았던 경우의 반환청구에도 반영된 것으로 보인다.[79]

---

78) Müller (주 22), 97f.; Möller (주 4), 47ff. (52).

79) 로마법상 변호사 보수에 관해서는 졸고, "로마법상 법률가의 윤리", in: 서울대학교 법과대학 편, 『法律家의 倫理와 責任』 (제2판, 2003), 82ff., 90ff.

D.19.2.38.1 Paulus libro singulari regularum.

Advocati quoque, si per eos non steterit, quo minus causam agant, honoraria reddere non debent.

(변호사 또한 소송을 수행하지 못하는 것이 그의 탓이 아닐 때에는 사례금을 반환할 필요가 없다.)

4. 피용자의 사망

물론 피용자의 탓으로 돌릴 수 없는 경우 중에는 그의 사망이 속한다. 그렇다면 사망한 피용자의 상속인이 고용계약을 승계하고 상속인은 바로 앞에서 인용한 Paul. D.19.2.38.pr에 따라서 잔여기간의 보수 청구가 가능하였을까? 앞에서 살펴보았듯이, 피용자의 병환으로 노무 이행이 안 된 경우에도 보수의 청구가 인정되지 않는다고 한다면, 피용자가 사망한 경우에는 더 이상 논할 것도 없을 것이다. 그러나 다른 한편으로 보수 청구를 뒷받침하는 논리를 찾아본다면 일응 변호사의 사례금과 관련한 다음의 개소에서 찾을 수 있을지도 모른다.

D.50.13.1.13 Ulpianus 8 de omnibus tribunalibus.

Divus Severus ab heredibus advocati mortuo eo prohibuit mercedem repeti, quia per ipsum non steterat, quo minus causam ageret.

(神皇 세베루스는 변호사의 상속인들로부터 그가 사망한 후 보수가 반환청구되는 것을 금지하였는바, 그 이유는 그가 소송을 수행하지 못한 것이 그 자신의 탓이 아니었기 때문이었다.)

그러나 변호사의 경우에도 그에게 탓할 수 없는 사유(Paul. D.19.2.38.1 cit.)의 하나가 그의 사망이었고, 이것은 또한 당연히 그의 상속인들에게 탓할 사유도 아니었으므로, 변호사 사망의 경우 상속인들로부터도 이미 받았던 사례금의 반환청구를 금지하였다는 이 개소는 논거가 될 수 없다. 우선, 엄밀한 의미의 고용계약에 관한 것이 아니라 고급노무의 사례라는 점에서 그 유추가능성에 대한 의문을 완전히 배제하기 어렵고,[80] 다음으로 보다 더 결정적인 것은 Paul. D.19.2.38.1나 이 개소나 모두 적극적으로 보수를 청구할 수 있다는 결정이 아니라, 소극적으로 이미 수령한 보수의 반환을 할 필요가 없다는 취지라는 점이다.[81] D.19.2.38.1의 경우에는 당사자 자신이 아직 생존 중이므로, 그 반대해석으로 아직 보수를 받지 못한 때에는 전 기간의 보수 청구가 가능하다는 취지임을 이끌어 낼 수 있고, 이 점은 이미 지적한 바이지만, 더 나아가 변호사 자신이 사망한 경우에 그 소송변호의 위임관계가 상속인에게 승계된다는 것은 그 노무의 전문성 등을 고려하면 인정할 수 없는 것이고,[82] 따라서 기껏해야 이미 받은 사례금의 계속적인 보유만이 허용될 수 있을 뿐이기 때문이다. 물론 전문 고급노무가 아닌 단순 노동력의 경우에는 피용자의 사망으로 그 상속인이 그 고용관계를 승계한다고 인정하는 것이 상대적으로는 더 용이할 수도 있을 것이지만, 노무란 역시 그 제공자의 인적인 특성과 직결되는 것으로서 피상속인의 노무와 상속인의 노무가 등가적인 경우란 사실상 불가능하고, 그럼에도 불구하고 그 승계를 인정한다면 고용주의 이익을 해치는 결과가 되므로, 단순노동력의 경우에도 승계란 인정될 수 없는 것이 순리이고,[83]

---

80) 울피아누스는 이곳에서 변호사와 관련해서도 merces라는 용어를 사용하였다. 이 점에서 여전히 honorarium과 구별하는 파울루스(D.19.2.38.1 cit.)와는 대조를 이룬다. 어쩌면 veteres의 전통에 더 충실한 파울루스와 달리 고전법의 자유주의적이고 실용적 관점을 취했던 울피아누스로서는 어차피 노무의 반대급부로 받는 대가였다는 점에서, 그리고 사회적 관념도 이미 일정한 정도 이러한 방향으로 변화했다는 인식에서, 굳이 구별할 필요를 느끼지 못하였는지도 모르겠다.

81) 이 점을 사소한 것으로 치부하는 Möller (주 4), 66f.는 잘못이다.

82) 참조: 우리 민법 제658조 제2항.

83) 同旨 우리 민법 제657조 제2항.

실제로 우리가 살펴본 Ulp. D.19.2.19.8에서 피용자 측이 아니라 고용주 측의 승계만을 언명하고 있는 것도 바로 이런 이유에서일 것이다. 그렇다면 피용자의 사망으로 고용관계는 종료하고, 그로써 피용자의 사망은 위험부담의 사유가 되는 사변에 해당되지 않는다. 고용주에게 더 이상의 보수 급부의무는 존재하지 않는다. 물론 피상속인이 생존 중에 받지 못한 보수의 청구권은 상속인에게 상속되어 그가 실현할 수 있지만, 이것은 별개의 문제이다.

결산을 해 보자면, 지금까지의 고찰만으로는 로마법에서 임금과 관련한 위험부담의 원리가 어떤 것이었는지를 판단하기는 어렵다고 보인다.

Ⅲ. 맺음말

이상으로 로마 사회의 임노동관계에 있어서 피용자의 노무가 각각 피용자 측의 사유, 고용주 측의 사유, 그리고 사변으로 인하여 제공될 수 없게 되었을 경우에 과연 어떠한 법적인 규율이 이루어졌는가를 살펴보았다. 로마 사회의 노동관계 전반이 갖는 역사적 특수성으로 말미암아 고용계약의 틀 안에서 검토할 수 있는 사료의 수가 극히 한정적이었기 때문에 어떤 일반화된 결론을 추출해 낼 수는 없었다. 분명하게 드러난 사실은 당사자들이 일반적인 법질서가 허용하는 범위 내에서 구체적인 계약의 형성을 통하여 자신들의 사회적 협상력과 생활관계의 특성에 부합하는 방향으로 자신들의 관계를 규율하였다는 점이다.

로마 사회가 아직 노동법의 독자영역이 발전하지 않은 사회였음은 물론이지만, 법학자들은 고전법으로의 발전과정에서 locatio conductio를 통한 자유계약에 기한 임노동관계의 규율가능성을 열어놓았고(세르비우스 이후), 또 다른 한편으로는 피용자에 대한 고용주의 일정한 신분법적 지배가능성을 수긍함으로써 노동관계에 특유한 배려 및 보호의 필요성에 대한 인식도 놓치지 않음으로써(veteres 법학) 근로관계의 다양한 측면에 대한 이해의 심화를 가져올 수 있는 역사적 선례를 남겼다는 점에서 높이 평가할 수 있을 것이다. 이미 일찍이 공화정기에 노동자(이 경우 피해방노예)의 인간적인 삶을 충분히 반영한 다음과 같은 法鑑定이 이루어지고 있다는 사실이야말로 그 부인할 수 없는 뚜렷한 증거이다.[84]

D.38.1.26 Alf. 7 dig.

Medicus libertus, quod putaret, si liberti sui medicinam non facerent, multo plures imperantes sibi habiturum, postulabat, ut sequerentur se neque opus facerent: id ius est nec ne? respondit ius esse, dummodo liberas operas ab eis exigeret, hoc est ut adquiescere eos meridiano tempore et valetudinis et honestatis suae rationem habere sineret. (1) Item rogavi, si has operas liberti dare nollent, quanti oporteret aestimari. respondit, quantum ex illorum operis fructus, non quantum ex incommodo dando illis, si prohiberet eos medicinam facere, commodi patronus consecuturus esset.

(피해방자인 醫師가 자기의 피해방노예들이 의사 영업을 하지 않으면 자기가 훨씬 더 많은 고객을 가질 것이라고 생각해서 그들에게 자신을 따르고 영업을 하지 않도록 요구하였다. 이것은 적법한가 아닌가? 그[=세르비우스]는 그가 그들에게서 자유인으로서의 노역을 요구하는 한, 즉 정오 시간에 그들이 휴식하고, 자신들의 건강과 인간다운 삶을 고려하는 것을 허용하는 한, 적법하다고 해답하였다. (1) 또 피해방노예들이 노역을 제공하기를 不願하는 경우에 그 가액은 얼마로 산정해야 하는가를 내가 물었다. 그[=세르비우스]는 의사 영업 하는 것을 금지했을 때 그들에게 주어졌을 불이익[=일실소득, 다시 말해서 노역을 제공하지 않고서 번 소득]이

84) 졸저 (주 6), 446f.

아니라, 그들의 노역의 果實[=노역을 제공했더라면 증가했을 수입액] 만큼의 이익을 舊주인은 취득할 것이다라고 해답하였다.)

이러한 정신은 고전기에 舊주인에게 노역을 제공하는 피해방노예는 물론,[85] 다른 노무제공자들에게도 확장되었다.[86]

D.38.1.50.1 Neratius 1 responsorum.

Non solum autem libertum, sed etiam alium quemlibet operas edentem alendum aut satis temporis ad quaestum alimentorum relinquendum et in omnibus tempora ad curam corporis necessariam relinquenda.

(비단 피해방노예뿐 아니라,[87] 다른 임의의 노무제공자들도 역시 부양해야 하고,[88] 생계 소득을 위한 충분한 시간을 남겨주어야 하며,[89] 모든 자들의 경우 몸을 건사하기에 필요한 시간을 남겨주어야 한다.[90])

물론 아직 노무자들에게 허여하려고 했던 이러한 여유의 여지는 여전히 인간생활의 필요적 생계 차원의 최소한을 초월하는 것－오늘날의 발전된 사회에서도 이것이 얼마나 어려운 일인지 우리는 알고 있다.－은 아니었다. 그럼에도 불구하고 어쩌면 이러한 법적인 대응의 저변에는 로마인들의 일에 관한 근원적인 관념이 깔려있는지도 모를 일이다. 그들에게 노동=일(negotium)[91]은 nec+otium, 즉 非－休息, 非－閑暇

85) Kaser/Knütel (주 10), 280.

86) 졸저, 『로마법강의』, 박영사 (1999), 271f.

87) 同旨 Iav. D.38.1.33.

88) 이 부분에 대한 논의는 Bürge (주 33), 73 m.w.N.

89) 同旨 Gai. D.38.1.19; Paul. D.38.1.20.pr.

90) 同旨 Gai. D.38.1.22.2; Paul. D.38.1.16.1.

91) 라틴어에서 labor, opera, negotium은 두루 통용되었다. Johann Philipp Krebs, *Antibarbarus der lateinischen Sprache*. II (9., unveränderte Auflage 1984), s.v.

였고,[92] 따라서 파생어 negotium보다는 그 모태인 otium이 더 근원적인 인간 현상, 또는 그에 관한 그들의 관념을 반영하는 것이었기 때문이다. 물론 로마의 지성인들에게 otium은 단순히 無爲, 긴장 완화, 게으름, 나태를 뜻했던 것이 아니라, 보다 고차의 재창조활동, negotium(!), occupatio, labor로서 공공을 위한 더 생산적인 인간 삶의 창달적 요소였다.[93]

그러면 노동의 가치를 높이 평가하고 노동에 대하여 인간학적이고 신학적인 차원에서 보다 심도 있는 성찰을 보여주는 성서와 그리스도교[94]의 유입은 로마의 사회와 법에 어떠한 변화를 가져왔을까? 더 살펴보아야 하겠지만, 일단은 별다른 변화가 없었다는 것이 연구자들의 결론인 것 같다.[95]

Negotium, 139f.

92) otium의 어원은 불명하지만, 처음으로 쓰인 엔니우스(기원전 239~169년)의 예에서도 드러나듯이 negotium과의 밀접한 관련성은 애초부터 존재했다. Ennius, Tragoediarum fragmenta v.234 : Otio qui nescit uti/Plus negoti habet quam cum est negotium in negotio. / Nam cui quod agat institutumst non ullo negotio / Id agit, id studet, ibi mentem atque animum delectat suum. (*Bibliotheca Teubneriana Latina*-3 (2004)에 의함)

93) Fritz Schalk, *Exempla Romanischer Wortgeschichte* (1966), 123ff. 오늘날 학교(school, Schule)의 어원인 그리스어 σχολή (lat. schola)가 원래 다름 아닌 otium의 뜻인 것은 시사하는 바가 적지 않다.

94) Charles F. Pfeiffer, Howard F. Vos, John Rea (ed.), *Wycliffe Bible Dictionary* (1975/2001), s.v. Labor, 1001; s.v. Laborer, 1001f.; Leon Dufour 책임 편집・임춘갑 번역, 『성서신학사전』 (1993), "노동", 145ff.; Kurt Galling (Hg.), *Die Religion in Geschichte und Gegenwart: Handwörterbuch für Theologie und Religionswissenschaft*, Bd. 1 (3., völlig neu bearb. Aufl. 1986), s.v. Arbeit III, 539ff. (W. Bienen).

95) Theo Mayer-Maly, *Locatio conductio. Eine Untersuchung zum klassischen römischen Recht* (1956), 224ff.

주제어: 계약의 신의, 고용계약, 고용주의 사망, 노동, 다키아 서판, 로마법, 무노동 무임금, 보수 청구, 사변, 위험부담, 賃約, 피용자의 병환, 피용자의 사망

No Payment without Labor?

—What Roman law says as to *locatio conductio operarum* as labor contract—

This article deals with the question in Roman law of whether or not the employer was obligated to pay the remuneration (wage), when the employee was hindered from offering his labor by an event not attributable to both of them. It is hard to answer this question of risk distribution between the parties in the Roman law of labor contract, because there is only a very limited number of legal sources available.

A critical survey of these sources, esp. D.19.2.19.8-10 (Ulp. 32 ed.) and FIRA III, No.150 a-c (CIL III, 948-949 Tab. IX-XI), reveals no certain legal guideline in theory and practice. The latter shows but a spectrum of practical solutions by way of conventional agreements between the parties, and the former sanctions according to the general principles of contract law, because the case it deals with concerns a situation not of risk distribution, but of a fault to be blamed to one of the parties. The picture we have shows a settled contract of labor freely stipulated by the parties.

However, we also find a series of legal decisions securing laborers' working conditions tolerable and humane as are necessary for their health and aliment (Alf. D.38.1.26; Ner. D.38.1.50.1; Iav. D.38.1.33; Gai. D.38.1.19; Paul. D.38.1.20.pr; Gai. D.38.1.22.2; Paul. D.38.1.16.1). It is, therefore, worthy to emphasize on the two competing ideas of labor contract among the Roman jurists. The *veteres*, the Republican jurists succeeded by the

Sabinians in the classical period, deemed it as a status contract to the effect that it might encompass protective measures for the working persons (that means practically "Payment in spite of no labor"), whereas the proponents of the New Jurisprudence, of which the originator was Servius Sulpicius Rufus and which was followed by the Proculians in the classical period, took for granted its being a free transaction between the parties (they tended to recognize "No payment without labor"). The sources we have analysed reflect the typical law of the classical period in which the Proculian idea prevailed.

Key Words: labor contract, *locatio conductio operarum*, no payment without labor? Roman law, wage

로마법상 組合持分의 결정과 善良人의 裁定

—D.17.2.75~80의 譯註—

Ⅰ. 머리말

민법상 조합을 결성함에 있어서는 손익분배의 비율(민법 제711조 참조)을 포함하여 당사자들이 결정해야 할 많은 문제들이 있지만,[1] 그 중에서도 중요한 것 중의 하나가 각 조합원의 조합 지분(민법 제714조, 제719조 참조) 비율이다.

> 참고로 조합원간의 손익분배비율을 정하고 있는 로마법상의 실무계약례를 하나 소개한다. 이 조합계약은 167년 3월 28일자로 두 은행가 사이에 체결된 것인데, 166년 12월 23일부터 다음 해 4월 12일까지의 단기간 換錢商 업무를 하기 위한 것이었다. 계약에서는 손익분배비율 이외에도 출자의 내용, 상대방을 詐害하는 경우에 대비한 계약벌, 사업 종료 후 사업채무를 공제한 출자분의 반환과 이익의 균등분배 등을 정하였다.
>
> *CIL* 3, 950:[2]

---

1) Cf. 郭潤直/金載亨, 『民法注解[XVI]: 債權(9)』 (1997), 46; 金曾漢/吳相杰, 『註釋債權各則(II)』 (1987), 602.

> Inter Cassium Frontinum et Iulium Alexandrum societas danistariae ex X kal. Ianuarias, quae proximae fuerunt Pudente et Polione cos., in pridie idus Apriles proximas venturas ita convenit, ut quidquid in ea societati ab re natum fuerit lucrum damnumve acciderit, aequis portionibus suscipere debebunt. In qua societate intulit Alexander numeratos sive in fructo ~~X~~ quingentos, et Secundus Cassi Palumbi servus actor intulit ~~X~~ ducentos sexaginta septem pr … tin/sum Alburno … debebit. In qua societate si quis dolo malo fraudem fecisse deprehensus fuerit, in asse uno ~~X~~ unum … denarium unum ~~X~~ XX … alio inferre debebit, et tempore peracto deducto aere alieno sive summam supra scriptam sibi recipere sive, si quod superfuerit, dividere debebunt(?). Id dari fieri praestarique stipulatus est Cassius Frontinus, spopondit Iulius Alexander. De qua re dua paria tabularum signatae sunt. Item debentur Lossae ~~X~~ L, quos a socis supra scriptis accipere debebit. Actum Deusare $\overline{\text{V}}$ kal. April. Vero $\overline{\underline{\text{III}}}$ et Quadrato cos.

지분은 원칙적으로 조합계약의 당사자들이 합의하여 정하는 것이지만, 경우에 따라서는 그 결정을 당사자 중 어느 누구에게 맡기거나, 아니면 제3자에게 위임할 수가 있다. 일단 지분비율을 결정할 권한을 수탁받은 자가 정한 지분비율이 당사자들의 의도에 부합하여 모두 동의하는 상태에 이른다면 좋겠지만, 그렇지 못하여 지분비율을 둘러싼 분쟁이 발생할 수도 있다. 이런 경우에 공정한 지분비율을 결정하는 기준으로서 로마인들이 제시한 것은 지분비율 자체에 관한 공정성의 객관적 기준이 아니라, 지분비율을 지정하는 행위자에 초점을 두어서 그가 지향해야 할 표준인으로서의 善良人(vir bonus)[3)]이었다. 이때 Vir bonus가 하나의 규범적 理想人임은 가령 나폴리의 법률가였던 알렉산

2) Bruns, *Fontes Iuris Romani Antiqui* (7. ed. 1909), n.171 [p.376].

3) 졸저, 『로마법강의』 (1999), 239.

더의 다음의 서술에서 분명히 드러난다.[4] 도대체 현실세계의 어디에서 이런 완전무결한 인간을 발견할 수 있겠는가?

> Viro enim bono hoc datur, ut ubique sanctus, ubique castus, honesti cultor, pius & integer sit, cujus ne erratum quidem minimum fuerit, ne dicam vitium: qui nullo malo perterritus, nulla calamitate victus fortunae cedat, nihil expetat, nihil dicat, nihil faciat in vita, nisi summa cum laude & dignitate, in nulla re delinquat, nullius rei poeniteat, servetque foedera humani generis ita inviolata in magnis minimisque rebus, ut ne minima quidem conscientiae labe detineatur. (왜냐하면 선량인에게는 이런 것이 인정되고 있기 때문이다. 즉 늘 거룩하고, 늘 순결하고, 도덕의 수행자이고, 충실하고 온전하여, 그는 추호도 失錯이 없으니 허물은 말할 것도 없다. 그는 어떤 惡에 의해서도 전혀 두려움이 없고, 어떤 재앙에 의해서도 제압당하여 운명에 굴복하지 않고, 생에 있어서 어떤 것을 추구하고 어떤 것을 말하고 어떤 것을 행하든 언제나 최고의 예찬과 존엄으로써 하며, 결코 불법한 짓을 행하지도 않고, 어떤 일도 후회할 거리가 없으며, 大小事에 있어서 인간사회의 맹약을 준수하여 침해하는 바가 없으므로 추호도 양심상의 치욕으로 얽매이지도 않는다.)

세네카는 이것을 한마디로 이렇게 요약하였다: "선량인이란 시간의 차원에서만 神과 구별된다"(Bonus tempore tantum a deo differt).[5] 이런 의미에서 로마적 덕목(virtus)의 의미맥락과 어감을 충분히 감안한다면[6]

---

4) Alexander ab Alexandro, *Genialium dierum libri sex*, II (Lugduni Batavorum, 1673), 395.

5) Seneca, *De providentia* [dialogi I] 1.5: … inter bonos viros ac deos amicitia est conciliante virtute. amicitiam dico? immo etiam necessitudo et similitudo, quoniam quidem bonus tempore tantum a deo differt, discipulus eius aemulatorque et vera progenies, quam parens ille magnificus, virtutum non lenis exactor, sicut severi patres durius educat.

6) Cf. Karl Meister, "Die Tugenden der Römer"(1930), in: Hans Oppermann

그 역어로서 "君子"를 사용해도 무방할 것이다. 그렇지 않아도 논어의 유명한 한 영역본에서는 군자를 "a man of complete virtue," 즉 完德人으로 번역하고 있으며,[7] 중국고전에 보이는 군자에 관한 서술[8]도 위의 알렉산더의 vir bonus 서술과 그 일치하는 바가 두드러지기 때문이다. 논어에서 임의로 골라낸 다음 구절들과 로마의 哲人 세네카의 <도덕서신>의 한 대목을 비교해 보아도 두 개념이 상응한다는 사실을 발견할 수 있다. 이상형의 군자에게서 발견된다는 仁·知·勇·義·禮·孫(=겸손)·信 등의 모든 덕목들은 후대의 이른바 五常(인의예지신)[9]을 포함하거니와 결국은 서양인들이 말하는 pulcher(美)·sanctus(聖)·castus(淨)·honestus(正)·pius(忠)·integer(全)·nullo malo perterritus(勇善), dignitas(尊)·fides(信)를 위시하여 플라톤 이래로 正經化된 유명한 四樞德[10] iustitia(δικαιοσύνη 義)·fortitudo(ἀνδρεία 勇)·temperantia(σωφροσύνη 節)·prudentia(φρόνησις·σοφία 智)로 집약된 vir bonus의 그것과 흔연히 일치하는 것이다.

論語, 憲問篇 (XIV.28):

「君子道者三, 我無能焉. 仁者不憂, 知者不惑, 勇者不懼」

(군자의 道는 세 차원에서 고찰해 볼 수 있는데, 나[=공자]로서는

(Hg.), *Römische Wertbegriffe* (1983), 1ff.

7) James Legge, *The Chinese Classics* I (1960), 137.

8) Cf. 韋政通 編著, 『中國哲學辭典』(臺北: 水牛出版社, 中華民國 80년), 357ff.의 "君子" 항목.

9) Cf. 韋政通 編著, 『中國哲學辭典』(中華民國 80년), 207f.의 "五常" 항목.

10) Cf. Plato, *Respublica* 4, 433 (박종현 역주, 『플라톤의 국가·政體』[1997], 285ff.); Helen F. North, "Temperance (Sōphrosynē) and the canon of the cardinal virtues", *Dictionary of the History of Ideas*, IV (1978), 365ff.; 상세는 Michael Wittmann, *Die Ethik des hl. Thomas von Aquin in ihrem systematischen Aufbau dargestellt und in ihren geschichtlichen, besonders in den antiken Quellen erforscht* (München: Max Hueber, 1933), 217ff.

하나도 능한 것이 없다. 군자는 어진 자로서는 근심하지 않고, 지혜로운 자로서는 의혹에 빠지지 않으며, 용감한 자로서는 두려워하지 않는다. ―졸역)

論語, 衛靈公篇 (XV.18):

「君子義以爲質, 禮以行之, 孫以出之, 信以成之, 君子哉」

(군자는 올바름으로써 바탕을 삼아서 禮로써 이를 행하고, 겸손으로써 이를 드러내며, 信實함으로써 이를 이루는 것이니, 이러면 군자라 할 것이다. ―졸역)

Seneca [Philosophus], Epistulae morales ad Lucilium 115.3:

Si nobis animum boni viri liceret inspicere, o quam pulchram faciem, quam sanctam, quam ex magnifico placidoque fulgentem videremus, hinc iustitia, illinc fortitudine, hinc temperantia prudentiaque lucentibus.

(우리가 선량인의 정신을 들여다보는 것이 허용된다면, 오! 얼마나 아름다운 용모며, 얼마나 거룩하고, 얼마나 고결함과 평온함으로 빛나는 정신을 보게 되겠는가. 이쪽에서 정의가, 저쪽에서 용기가, 다시 이쪽에서 절제와 지혜가 빛나리라.)[11]

이러한 기준인은 물론 조합에서만 문제되는 것이 아니었고, 따라서 법적으로 중요한 사항을 결정하거나 판단하는 모든 경우에 일관되게 적용된 바 있다.[12] 그리하여 예컨대 법무관 자신과 심판인의 판단기준

11) 참고로 이어지는 대목도 소개하면 다음과 같다.

Praeter has frugalitas et continentia et tolerantia et liberalitas comitasque et- quis credat?- in homine rarum humanitas bonum, splendorum illi suum adfunderent. Tunc prudentia cum elegantia et ex istis magnanimitas eminentissima quantum, di boni, decoris illi, quantum ponderis gravitatisque adderent! quanta esset cum gratia auctoritas! Nemo illam amabilem qui non simul venerabilem diceret.

12) Cf. Cato, *De agri cultura* 144.3; 148.1; 149.2; Frontinus, *De aquaeductu urbis Romae* 125.1; D.3.3.33.3; D.3.3.45pr.; D.3.3.77; D.3.3.78pr.; D.5.2.25pr.;

도 선량인이 모범이었고,

D.28.8.7.pr. Ulp. 60 ad ed.

Ait praetor: "Si pupilli pupillae nomine postulabitur tempus ad deliberandum, an expediat eum hereditatem retinere, et hoc datum sit: si iusta causa esse videbitur, bona interea deminui nisi si causa cognita boni viri arbitratu vetabo."

D.47.10.17.5 Ulp. 57 ad ed.

Ait praetor "arbitratu iudicis": utique quasi viri boni, ut ille modum verberum imponat.

심지어는 도망노예를 포획하기 위한 적절한 수단의 강구도 그 기준은 선량인이었다.

D.24.3.25.3 Paul. 36 ad ed.

Si qui dotalium servorum in fuga erunt, cavere debebit maritus se eos viri boni arbitratu persecuturum et restituturum.

그러나 다음의 로마인들 자신의 표현에서도 드러나듯이 재정 주체로

D.7.1.13.6; D.7.1.13.8; D.7.1.27.5; D.7.5.6.pr.; D.7.9.1.pr.; D.7.9.1.3; D.7.9.1.6; D.7.9.11; D.7.9.12; D.10.2.44.8; D.12.2.30.5; D.17.1.35; D.18.1.7.pr.; D.19.2.24.pr.; D.24.3.25.3; D.24.3.50; D.26.7.47.1; D.27.10.8; D.28.8.7.pr.; D.30.58; D.31.1.1; D.32.41.9; D.32.43; D.33.1.3.2; D.33.1.3.3; D.33.1.13.1; D.34.1.10.2; D.35.3.3.6; D.35.3.3.7; D.36.1.56; D.37.6.2.2; D.37.7.5.1; D.39.1.5.17; D.39.1.21.4; D.39.2.15.34; D.39.2.18.2; D.39.5.31.1; D.40.5.46.3; D.40.5.47.2; D.40.12.30; D.42.4.7.1; D.43.12.1.12; D.43.15.1.pr.; D.43.15.1.3; D.46.1.33; D.46.7.5.3; D.46.7.12; D.46.7.18; D.47.10.17.5; D.50.16.73; C.2.50.4; C.3.33.4; C.3.44.3; C.4.38.15.2; C.5.11.3; C.5.50.2.1; C.6.43.3.1a; C.6.54.7; CTh.2.19.4; CTh.8.18.2; Max Kaser, *Das römische Privatrecht* I (2. Aufl. 1971), 490.

서의 기준인을 제시한다는 것은 재정 행위 자체의 기준("recte")을 제시하는 것과 다른 것이 아니었음은 물론이거니와, 다만 전자의 방식이 구체적 행위상황과의 연관성을 捨象함으로써 보다 더 추상적이고 항구적인 기준을 보다 더 有形的인 형태로 제시할 수 있고 또 실제로 제시하고 있다는 점에서 어쨌든 이론적으로는 더 나은 방법이라고 생각된다.

D.50.16.73 Ulp. 80 ad ed.

Haec verba in stipulatione posita "eam rem recte restitui" fructus continent: "recte" enim verbum pro viri boni arbitrio est.
(문답계약에 포함된 "그 물건이 정당하게 반환됨"이란 이 문구는 果實을 포함한다. 왜냐하면 "정당하게"란 표현은 선량인의 裁定 대신이기 때문이다.)

그러나 물론 실제적용의 측면에서는 이 기준은 구체적 상황의 모든 제반사정을 공정하게 고려한다는 것에 다름 아니었다. 다음은 임의로 골라낸 두 개의 예이다.

D.32.43 Celsus 15 dig.

Si filiae pater dotem arbitratu tutorum dari iussisset, Tubero perinde hoc habendum ait ac si viri boni arbitratu legatum sit. Labeo quaerit, quemadmodum apparet, quantam dotem cuiusque filiae boni viri arbitratu constitui oportet: ait id non esse difficile ex dignitate, ex facultatibus, ex numero liberorum testamentum facientis aestimare.

D.33.1.3.3 Ulp. 24 ad Sab.

Sed et si fuerit adiectum "viri boni arbitratu", hoc sequemur, ut pro positione patrimonii sine vexatione et incommodo heredis fiat.

다른 한편으로 다음의 켈수스의 개소가 보여주듯이 선량인이라는 기준을 언급하지 않았다고 해서 공정성(bonum et aequum)의 기준이 사라지는 것이 아니었음은 물론이다. 오히려 이러한 사례들이야말로 선량인의 기준이 가지는 의미에 대하여 보다 더 심층적인 고찰과 분석이 필요함을 잘 보여준다고 할 것이다.

D.38.1.30.pr Celsus 12 dig.

Si libertus ita iuraverit dare se, quot operas patronus arbitratus sit, non aliter ratum fore arbitrium patroni, quam si aequum arbitratus sit. et fere ea mens est personam arbitrio substituentium, ut, quia sperent eum recte arbitraturum, id faciant, non quia vel immodice obligari velint.

이 글에서는 조합에 국한하여 관련사료를 소개하고 필요한 최소한의 설명을 붙이는 방식으로 이 문제, 즉 善良人의 裁定(boni viri arbitratus, boni viri arbitrium)에 관한 앞으로의 논의를 위한 화두를 제공하는 데 그치기로 한다.[13)]

II. 관련사료 및 역주

조합지분의 결정을 제3자에게 맡기는 경우의 법률문제에 관하여는 조합을 다루고 있는 <학설휘찬> 제17권 제2장 종반부의 D.17.2.75-

13) 이러한 논의의 출발점은 이를 일반화시키고 있는 울피아누스의 다음 개소가 될 것이다. Cf. Max Kaser, *Das römische Privatrecht* II (2. Aufl. 1975), 338f. n.24. D.50.17.22.1 Ulpianus 28 ad Sab.

Generaliter probandum est, ubicumque in bonae fidei iudiciis confertur in arbitrium domini vel procuratoris eius condicio, pro boni viri arbitrio hoc habendum esse.

80 및 그에 상응하는 B.12.1.73-78 (Heimbach I, p.784f.)이 기본사료이다. 그 중에서도 근간은 프로쿨루스의 <서한집> 제5권에서 발췌한 D.17.2.76-78-80인데,[14] 로마법대전의 편찬자들은 그 사이에 파울루스의 <질의록>에서 취한 단편을 두 개 삽입하여 엮어 놓았다. 맨 앞의 켈수스의 단편은 시간적으로는 프로쿨루스의 것보다 나중 것이지만 재정조항의 조건이 불성취한 경우를 다루고 있으므로 그 조건이 성취된 경우를 본격적으로 다루고 있는 프로쿨루스의 개소와 체계적으로 대비시켜서 배치한 것으로 보인다.

D.17.2.75 Celsus libro quinto decimo digestorum.

Si coita sit societas ex his partibus, quas Titius arbitratus fuerit, si Titius antequam arbitraretur decesserit, nihil agitur: nam id ipsum actum est, ne aliter societas sit, quam ut Titius arbitratus sit.
(조합이 티티우스가 裁定하는 지분대로[15] 결성된 경우 티티우스가 재정하기 전에 사망하는 때에는 無爲인 것이다.[16] 왜냐하면 티티우스가 재정해야만[17] 조합이 성립하는 것으로 합의된 것[18]이기 때

---

14) Vincenzo Arangio-Ruiz, *La società in diritto romano* (Napoli: Jovene, 1965/ ristampa 1982), 111: "una succinta trattazione monografica dell'intera materia".

15) 예컨대 다음 개소가 보여주듯이 상속인의 지정과 같은 어떤 법적인 결정은 그것을 제3자에게 맡길 수 없으나, 조합지분의 결정은 원칙적으로 그러한 위탁이 가능하였다.

D.28.5.32.pr Gaius libro primo de testamentis ad edictum praetoris urbani. Illa institutio "quos Titius voluerit" ideo vitiosa est, quod alieno arbitrio permissa est: nam satis constanter veteres decreverunt testamentorum iura ipsa per se firma esse oportere, non ex alieno arbitrio pendere.

16) 즉 무효이다. Julio Hernando Lera, *El contrato de sociedad: La casuística jurisprudencial clasica* (Madrid: Dykinson, 1992), 164f.

17) 이 개소의 재정을 맡은 티티우스를 D.17.2.76에서 말하는 제1종류의 재정인, 즉 중재인(arbiter ex compromisso)으로 이해하는 견해(Velasco, *La posición del obligado en la societas consensual: una aproximación a la actio pro socio* [1986], 189:

문이다.19))

Lera, *El contrato de sociedad* [1992], 283f.에서 재인용)가 있으나 그렇게 보아야 할 아무런 이유가 없다. 조합계약이 무효가 되는 이유를 그가 중재인이기 때문이 아니라 그가 재정을 하지 않았다는 사실로 설명하고 있기 때문이다.

18) Cf. 졸저, 『로마법강의』 (1999), 352.

19) 이것은 계약해석의 문제이다. 켈수스는 염두에 두고 있는 사안의 경우 당사자들이 티티우스의 재정을 조건(同旨 Proc. D.17.2.76: ea condicione)으로 조합을 결성한 것으로 이해한 것이다. 그러니까 티티우스가 사망하게 되면 조건의 불성취로 조합이 성립하지 않게 되는 것이다. 이미 同旨 B.12.1.73: quia conditio defecit. 이런 경우에 조합의 무효가 아니라 티티우스가 할 수 없게 된 재정을 선량인의 재정으로 보충함으로써 조합의 성립을 도모할 수 없겠는가 하는 논의가 있었는지는 알 수 없다. 다른 한편으로 지분 결정을 위탁받은 제3자가 어떤 내용이든 결정을 하는 경우에는 조건은 일단 성취되는 셈이다(Cf. D.17.2.76). 즉 티티우스에게 조합지분의 결정을 맡기는 조건 자체는 별문제 없이 유효하였다.

이것은 외견상 유사한 다른 경우, 가령 대금의 결정을 제3자에게 맡긴 매매계약의 경우에 로마의 법률가들 사이에 보이는 것(Gai.3.140: Pretium autem certum esse debet. nam alioquin si ita inter nos convenerit, ut quanti Titius rem aestimaverit, tanti sit empta, Labeo negavit ullam vim hoc negotium habere; cuius opinionem Cassius probat. Ofilius et eam emptionem et venditionem; cuius opinionem Proculus secutus est)과 같은 심각한 학설의 대립(Iust. C.4.38.15.pr [a.530]: Super rebus venumdandis, si quis ita rem comparavit, ut res vendita esset, quanti Titius aestimaverit, magna dubitatio exorta est multis antiquae prudentiae cultoribus)이 조합지분의 결정과 관련해서는 없었다는 것을 의미한다. 매매에 있어서 확정대금은 本質素라는 사정(Gai.3.139)이 중요한 역할을 한 반면에 조합지분의 경우에는 그렇지 않기 때문이다. 다시 말하여, 라베오가 이 조항을 조건이 아니라 부수약정으로 이해하고, 이 부수약정은 본질소인 확정대금이 빠진 매매계약에 부수하는 한 무효일 수밖에 없다고 보았다면, 프로쿨루스는 이를 조건으로 이해하고 그렇게 함으로써 매매계약의 성패를 그 조건의 성취 여부에 따라 결정한 것인데, 유스티니아누스법의 최종선택은 다음의 개소에서 보듯이 후자의 손을 들어주었던 것이다. 그러나 조합은 최소한도 일정한 목적과 이를 당사자 전원의 공동사업으로서 경영한다는 두 가지 점에 대한 합의가 성립하기만 하면 조합계약이 유효하게 성립하므로(金曾漢/吳相杰, 『註釋債權各則(II)』 [1987], 602). 조합지분의 경우에 이런 논의의 여지가 없었던 것은 물론이다.

D.17.2.76 Proculus libro quinto epistularum.

Societatem mecum coisti ea condicione, ut Nerva amicus communis partes societatis constitueret: Nerva constituit, ut tu ex triente socius esses, ego ex besse: quaeris, utrum ratum id iure societatis sit an nihilo minus ex aequis partibus socii simus. existimo autem melius te quaesiturum fuisse, utrum ex his partibus socii essemus quas is constituisset, an ex his quas virum bonum constituere oportuisset. arbitrorum enim genera sunt duo, unum eiusmodi, ut sive aequum sit sive iniquum, parere debeamus (quod observatur, cum ex compromisso ad arbitrum itum est), alterum eiusmodi, ut ad boni viri arbitrium redigi debeat, etsi nominatim persona sit comprehensa, cuius arbitratu fiat

(네가 나와 더불어 공동의 벗인 네르바[20]가 조합의 지분들을 정한다는 조건으로[21] 조합을 결성하였다. 네르바는 네가 ⅓, 내가 ⅔

C.4.38.15.1-3 Iust. (a.530)

(1) Quam decidentes censemus, cum huiusmodi conventio super venditione procedat "quanti ille aestimaverit", sub hac condicione stare venditionem, ut, si quidem ipse qui nominatus est pretium definierit, omnimodo secundum eius aestimationem et pretia persolvi et venditionem ad effectum pervenire, sive in scriptis sive sine scriptis contractus celebretur, scilicet si huiusmodi pactum, cum in scriptis fuerit redactum, secundum nostrae legis definitionem per omnia completum et absolutum sit.

(2) Sin autem ille vel noluerit vel non potuerit pretium definire, tunc pro nihilo esse venditionem quasi nullo pretio statuto: nulla coniectura, immo magis divinatione in posterum servanda, utrum in personam certam an in viri boni arbitrium respicientes contrahentes ad haec pacta venerunt, quia hoc penitus impossibile esse credentes per huiusmodi sanctionem expellimus.

(3) Quod et in huiusmodi locatione locum habere censemus.

20) 이곳의 네르바가 티베리우스 황제의 고문법률가였고 프로쿨루스 학파의 首長으로서 프로쿨루스와도 친교가 있었던 유명한 법률가 네르바(M. Cocceius Nerva [父]. Cf. Jan Kodrebski, "Der Rechtsunterricht am Ausgang der Republik und zu Beginn des Prinzipats", *ANRW* II 15 [1976], 177ff., 194; Detlef Liebs, "Rechtsschulen und Rechtsunterricht im Prinzipat", *ANRW* II 15 [1976], 197ff., 209f.)인지는 불확실하다.

지분권의 조합원이도록 정하였다. 너는 그 결정이 조합의 법리상 승인되는 것인지 아니면 그럼에도 불구하고 우리는 균등한 지분으로 조합원인지를 문의한다. 그런데 私見으로는 네가 그가 정한 지분으로 우리가 조합원인 것인지 아니면 善良人이 정해야 했을 지분으로 그런 것인지를 물을 것이었더라면 더 좋은 질문이었을 것이라고 생각한다. 왜냐하면 재정인에는 두 종류가 있는바,[22] 하나는 공정하든 불공정하든 우리가 복종해야만 하는 류이고 (이것은 중재계약에 기하여 仲裁人에게 간 경우 준수되는 바이다[23]), 다른 하나

---

21) Cf. D.17.2.75 주해.

22) 이 유명한 부분은 중세 이후 중재인 개념을 발전시키는데 중요한 일익을 담당하였다. 이에 관한 상세는 Reinhard Zimmermann, *The Law of Obligations: Roman Foundations of the Civilian Tradition* (1. ed. repr. 1992), 528ff.

23) 同旨 D.4.8.27.2 Ulpianus libro tertio decimo ad edictum.
Stari autem debet sententiae arbitri, quam de ea re dixerit, sive aequa sive iniqua sit: et sibi imputet qui compromisit. nam et divi Pii rescripto adicitur: "vel minus probabilem sententiam aequo animo ferre debet".
(그런데 중재인이 내리는 판정은 공정하든 불공정하든 준수되어야만 한다. 그것은 중재를 맡긴 자 스스로의 탓일 수밖에 없는 것인바, 또한 神皇 피우스의 批答에도 다음 문구가 추가되어 있다: "덜 타당한 판정도 침착한 마음으로 감내해야만 한다".)

그 결과 중재인의 판정(Cf. 졸저, 『로마법강의』[1999], 519f.)은 그가 주관적으로 옳다고 생각하는 어떤 판정을 내리든 법무관이 간여할 일이 아니었다. D.4.8.19 Paulus libro tertio decimo ad edictum.
Qualem autem sententiam dicat arbiter, ad praetorem non pertinere Labeo ait, dummodo dicat quod ipsi videtur. et ideo si sic fuit in arbitrium compromissum, ut certam sententiam dicat, nullum esse arbitrium, nec cogendum sententiam dicere Iulianus scribit libro quarto digestorum.

로마법연구자들은 이처럼 vir bonus의 규범적 통제를 받지 않는 자유로운 재정을 사료상의 용어는 아니지만 전통적으로 arbitrium merum(純粹裁定)이라고 부른다. 사료에서는 이에 해당하는 경우 liberum arbitrium (D.34.5.7.1), plenum arbitrium voluntatis (D.32.11.7), mera voluntas (D.30.75.pr) 등으로 표현하였다. Cf. Christian Friedrich Glück, *Ausführliche Erläuterung der Pandecten*, 26. Theil/1. Abtheilung (1824), 172f.; Arangio-Ruiz, *La società in diritto romano*

는 비록 그의 재정에 따라서 결정될 재정인이 명시적으로 지정되었더라도 善良人의 재정에 따라야만 하는 류의 것이기 때문이다.[24)])

D.17.2.77 Paulus libro quarto quaestionum.

(veluti cum lege locationis comprehensum est, ut opus arbitrio locatoris fiat):

(예컨대 도급[25)]약관에서 공사가 도급인의 재정에 따라서 이루어져야 한다고 규정된 경우[26)])[27)]

(1965/ristampa 1982), 113 n.1.

D.32.11.7 Ulpianus 2 fideicommissorum.

Quamquam autem fideicommissum ita relictum non debeatur "si volueris", tamen si ita adscriptum fuerit: "si fueris arbitratus" "si putaveris" "si aestimaveris" "si utile tibi fuerit visum" vel "videbitur", debebitur: non enim plenum arbitrium voluntatis heredi dedit, sed quasi viro bono commissum relictum.

24) Cf. D.17.2.79.

25) 여기서 locatio는 다음 절에서 opus가 언급되고 있으므로(Cf. Iav. D.19.2.51.1; Kaser, *Das römische Privatrecht* I [2. Aufl. 1971], 570 n.77) 賃約의 세 형태－임대차, 고용, 도급－중 都給(locatio conductio operis)이다.

26) 이러한 구체적인 실무례로서는 기원전 105년의 푸테올리 城壁建築一般約款(Lex parieti faciendo Puteolana)을 들 수 있다. 이 보통거래약관에서는 市長(duoviri) 및 市議會(duovirales)의 裁定에 따르도록 되어 있다.

CIL 10, 1781 = Bruns, *Fontes Iuris Romani Antiqui* (7. ed. 1909), n.170 [p.374]:

[Col. I, lin. 4ss.] Operum lex II. Lex parieti faciendo in area, quae est in ante aedem Serapi trans viam: qui redemerit, praedes dato praediaque subsignato duumvirum arbitratu. … [Col. III, lin.7ss.] Hoc opus omne facito arbitratu duovirum et duoviralium.

27) 도급공사의 檢受와 관련해서도 동일한 법리가 적용되었다.

D.19.2.24.pr Paulus 34 ad ed.

Si in lege locationis comprehensum sit, ut arbitratu domini opus adprobetur, perinde habetur, ac si viri boni arbitrium comprehensum fuisset, idemque servatur, si alterius cuiuslibet arbitrium comprehensum sit: nam fides bona exigit, ut arbitrium tale praestetur, quale viro bono convenit. idque arbitrium

D.17.2.78 Proculus libro quinto epistularum.

in proposita autem quaestione arbitrium viri boni existimo sequendum esse, eo magis quod iudicium pro socio bonae fidei est. (그러나 본 問議사안[28]에서는 私見으로는 선량인의 재정을 따라야만 한다고 생각하는바,[29] 조합소송은 誠意訴訟인 만큼[30] 더욱 더

---

ad qualitatem operis, non ad prorogandum tempus, quod lege finitum sit, pertinet, nisi id ipsum lege comprehensum sit. quibus consequens est, ut irrita sit adprobatio dolo conductoris facta, ut ex locato agi possit.

(도급약관에서 都給主의 재정으로 공사가 검수될 것이 규정된 경우에는 선량인의 재정이 규정되었던 것처럼 간주된다. 임의의 제3자의 재정이 규정된 경우에도 같은 법리가 준수된다. 왜냐하면 신의성실은 선량인에 부합하는 그러한 재정이 행해질 것을 요구하기 때문이다. 그리고 그 재정은 공사의 질에 관계된 것이고, 약관에서 규정되지 않았다면 약관에서 정해진 기간의 연장에 관계된 것이 아니며, 그에 따라서 수급인의 악의로 행해진 검수는 무효이고 그래서 도급인 소권으로써 소구할 수 있다.)

한편 다음 개소를 살펴보면 라베오의 시대에 이미 그러한 법리가 적용되었는지 문면상으로는 확실하지 않다. 그러나 적어도 이미 카토가 선량인의 재정을 알고 있는 것으로 미루어 볼 때(Cf. 위 각주 11) 라베오의 경우에도 그것은 긍정해야만 할 것이다. 다만 이 개소에서는 관심사가 검수권을 가진 도급인의 의사에 따른 공사변경과 그로 인한 수급인의 면책이었기에 검수 시의 일반적인 사항에 대하여는 언급이 없는 것 뿐이라고 보아야 할 것이다.

D.19.2.60.3 Labeo posteriorum lib. 5 a Iavoleno epitomatorum.

Lege dicta domus facienda locata erat ita, ut probatio aut improbatio locatoris aut heredis eius esset: redemptor ex voluntate locatoris quaedam in opere permutaverat. respondi opus quidem ex lege dicta non videri factum, sed quoniam ex voluntate locatoris permutatum esset, redemptorem absolvi debere.

28) D.17.2.76.

29) 왜냐하면 조합계약의 당사자들이 정식의 중재계약(Cf. 졸저, 『로마법강의』 [1999], 515ff.)을 통하여 네르바에게 조합지분의 판정을 맡긴 것이 아니기 때문이다.

30) Cicero, *De officiis* 3.17.70:

Q. quidem Scaevola, pontifex maximus, summam vim esse dicebat in omnibus iis arbitriis, in quibus adderetur EX FIDE BONA, fideique bonae nomen existimabat manare latissime, idque versari in tutelis, societatibus, fiduciis,

그러하다.[31])

D.17.2.79 Paulus libro quarto quaestionum.

Unde si Nervae arbitrium ita pravum est, ut manifesta iniquitas eius appareat, corrigi potest per iudicium bonae fidei.

(그러므로 네르바[32])의 재정이 그 불공정함이 명백할 정도로 不正한[33]) 경우에는 이 성의소송[34])으로써 교정될 수 있다.[35]))

---

mandatis, rebus emptis, venditis, conductis, locatis, quibus vitae societas contineretur; in iis magni esse iudicis statuere, praesertim cum in plerisque essent iudicia contraria, quid quemque cuique praestare oporteret.

Gai.4.62: Sunt autem bonae fidei iudicia haec: ex empto vendito, locato conducto, negotiorum gestorum, mandati, depositi, fiduciae, pro socio, tutelae, rei uxoriae.

D.17.2.38.pr Paulus 6 ad Sab.
Pro socio arbiter prospicere debet cautionibus in futuro damno vel lucro pendente ex ea societate. quod Sabinus in omnibus bonae fidei iudiciis existimavit, sive generalia sunt (veluti pro socio, negotiorum gestorum, tutelae) sive specialia (veluti mandati, commodati, depositi)

Cf. 졸저, 『로마법강의』 (1999), 526f.; 531.

31) Cf. D.19.2.24.pr Paulus 34 ad ed. (위 각주 26).

32) D.17.2.76 사안의 재정인.

33) <학설휘찬>에서 pravus가 쓰인 유일한 개소이다(*Vocabularium Iurisprudentiae Romanae*. Tom. IV/Fasc. 3·4 [1985], s.h.v. [p.1115]). 이 어휘는 비법률사료의 경우에는 쟝르를 불문하고 두루 사용되었으나(Cf. *Oxford Latin Dictionary* [ed. Glare, 1982/repr. 1985]. s.h.v. [p.1450f.]), 법률사료의 경우에는 거의 전부가 칙법에서만 사용되었다(Cf. Dirksen, *Manuale Latinitatis Fontium Iuris Civilis Romanorum* [1837], s.h.v. [p.755]; Heumann/Seckel, *Handlexikon zu den Quellen des römischen Rechts* [11. Aufl. 1971], s.h.v. [p.456]). 이로 미루어 보면 황제의 위엄과 권위를 표창하기 위하여 법문의 장식적 효과까지를 노렸던 칙령의 문체와 달리 법리를 담는 그릇으로서 꾸밈이 없이 단순하고 담박한 양식의 문장을 구사하였던 법학자들의 일상적 어휘목록에는 속하지 않았던 단어였다.

34) 즉 조합소송.

35) 바로 이 점에 善良人 裁定이 가지는 규범적 기준으로서의 법적 의미와 기능이

D.17.2.80 Proculus libro quinto epistularum.

Quid enim si Nerva constituisset, ut alter ex millesima parte, alter ex [duo] <undemille> millesimis partibus socius esset? illud potest conveniens esse viri boni arbitrio, ut non utique ex aequis partibus socii simus, veluti si alter plus operae industriae gratiae pecuniae in societatem collaturus erat.

(네르바[36]가 한 사람은 1/1000, 다른 사람은 999/1000 지분권으로 조합원이도록 정했었더라면 어떠한가? 우리가 항상 균등한 지분으로 조합원인 것[37]은 아니라는 점은 선량인의 재정에 부합하는 것일

있는 것임은 물론이다. Cf. 위 I의 서술.

36) D.17.2.76 사안의 재정인.

37) 로마법에서는 조합원의 손익분배의 비율은 달리 정함(Cf. 위 각주 2)이 없는 한 균등한 것－이것을 比例按分으로 이해하는 견해에 대한 정당한 비판은 Windscheid/Kipp, *Lehrbuch des Pandektenrechts* II [9. Aufl. 1906], 782 n.13－으로 처리하였다(Inst.3.25.1; Gai.3.150). D.17.2.76 및 80에서 보듯이 조합원 지분의 재정을 다투는 경우에도 그에 대한 선택지로서 균등분이 거론되는 것은 바로 이러한 배경이 있기 때문이다.

Gai.3.150: Et illud certum est, si de partibus lucri et damni nihil inter eos convenerit, tamen aequis ex partibus commodum ut incommodum inter eos commune esse; sed si in altero partes expressae fuerint, velut in lucro, in altero vero omissae, in eo quoque quod omissum est, similes partes erunt.

(그리고 이익과 손실의 몫에 관하여 아무 것도 당사자 사이에 정하지 아니하였을지라도 이익과 손실이 그들 사이에 균등한 몫으로 분배된다는 것은 확실하다. 그러나 둘 중 어느 하나에 있어서 몫이 명시된 경우, 가령 이익에 있어서는 표시되었지만 다른 하나에 있어서는 언급이 없는 경우에는 언급이 없는 것에 대하여도 마찬기지의 몫이 인정될 것이다.)

손익분배의 비율에 관한 한, 우리 민법 제711조 제2항은 가이우스 개소의 후반부(=Inst.3.25.3: Illud expeditum est, si in una causa pars fuerit expressa, veluti in solo lucro vel in solo damno, in altera vero omissa: in eo quoque quod praetermissum est eandem partem servari)와 정확히 일치하지만, 동조 제1항은 가이우스 개소의 전반부와 다르게 출자가액에 비례하도록 정하였다. 이러한 태도는 로마법에서는 지분의 결정에 있어서 반영되고 있다.

D.17.2.29.pr Ulpianus 30 ad Sab.

수 있는바,[38] 가령 그 중 한 사람이 더 많은 勞務[39]나 근면[40]이나 聲價[41]나 금전을 조합에 출자할 것이었던 경우가 그러하다.[42])[43]

Si non fuerint partes societati adiectae, aequas eas esse constat. si vero placuerit, ut quis duas partes vel tres habeat, alius unam, an valeat? placet valere, si modo aliquid plus contulit societati vel pecuniae vel operae vel cuiuscumque alterius rei causa.

38) 지분 비율의 결정을 단순히 외견상 드러난－경우에 따라서는 매우 현저한－불균형만으로 바로 불공정한 것으로 판단해서는 안된다는 점을 지적하는 이 부분은 선량인의 재정이 후속부분에서 지적하듯이 특히 출자 비율을 포함한 제반사정을 고려한 가운데 이루어져야 하는 것임을 잘 보여준다. Cf. 민법 제711조 제1항.

39) Cf. Gai.3.149: … nam et ita posse coiri societatem constat, ut unus pecuniam conferat, alter non conferat et tamen lucrum inter eos commune sit; saepe enim opera alicuius pro pecunia valet. = Inst.3.25.2

40) Cf. D.17.2.29.1 Ulpianus 30 ad Sab.

Ita coiri societatem posse, ut nullam partem damni alter sentiat, lucrum vero commune sit, Cassius putat: quod ita demum valebit, ut et Sabinus scribit, si tanti sit opera, quanti damnum est: plerumque enim tanta est industria socii, ut plus societati conferat quam pecunia, item si solus naviget, si solus peregrinetur, pericula subeat solus.

D.17.2.25 Paulus 6 ad Sab.

Non ob eam rem minus ad periculum socii pertinet quod neglegentia eius perisset, quod in plerisque aliis industria eius societas aucta fuisset: et hoc ex appellatione imperator pronuntiavit.

41) *Oxford Latin Dictionary* (1985), s.h.v. no.5 (p.773): "Favour enjoyed by a person or thing, popularity, esteen, credit"; Heumann/Seckel, *Handlexikon zu den Quellen des römischen Rechts* (1971), s.h.v. 1) a) (p.231): "Ansehen, guter Ruf, Kredit". 異見 Arangio-Ruiz, *La società in diritto romano* (1965/ristampa 1982), 114 n.1: "il favore di cui taluno goda presso i potenti". 그러나 왜 굳이 이 말을 세력자의 은혜적 호의로 받아들여야 하는 것인지 의문이다. 그에 대하여 아무런 근거도 제시하지 않고 있는 Arangio-Ruiz 자신이 곧 이어서 修正 문제를 제기하는 것("Interpolato?") 자체가 또한 그의 견해가 타당성이 없음을 드러낸다.

42) Cf. D.17.2.5.1 Ulp. 31 ad ed.

Societas autem coiri potest et valet etiam inter eos, qui non sunt aequis facultatibus, cum plerumque pauperior opera suppleat, quantum ei per comparationem patrimonii deest. donationis causa societas recte non contrahitur.

(그런데 조합은 재력이 균등하지 않은 자들 사이에도 결성될 수 있고 유효한바, 왜냐하면 종종 재력이 약한 쪽이 노무로써 재산 비교에서 그에게 부족한 부분을 보충하기 때문이다. 증여 목적의 조합은 정당하게 체결될 수 없다.)

43) 계약당사자 중의 한 사람이 지분을 결정하기로 한 경우에도 동일한 법리가 적용되었다.

D.17.2.6 Pomponius 9 ad Sab.

Si societatem mecum coieris ea condicione, ut partes societatis constitueres, ad boni viri arbitrium ea res redigenda est: et conveniens est viri boni arbitrio, ut non utique ex aequis partibus socii simus, veluti si alter plus operae industriae pecuniae in societatem collaturus sit.

이 경우에 선량인의 재정 기준이 적용되어야 하는 것은 제3자가 결정하는 경우보다도 당사자들간의 이해가 더욱 첨예하게 충돌할 수 있으므로 너무나도 당연한 것이다(勿論解釋). Arangio-Ruiz, *La società in diritto romano* (1965/ ristampa 1982), 114f.

Arbitrium boni viri bei der Festsetzung der Anteile der Gesellschafter im klassischen römischen Recht

－D.17.2.75～80: Text und Kommentar－

Im römischen Recht findet man verschiedene Fälle, in denen die römischen Juristen dem *arbitrium boni viri* Geltung verschaffen, wenn ein Dritter oder eine Partei ein vernünftiges Ermessensurteil über irgendeine rechtlich relevante Angelegenheit zu fällen beauftragt ist. Das Kriterium des *vir bonus*, das spätestens bereits Cato bekannt war, ist zwar anschaulicher als das abstrakte Kriterium der *aequitas*, auf die man ohnehin in recht breiterem Umfang zurückgreift, aber was den Sinngehalt angeht, so decken sich beide Kriterien anscheinend zum guten Teil. Es scheint also lohnend, die Charakterzüge des *vir bonus* als kategorialer Idealfigur schärfer und erschöpfend herauszuarbeiten, was hier freilich nicht beabsichtigt ist. In diesem kleinen Beitrag, der Herrn Prof. Dr. Hun Sup Shim anläßlich seiner Emeritierung sozusagen Ehrenbezeigung erweisen sollte, habe ich statt dessen nur angedeutet, daß der römische *vir bonus*, der seinerseits stoischer Herkunft ist, im großen ganzen mit dem *Gunja* (君子. chinesisch *Junzi*; japanisch *Kunshi*), dem traditionsreichen Idealkonzept des Mustermenschen in dem Fernen Osten, kongenial ist. Das zeigt sich nicht zuletzt darin, daß die altehrwürdigen vier Kardinaltugenden (*iustitia, fortitudo, temperantia, prudentia*), die man auch dem *vir bonus* zuschreibt, weitgehend mit den fernöstlichen fünf Haupttugenden, *Osang* (五常. chinesisch *Wuchang*;

japanisch *Gojō*: 仁・義・禮・智・信), übereinstimmen. Ich hoffe bloß, daß diese Hinweise trotz ihrer Kürze der wissenschaftlichen Interessenrichtung des verehrten Rechtsphilosophen entspricht. Bei dem eigentlichen Hauptteil des Aufsatzes aber handelt es sich um eine erste koreanische Übersetzung der Digestenfragmente D.17.2.75～80, die in einem eng begrenzten Rahmen speziell das *arbitrium boni viri* bei der Festsetzung der Anteile der Gesellschafter zum Gegenstand haben, und zwar versehen mit einem Fußnotenwerk, das möglichst kurzgefasst worden ist, um nur das, was zum praktischen Verständnis der Digestentexte notwendig ist, zu bieten.

삼각관계상의 부당이득 반환청구
—로마법상의 支給指示 사례연구: D.46.3.66에 대한 釋義—

I. 머리말

이 글은 로마법의 사례를 하나 골라서 그것을 이해하는 과정에서 문제되는 로마법의 법리들을 원사료를 중심으로 정리하려는 목적으로 쓰여진 것이다. 선택된 주제는 피후견인의 지급지시이다. 인용된 법률사료를 가급적 모두 번역하여 소개할 뿐만 아니라 관련 법률사료를 거의 망라적으로 다루고자 하는 욕심으로 인해서 지면이 워낙 많이 필요해졌으므로 여느 때 같으면 독자의 편의를 위하여 전재했을 원문과 각 개소의 이해에 도움이 될 이차문헌을 과감히 생략하였다. 또 각 개소에 대한 나름으로의 해석도 거의 붙이지 못하였다. 앞으로 기회를 봐서 이곳에서 소개된 사료들에 대한 좀더 깊이 있는 논의를 펼칠 생각이다. 번역은 평소의 소신에 따라서 원문을 직역에 가깝게 재현하려고 하였다. 때로는 이로 인하여 번역문이 생경하고 번삽하여 이해하기 어려운 점이 있을 것이다. 독자 제현의 양해를 구한다.

II. 釋義對象事例

D.46.3.66 Pomponius libro sexto ex Plautio.

Si pupilli debitor iubente eo sine tutoris auctoritate pecuniam creditori eius numeravit, pupillum quidem a creditore liberat, sed ipse manet obligatus: sed exceptione se tueri potest. si autem debitor pupilli non fuerat, nec pupillo condicere potest, qui sine tutoris auctoritate non obligatur, nec creditori, cum quo alterius iussu contraxit: sed pupillus in quantum locupletior factus est, utpote debito liberatus, utili actione tenebitur.

([A] 피후견인의 채무자가 [Aa]후견인의 助成 없이 [Ab]指示하는 그를 좇아서 [B]그의 채권자에게 금원을 지급한 경우에는 [Ba]그는 피후견인을 채권자로부터 채무면제시키지만, 그 자신은 구속된 상태로 남는다. [Bb]그러나 그는 항변으로써 자신을 보호할 수 있다. [C] 그런데 그가 피후견인의 채무자가 아니었던 경우에 [Ca]그는 피후견인으로부터 부당이득반환청구할 수 없는데, 피후견인은 후견인의 조성이 없이는 구속되지 않기 때문이며, [Cb]또한 채권자로부터도 그럴 수 없는데, 그와는 타인의 지시로 관계를 맺었기 때문이다. [Cc]그러나 피후견인은 그가 이득하고 있는 상당액을, 채무가 면제된 것인 만큼, 準訴權으로써 책임질 것이다.)

〈사실관계 도해〉

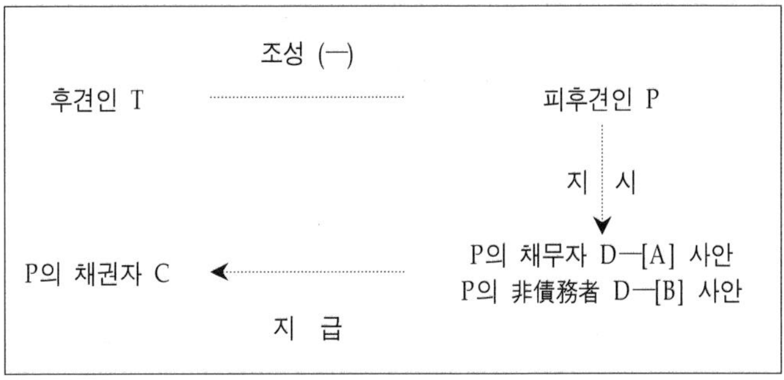

Ⅲ. 釋 義

이제 대상 개소의 해석을 시도함에 있어서 번역문을 제시하면서 편의상 구분했던 단락별로 차례로 관련 내용을 살펴보기로 한다.

1. [Aa] 피후견인의 법적 지위

대상 개소를 이해하기 위해서는 우선 피후견인의 법적 지위와 후견인의 조성이 어떤 것이었는지 살펴볼 필요가 있다.

1) 後見 제도 일반

후견(tutela: Inst. Iust. 1.13-22, 24-25; D.26.1; D.27.3-4; D.26.5; C.5.28; C.5.33; C.5.42)은 피후견인의 복지가 원래 목적이 아니었고, 宗族(agnati)의 피후견인 재산에 대한 이익 보호를 위한 것이었다. 그러나 공화정 中期 이래로 어린아이의 복지를 위한 후견이 등장하였다.[1] 로마인들의 후견에 대한 관심은 지대하였다. 필자의 어림으로는 現傳하는 중요한 법사료의 4~6%가 후견문제에 관련된 것이었다. 친권자가 없는 自權者(sui iuris)가 피후견인이 되었다. 다음의 두 종류가 있었다.

① 未成熟者 후견(tutela impuberum): 그 중에서 남자는 성숙기를 지나면 후견을 벗어났다. 스스로 아들을 얻을 수 있으므로, 재산상속에 있어서 친척들을(agnati) 배제할 수 있었기 때문이었다.

② 婦人 후견(tutela mulierum): 여자의 경우에는 終身이 원칙이었으나. 공화정 中期 이후 사라지게 되었다. 후견을 받아야 하는 대상행위는 握取物(res mancipi)의 양도, 유언, 채무부담계약 등과 같이 일반적으로 중대한 이해관계가 걸린 행위들이었다. 아우구스투스 황제는 3 자녀 이상을 둔 自由人 婦人과 4 자녀 이상을 둔 被解放女에게 多子의 특권(ius liberorum)을 부여하여 후견에서 면제시켰다.

후견인의 역할은 대단히 미묘한 것이다. 잘 하는 것은 드러나지 않지만 조금만 잘못해도 피후견인의 불만이 토로되기 십상이기 때문이다. 로마의 경우에도 사정은 마찬가지였다. 특히 未成熟者(pupillus) 후견은 과중한 책임으로 인하여 상당한 부담으로 생각되었다. 로마의 후기에는 후견인 직무를 명하는 것이 처벌에 해당할 정도였다. 그러므로 후견인(tutor)들은 不提訴特約(pactum de non petendo)을 얻으면 안도의 한숨을 쉬었다. 후견인 임무를 거절할 수 있는 면제사유가 확장되어 갔다.

후견인은 선임의 기초에 따라서 다음과 같이 분류되었다.

- 유언선임(私選) 후견인(tutor testamentaria)
- 法定의 후견인(tutor legitimus): 유언선임 후견인이 없는 경우에 차순위의 법정상속인이 후견인이 되었다.

---

1) D.26.1.1 Paul. 38 ad ed.: (후견이란, 세르비우스가 정의하듯이, 나이 때문에 스스로 자신을 방어할 수 없는 자를 보호하기 위하여 시민법에 의하여 부여되고 허용된 자유인에 대한 권능과 권한이다.)

· 官選 후견인(tutor dativus): 法定의 후견인도 없을 경우에는 법무관이 선임하였다. 마르쿠스 아우렐리우스 이래로는 후견전담법무관(praetor tutelaris)이 설치되었다.

선임되면 원칙적으로 全財産에 대해 선임된 것으로 간주되었다. 선임된 자는 適格이 보장된 유언선임후견인, 관선후견인 및 보좌인을 제외하고 담보를 제공해야 하였다. 다수일 때는 담보제공자는 사무집행에 있어서 우선적으로 고려되었다. 담보제공은 압류를 통해 강제하였다. 그릇된 후견·보좌의 면제사유를 주장하여 면제를 얻은 경우에는 면제는 무효였다. 후견인과 피후견인의 이익상반행위 시에는 특별대리인(praetorius tutor; 유스티니아누스법에서는 curator)을 선임하였다.

> D.26.7.9.1 Ulp. 36 ad ed.: (家父가 그가 信命보증을 선 자[=주채무자]를 자기 아들의 후견인으로 지정한 경우에는 금전채무이행기일이 경과하는 경우 채권자에게 채무를 변제하는 것은 후견인의 직무에 부합한다. 그러므로 후견이 그치고 피후견인이 자력관리능력자가 된 후 보증의 원인으로 변제하는 경우에는 그는 비단 위임의 소권으로써만이 아니라 또한 후견의 소로써도 소구할 수 있을 것이다. 왜냐하면 왜 그가 자신을 위하여 변제하지 않았는가는 그에게 귀책되기 때문이다. …)

2) 후견인의 助成과 피후견인의 법적 지위

(1) 원 칙

후견인은 피후견인의 재산에 관하여 마치 소유자와 같은 지위에 있었다.[2] 그러나 후견에도 불구하고 피후견인은 여전히 自權者였고, 自權者로서 스스로 재산의 주체가 될 수 있었다. 古時에는 후견인이 자

---

2) D.26.7.27 Paul. 7 ad Plautium: (후견직을 수행하는 후견인은 피후견인의 보호에 관한 한 소유자에 갈음하는 것으로 간주되어야만 한다.)

신의 권력에 기하여 간접대리의 방식으로 스스로 재산을 관리하였지만, 이미 초기에도 피후견인이 스스로 법률행위를 할 수 있는 때에는 이를 허용했던 것으로 보이며, 이 경우 후견인은 그 법률행위를 助成(auctoritas)하는 데 그쳤다. 후견인의 助成은 법률행위가 피후견인에게 오로지 재산상의 증가를 가져오는 것이 아닌 경우에는 항상 요구되었다. 후에는 무방식의 승인으로 퇴색하였지만,[3] 원래는 방식행위였다. 거래상대방의 요청이 있으면 후견인은 해당 법률행위를 "助成"한다(auctor fio)는 선언을 하였다. 이 의사표시는 법률행위의 직접적이고 불가결한 구성요소였고, 법률행위 자체를 하는 때에 臨在하여 즉시 의사표시가 행해지지 않으면 안되었다. 원칙적으로 추후의, 또는 서면에 의한 조성은 무효였다.

> **D.26.8.9.5 Gai. 12 ad ed. prov.:** (후견인은 즉시 법률행위 자체에 임하여 助成人이 되지 않으면 안 된다. 시간이 지난 후 또는 書信으로써 개재된 그의 助成은 무효이다.)
> 단 서신에 의한 노예해방의 경우에 대하여는 법률가들 사이에 학설대립이 있었다(Fragmentum Dositheanum. § 15). 사비누스 학파의 원리주의적 법학을 대변한 Julianus는 노예해방의 시점, 즉 피해방자에 의한 해방의사 인식의 시점에 조성을 요한다고 본 반면에, 프로쿨루스 학파의 특징인 개념적 명료성을 추구한 Neratius는 가시적인 징표인 편지 작성시의 조성으로 족하다고 새겼다. 칙법은 후자를 지지하였다.[4]

---

3) D.26.8.3 Paul. 8 ad Sabinum: (비록 요구받지 않고서 후견인이 助成人이 되더라도 그의 助成은 유효하다. 그가 행해지는 바를 승인한다고 말하는 것이기 때문이다. 왜냐하면 이것이 助成人이 된다는 것의 의미이기 때문이다.)

4) Fr. Dosith. § 15: Mulier sine tutoris auctoritate inter amicos manumittere non potest, nisi ius liberorum habeat: tunc enim et vindicta sine tutore potest manumittere. Unde si mulier absens liberum esse iusserit, quae ius liberorum non habeat, quaesitum est, an competat libertas tutore eius auctoritatem

그리하여 후견인의 조성 없이 피후견인으로부터 매수한 자는 선의로 매수한 것으로 인정되지 않았다.

> **D.18.1.27 Paul. 8 ad Sab.:** (어떤 자로부터 그의 것이라고 생각한 물건을 매수하는 자는 선의로 매수하는 것이다. 그러나 후견인의 조성 없이 또는 후견인이 아님을 그가 알고 있는 無權後見人의 조성 하에 피후견인으로부터 매수하는 자는, 또한 사비누스가 기술하였듯이, 선의로 매수하는 것으로 생각되지 않는다.)
> 그 결과 고전법에서 사용취득(usucapio)이 배제되었다면, 후기법에서는 長期시효가 인정되지 않았다.[5)]
> 물론 매도인이 成熟者인 것으로 믿은 경우에는 사정이 달랐다. 반면에 미성숙자인 줄 알았으나 그가 후견인의 조성 없이 재산관리가 허용된 것으로 생각한 경우에는 법률의 착오에 해당하여 사용취득이 배제되었다.[6)]

그러나 피후견인이 추후에 후견인의 조성을 받아서 별도의 법률행위를 한 경우에는 조성 없이 한 행위를 다시 반복하거나 강화하는 내용이더라도 별개의 법률행위이므로 유효하였다.

---

accommodante eo tempore, quo epistula scribitur servo a domina. Iulianus negat: existimat enim eo tempore debere auctoritatem praestari, quo peragitur manumissio, tunc autem peragi intellegi, cum servus cognoverit dominae voluntatem. Sed Neratius Priscus probat libertatem servo competere: sufficere enim, quando epistula scribitur, adhiberi auctoritatem tutoris: cuius sententia et constitutione principali confirmata est.

5) C.7.26.9 Diocl./Maxim. [a.294]: Eum, qui a pupillo sine tutoris auctoritate distrahente comparavit, nullum temporis spatium [C.5.59.3: longi temporis spatium non] defendit. …

6) D.41.4.2.15 Paul. 54 ad ed.: Si a pupillo emero sine tutoris auctoritate, quem puberem esse putem, dicimus usucapionem sequi, ut hic plus sit in re quam in existimatione: quod si scias pupillum esse, putes tamen pupillis licere res suas sine tutoris auctoritate administrare, non capies usu, quia iuris error nulli prodest.

D.39.5.19.4 Ulp. 76 ad ed.: (어떤 자가 노예에게 貸金하고, 그런 다음 그 노예가 자유인이 된 후 그것을 채무인수하는 경우에는 증여가 아니라 채무변제일 것이다. 후견인의 조성 없이 채무부담하는 피후견인의 경우에도 그가 후에 후견인의 조성 하에 諾約하는 때에는 같은 이야기를 해야만 한다.)

피후견인의 거래상 보호[7]라는 제도의 취지에 좇아서 助成의 대상이 되는 행위와 관련해서는 다음과 같은 법리가 적용되었다.

① 피후견인에게 이익이 되는 행위에는 조성이 不要하였다. 가령

· **증여의 수령**

I.2.8.2: (… 그러나 반대로 모든 물건이 피후견남과 피후견녀에게 후견인의 조성 없이 유효하게 공여될 수 있다. …)

· **채무면제의 수령**

D.46.4.2 Ulp. 24 ad Sab.: (피후견인은 변제수령문답계약으로써 후견인의 조성 없이도 채무면제될 수 있다는 것이 정설이다.)

· **권리의 취득 등**

D.26.8.9.pr. Gai. 12 ad ed. prov.: (… 그러나 [피후견인은] 문답계약의 要約을 함으로써, 또 引渡를 통하여 수령함으로써 후견인의 조성 없이도 취득할 수 있다. …)

② 재산의 감소나 부담을 초래하는 행위의 경우에는 후견인의 助成이 필요하였다.

D.44.7.43 Paul. 72 ad ed.: (… 피후견인은 후견인의 조성 없이는 시민법상 구속되지 않는다. …)

D.26.8.9.pr. Gai. 12 ad ed. provinc.: (피후견인은 후견인의 조성 없이는 모든 계약에 의하여 구속될 수 없다. …)

---

7) I.1.21.pr: (… 왜냐하면 그들에게는 자신들의 처지를 개선하는 것은 후견인의 조성 없이도 허용되지만, 악화시키는 것은 후견인의 조성 하에서가 아니면 허용되지 않는다는 것이 통설이기 때문이다. …)

G.1.179: (참으로 舊주인의 아들은 비록 미성숙자일지라도 피해방 여자노예의 후견인으로 삼을 수 있으나, 어떤 경우에도 助成人이 될 수는 없다. 왜냐하면 그 자신에게 후견인의 조성 없이는 어떤 행위도 하는 것이 허용되지 않기 때문이다.)

사료에 나타나는 주요한 사례들을 들어보면 다음과 같다.

· 물건의 양도

D.26.8.9.pr-1. Gai. 12 ad ed. prov.: (… 왜냐하면 [피후견인은] 후견인의 조성 없이는 아무 것도 양도할 수 없기 때문이다. [1] 그런데 피후견인은 아무 것도 후견인의 조성 없이는 양도할 수 없다는 점으로부터 …)

D.46.3.15 Paul. 6 ad Sab.: (… [피후견인은 후견인의 조성 없이는] 변제지시를 할 수도 없는데, 왜냐하면 그는 어떤 물건도 양도할 수 없기 때문이다. …)

I.2.8.2: (이제 우리는 피후견소년도 피후견소녀도 물건을 후견인의 조성 없이는 양도할 수 없다는 것을 상기하지 않으면 안 된다.)

· 노예해방

D.26.8.9.1 Gai. 12 ad ed. prov.: (피후견인은 아무 것도 후견인의 조성 없이는 양도할 수 없다는 사실로부터 그는 후견인의 조성 없이는 노예해방도 할 수 없다는 것이 명백하다. 더 나아가, 비록 그가 후견인의 조성을 받아서 노예해방을 하더라도 아일리우스 센티우스 법[4 AD]에 의하여 家顧問會에서 그 사유를 입증해야만 한다.)

D.40.5.11 Mod. 1 diff.: (피후견인은 신탁유증의 원인으로 노예에게 자유를 부여하는 것을 후견인의 조성이 없이는 할 수 없다.)

PS.4.13.3: ([어떤 자가] 사망하면서 자신의 노예들에게 이렇게 자유를 부여하였다: "某某와 某某가 자유이기를 나는 원하며, 그들을 나의 아들들에게 후견인으로 부여한다." 신탁유증된 자유는 저지되는데, 왜냐하면 피후견인들은 후견인의 조성 없이는 노예해방을 할 수 없고 후견인들을 가진 자들에게는 후견인이 부여될 수 없기 때문이다. 그러나 때때로 피후견인들은 부재자들에 갈음하는 것으로 간주될 것이고, 그래서 최고명망계층[=원로원]의 下命에 기하여 먼저 자유가, 그리고 그런 다음 후견이 인정될 수 있다.)

· 貸 金

D.26.8.9.pr. Gai. 12 ad ed. prov.: (… 그러나 [피후견인은] 貸金함으로써 자신에게 구속시킬 수 없다. 왜냐하면 후견인의 조성 없이는 아무 것도 양도할 수 없기 때문이다.)

D.12.1.19.1 Iul. 10 dig.: (피후견인이 후견인의 조성 없이 貸金하는 경우에는 … 그 금전이 소비된 때에는 부당이득반환청구권을 가진다. … 다른 이유가 아니라 그의 행위로 인하여 수령한 자에게 귀속한 것으로 생각되기 때문이다. …)

I.2.8.2: (그래서 어떤 자에게 후견인의 조성 없이 금전을 공여하는 경우 채권관계를 설정하지 않는데, 왜냐하면 그 금전을 수령자의 것으로 만들지 않기 때문이다. 그래서 그 鑄貨들을 그것들이 존재하는 곳에서 소유물반환청구할 수 있다. 그러나 貸金으로 공여한 주화들이 수령한 자에 의하여 선의로 소비된 경우에는 부당이득반환청구될 수 있고, 악의로 소비된 경우에는 이들에 관하여 제시소권이 행사될 수 있다.)

· 문답계약의 諾約(채무부담행위)

D.12.1.9.5 Ulp. 26 ad ed.: (내가 후견인이 조성인이 되어 貸金을 한 피후견인으로부터 후견인의 조성 없이 문답계약의 要約을 받은 경우에도 마찬가지일 것이다[즉 부당이득반환청구할 수 있다]. 왜냐하면 그때에도 나에게는 금전공여로 인하여 부당이득반환청구가 남아있을 것이기 때문이다.)

D.45.2.12.1 Ven. 2 stipul.: (내가 티티우스로부터 그리고 피후견인으로부터 후견인의 조성 없이 동일한 10금을 문답계약으로 要約받고 … 말하자면 2인의 諾約者를 설정한 경우에 오직 티티우스만 구속한다고 율리아누스는 쓰고 있다. …)

I.3.29.3: (… 가령 네가 티티우스에게 부담했던 채무를 피후견인으로부터 후견인의 조성 없이 문답계약으로 要約 받았다면, 이 경우 낭패이다[즉 채권이 상실된다]. 왜냐하면 先채무자는 채무면제되

고 後채권은 무효이기 때문이다. …)

D.45.1.127 Scaev. 5 quaest.: (피후견인이 후견인의 조성 없이 노예 스티쿠스를 약속하고 信命保證人을 제공하였고, 노예가 피후견인이 이행지체한 후에 사망하면 信命保證人도 피후견인의 이행지체로 인하여 구속되지 않을 것이다. 왜냐하면 청구가 인정되지 않는 곳에서는 아무런 이행지체도 일어나지 않는 것으로 생각되기 때문이다. …)

D.12.6.41 Ner. 6 membr.: (피후견인이 후견인의 조성 없이 문답계약의 要約者에게 약속하고 변제하면 반환청구가 인정된다. 왜냐하면 자연채무도 없기 때문이다.)

· **不提訴특약, 지급유예특약**

D.2.14.28.pr. Gai. 1 ad ed. prov.: (시민법상의 법리에 반하는 약정 · 합의는 추인되지 않는다. 가령 피후견인이 후견인의 조성 없이 자신의 채무자로부터 청구하지 않는다는 것을, 또는 일정한 기간, 가령 5년, 내에 청구하지 않을 것을 약정한 경우. 왜냐하면 그에게는 후견인의 조성 없이는 변제될 수도 없기 때문이다. 그러나 반대로 피후견인이 채무가 자신에게서 청구되지 않을 것을 약정한 경우에는 이 약정 · 합의는 추인된다. 왜냐하면 자신의 상태를 더 좋게 하는 것은 그에게 후견인의 조성 없이도 許與되었기 때문이다.)

· **葬禮委任**

D.11.7.14.15 Ulp. 25 ad ed.: (타인의 위임으로 葬禮를 거행한 자는 [상속인을 상대로 하는] 葬禮訴權을 가지지 않는다. 그러니까 장례할 것을 위임한 자가 그가 위임한 자에게 변제했든 변제의무를 지든 [상속인을 상대로] 장례소권을 가진다. 그런데 피후견인이 후견인의 조성 없이 위임한 경우에는 出費한 자에게 상속인을 상대로 準葬禮訴權을 부여해야만 한다. 왜냐하면 상속인이 이득을 취하는 것은 불공정하기 때문이다. 그러나 피후견인이 자신의 의무에 속하는 장례를 후견인의 조성 없이 위임한 경우에는, 그가 장례를 거행한 자의 상속인이 되고 또 상속재산이 資力이 있으면, 그[=피후견인]를 상대로 [장례를 거행한 자가 제3자에게 부담하는 관련 채무에 관하여 그 제3자에게] 소권을 부여해야만 한다고 나는 판단

한다. 반대로 어떤 자가 상속인의 위임으로 장례를 거행한 경우에는 그는 장례소권으로 소구할 수 없다고 라베오는 쓰고 있다. 왜냐하면 위임소권을 가지기 때문이다.)

· 채무의 변제 및 변제지시,[8)]

D.12.6.41 Ner. 6 membr. cit.:

D.12.1.19.1 Iul. 10 dig.: (피후견인이 후견인의 조성 없이 … 변제의 명목으로 공여한 경우에는 금전이 소비되면 … 채무면제되는데 다른 이유가 아니라 그의 행위에 의하여 수령한 자에게 금전이 도달한 것으로 생각되기 때문이다. …)

D.26.8.9.2 Gai. 12 ad ed. prov.: (피후견인은 모든 원인에 기하여 후견인의 조성 없이 변제함으로써 아무런 법적 효과도 초래하지 않는다. 왜냐하면 그는 아무런 소유권도 이전할 수 없기 때문이다. 그렇지만 채권자가 선의로 피후견인의 금전을 소비하는 경우에는 피후견인은 채무면제될 것이다.)

D.46.3.14.8 Ulp. 30 ad Sab.: (피후견인이 후견인의 조성 없이 또한 변제할 수 없다는 것은 명백하다. 그래서 주화들을 공여하는 경우에는 그것들은 수령하는 자의 것이 되지 않고 소유물반환청구될 수 있을 것이다. 물론 그것들이 소비되는 경우에는 그는 채무면제될 것이다.)

I.2.8.2: (그러나 반대로 피후견소년 또는 피후견소녀는 후견인의 조성 없이는 변제할 수 없다. 왜냐하면 그들이 변제하는 것은 수령하는 자의 것이 되지 않기 때문인데, 이유인즉슨 어떤 물건의 양도도 그들에게 후견인의 조성 없이 許與되어 있지 않기 때문이다.)

· 사용대차

D.13.6.1.2 Ulp. 28 ad ed.:(미성숙자들은 사용대차 소권으로 책임지지 않는다. 왜냐하면 피후견인의 경우 후견인의 조성 없이는 사용대차도 성립하지 않기 때문이며, 그래서 심지어는 비록 성숙자가 되어서 악의 또는 過失을 인정하더라도 이 소권으로써 책임지지 않는데, 왜냐하면 처음부터 [사용대차가] 성립하지 않기 때문이다.)

---

8) D.46.3.15 Paul. 6 ad Sab. cit.

· 조 합

D.17.2.33 Ulp. 31 ad ed.: (… 그래서 후견인의 조성 없이 조합이 체결된 경우 피후견인은 책임지지 않는다. 그렇지만 공동으로 관리된 것에 관하여는 책임진다.)

· 저당(담보제공)

D.20.3.1.pr. Marcian. l. s. ad form. hypoth.: (피후견인은 후견인의 조성 없이는 저당 잡힐 수 없다.)

· 更 改

D.46.2.20.1 Paul. 72 ad ed.: (피후견인은 후견인의 조성 없이는 更改할 수 없다. 후견인은 이것이 피후견인에게 편익이 되는 경우에는 할 수 있다. 全財產의 管財人도 마찬가지이다.)

· 변제의 수령

D.46.3.15 Paul. 6 ad Sab.: (피후견인에게는 후견인의 조성이 없이는 변제될 수 없다. …)

I.2.8.2: (그래서 채무자가 피후견인에게 변제하는 경우 후견인의 조성이 필요하다. 그렇지 않은 경우에는 [피후견인은] 채무면제되지 않을 것이다. 그러나 또한 다음의 것이 극히 명백한 이유로 칙령에서 규정되었는바, 이 칙령은 朕이 카이사레아의 변호사들에게 극히 傑出한 宮內尙書長官 트리보니아누스의 조언을 받아서 반포한 것이다[=C.5.37.25 a.531]: 그에 의하면 피후견인의 채무자는 먼저 일체의 비용부담 없이 내려지는 사법판결이 이를 허용하는 경우에 한하여 후견인이나 보좌인에게 변제하는 것이 허용된다고 규정되었다. 그러한 일이 발생한 경우, 즉 재판관이 선고하고 채무자가 변제하는 경우에는 이러한 변제에 완전한 안정성이 따른다. 그러나 朕이 규정한 바와 달리 변제가 이루어졌고 피후견인이 금원을 보전하고 있거나 또는 그로부터 이득한 상태에 있으면서 다시 같은 금액을 청구하는 경우에는 악의의 항변으로써 배척될 수 있을 것이다. 그러나 그가 악의로 소비하거나 절도로 인하여 상실하는 경우에는 채무자에게 악의의 항변이 전혀 도움이 되지 않을 것이다. 오히려 그는 그럼에도 불구하고 유책판결을 받을 것인바, 왜냐하면

함부로 후견인의 조성 없이, 또 朕의 칙령에 따르지 않고 변제하는 것이기 때문이다.)

· **소권의 포기**

C.5.59.2 Diocl./Maxim. [a.294]: (또한 그대는 소권들도 피후견인의 나이에 후견인의 조성 없이 포기함으로써 상실할 수 없을 것이다.)

· **소송상 행위**

D.44.5.1.1 Ulp. 76 ad ed.: (피후견인이 후견인의 조성 없이 선서를 [상대방인 피고에게] 요구하는 경우에는 우리는 저 항변[=피고에게 인정되는 선서의 항변]이 방해가 되지 않는다고 이야기해야 할 것이다. 그러나 후견인 조성 하에 소송에서 선서 요구가 행해진 경우에는 그러하지 아니하다.)

· **점유의 취득과 관련해서는 학설상 이견이 있었다.**

D.41.2.1.3 Paul. 54 ad ed.: (정신착란자와 피후견인은 후견인의 조성 없이는 점유를 개시할 수 없다. 왜냐하면 비록 특히 자신의 신체로써 물건을 접촉하더라도 마치 누군가가 잠자는 자에게 어떤 것을 손에 쥐어주는 경우처럼 執持의 의사를 가지지 않기 때문이다. 그러나 피후견인은 후견인의 조성 하에는 점유를 개시할 수 있을 것이다. 그러나 오필리우스와 네르바(子)는 피후견인이 후견인의 조성 없이도 점유를 개시할 수 있다. 왜냐하면 점유는 사실의 문제이고 법률의 문제가 아니기 때문이다 라고 말한다. 이 견해는 그들이 智能을 가지는 나이일 때에는 받아들일 수 있다.)

D.41.2.32.2 Paul. 15 ad Sab.: (幼兒는 후견인의 조성 하에서 시작하면 올바르게 점유할 수 있다. 왜냐하면 유아의 판단이 후견인의 조성으로써 보충되기 때문이다. 이것은 편익을 위하여 인정된 것인바, 왜냐하면 그렇지 않은 경우에는 유아의 점유 수령의 의식은 없는 것이기 때문이다. 그렇지만 피후견인은 후견인의 조성 없이도 점유를 취득할 수 있다. 마찬가지로 유아는 특유재산의 명목으로 노예를 통하여 점유할 수 있다.)

점유의 상실과 관련해서는 體素만에 의한 상실은 사실의 문제로서 가능하지만, 心素에 의한 상실은 후견인의 조성이 없으면 가능하지

> 않았다.9)
> 일단 성립한 점유의 보유는 體素의 유지로써 가능했으므로 후견인의 조성이 필요 없었다.10)
> 언제라도 반환에 응할 의무를 부담하는 허용점유의 경우는 로마법상 여러 면에서 독특한 취급을 받았고, 후견인의 조성과 관련해서도 마찬가지였다. 즉 후견인의 조성 없이 취득할 수 있었다.11)

③ 쌍방에 의무가 발생하는 행위의 경우에는 상대방은 구속되었지만, 피후견인은 후견인의 助成이 없으면 구속받지 않았다(이른바 跛行的 行爲[negotium claudicans]).

> I.1.21.pr: (… 그러므로 상호적인 채무가 발생하는 법률관계들, [가령] 매매, 賃約, 委任, 任置에 있어서는 후견인의 조성이 개재하지 않는 경우 이들과 계약을 체결하는 자들 자신은 구속되지만, 반대로 피후견인들은 구속되지 않는다.)
> G.3.107 = I.3.19.9: (… [피후견인은] 타인을 후견인의 조성 없이도 자신에게 구속시킬 수 있다.)
> G.3.119: (… 비록 諾約하는 자 자신이, 가령 피후견인이 후견인의 조성 없이 하는 경우처럼, … 구속되지 않을지라도…)

---

9) D.41.2.29 Ulp. 30 ad Sab.: Possessionem pupillum sine tutoris auctoritate amittere posse constat, non ut animo, sed ut corpore desinat possidere: quod est enim facti, potest amittere. Alia causa est, si forte animo possessionem velit amittere: hoc enim non potest.

10) D.41.2.32.pr. Paul. 15 ad Sab.: Quamvis pupillus sine tutoris auctoritate non obligetur, possessionem tamen per eum retinemus.

11) D.43.26.22.1 Ven. 3 interd.: Si pupillus sine tutoris auctoritate precario rogaverit, Labeo ait habere eum precariam possessionem et hoc interdicto [sc. de precario] teneri. Nam quo magis naturaliter possideretur, nullum locum esse tutoris auctoritati: recteque dici "quod precario habes", quia quod possideat ex ea causa possideat, ex qua rogaverit: nihilque novi per praetorem constituendum, quoniam, sive habeat rem, officio iudicis teneretur, sive non habeat, non teneatur.

사료에 나타나는 주요한 사례들을 들어보면 다음과 같다.

· 매 도

D.19.1.13.29 Ulp. 32 ad ed.: (어떤 자가 피후견인으로부터 후견인의 조성 없이 매수하는 경우 片面的으로 계약이 성립한다. 즉 매수하는 자는 피후견인에게 구속되지만, 피후견인을 자신에게 구속시키지는 않는다.)

· 매 수

D.18.5.7.1 Paul. 5 quaest.: (먼저는 후견인의 조성 없이, 그 다음에는 후견인이 조성인이 되어 매수한 피후견인이 개재된 경우에는 비록 매도인이 [앞의 매매에 의하여] 이미 그에게 구속되었을지라도 피후견인은 책임지지 않았으므로 更新된 매도는 서로 구속되는 효과를 가져온다. 그러나 먼저 후견인의 조성이 개재하고 그 다음에 후견인의 조성 없이 매수한 경우에는 나중의 매수로써 아무런 효과가 초래되지 않은 것이다. …)

· 약 정

D.18.5.7.1 Paul. 5 quaest.: (… [피후견인이] 후견인의 조성 없이 매수를 해제하는 약정을 한 경우에도, 처음부터 후견인의 조성 없이 매수해서 그 자신 책임이 없지만 그가 訴求하면 [상대방인 매도인에게] 유치권이 인정되는 경우와 같은 것인가 하는 동일한 문제가 제기될 수 있다. 그리고 처음에 매수가 올바르게 체결되었기 때문에, 상대방에게, 그것도 특히 정당한 착오로 인하여 속은 경우라면, 손해를 초래하는 그 약정을 준수하는 것이 거의 신의성실에 부합하지 않는다고 주장되는 것은 일리가 있다.)

D.18.5.1 Pomp. 15 ad Sab.: (나에게 家子가 특유재산에 속하는 물건을 매도한 경우, 그 매도가 해제된다고 합의되더라도, 父와 子와 나 사이에, 내가 父와만 약정하여 子가 채무면제될 수 없지 않도록 합의하지 않으면 안 된다고 子 켈수스는 생각하였다. 그리고 그 약정에 기하여 아무 것도 訴求될 수 없는지, 아니면 피후견인이 후견인의 조성 없이 약정하는 경우에 그 자신은 채무면제되지만 그와 함께 약정한 자는 안 그런 경우처럼 나는 참으로 채무면제되지만

子는 구속된 채로 남는 것은 아닌지가 문제이다. 왜냐하면 아리스토가 한 사람만 구속된 채로 남는 식으로 약정될 수 있다고 말한 것은 진실이 아니기 때문이다. 왜냐하면 계약체결자의 일방에 대해서만 약정에 의하여 매수를 해제할 수는 없기 때문이다. 그러므로 일방에 의하여 계약이 更新된 경우 그러한 약정은 유효하지 않다고 말해진다. 그러나 父가 약정하고 상대방이 채무면제되면 子도 동시에 채무면제된다고 이야기해야만 한다.)

④ 상속승인, 유산점유(bonorum possessio) 신청, 신탁유증(fideicommissum)에 기한 상속재산 취득은 전 재산이 걸린 중대한 문제였고 권리뿐만 아니라 의무도 발생했으므로 이것들은 이익행위인 경우에도 조성을 받아야 하였다.

· 상속승인

D.26.8.9.3 Gai. 12 ad ed. prov.: (상속 승인을 피후견인은 후견인의 조성 없이 할 수 없는바, 비록 그 행위가 이익을 가져오고 아무런 손해가 없더라도 그러하다.)

그러나 조건부로 상속인으로 지정되었거나 유증이 주어진 경우 그 조건의 성취는 후견인의 조성 없이 할 수 있었다.

D.28.7.26 Pomp. 2 ad Q. Muc.: (피후견인이 조건부로 상속인으로 지정된 경우에는 조건을 후견인의 조성이 없이도 만족시킬 수 있다. 또 유증이 그에게 조건부로 남겨진 경우에도 마찬가지인데, 왜냐하면 조건이 성취되면 마치 무조건으로 그에게 상속재산 또는 유증이 남겨진 것으로 인정되기 때문이다.)

D.35.1.5.pr. Paul. 2 ad Sab.: (조건들을 피후견인은 후견인의 조성이 없이도 만족시킬 수 있다. 그리고 조건이 성취되면 때로 필연상속인일 수 있다는 점을 제기해서는 안 된다. 왜냐하면 이것은 성취된 조건의 법에 의해서가 아니라 [유언]권능의 법에 의해서 일어나는 것이기 때문이다.)

D.46.3.44 marcian. 2 reg.: (대금지급에 있어서는 때로 하나의 지급으로 두 개의 채무가 일순간에 제거되는 수가 있다. … 또 후견인의 조성 없이 貸金을 수령한 피후견인에게 채권자에 의하여 그가

그 금원을 지급하는 조건부로 유증이 된 경우에도 그는 두 원인으로 지급한 것으로 인정되는바, 자신의 채무에 대하여서 지급한 것으로서, 그 결과 상속인에게 팔키디우스법상의 의무분 상당이 귀속할 것이고, 또 조건을 위하여 지급한 것으로서, 그 결과 그는 유증을 취득한다. …)

· 유산점유 신청

C.6.9.7.1 Constantius/Maxim. [a.305]: (그러나 피후견인 자신은 유산점유를 후견인의 조성 없이 받을 수 없다 그러나 후견인의 조성 없이 이를 요청하는 미성숙자에게 이를 알면서 관할사법관이 유산점유를 부여한 경우는 그러하지 아니하다. 왜냐하면 그때에는 상속의 이익이 법무관법에 의하여 획득된 것으로 인정되기 때문이다.)

(2) 후견인의 조성 하에 행한 행위의 효과

피후견인이 후견인의 조성을 받아서 한 법률행위는 완전히 유효하였다. 그밖에 후견인의 상속인이 피후견인의 채무를 변제하는 경우 이것은 후견인이 조성한 것과는 다른 상황이지만 피후견인을 상대로 후견의 반대소권을 행사할 수 있었다.

D.27.4.5 Ulp. 1 resp.: (후견인의 상속인은, 피후견인들이 채무부담한 금액을 변제하는 경우에는, 그들을 상대로 [후견의] 반대소권을 가질 수 있다고 나는 해답하였다.)

(3) 후견인의 조성이 없는 경우의 효과

가. 급부한 것의 반환청구

피후견인이 후견인의 조성 없이 행위한 경우에는 그 행위로 인하여 피후견인이 구속되지 않았으므로 그가 급부한 것이 있는 경우에는 원칙적으로 반환청구가 가능하였다. 후견인의 조성 없이는 소유권의 이전이 유효하지 않았으므로 지급한 鑄貨의 正體性이 확인되는 한 반환청구의 방식은 소유물반환청구(rei vindicatio)가 가능하였고, 금전이 소비되었거나 다른 금전과 혼합되어 지급한 鑄貨를 특정할 수 없는 경우에는 수령자가 가액 상당의 부당이득을 한 것이므로 부당이득반환청구소권(condictio)을 행사할 수 있었다.

> D.12.6.29 Ulp. 2 disp.: (때로는 人의 지위로 인하여 반환청구가 인정되는데, 가령 예컨대 피후견인 또는 정신착란자 또는 금치산자가 후견인의 조성 없이 변제하는 경우가 그러하다. 이러한 사람들의 경우에는 일반적으로 반환청구가 인정된다는 것에 의문이 없는 것이다. 그리고 鑄貨가 존재하는 경우에는 소유물반환청구될 것이지만, 소비된 경우에는 부당이득반환청구가 적용될 것이다.)
> D.12,6,41 Ner. 6 membr.: (피후견인이 후견인의 조성 없이 문답계약의 要約者에게 諾約한 것을 지급하는 경우에는 반환청구가 인정되는데, 왜냐하면 자연채무도 없는 것이기 때문이다.)

> D.36.1.66 Maec. 4 fideic.: (후견인의 조성 없이 그에게 貸金이 이루어진 피후견인의 상속재산이 이 원로원의결[=SC. Trebellianum]에 의하여 나에게 원상회복된 경우에 내가 채권자에게 변제하면 나는 반환청구할 수 없다. 그러나 상속인이 원상회복 후 변제하면 반환청구할 수 있을 것이다. 다른 이유가 아니라 바로 그로부터 나에게로 자연채무가 이전된 것으로 생각되기 때문이다. 그리고 피후견인에게 후견인의 조성 없이 대금한 자의 상속재산이 나에게 원상회복된 경우에 피후견인이 나에게 변제하는 때에는 그는 반환청구할 수 없을 것이다. 그러나 그가 상속인에게 변제하는 때에는 반환청구할 수 있을 것이지만, 원상회복 전에 변제했었던 경우에는 반환청구할 수 없을 것이다.)

包括信託遺贈(fideicommissaria hereditas)의 사례를 다룬 다음의 개소에서 로마의 법학자 마이키아누스는 피후견인이 후견인의 조성 없이 부담한 消費貸借 채무를 자연채무(naturalis obligatio)라고 표현하였다. 이것은 피후견인이 구속받지 않는 이유가 채무의 객관적 성질에 있는 것이 아니라 그의 人的인 地位와 결부되어 있음을 잘 보여준다. 그러므로 상속인으로부터 상속재산을 승계 받으면[12] 상속인의 지위(heredis loco)에 상당하는 것으로 인정되었던[13] 포괄신탁수유자가 그 채무를 변제하는 경우 반환청구가 부인되었던 것이다.

> D.36.1.66 Maec. 4 fideic.: (후견인의 조성 없이 그에게 貸金이 이루어진 피후견인의 상속재산이 이 원로원의결[=SC. Trebellianum, AD 56]에 기하여 [상속인에 의하여 包括信託受遺者인] 나에게 회복된 경우에 내가 채권자에게 변제하면 나는 반환청구할 수 없다. 그러나 상속인이 회복 후 변제하면 반환청구할 수 있을 것이다. 다른 이유가 아니라 바로 그로부터 나에게로 자연채무가 이전된 것으로 생각되기 때문이다. …)

그러나 이 개소의 후반부는 마이키아누스의 견해에 일관성이 결여된 것은 아닌가 의심을 품게 한다. 왜냐하면 이곳에서는 피후견인이 후견

---

12) D.36.1.38 Ulp. 16 ad ed.: (상속재산은 사실 자체로써, 가령 [신탁유증의무를 부담하는, 즉 신탁수유자에게 상속재산을 회복시킬 의무가 있는] 상속인이 상속재산에 속하는 물건이 전부 또는 그 중 일부가, 네[=신탁수유자]가 다른 사유로 인하여 점유하는 것으로 그가 생각한 경우가 아니라 그가 회복하고 네가 ([restitueret ille]<restituere et te *Mommsen*>) 받기를 원하는 의사로 점유되는 것을 受忍한 경우에는, 회복된 것으로 인정된다. 그러나 그가 후에 追認한 경우에도 같은 말을 해야만 한다. 그리고 그가 口頭로 자신이 회복한다고 말했거나, 또는 편지나 使者를 통하여 회복하는 경우에도 聽許될 것이다. 그리고 그가 너의 의사에 좇아서 다른 사람에게 회복하는 경우에도 소권들은 너에게 이전할 것이다. 또 다른 사람이 나[=상속인]의 지시에 따라 회복하였거나 내가 회복을 추인한 경우에도 소권들이 이전한 것으로 인정된다.)

13) G.2.251: (상속재산이 회복된 경우 회복하는 자는 그럼에도 불구하고 여전히 상속인으로 남지만, 상속재산을 받는 자는 때로는 상속인의 지위에 상당하고, 때로는 受遺者의 지위에 상당한다.)

인의 조성 없이 부담한 채무를 변제하는 경우 반환청구의 허용 여부가 피후견인의 人的 지위에 달려 있는 것이 아니라, 상속재산의 회복을 前後하여 변제를 수령하는 자(상속인 또는 포괄신탁수유자)의 상속재산에 대한 법적인 권리의 존부에 따라서 반환청구의 許否를 결정하고 있기 때문이다.

> D.36.1.66 Maec. 4 fideic.: (… 그리고 피후견인에게 후견인의 조성 없이 貸金한 자의 상속재산이 [包括信託受遺者인] 나에게 회복된 경우에 피후견인이 나에게 변제하는 때에는 그는 반환청구할 수 없을 것이다. 그러나 그가 상속인에게 변제하는 때에는 반환청구할 수 있을 것이지만, 회복 전에 변제했었던 경우에는 반환청구할 수 없을 것이다.)

나. 수령한 것의 반환: 현존이득의 반환

피후견인이 급부한 것이 아니라, 급부를 수령한 경우에는 어떠하였는가? 피우스 황제(138~161)의 한 批答은 피후견인이 후견인의 助成 없이 행한 법률행위로부터 얻은 이득이 현존하는 때(locupletior factus)에는 그것을 반환해야 한다고 규정하였다. 이것이 우리 민법 제141조 단서에서 무능력자는 취소한 법률행위로 인하여 받은 이익이 현존하는 한도에서 상환할 책임이 있다고 규정하는 것의 효시이다.

> D.26.8.5.pr-1 Ulpianus 40 ad Sab.: (피후견인은 후견인의 조성 하에 후견인에게 구속될 수 없다. 그런데 후견인이 복수인 경우에는 그 중 1인의 助成으로 족한바, 피후견인이 그에게 貸金하든, 그로부터 문답계약의 要約을 하든, 다른 후견인의 조성 하에 피후견인은 그에게 구속될 수 있다고 말해야만 한다. 그러나 단독후견인인 경우 그가 피후견인에게 貸金하거나 또는 그로부터 문답계약의 要約을 하는 경우에는 그[=피후견인]는 후견인에게 구속되지 않을 것이다. 그렇지만 그가 이득하고 있는 상당액만큼 자연적으로 구속

될 것이다. 왜냐하면 피후견인을 상대로 후견인뿐만 아니라 누구에게든 소권을 그가 이득하고 있는 상당액만큼 부여해야 한다고 神皇 피우스가 批答하였기 때문이다. [1] 피후견인은 후견인의 조성 없이 매도함으로써 구속되지 않을 것이지만, 또한 매수함으로써도 마찬가지이다. 그러나 그가 이득하고 있는 경우에는 그러하지 아니하다.

D.13.6.1.2/3.pr Ulp. 28 ad ed.: (미성숙자들은 사용대차소권으로써 책임지지 않는다. 왜냐하면 피후견인의 경우 후견인의 조성 없이는 사용대차를 성립시키지 않기 때문인데, 어느 정도인가 하면, 비록 성숙자가 되어서 고의 또는 過失을 시인하여도 이 소권으로써 책임지지 않는데, 왜냐하면 처음부터 성립시키지 않기 때문이다. [3.pr] 그러나 나에게는 피후견인이 이득하고 있는 경우에는 神皇 피우스의 批答에 따라서 準使用貸借訴權이 부여되어야 하는 것으로 생각된다.)

D.26.8.1.pr. Ulp. 1 ad Sab.: (비록 자기의 일에 관해서는 후견인은 助成人이 될 수 없다는 것이 시만법상의 法理則이지만, 그럼에도 불구하고 후견인은 자기 자신의 채무자의 상속에 임하는 피후견인에게 助成을 부여할 수 있는바, 이로써 그의 채무자가 됨에도 불구하고 그러하다. 왜냐하면 助成의 일차적 목적은 그[=피후견인]가 상속인이 되는 것이고, 결과적으로 그[=후견인]가 채무를 부담하는 것이기 때문이다. 그렇지만 자신이 助成人이 되어 그로부터 문답계약의 要約者가 될 수는 없다. 그리고 어떤 자가 자신의 피후견녀에게 문답계약의 要約을 하는 자신의 노예에게 諾約하도록 助成을 부여한 경우 神皇 피우스 안토니누스는 법적으로 피후견녀는 책임지지 않지만, 그러나 그녀가 이득하고 있는 경우에는 소권을 부여해야 한다고 批答하였다. 그러나 자신의 아들에게 어떤 것이 引渡되도록 助成人이 되는 경우에는 助成은 무효일 것이다. 왜냐하면 명백히 그는 자신의 助成에 의하여 물건을 취득하는 것이기 때문이다.)

D.16.3.1.15 Ulp. 30 ad ed.: (그에게 후견인의 조성 없이 임치가 이루어진 피후견인을 상대로 임치소권이 부여되는가? 이미 악의의 능력이 있는 자에게 임치하는 경우에는 그가 악의를 범한 경우 소구될 수 있다. 그리고 그가 이득한 상태인 한 그를 상대로 악의가 개

재되지 않은 경우에도 소권이 부여된다.)

D.46.3.47.pr. Marcian. 4 reg.: (그에게 후견인의 조성 없이 변제된 피후견인에 관하여 어떤 시점에 그가 이득한 상태에 있는 것인가가 문제되는 경우에는 訴求의 시점이 고려된다. 그리고 제기된 악의의 항변이 그에게 불이익하기 위해서도 訴求의 시점이 고려된다.)

D.3.5.5.2 Ulp. 10 ad ed.: (율리아누스는 <학설집> 제3권에서 다음과 같이 쓰고 있다: 내가 그대의 피후견인의 사무를 그대의 위임 없이 그러나 그대가 후견의 소송으로 책임을 지지 않도록 관리하는 경우에는 나는 그대를 사무관리소권으로써 구속할 것이다. 그러나 또한 피후견인도 그가 이득한 상태이기만 하면 구속할 것이다.)

D.44.4.4.4 Ulp. 76 ad ed.: (어떤 자가 피후견인에게 후견인의 조성 없이 자신이 채무부담한 것을 변제하고 그 변제로부터 피후견인이 이득하고 있는 경우에 항변이 청구자들에게 害가 된다고 극히 정당하게 이야기된다. 왜냐하면 그가 借金을 받았거나 또는 다른 계약으로부터 이득한 경우에도 항변을 부여해야만 한다. 그리고 정당하게 변제되지 않는 다른 경우들에 있어서도 같은 이야기를 해야만 할 것이다. 왜냐하면 그들이 이득한 경우에는 항변이 적용될 것이기 때문이다.)

이득이 현존하지 않으면 물론 반환의무가 없다.[14)]

D.36.2.25.1 Pap. 18 quaest.: ("나의 상속인은 티티우스에게 세이우스가 나에게 채무부담하는 것을 주어라." 세이우스가 피후견인으로서 후견인의 조성 없이 금원을 수령하였으나 이득하지 않았고, 채권자가 현재의[=만기 도래한] 채무에 대하여 언급한 경우에는 세이우스는 아무런 채무도 부담하지 않으므로 유증은 무효일 것이다. …)

14) Cf. D.4.4.16.pr. Ulp. 11 ad ed.: In causae cognitione etiam hoc versabitur, num forte alia actio possit competere citra in integrum restitutionem. Nam si communi auxilio et mero iure munitus sit, non debet ei tribui extraordinarium auxilium: ut puta cum pupillo contractum est sine tutoris auctoritate nec locupletior factus est.

D.16.1.8.15 Ulp. 29 ad ed.: (婦女가 그 자신과 계약했었더라면 구속되지 않았을 자를 위하여 개입한 경우에 그 계약소권에 의하여 그자가 책임져야만 하는지의 여부를 살펴보아야 한다. 가령 후견인의 조성이 없으면 구속되지 않는 피후견인을 위하여 [婦女가] 債務加入한 경우. 私見으로는 피후견인은 그 계약으로 인하여 이득한 상태가 아니면 구속되지 않는다고 생각한다. 또 婦女가 채무가입한 자가 미성년자인 경우에는 그는 원상회복을 신청할 수 있을 것이다. 또는 家子가 이 원로원의결[=SC. Velleianum, 46 AD]에 반하여 계약을 체결할 경우[에도 마찬가지이다.])

다. 후견인의 악의로 인한 이득의 경우

피후견인이 현존이득을 반환해야 하는 것은 후견인의 조성이 없이 이득한 상태가 부당이득에 해당하기 때문이므로, 그 이득에 이르게 된 구체적인 경과는 중요하지 않다. 그러나 피후견인이 이득하게 되는 원인 중에는 그밖에도 후견인이 악의적으로 적극 개입함으로써 일어나는 경우도 존재한다. 이 때에는 후견인의 악의로 인한 결과를 정상상태로 교정하여 피해자를 구제하는 것이 관건이고, 피후견인의 보호를 도모하는 것이 주안점이 아니므로, 일단 후견인의 악의로 인하여 재산상의 이익을 본 것으로 간주되는 피후견인은 이득의 현존 여부와 관계없이 이득에 해당하는 바를 반환하지 않으면 안 된다.

D.26.9.3 Pap. 20 quaest.: (후견인들의 악의는 피후견소년에게 불이익도 이익도 되어서는 안 된다. 그런데 일반적으로 후견인의 악의는 피후견인에게 불이익이 되지 않는다고 하는 것은 그의 詐欺로 인하여 피후견인이 이득한 상태에 있지 않은 경우에 진실이다. 그런고로 정당하게도 사비누스는 피후견인은 후견인의 악의로 말미암아 분배소권으로써 피소되어야만 한다고 판단하는데, 즉 불공정하게 분배함으로써 피후견인의 회계상 우대하는 경우에 말이다. 같은 말은 또한 임치소권의 경우에도, 또 상속재산회복청구의 경우

에도 해야 하는데, 후견인의 악의로 빠진 것이 피후견인의 회계상 산입되었음이 입증되기만 하면 그러하다.)

D.44.4.4.23 Ulp. 76 ad ed.: (또한 후견인의 악의에 관한 항변이 訴求하는 피후견인에게 불이익이 되어야 하는지의 문제가 많은 법률가들의 경우 제기되었다. 私見으로는 비록 그 사람들을 통하여 피후견인들에게 우대조치가 취해지더라도 그럼에도 불구하고, 어떤 자가 후견인으로부터 피후견인의 물건을 샀든 아니면 그와 피후견인의 물건에 대하여 계약이 체결되었든, 아니면 후견인이 악의로 행위하고 그로 인하여 피후견인이 이득한 상태가 되었든, 피후견인에게 불이익해야만 하며, 또 후견인이 사무를 관장하기만 하면 그[=피후견인]에게 담보가 제공되었든 아니든, 후견인이 資力이 있든 아니든, 구별해서는 안 된다고 생각한다. 후견인과 계약을 체결하는 자가 어디서 그런 사정들을 알아챌 수가 있겠는가? 물론 그대가 나에게 어떤 자가 후견인과 담합했음을 제시하는 경우라면 그 자신의 행위가 그에게 불이익이 될 것이다.)

라. 피후견인을 상대로 한 惡意의 항변

피후견인이 후견인의 조성 없이 이루어진 법률행위로 인하여 利得한 상태에서 후견인의 조성이 없었다는 이유로 법이 인정하는 형식적 법적 불구속 상태를 악용하여 이미 이득하고 있음에도 불구하고 다시 자신의 권리를 주장하는 경우에는 분명히 신의성실에 반하는 행태이므로 상대방에게 惡意의 抗辯(exceptio doli)이 인정되어 피후견인의 재차의 청구가 배척되었다.

D.46.3.15 Paul. 6 ad Sab.: (피후견인에게는 후견인의 조성이 없이는 변제될 수 없다. 또 그는 변제지시를 할 수도 없는데, 왜냐하면 그는 어떤 물건도 양도할 수 없기 때문이다. 그런데 채무자가 그에게 변제하고 鑄貨가 보전된 경우에는 지급청구하는 피후견인에게 악의의 항변으로써 채무자는 대항할 수 있을 것이다.)

D.44.4.4.4 Ulp. 76 ad ed.: (어떤 자가 피후견인에게 후견인의 조성

없이 자신이 채무부담한 것을 변제하고 그 변제로부터 피후견인이 이득하고 있는 경우에 항변이 청구자들에게 害가 된다고 극히 정당하게 이야기된다. 왜냐하면 그가 借金을 받았거나 또는 다른 계약으로부터 이득한 경우에도 항변을 부여해야만 한다. 그리고 정당하게 변제되지 않는 다른 경우들에 있어서도 같은 이야기를 해야만 할 것이다. 왜냐하면 그들이 이득한 경우에는 항변이 적용될 것이기 때문이다.)

C.7.26.9 Diocl./Maxim. [a.294]: (후견인의 조성 없이 매각하는 피후견인으로부터 매수한 자는 어떤 시간의 기간도 그를 방어하지 못한다. 그러나 [피후견인이] 매수인의 금전으로써 이득을 한 상태에서 성숙한 후에 법의 [보호의] 계기를 부당한 이익으로 이용하는 경우에는 악의의 항변으로써 배척될 것이다.)

악의의 항변으로써 배척되는지의 결정이 달려있는 피후견인의 이득여부가 문제되는 경우 그 판단의 기준시점은 피후견인이 재차 訴求하는 시점이다.

D.44.1.4 Paul. 20 ad ed.: (그에게 채무금이 후견인의 조성 없이 변제된 피후견인에 관하여 그가 악의의 항변으로써 배척되어야만 하는가가 문제되는 경우에는, 그가 금액 전부든 아니면 그 중 일부를 가지든, 그가 청구하는 시점이 고려된다.)

D.46.3.47.pr. Marcian. 4 reg.: (그에게 후견인의 조성 없이 변제된 피후견인에 관하여 어떤 시점에 그가 이득한 상태에 있는 것인가가 문제되는 경우에는 訴求의 시점이 고려된다. 그리고 제기된 악의의 항변이 그에게 불이익하기 위해서도 訴求의 시점이 고려된다.)

비록 피후견인이 직접적으로 이득한 상황이 아니더라도 이득한 측에서 재차의 청구나 기타 권리의 행사를 하고, 이를 인정하면 이득한 것이 부당한 이득으로 귀결되는 경우에도 이득한 것의 상환을 강제하는 방법으로서 악의의 항변이 이용되었다. 다음의 개소가 대표적인 사례이다.

D.27.9.13.1 Paul. l.s. ad or. Severi: (그런데 후견인은 피후견인의 부동산을 매각할 수도 담보제공할 수도 없는데도 파피니아누스는 <해답록> 제5권에서 후견인은 피후견인의 물건을 법무관의 下命 없이는 적법하게 매각할 수 없다고 말한다. 그렇지만, 그는 가로되, 그가 착오에 빠져서 매도하고 수령한 대금을 피후견소년의 父의 채권자들에게 변제하는 때에는 소유자가 대금과 채권자들에게 부담된 중간시기의 이자를 제공하지 않으면서 부동산을 果實과 함께 소유물반환청구하는 때에는 그의 다른 재산들로부터 부채가 변제될 수 없는 경우[=즉 무자력에 해당하는 경우] 그에게 악의의 항변으로 유용하게 대항할 수 있다. 그러나 나는 이와 같이 評注했다: 비록 변제될 수 있었더라도[=즉 자력이 있더라도], 그럼에도 불구하고 그 매각대금으로써 부채가 만족될 수 있었던 그 물건들이 保全되었다면, 피후견인이 타인의 손실로 이득을 취하는 경우이므로 여전히 악의의 항변이 저지한다고 이야기해야만 한다.)

마. 기 타

피후견인이 후견인의 조성 없이 보증인을 세운 경우 보증을 서 줄 것을 위임한 행위가 무효이므로 보증인은 자신이 보증을 선 법률행위와 관련하여 구속되지 않았다.

D.45.1.127 Scaev. 5 quaest.: (피후견인이 후견인의 조성 없이 노예 스티쿠스를 약속하고 信命保證人을 세웠는데, 그 노예가 피후견인에 의한 이행지체 후에 사망하는 경우 또한 信命保證人도 피후견인의 이행지체로 인하여 구속되지 않을 것이다. 왜냐하면 청구가 인정되지 않는 경우에는 이행지체도 일어나지 않는 것으로 생각되기 때문이다. 그러나 信命保證人은 그 노예가 생존한 상태에서 또는 자신의 이행지체 후에 이행지체로 인하여 제소되는 것에 대하여는 구속된다.)

따라서 이를 수행한 경우에도 피후견인을 상대로 위임소권을 행사할 수 없었다.

D.46.1.25 Ulp. 11 ad ed.: (마르켈루스는, 어떤 자가 피후견인이나 낭비자 또는 정신착란자를 위하여 후견인의 조성 없이 信命保證하는 경우에는 오히려 그를 원조하지 않아야 하는데, 왜냐하면 이들에게는 위임소권이 인정되지 않기 때문이다라고 쓰고 있다.)

또 후견인의 조성 없이 피후견인이 중재계약을 체결한 경우에는 피후견인은 違約罰의 책임을 지지 않았으므로,[15] 중재인에게 중재판정이

15) 로마법상 중재계약은 당사자간의 (하나 또는 다수 또는 전부의) 분쟁에 관하여 법원의 판결에 의하지 아니하고 중재인의 판정에 의하여 해결하도록(ut arbitratu eius res terminetur) 합의하는 계약이었다(Compromittere in aliquem de aliqua re [una vel pluribus vel omnibus]). 全분쟁에 관한 경우는 이를 "plenum compromissum"(D.4.8.21.6)이라고 하였다. 당사자들은 常時 무방식의 중재계약이 가능하였다(Compromissum. D.4.8; C.2.55). 중재계약은 당사자 사이의 중재계약(compromissum), 중재판정에 불복종하는 경우를 위한 위약벌 약정(poenae stipulatio), 그리고 중재인에 의한 중재의 인수(receptum arbitrii)라는 기본구조를 취하였다. 중재계약은 자신의 법률관계에 대하여 자유로운 처분권(rerum suarum libera administratio)을 갖는 자－따라서 노예도 자신의 特有財產(peculium)에 관하여 중재계약을 체결할 수 있었다－이면 체결할 수가 있었다. 그러므로 피후견인은 후견인의 조성이 없이는 불가능하였다. 중재계약에서 당사자는 통상 違約罰附 문답계약으로 중재판정의 이행을 약속하였다. 중재판정에 위반하는 경우에는 그 효과로서 위약벌의 청구(poenae petitio)가 가능하였다(D.4.8.2). 이것은 상대방이 판정준수에 대하여 이해관계(interesse)를 가지는 여부를 불문하였다(D.4.8.38). 또 일방의 타방에 대한 청구를 금지하는 판정이 내려진 경우에 상속인이 청구해도 마찬가지였다(poenam committet: D.4.8.37). 그러나 위약벌이 발효하는 것은 금전채무(solutio pecuniae)와 노무제공채무(opera praebenda)가 문제되는 경우에 한하였다(D.4.8.39). 뿐만 아니라 금전지급을 명하는 판정의 이행을 지체하는 경우에는 위약벌을 물어야 하는 의무가 발생하지만, 후에 판정대로 지급하면 위약벌은 면제되었다(poena debet, sed postea solvendo poena liberatur. D.4.8.52). 위약벌은 중재물 가액보다 적거나 많아도 무방하였다(D.4.8.32.pr). 한편 위약벌의 문답계약에는 惡意 조항(clausula doli)을 부가할 수 있었고, 이것이 부가된 경우에 가령 중재인이나 상대변호인의 매수 기타(D.4.8.31) 악의적인 행위가 있으면 문답계약소권(actio ex stipulatu)이 발생하였다. 不附加 시에는 악의소권이나 악의의 항변(actio/exceptio doli)에 의한 보호가 가능하였다. 기타 중요한 부가조항으로는 기

강제되지 않았다.

> D.4.8.35 Gai. 5 ad ed. prov.: (피후견인이 후견인의 조성 없이 중재계약을 체결하는 경우에는 중재인은 판정이 강제되어서는 안 되는데, 왜냐하면 그에게 불리한 판정이 내려지(고 그가 이에 복종하지 않)더라도 그는 위약벌로써 책임지지 않기 때문이다. 그러나 그가 위약벌을 청구할 수 있는 信命保證人을 세우는 경우에는 그러하지 아니하다. 이것은 또한 율리아누스의 견해이다.)

소송행위의 경우에는 패소하더라도 효력이 없었다.

> C.3.6.1 Gord. [a.239]: (그대가 피후견의 나이인 때 후견인의 조성 없이 상대방과 법정에 출두한 경우 속주지사가 그대에게 불리하게 선고하였다면, 판정된 것은 기판력의 효력에 의하여 扶持되지 않는다.)
> D.42.1.54 Paulus 1 sent.: (방어되지 않은 피후견인 및 公務로 인하여 부재하는 자 또는 25세 미만의 미성년자에게 불리하게 결정된 闕席節次通告 法廷召喚은 무효이다.)

그밖에 예외적으로는 후견인이 나타나지 않는 경우 일종의 權道로서 직접 피후견인에게 책임을 묻는 것이 허용되기도 하였다.

> D.21.2.56.7 Paul. 2 ad ed. aedil. curul: ([물건을 매도한] 피후견인에게 후견인의 조성 없이도, 후견인이 나타나지 않는 경우, 2배액의 [추탈담보] 문답계약에 기하여 [매수인을 추탈자에 대하여 소송상 방어할 것을] 告知하는 것이 가능한 것은 보다 형평에 맞는 해석에 의하여 수용된 것이라고 트레바티우스는 말한다.)

일연기 조항(clausula de die proferenda), 상속인포함 조항(heredis mentio) 등이 있었다. 위약벌 약정이 없을 시에는 不確定物訴權(actio incerti)이 발생하였다(D.4.8.27.7).

후견인의 조성 없이 借金한 피후견인을 금전채권자가 상속한 경우에는 법적으로 변제가 이루어진 것과 같이 다루어진다.

> D.46.3.95.2 Pap. 28 quaest.: (상속의 승인은 때로 적법하게 채권을 혼동시킨다. 가령 채권자가 채무자의, 또는 반대로 채무자가 채권자의 상속재산의 상속을 승인하는 경우. 때로는 변제에 갈음하는 효과가 생긴다. 가령 피후견인에게 후견인의 조성 없이 금전을 貸金한 채권자가 그[=피후견인]의 상속인이 되는 경우. 왜냐하면 피후견인의 현존 이득액이 청구되는 것이 아니라, 자신의 채권 전액을 상속재산으로부터 보유하는 것이기 때문이다. 때로는 무효인 채권이 상속의 승인으로써 유효로 확인되기도 한다. 트레벨리이눔 원로원의결[56 AD]에 기하여 상속재산을 회복한 상속인이 신탁수유자의 상속인이 되거나, 또는 티티우스를 위하여 채무가입한 婦女가 그의 상속인이 되는 경우에는 적법하게 책임을 졌던 자의 상속재산으로 인하여 시민법상의 채권이 항변의 원조를 상실하기 시작하기 때문이다. 또한 자신의 명목으로 위험을 인수하는 婦女의 女性됨으로 인한 원조도 근거가 없는 것이기 때문이다.)

바. 후견을 벗어난 후의 처신과 그 효과

그러나 피후견인이 성숙기에 이르러 후견을 벗어난 후에 후견 중에 借金하였던 돈을 갚은 경우에는 그 변제는 유효하므로 다시 반환청구하는 것이 인정되지 않았다.

> D.12.6.13.1 Paul. 0 ad Sab.: (또 피후견인이 후견인의 조성 없이 借金하였고 이득한 상태인 경우에 성숙자가 되어서 변제하면 반환청구하지 못한다.)

또한 성숙기에 이른 후에 更改를 한 경우에도 유사한 법리가 적용되었다.

D.46.2.9.pr. Ulp. 47 ad Sab.: (피후견인이 후견인의 조성 없이 被後見人財產保全(rem pupilli salvam fore)의 문답계약[D.46.6]을 要約하고 성숙자가 되어서 이 문답계약을 更改의 방식으로 追認하는 경우에는 후견소권은 제거된다. 추인하지 않는 경우에는 비록 후견소권으로 訴求했더라도 여전히 문답계약소권을 가진다. 그러나 심판인은 문답계약상 채무면제가 일어나는 경우에 한하여 후견소권으로 유책판결을 내려야만 한다.)

2. [Ab] 支給指示

1) 指示의 개념과 종류. 법적 성질

(1) 指示의 개념

指示(delegatio)는 삼각관계를 전제하며, 일반적으로 관계된 사람들을 指示人(delegans; [is] qui delegavit), 被指示人(delegatus; [is] qui delegatus est), 指示受領人(delegatarius; [is] cui aliquis delegatus est)이라고 부른다.[16] 지시는 지시인이 피지시인에게 지시수령인에게 급부 또는 급부약속할 권한을 부여하는 무방식의[17] 授權(delegatio, mandatum,[18] iussum[19]))으로 행해진다.[20] 지시인과 지시수령인 사이의

16) Cf. D.46.2.19 Paul. 69 ad ed.

17) D.46.2.17 Ulp. 8 ad ed.: (채권자는 자신의 채무자에게 서면으로 또는 말할 수 없는 경우에는 끄덕임으로써 지시할 수 있다.)

18) D.12.6.57.1 Pap. 3 resp.: Creditor, ut procuratori suo debitum redderetur, mandavit: maiore pecunia soluta procurator indebiti causa convenietur: quod si nominatim, ut maior pecunia solveretur, delegavit, indebiti cum eo qui delegavit erit actio, quae non videtur perempta, si frustra cum procuratore lis fuerit instituta.

19) D.46.2.11.pr. Ulp. 27 ad ed.: Delegare est vice sua alium reum dare creditori vel cui iusserit.

관계는 지시인에 의한 이행이 이루어지는 관계여서 對價關係(Valutaverhältnis; rapporto di valuta)라고 부르고, 지시인과 피지시인 사이의 관계는 피지시인이 행한 出捐에 대하여 지시인이 보상하는 관계여서 補償關係(Deckungsverhältnis; rapporto di provvista)라고 부른다.

〈指示의 법률관계〉

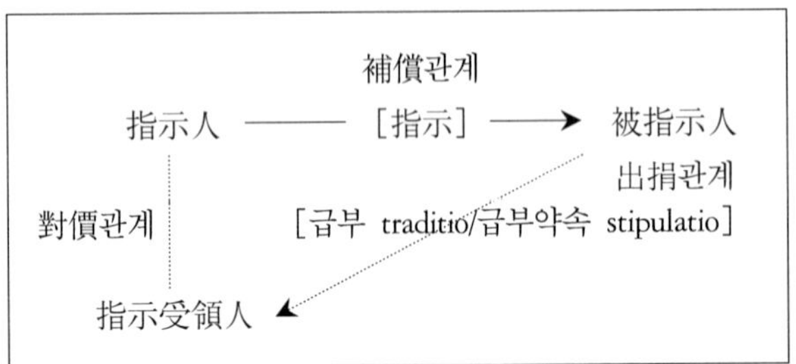

D.12.1.15 Ulp. 31 ad ed: Singularia quaedam recepta sunt circa pecuniam creditam. nam si tibi debitorem meum iussero dare pecuniam, obligaris mihi, quamvis meos nummos non acceperis. quod igitur in duabus personis recipitur, hoc et in eadem persona recipiendum est, ut, cum ex causa mandati pecuniam mihi debeas et convenerit, ut crediti nomine eam retineas, videatur mihi data pecunia et a me ad te profecta.

D.12.1.32 Celsus 5 dig.: Si et me et Titium mutuam pecuniam rogaveris et ego meum debitorem tibi promittere iusserim, tu stipulatus sis, cum putares eum Titii debitorem esse, an mihi obligaris? subsisto, si quidem nullum negotium mecum contraxisti: sed propius est ut obligari te existimem, non quia pecuniam tibi credidi (hoc enim nisi inter consentientes fieri non potest): sed quia pecunia mea ad te pervenit, eam mihi a te reddi bonum et aequum est.

20) D.46.2.11.pr. Ulp. 27 ad ed.: Delegare est vice sua alium reum dare creditori vel cui iusserit.

(2) 指示의 종류

지시의 내용은 권리의 이전을 명하는 것(negotium translativum)이거나 아니면 장래 그러한 급부를 할 것을 약속하도록 명하는 것(negotium promissorium)이다. 전통적으로 전자를 供與의 지시(delegatio dandi), 후자를 약속 또는 채무부담의 지시(delegatio promittendi, delegatio obligandi)라고 부르지만, 로마법원상의 명칭은 아니다.

供與의 지시의 대표적인 것이 채무변제의 지시(delegatio solvendi)이다. 채무의 대상은 대개 금전이지만, 예외적으로 勞役[21]이거나 用益役權[22]인 경우도 전해진다. 지급지시는 채무의 변제 외에도 증여, 嫁資 설정, 貸金 등의 용도로도 자주 사용되었다.

채무부담의 지시는 피지시인이 지시수령인을 요약자로 하여 새로운 채무를 문답계약으로 낙약할 것을 지시하는 경우이다. 이것 역시 채무변제 외에도 증여, 嫁資 설정 등에 이용되었다. 이 약속의 지시는 문답계약의 내용적 유형에 따라서 크게 두 가지로 나누어 볼 수 있다. 하나는 문답계약으로써 기존의 채무를 소멸시키고 새로운 채무를 발생시키는 更改에 해당하는 것으로 채권자 또는 채무자의 변경이 수반한다. 다른 하나는 기존의 채무와 관계없이 無因的으로 문답계약이 이루어지는 경우이다. 물론 이 경우 대가관계의 목적에 따라서 문답계약에 목적 규정이 부가될 수 있다(증여를 위하여[donationis causa], 嫁資의 원인으로[dotis causa] 등).

21) D.12.6.26.12 (후술).

22) D.46.2.4 Ulp. 5 ad Sab.: Si usus fructus debitorem meum delegavero tibi, non novatur obligatio mea: quamvis exceptione doli vel in factum tutus debeat esse adversus me is qui delegatus fuerit, et non solum donec manet ei usus fructus cui delegavi, sed etiam post interitum eius: videbimus quia etiam hoc incommodum sentit, si post mortem meam maneat ei usus fructus. et haec eadem dicenda sunt in qualibet obligatione personae cohaerenti.

(3) 指示의 법적 성질

지시의 법률적 성질은 委任(mandatum)이다. 따라서 지시인은 피지시인을 상대로 위임소권을 행사할 수 있다,

> D.46.1.18 Iul. 90 dig.: (… 그래서 信命保證人이 자신의 채무자에게 指示하는 경우에는, 비록 資力이 없었던 자에게 指示했을지라도, 그는 즉시 委任의 訴로써 소구할 수 있다.)
> D.46.2.12 Paul. 31 ad ed.: (어떤 자가 악의의 항변으로써 자신을 보호할 수 있음을 알았던 채무자에게 指示하는 경우에 … 그가 착오로 채권자에게 약속하는 경우 … 그 자신[=지시인]이 금원을 급부하면 委任소송으로써 소구할 것이다.)

그리고 피지시인도 지시인을 상대로 위임소권을 행사할 수 있다.

> D.17.1.22.2 Paul. 32 ad ed.: (때로는 나의 사무를 내가 처리하고 그럼에도 불구하고 내가 유용한 委任訴權을 가지는 일이 일어난다. 가령 나의 채무자가 자신의 위험으로 자신의 채무자에게 지시하여 나에게 변제하도록 하거나, 또는 信命保證人의 요청으로 내가 主債務者를 상대로 제소하는 경우에 그러하다. 왜냐하면 비록 내가 나의 채권을 추심하더라도 그럼에도 불구하고 나는 또한 指示人의 사무를 처리하는 것이기 때문이다. 그러므로 나는 不足分을 委任訴權으로 求得할 수 있는 것이다.)

2) 指示가 있는 경우의 법률효과

(1) 정상적인 경우

지시에 따라 피지시인이 지시 받은 대로 행위하고 보상관계에 아무런 하자가 없는 경우에는 기본적으로 지시에 따른 피지시인의 행위는 지시인의 행위로 평가된다.

① 공여의 지시

D.46.3.56 Paul. 62 ad ed.: (변제를 지시하는 자는 자신이 변제하는 것으로 인정된다.)

D.46.3.64 Paul. 14 ad Plautium: (나의 지시로 네가 나에게 채무부담하는 것을 나의 채권자에게 변제하면 너도 나로부터, 나도 나의 채권자로부터 채무면제된다.)

D.50.16.187 Ulp. 32 ad ed.: ("추심된 금원"이라는 표현은 비단 변제뿐만 아니라, 또한 지시에도 해당시켜야만 한다.)

② 약속의 지시

D.16.1.8.3 Ulp. 29 ad ed.: (… 왜냐하면 문답채무자에게 지시하는 자 역시 변제하는 것이기 때문이다.)

D.44.5.1.9: (그런데 舊主人 자신에게 약속되었든, 또는 타인에게 舊主人의 의사에 따라서 약속되었든, 그것은 자유에 부담을 가하기 위하여 행해진 것으로 생각되고, 그래서 이 항변[=exceptio onerandae libertatis causa 자유부담부과의 항변]이 적용될 것이다.)

따라서 예컨대 Gaius가 Maevius에게, Maevius는 다시 Seius에게 증여하고자 하는 경우에 Maevius가 Gaius에게 지시하여 Seius에게 증여의 약속을 하게 하면 Gaius의 그 약속은 Maevius가 Seius에게 직접 약속한 것과 다를 바 없고 모든 당사자들 사이의 증여가 완성된다.

D.39.5.2.2: (그런데 내가 티티우스에게 금원을 증여하려고 하면서 나에게 같은 금액을 증여하기를 원한 너에게 지시하여 티티우스에게 약속하도록 하는 경우에는 모든 당사자들 사이에 증여가 완성된다.)

D.39.5.33.3 Hermog. 6 iuris epit.: (甲이 너에게 증여하기를 원하고 네가 乙에게 증여하는 의사를 가진 경우에 甲이 너의 의사에 기하여 문답계약의 要約을 하는 乙에게 약속하는 경우에는 증여가 완성되며, 또 甲은 제소하는 乙에게 아무 것도 증여하지 않았으므로, 그리고 참으로 그가 할 수 있는 資力範圍內가 아니라 전액에 있어서, 패소판결을 받는다. 이것은 또한 증여를 받았을 자가 指示하여

> 그의 채권자에게 증여자가 약속하는 경우에도 준수된다. 왜냐하면 이 경우에도 채권자는 자기의 사무를 처리하는 것이기 때문이다.)

다만 Hermogenianus에 의하면 乙이 甲을 상대로 제소하는 경우 甲은 일반적으로 증여자에게 인정되는 資力限度의 이익(beneficium competentiae)이 인정되지 않는다고 하는데, 그 이유는 甲과 乙 사이에는 증여관계가 성립하는 것이 아니기 때문이라는 것이다. 이 논리는 甲의 급부는 乙에 대한 것이 아니라 "너"(Tu)에 대한 것이라는 점에 반하는 것으로 보인다. 그러나 이것은 실은 甲이 乙에게 약속한 —게다가 증여의 경우 현실증여가 아닌 한 필수적인— 문답계약(stipulatio)의 無因性으로 말미암아 甲과 "너"의 보상관계상의 사유가 甲과 乙의 관계에 있어서 고려될 수 없기 때문에 나오는 결론이다. 따라서 資力限度의 이익이 인정되려면 甲과 乙 사이에 증여관계가 존재하지 않으면 안 되는데, 이것이 부정되므로 資力限度의 이익도 부인된다는 지적인 것이다. "너"가 乙에게 증여하는 것이 아니라 채무를 변제하려는 경우에도 사정은 마찬가지이다. 채권자가 자기의 사무를 처리하는 것이므로, 즉 채권의 만족을 위한 변제를 수령하는 것이므로, 다시 말해서 증여를 받는 것이 아니므로 資力限度의 이익이 인정될 수 없다는 것이다.

또 소비대차의 경우 貸主가 자기의 채무자에게 지시하여 借主에게 금원을 제공하여도 직접 제공한 것과 같이 취급된다.

> D.12.1.32 Celsus 5 dig. (켈수스 학설집 제5권. 네가 나와 티티우스에게 貸金을 요청하고 내가 나의 채무자에게 지시하여 너에게 약속하도록 하고 너는 그가 티티우스의 채무자라고 생각하면서 문답계약의 要約을 한 경우에 너는 나에게 구속되는가? 私見으로는 네가 참으로 나와 아무런 법률행위를 체결하지 않았기에 의문으로 생

각한다. 그러나 네가 구속된다고 내가 판단하는 것이 보다 비근하다. 너에게 내가 貸金했기 때문이 아니라(왜냐하면 이것은 합의자들 사이가 아니면 행해질 수 없기 때문이다), 나의 금원이 너에게 이르렀으므로 그것이 나에게 너에 의하여 반환되는 것이 善과 衡平에 부합하기 때문이다.)

D.12.1.15 Ulpianus 31 ad ed. (貸金채무에 관하여는 일정한 특별법리가 수용되었다. 왜냐하면 내가 나의 채무자에게 지시하여 너에게 금원을 供與하도록 하는 경우 너는 나의 鑄貨들을 수령하는 것이 아님에도 불구하고 나에게 구속되기 때문이다. 그리하여 2인에 있어서 수용된 바가 또한 동일인에 있어서도 수용되어야 한다. 그래서 네가 나에게 委任의 원인으로 금전채무를 부담하고, 네가 貸金의 명목으로 그것을 보유하는 경우 나에게 금원이 供與되고 나에게서 너에게로 이른 것으로 인정된다.)

이러한 상황들이 문제로 인식된 것은 소비대차에 대한 엄격한 개념적 접근 때문이었다.[23]

채무변제의 경우에도 마찬가지이다.

D.46.1.18 Iul. 90 dig.: (자신의 채무자에게 변제 指示하는 자는 자신이 가진 채권액만큼 금원을 供與하는 것으로 생각된다. …)

D.24.1.3.12 Ulpianus 32 ad Sab.: (… 그리고 네가 타인을 통하여 수령하는 것은 네가 수령하는 것임은 새롭거나 이상한 것이 아니다. 왜냐하면 자신이 너의 채권자의 대리인이라고 허위표시하는 자가 너의 채무자로부터 네가 지시하여 금원을 수령하는 경우에도 네가 절도소권을 가지며 또한 그 금원 자체가 너의 것이라는 것이 확립되어 있기 때문이다.)

또 그 채무가 자연채무인 경우에도 같은 법리가 적용된다.

---

23) 拙稿, "民法 제605조(準消費貸借)의 規定適合性에 관한 管見－歷史의 慣性과 體系整合性 사이에서－," 서울대학교 法學 제35권 1호 (1994. 5), 218ff., 231ff. =『로마法・民法論考』(박영사, 1999), 477ff., 491ff.

> D.12.6.26.12 Ulp. 26 ad ed.: (피해방자가 자신이 舊主人에게 노역을 채무부담하고 있다고 생각하여 이행하였다. 그는 비록 자신이 구속되어 있다고 생각하면서 이행했더라도 부당이득반환청구할 수 없다고 율리아누스는 학설집 제10권에서 기술하였다. 왜냐하면 피해방자는 舊主人에게 노역을 자연채무로 부담하기 때문이다. 그러나 노역이 舊主人에게 이행된 것이 아니라 의무[적 노무]가 그에게서 요구되므로 舊主人과 금전으로 타결하여 변제한 경우에도 반환청구할 수 없다. … 그러나 被指示人이 의무적 노역을 이행하는 경우 그는 부당이득반환청구할 수 없는데, 그가 이행한 채권자로부터도 그럴 수 없고, 왜냐하면 그에게는 타인을 염두에 두고서 이행되었지만 그는 자신의 몫을 받는 것이기 때문이며, 또 舊主人으로부터도 그럴 수 없는데, 왜냐하면 그에게 자연채무가 부담되는 것이기 때문이다.)

따라서 非債를 수령한 자는 그것으로써 자신의 채무를 변제할 것을 지시하는 경우 변제시에 臨在한 여부에 따라서 非債를 종국적으로 자신의 것으로 취하려는 의사가 판명되므로 절도소권으로써 책임을 지는가는 변제시의 臨在 여부에 의한다는 해석이 가능하다.

> D.47.2.43.2 Ulp. 41 ad Sab.: (非債를 수령한 자가 변제하도록 指示하는 경우에는 그가 不在하는 중에 변제되었다면 절도소권이 인정되지 않을 것이다. 반대로 臨在하는 중이었다면 사정이 다르며 그는 절도를 범한 것이다.)

또 借金하는 자가 貸金하는 자에게 지시하여 제3자에게 금원을 약속하게 하는 때에도 그 약속은 지시하는 借金者의 지시수령인에 대한 급부이면서 동시에 貸主의 借主에 대한 貸金에 해당하는 것이므로, 지배인 노예가 그와 같이 약속한 경우에 노예주인에게 그 부분에 대해서도 貸金訴權이 인정된다.

D.14.3.19.3 Pap. 3 resp.: (금전 利殖만을 위하여 선임된 노예는 개입[채무가담]을 통하여 負債를 인수하는 경우 지배인으로서 주인을 전액에 있어서 법무관법에 의해 구속하지 않는다. 그러나 그가 금원을 이자부로 대여받은 자를 위하여 [그의] 指示에 의하여 타인에게 약속한 것은 指示한 자를 상대로 貸金訴權을 취득한 주인에 의해서 정당하게 청구될 것이다.)[24]

나아가서 피지시인이 婦人인 경우에도 지시에 따라 급부하는 부인에게는 일반적으로 채무가담의 경우에 인정되는 항변이 문제되지 않는다.

D.16.1.8.2 Ulp. 29 ad ed.: (婦人이 甲에게 乙을 위하여 개입[채무가담]하고, 곧 甲을 위하여 그의 채권자에게 개입하는 경우 두 개의 개입이 이루어졌다고, 하나는 乙을 위하여 甲에게, 다른 하나는 甲을 위하여 그의 채권자에게, 그리고 그래서 甲에게도 또 그를 상대로도 채권이 회복되는 것이라고 율리아누스는 학설집 제12권에서 기술한다. 그러나 마르켈루스는 처음부터 부인이 타인의 자리를 갈음하고 그로부터 채무가 이전되기를 채권자가 바란 채무자의 부담을 인수하는 것[=채무가담]이 합의되는지, 아니면 채무자로서 지시받는 것인지, 즉 그 결과 채무자로서 지시받은 때에는 개입은 하나이므로, 차이가 있는 것이라고 評注한다. 그리하여 이러한 자신의 구별에 따른다면 그녀가 채무자로서 지시받은 제1의 경우에 그녀에게 원로원의결의 항변을 마르켈루스는 부여하지 않을 것이다. 그러나 그녀는 패소판결 받거나 또는 패소판결 전에 항상 그에게 지시한 자에게서 그녀에게 일실되는 것이나 또는 아직 일실되지 않은 경우에는 채무면제를 부당이득반환청구할 수 있을 것이다.)

그러므로 다음의 개소는 부인에게 지시한 것이 아니라 부인이 채무가담한 사안에 관한 것이다.

---

24) 拙稿, "로마法上의 支配人訴權(下)," 서울대학교 法學 제35권 3·4호 (1994. 12), 107ff., 126f. =『로마法 · 民法論考』(박영사, 1999), 16ff., 62ff.

D.16.1.8.8 Ulpianus 29 ad ed.: (채무자와 더불어 그[채무자]가 債務引受者를 제공하기로 합의하여 그에게 변제수령 요식행위가 이루어지고, 그런 다음 그가 원로원의결의 원조로 무장된 婦人을 제공한 경우에는 그로부터 마치 그가 [채무인수자를] 제공하지 않았던 것처럼 부당이득반환청구될 수 있다. 왜냐하면 그가 [채무인수자를] 제공하지 않는 것과 그런 자를 제공하는 것에 무슨 차이가 있는가? 그러므로 準訴權이 필요하지 않을 것이다. 왜냐하면 부당이득반환청구소권이 인정되기 때문이다.)

수동적으로 지시를 받는 것은 능동적으로 채무가담(intercessio)하는 것과는 경우가 다르기 때문이다.

D.46.2.19 Paul. 69 ad ed.: (指示人에게 대항될 수 있었던 악의의 항변은 指示受領人인 채권자에 대하여는 적용되지 않는다. … 원로원의결에 위반하여 약속한 婦人의 경우는 다르다. 왜냐하면 제2의 약속에도 개입[채무가담]이 존재하기 때문이다. …)
미성년자의 경우에도 그가 미성년인 한 사정은 마찬가지이다.
D.46.2.19 Paul. 69 ad ed.: (指示人에게 대항될 수 있었던 악의의 항변은 指示受領人인 채권자에 대하여는 적용되지 않는다. … 또 기망 당하여 지시를 받는 미성년자의 경우에도 마찬가지인데[=다른데], 왜냐하면 그가 지금까지도 미성년이면 다시 기망 당하기 때문이다. 이미 25세의 나이를 넘은 경우에는, 비록 아직 먼저의 채권자를 상대로 원상회복될 수 있을지라도, [사정이] 다르다. …)

지시인의 지시수령인에 대한 이행의 범위는 피지시인이 실제로 급부한 상당액 또는 그의 資力 만큼 이루어진 것으로 평가된다.

D.39.6.31.3 Gaius 8 ad ed. prov.: (네가 死因으로 너의 채무자에게 지시하여 나에게 또는 나의 채권자에게 10금을 기존채무변제[채무인수]약속하도록 하는 경우에 그 채무자가 資力이 없으면 법적으로 어떠한가가 문제이다. 율리아누스는 내가 문답계약의 要約을 하

는 경우에는 나는 채무자가 資力이 있었던 상당액만큼 금원을 취득한 것으로 생각된다고 말한다. 왜냐하면, 그는 가로대, 증여자가 [건강을] 회복했었더라도 채무자에 대한 채권만을 회복해야 할 것이기 때문이다. 그러나 나의 채권자가 문답계약의 要約을 하는 경우에는 나는 나의 채권자로부터 채무면제되는 상당액만큼만 금원을 수령했던 것으로 생각된다.)

D.39.6.18.1 Iul. 60 dig.: (네가 나에게 死因贈與하려고 하여 너의 채무자에게 지시하여 나의 채권자에게 변제하도록 하는 경우에는 나는 모든 경우 나의 채권자로부터 내가 채무면제되는 상당액만큼 취득하는 것으로 생각될 것이다. 그러나 같은 자[=너의 채무자]로부터 내가 문답계약의 要約을 하는 경우에는 나는 [너의] 채무자가 資力이 있는 한도로 취득한다고 판단되어야 할 것이다. 왜냐하면 채권자면서 동시에 증여자인 자[=너]가 [건강을] 회복했었더라도 그는 부당이득반환청구소권 또는 사실소권으로써 채무자에 대한 채권만을 회복할 것이기 때문이다.)

그러므로 지시수령인의 입장에서는 특단의 사정이 없는 한 피지시인의 존재를 받아들이는 것 자체가 일반적으로 자신의 채권을 강화하는 효과가 있게 된다.

D.17.1.26.2 Paul. 32 ad ed.: (채무자가, 資力이 없음에도 불구하고, 信命保證人에 의하여 채권자에게 변제하도록 指示받은 경우에도 信命保證人에게 금원이 일실하는 것으로 생각된다. 왜냐하면 指示받은 채무자를 받아들이는 채권자는 채권을 [지급능력 있는] 좋은 것으로 삼는 것이기 때문이다.)

그러나 약속의 지시에 있어서 지시로써 更改가 이루어진 경우에는 사정이 다르다. 우선 更改가 채권자의 변경을 내용으로 하는 경우("그대가 티티우스에게 채무부담하는 것을 그대는 나에게 공여할 것을 약속하는가?"[quod Titio debes, mihi dari spondesne])에는 보상관계상의 채권을 전제로 한다. 반면에 채무자의 변경을 내용으로 하는 경우("세이우스가 나에게 채무부담하는 것을 그대는 나에게 공여할 것을 약속하는가?"[quod Seius mihi debet, mihi dari spondesne])에는 대가관계상의 채권을 전제로 한다. 어쨌든 更改가 일어난 경우 更改로 소멸한 소권의 행사가 인정되지 않음은 물론이다.

C.8.41.2 Gord. [a.238]: (어떤 자에게 제대로 이루어진 指示에 따라 更改의 법리에 좇아서 舊계약이 효력을 상실한 경우에는 貸金계약에 기한 訴權은 무효로 규정된다.)

또 채무자가 변경된 경우에 새로운 계약의 실현 여부는 舊계약의 소멸로써 채무가 면제된 원채무자에게 아무런 효과도 미치지 않는다.

C.8.41.3.1 Gord. [a.239]: (指示가 이루어져 更改의 법리에 좇아서 그대가 채무면제된 경우에는 그대는 말하자면 그가 자신의 고객으로부터 추심을 하지 않음으로써 그대에게 위험이 미치지 않을까 헛되이 두려워할 것이다. 왜냐하면 그대는 更改의 의사가 개재된 경우에는 언어계약을 통하여 채무가 면제되기 때문이다.)

특히 更改로 인한 새로운 채무자의 資力에 대한 위험은 채무자의 변경에 동의한 지시수령인이 부담한다. 물론 이러한 위험을 지시인이 특별히 인수하는 경우에는 그러하지 아니하다.

D.17.1.22.2 cit.
D.17.1.45.7: (네가 나에게 채무부담한 것을 내가 너의 채무자로부터 너의 위험으로 문답계약으로 要約하였다. 나는 너를 상대로, 비록 그 위임이 너의 사무에 관한 것이라고 할지라도, 위임의 소로써 내가 그로부터 보전할 수 없을 상당액에 대하여 소구할 수 있다고 네르바와 아틸리키누스는 말하며, 이는 정당하다. 왜냐하면 그때에

는 채무자에게 지시하는 자는, 그가 채무자의 위험으로 그로부터 문답계약의 要約을 하는 때가 아니라 그의 채무을 채권자가 추심하면, 채무면제되기 때문이다.)

I.3.26.2: (너와 위임인의 [이익을 위한 위임은] … 가령 그[=지시인]가 그가 너에게 채무부담한 것에 대하여 너[=지시수령인]를 위하여 지시하는 자[=피지시인]로부터 네가 그[=지시인] 자신의 위험으로 문답계약의 要約을 하는 경우.)

(2) 補償關係상 하자가 있는 경우

가. 일반적인 경우

지시수령인의 피지시인에 대한 관계는 기본적으로 지시수령인의 지시인에 대한 관계(대가관계)에 의하여 규정되며 피지시인의 지시인에 대한 관계(보상관계)에 의하여 영향을 받아서는 안된다. 지시수령인이 피지시인의 급부를 수령하는 것은 그가 지시인으로부터 받는 것으로 평가되기 때문이다. 이러한 사정은 보상관계상 하자가 있어서 피지시인이 지시인에게 대항할 수 있는 경우에 특히 의미가 있다. 원칙적으로 이 경우 지시수령인과 지시인 사이의 대가관계에 아무런 하자가 없는 한, 지시수령인의 급부 수령은 법률상 유효하게 이루어진 것이므로, 피지시인은 지시수령인이 아니라 지시인을 상대로 보상관계상의 하자로 인한 구제(condictio)를 청구할 수 있다.

D.46.2.13 Ulp. 38 ad ed.: (내가 채무자 아닌 자에게 채무자인 것처럼 지시하여 나의 채권자에게 변제하도록 하는 경우에는 [지시수령인을 상대로] 항변이 적용되지 않을 것이지만, 그러나 부당이득 반환청구소권이 指示한 자를 상대로 인정된다.)

D.46.2.12 Paul. 31 ad ed.: (어떤 자가 악의의 항변으로써 자신을 보호할 수 있음을 알았던 채무자에게 指示하는 경우에 [그 被指示人인 채무자는] 증여하는 자에 유사한 것으로 생각될 것이다. 왜냐하면 항변을 포기하는 것으로 생각되기 때문이다. 그러나 그가 착

오로 채권자에게 약속하는 경우에는 참으로 채권자를 상대로 항변을 사용할 수 없을 것이다. 왜냐하면 그[=채권자]는 자기 몫을 수령한 것이기 때문이다. 그러나 指示한 자는 금원이 지급되지 않은 때에는 불확정물의, 또는 지급된 때에는 확정물의 부당이득반환청구소권으로써 책임진다. 그리고 그 자신이 금원을 급부하는 경우에는 委任소송으로써 소구할 것이다.)

C.4.5.2 Sev./Ant. [a.213]: (그대가 어떤 거래행위도 없이 非債를 타인의 채권자에게 약속하도록 指示받은 경우에는 그대에게 指示한 여자를 상대로 그대는 부당이득반환청구소권을 가질 수 있다.)

D.44.4.5.5 Paul. 71 ad ed.: (내가 나에게 법정한도를 초과하여 증여하고자 원한 자에게 지시하여 나의 채권자에게 변제하도록 하는 경우에 그는 청구자를 상대로 항변을 사용할 수 없을 것이다. 왜냐하면 채권자는 자신의 몫을 청구하는 것이기 때문이다. … 그러므로 指示한 채무자는 부당이득반환청구소권으로써 … 채무자를 채무면제시키든가 아니면 이미 변제한 때에는 금원이 그에게 반환되도록 책임을 진다.)

D.44.4.4.20: (또 나의 채무자가 너를 기망하였고 너를 나에게 채무자로 제공하고 내가 너한테서 문답계약의 要約을 하고, 그런 다음 내가 청구하는 경우에 악의의 항변이 방해하는지 문제이다. 오히려 너에게 나의 채무자의 악의에 관하여 나를 상대로 항변하는 것이 허용되지 않는다고 할 것인데, 왜냐하면 내가 너를 기망한 것이 아니기 때문이다. 그러나 나의 채무자 자신을 상대로 너는 제소할 수 있을 것이다.)

D.44.5.1.10 Ulp. 76 ad ed.: (舊主人이 자신의 피해방노예에게 지시하여 채권자에게 변제하도록 하는 경우에 被指示人이 약속한 채권자를 상대로 이 자유부담부과의 항변을 사용할 수 있는지 살펴보자. 카씨우스는 우르세이우스가 채권자가 참으로 항변으로써 결코 배척되어서는 안된다. 왜냐하면 그는 자기 몫을 수령한 것이기 때문이다. 그렇지만 피해방자는, 분쟁을 화해할 목적이 아닌 목적으로 그렇게 한 것이라면, 舊主人에게서 부당이득반환청구할 수 있다고 판단했다고 報告한다.)

D.46.2.19 Paul. 69 ad ed.: (指示人에게 대항될 수 있었던 악의의 항변은 指示受領人인 채권자에 대하여는 적용되지 않는다. 또 여

타의 유사한 항변들의 경우에도 마찬가지이며, 특히 원로원의결에 기하여 家子에게 부여되는 항변의 경우에도 그러하다. 왜냐하면 원로원의결에 위반하여 소비대차금을 공여한 자가 지시한 경우의 指示受領人인 채권자를 상대로 항변을 사용할 수가 없기 때문인데, 왜냐하면 이 약속에서는 아무 것도 원로원의결에 위반하여 이루어지지 않기 때문이다. 이 자는 또한 변제한 것을 반환청구할 수 없는 만큼 더욱더 그러하다. … 그래서 항변들은 제2의 채권자를 상대로 부인되는데, 왜냐하면 私人들간의 계약과 약정들의 경우 청구자는 지시받은 자와 채무자 사이에 무엇이 체결되었는지 쉽게 알 수 없거나, 또는 알더라도 호기심 많은 것으로 보이지 않기 위해서 그렇지 않은 척해야만 하기 때문이다. 그래서 그를 상대로는 채무자에 기인하는 항변을 부인해야만 한다.)

D.16.1.8.3 Ulp. 29 ad ed.: (때로 개입하는 婦人에게, 가령 원로원의결에 위반하여 구속받은 부인이 자신의 채무자에게 지시하는 경우, 부당이득반환청구소권이 인정된다. 이 경우 그녀에게 마치 금원을 변제한 것처럼 부당이득반환소권이 인정되기 때문이다. 왜냐하면 문답채무자에게 지시하는 자 역시 변제하는 것이기 때문이다.)

채무자 아닌 자 또는 항변으로 자신을 보호할 수 있는 자가 부인의 지시에 따라서 嫁資를 공여하거나 약속한 경우에도 같은 법리가 적용된다.

D.12.4.9.1: (어떤 자가 非債金을 착오로 婦人의 指示에 따라서 그녀의 약혼남에게 약속하였고 결혼이 이루어졌던 경우 그는 악의의 항변을 사용할 수 없다. 왜냐하면 夫는 자신의 사무를 처리하고 아무 짓도 악의로 하지 않고 또 欺罔 당해서는 안되기 때문인데, 그가 嫁資 없는 妻를 가지도록 강제된다면 그런 일이 생기는 것이다. 그러므로 부인을 상대로 부당이득반환청구소권이 그에게 인정되고, 그래서 그는 그녀로부터 그가 夫에게 供與한 것을 반환청구하거나 아니면 그가 아직 변제하지 않은 때에는 자신이 채무면제될 것을 청구할 수 있다. 그러나 혼인이 해소되었는데도 夫가 청구하는 때에는 부인이 반환받았을 금액에 한하여 항변이 방해해야만 한다.)

D.23.3.78.5 Tryph. 11 disp.: (嫁資의 명목으로 문답계약의 要約을 하는 夫에게 항변에 의하여 변제하지 않아도 안전한 자가 착오로 諾約한 경우에는 그는 그[=夫]에게 변제하도록 강제되고, 부인 또는 그녀의 父 양자 중 1인이 指示한 때에는 부인 또는 그녀의 父를 상대로 그가 非債를 夫에게 약속했거나 변제한 것으로 인하여 부당이득반환청구소권을 가질 것이다.)

이러한 규율은 嫁資의 경우 부인을 위한다는 그 취지로 인하여 발전했던 다음과 같은 독특한 법리의 배경하에서 더욱 잘 이해될 수 있다.

① 부인의 악의를 원인으로 하는 항변의 차단

D.44.4.4.21: (그러나 부인이 악의를 범한 후 자신의 채무자에게 지시하여 夫에게 嫁資를 공여하도록 하는 경우에도 [채무자가] 부인의 악의에 관하여 [夫에게] 항변하는 것은, 그녀가 嫁資 없는 부인이 되지 않도록, 허용되어서는 안 된다는 같은 법리가 승인되어야만 할 것이다.)

② 피지시인의 無資力 위험의 차단

지시를 받은 채무자가 嫁資를 문답계약으로써 약속하는 경우 그의 無資力의 위험은 夫가 부담하였다. 다시 말하면 부인은 指示로써 嫁資공여의 책임을 벗어났다. 이것은 문답계약의 無因性을 고려하여 부인을 위하여 지시를 변제를 위한 것(erfüllungshalber)이 아니라 변제에 갈음하는 것(erfüllungsstatt)으로 파악한 것이라고 볼 수 있다.

D.23.3.41.3 Paulus 35 ad ed.: (부인의 채무자에 의하여 조건부로 嫁資가 약속되고 후에, 그러나 夫가 청구할 수 있기 전에, 채무자가 資力이 없어지는 경우에는 위험은 오히려 부인에게 속한다는 것이 통설이다. 왜냐하면 夫가 그가 청구할 수 없는 시점에 금전채권을 취득한 것으로 생각되지는 않기 때문이다. 그러나 채무자가 조건부로 약속한 그때에 이미 채무자가 資力이 없는 경우에는 위험은 남편의 것이다. 왜냐하면 그는 알면서 채권관계의 初에 그러했던 바와 같은 그러한 금전채권을 취득한 것으로 생각될 것이기 때문이다.)

D.23.3.53 Neratius 3 membr.: (남편이 처에게 증여하기를 원했고 부인의 資力이 없었던 채무자가 嫁資를 그[=남편]에게 약속한 경

우에는 그[=채무자]가 資力이 있었던 한도만큼만 위험은 남편의 것이다. 그리고 채무자의 변제능력에 부가되는 것이 있을 때에는 위험은 부가되는 금액만큼 증가하며, 그[=채무자]가 다시 이득을 상실한 상태가 되는 경우에도 그대로 남을 것이다. 왜냐하면 嫁資가 약속된 때, 채무자로부터 보전될 수 없었던 금원의 증여가 아니라면, 증여가 행해진 것도 아니고, 또 그[=채무자]가 資力이 있기 시작하는 때 증여의 원인이 지속하는 것도 아니기 때문이다. 왜냐하면 嫁資가 약속된 시점에도 그[=채무자]가 이득한 상태였었다면 있었을 상황과 같은 상황에 있기 때문이다.)

물론 대가관계가 증여인 경우, 또는 피지시인이 지시수령인에게 문답계약으로써 낙약한 경우에는 이들 법률관계에 따르는 특성으로 인하여 대가관계가 有償契約인 경우, 또는 피지시인의 급부가 현실이행인 경우와는 달리 취급되어서 피지시인에게 악의의 항변과 부당이득반환청구소권이 인정된다.

D.44.4.7.pr Ulpianus 76 ad ed.: (울리아누스는 말한다: 내가 너에게 채무부담하고 있다고 생각한 금원을 너의 指示에 따라서 네가 증여하고자 원한 자에게 諾約하는 경우에는 나는 악의의 항변으로써 나를 보호할 수 있을 것이고, 그밖에도 부당이득반환청구소권이 나에게 문답계약채권자를 상대로 그가 나를 채무면제시키도록 인정된다.)
≒D.39.5.2.3: (내가 너에게 채무부담하고 있다고 생각한 금원을 너의 指示에 따라서 네가 증여하고자 원한 자에게 諾約하는 경우에는 법리가 다를 것이다. 왜냐하면 나는 악의의 항변으로써 나를 보호할 수 있을 것이고, 그밖에도 나는 불확정물의 부당이득반환청구소권으로써 그가 나에게 문답계약의 변제수령 요식행위를 하도록 강제할 수 있을 것이기 때문이다.)

나. 대상사례의 경우: 후견인 조성 없는 피후견인의 지시

본 개소의 경우에는 지시인과 피지시인 사이의 보상관계에 일반적인

경우와는 다른 문제점이 존재한다. 지시인이 피후견인이므로 후견인의 조성을 받아야 함에도 불구하고 그 조성 없이 지시를 했기 때문이다[A]. 폼포니우스는 이러한 문제상황에서 보상관계의 실질에 다른 이상이 없는 경우, 즉 피지시인이 지시인의 실제 채무자인 경우[B]와 그가 지시인의 채무자가 아니어서 보상관계상 실질적인 하자가 있는 경우[C]로 나누어서 검토하고 있다.

① [B] 피지시인이 피후견인의 채무자인 경우

이 경우에 피지시인은 일단 후견인의 조성이 없이 피후견인에게 지급한 경우와 같은 처지에 있다고 볼 수 있다. 다만 그의 출연의 수령자가 피후견인이 아니라 그의 채권자라고 하는 점만이 다를 뿐이다. 따라서 피지시인은 그의 출연에도 불구하고 구속된 상태로 남는다[Ba의 후단]. 또 피후견인의 채권자는 자신의 채권의 만족을 피지시인의 출연을 통하여 얻고, 그럼으로써 피후견인의 채무 또한 면제된다[Ba의 전단]. 따라서 피후견인은 자신의 채무가 면제된 한, 이득한 상태에 있는 것이고, 이득하고 있음에도 불구하고 형식적인 이유로 다시 자신의 채무자인 피지시인에게 이행을 청구하는 경우에는 피지시인은 당연히 항변으로써 자신을 보호할 수 있다[Bb]. 결국 지시가 개입되었다는 사정만으로는 후견인의 조성 없는 피후견인의 행위의 효과에 변화가 오지 않는 것임이 확인된다. 지시는 전술했듯이 이행의 한 방편이기 때문이다.

② [C] 피지시인이 피후견인의 채무자가 아닌 경우

그러나 피지시인이 지시인인 피후견인의 채무자가 아닌 경우에는 사정이 다르다. 이 때에는 후견인의 조성이라는 문제점 외에 채권채무관계의 존재라고 하는 보상관계상의 실질이 결여되어 있기 때문이다. 만일에 지시인이 피후견인이 아니었다면 지시인은 非債를 변제한 것이고, 그 변제를 수령한 제3채권자/지시수령인은 자기 채무자의 지시에 의하여[cf. Cb] 자신의 채권을 만족받은 것(suum recepit)이므로 피지시인에 대한 관계에서 부당이득의 사유가 존재하지 아니하고, 따라서 피지시인은 허위의 채권자인 지시인을 상대로 부당이득반환청구를 할 수 있을 것이다. 그러나 이 경우에는 지시인이 피후견인이어서 후견인의 조성이 없이는 구속되지 않으므로 채무면제라는 부당이득[cf. Cc]을 이유로 하는 반환청구도 그를 상대로 인정되지 않는 것이 법리이다[Ca]. 그러나 이러한 결론은 非債를 변제한 피지시인으로서는 매우 불합리한 것이 아닐 수 없다. 이를 구제하기 위하여 폼포니우스는 피후견인이 이득하고 있는 상당액, 다시 말해서 그의 채무가 변제된 상당액에 대하여 피지시인에게 준소권을 인정한다. 이것은 명백히 형평(aequitas)에 기한 해결책이다.

(3) 對價關係상 하자가 있는 경우

피지시인의 出捐은 지시인이 지시수령인에게 한 이행으로 평가되므로, 피지시인을 통하여 급부한다고 해서 대가관계상의 하자가 사라지는 것은 아니다. 예컨대 대가관계가 －시민법상 무효인－ 부부간의 증여인 경우를 들 수 있다.

> D.24.1.5.3 Ulpianus 32 ad Sab.: (남편의 채무자가 금원을 夫의 指示에 따라서 妻에게 약속하는 경우에는 무효이다.)
> D.24.1.39 Iulianus 5 ex Minicio: (남편이 妻에게 금원을 증여하기를 원하여 그녀에게 자신의 채무자로부터 문답계약의 要約을 받는 것을 허용하였다. 그녀가 그것을 행한 후 금원을 가져가기 전에 이혼을 하였다. 나는 묻노니, 남편이 그 금원을 청구해야 하는가, 아니면 그 약속에 관한 한 증여의 원인으로 인하여 소권이 인정되지 않는가? 나는 해답하노니, 그 문답계약은 무효였다. …)
> 그러나 대가관계의 하자로 인하여 지시인의 이행이 부인되더라도 피지시인은 경우에 따라서는 보상관계상 자신이 지시인에게 부담하는 채무를 벗어날 수가 있다. 그러나 그 논거는 법률가에 따라서

다소간에 차이가 있었던 것으로 보인다.

D.24.1.26.pr Paulus 7 ad Sab.: (나에게 매도하는 자에게 내가 지시하여 그 물건을 나의 처에게 증여의 원인으로 供與하도록 하고 그가 점유를 나의 指示에 따라서 인도하는 경우에는 그는 채무면제될 것이다. 왜냐하면 비록 그녀가 시민법상 점유하는 것으로 인정되지 않을지라도 분명히 매도인은 그가 인도하는 것을 더 이상 가지지 않기 때문이다.)

D.24.1.3.12 Ulpianus 32 ad Sab.: ([夫가] 자신의 채무자에게 지시하여 그[=妻]에게 변제하도록 하는 경우 鑄貨들이 妻의 것이 되고 채무자는 채무면제되는지가 문제이다. 켈수스는 학설집 제15권에서 이렇게 기술한다: 채무자도 채무면제되고 또 鑄貨들도 妻의 것이 아니라 夫의 것이 되었다고 말할 수 없는지 살펴보아야 한다 왜냐하면 증여가 시민법상 저지되지 않는다고 한다면 처리된 일의 순서는 금원이 너의 채무자로부터 너에게로, 그런 다음 너로부터 부인에게 이른 것으로 될 것이기 때문이다. 왜냐하면 행위들을 상호 결합하는 신속함으로써 하나의 행위가 감춰지고, 그밖의 점에서는 채무자가 채권자에게 공여하고, 채권자가 妻에게 供與하는 것이기 때문이다. 그리고 네가 타인을 통하여 수령하는 것은 네가 수령하는 것임은 새롭거나 이상한 것이 아니다. 왜냐하면 자신이 너의 채권자의 대리인이라고 허위표시하는 자가 너의 채무자로부터 네가 指示하여 금원을 수령하는 경우에도 네가 절도訴權을 가지며 또한 그 금원 자체가 너의 것이라는 것이 확립되어 있기 때문이다.)

D.24.1.3.13: (나에게 증여하려는 자에게 내가 지시하여 나의 妻에게 供與하도록 하는 경우에 관하여 율리아누스가 학설집 제17권에서 기술했던 것은 이 견해에 부합한다. 왜냐하면 율리아누스는 무효이다. 왜냐하면 마치 내가 수령하여 나의 것이 된 것을 나의 처에게 주었던 것처럼 간주되어야 하기 때문이다라고 말하기 때문이다. 이 견해는 옳다.)

또 대가관계상 하자가 있는 경우에 급부된 것을 반환청구할 수 있는 것은 이행을 한 것으로 평가되는 지시인이지, 현실로 出捐을 한 피지시인이 아니다.

D.12.4.9.pr Paulus 17 ad Plautium: (婦人에게 증여하려는 자가 그녀의 指示에 따라 [그녀의] 약혼남에게 지급하였는데 결혼이 이루어지지 않은 경우에는 그 부인이 부당이득반환청구할 것이다. 그러나 내가 약혼남과 체약하고 금원을 결혼이 이루어지면 [그것이] 부인에게 嫁資로 취득되고, 만일에 [결혼이] 이루어지지 않으면 나에게 반환되도록 供與한 경우에는 금원은 말하자면 목적급부로서 供與된 것이고 목적이 不到達하면 내가 약혼남으로부터 부당이득반환청구할 수 있을 것이다.)
D.16.1.8.3 Ulp. 29 ad ed.: (때로는 개입[채무가담]하는 婦人에게 또한 부당이득반환청구소권이 인정된다. 예컨대 그녀가 이 원로원의결[=SC. Velleianum]에 위반하여 구속된 상태에서 자신의 채무자에게 指示한 경우. 왜냐하면 이 경우 그녀 자신에게 부당이득반환청구소권이 인정되는데, 마치 그녀가 금원을 변제했더라면 부당이득반환청구했을 경우와 같기 때문이다. 왜냐하면 문답채무자에게 指示하는 자도 변제하는 것이기 때문이다.)
D.47.2.44.pr Pomponius 19 ad Sab.: (채무자의 指示에 따라서 타인으로부터 채권자의 無權代理人이 수령한 경우에 그는 채무자에게 절도소권으로써 책임지며 鑄貨들은 채무자의 것이 될 것이다.)
D.44.5.1.11 Ulp. 76 ad ed.: (또 피해방자가 자신의 채무자에게 지시하여 [자신의] 舊主人에게 변제하도록 하는 경우에는 舊主人은 어떤 항변에 의해서도 배척되어서는 안되지만, 그러나 피해방자는 舊主人으로부터 부당이득반환청구소권을 통하여 이것을 반환청구할 것이다.)
D.39.5.21.1 Celsus 28 dig.: (그러나 내가 나의 채무자에게 지시하여 너에게 과도한 증여의 원인으로 약속하도록 한 경우에 네가 증여의 항변으로써 배척되는지 아닌지 논의될 것이다. 나의 채무자는 참으로 訴求하는 너를 항변으로써 배척할 수 없다. 왜냐하면 내가 마치 나의 채무자로부터 추심된 금액을 너에게 증여하고 네가 그것을 그에게 貸金하는 것과 같은 양상이기 때문이다. 그러나 나는 참으로 금원이 나의 채무자로부터 아직 변제되지 않은 때에는 나의 채무자를 상대로, 그가 법률의 한도를 초과하여 약속하여 그 결과 여타에 있어서만 너에게 구속된 채로 남는 상당액만큼 取消訴權을 가진다. 그러나 네가 금원을 나의 채무자로부터 추심한 경우에는

법률의 한도를 초과한 상당액만큼 나는 너를 상대로 부당이득반환 청구소권을 가진다.)
그러나 이러한 해결책에 대해서는 이견이 있었던 것으로 보인다.
D.46.3.38.1 Africanus 7 quaest.: (내가 나의 채무자에게 지시하여 티티우스에게 변제하도록 하고, 그런 다음 티티우스가 수령하는 것을 금지하였는데 채무자가 [그 사실을] 모르고서 변제하는 경우에 그[=율리아누스]는 판단하였다: 티티우스가 鑄貨들을 이득할 의사가 아닌 의사로 鑄貨들을 수령하는 경우에만 그가 채무면제된다. 그렇지 않은 경우에는 [수령자가] 그것들의 절도를 범할 것이므로 그것들은 채무자의 것으로 남을 것이고 그래서 참으로 채무자에게 채무면제가 법률상 당연히 일어날 수는 없으나, 그렇지만 그가 티티우스를 상대로 가지는 절도의 부당이득반환청구소권을 나에게 양도할 용의가 있으면 항변이 그를 원조하는 것이 형평에 맞는다. 夫가 妻에게 증여하려 하면서 자신의 채무자에게 변제를 지시하는 경우에 준수되는 법리처럼. 왜냐하면 이 경우에도 鑄貨들이 부인의 것이 되지 않으므로 채무자가 채무면제되지 않고, 그가 부인을 상대로 가지는 부당이득반환청구소권을 양도하면 항변으로써 그가 夫를 상대로 보호되어야만 하기 때문이다. 그렇지만 본 사안의 경우 이혼 후에는 절도訴權이 나에게 인정될 것이다. 그때에는 鑄貨들이 횡령되지 않음에 내가 이익을 가지기 때문이다.)

(4) 對價關係 및 補償關係 양자에 하자가 있는 경우

그러나 對價관계와 보상관계의 양 관계에 모두 하자가 있는 경우에는 피지시인도 지시수령인을 상대로 항변할 수 있다. 말하자면 피지시인의 지시인에 대한 항변, 지시인의 지시수령인에 대한 항변이 일거에 피지시인에 의하여 지시수령인을 상대로 행사되는 양상이라고 할 수 있다.

D.44.4.7.1: (같은 율리아누스는, 네가 너의 채권자라고 생각한 자에게, 내가 너의 指示에 따라서, 내가 너에게 채무부담한다고 판단한 금원을 약속하는 경우에는 나는 청구자를 악의의 항변으로써 배

척할 것이고, 더 나아가 문답계약채권자를 상대로 訴求함으로써 그가 나에게 문답계약의 변제수령 요식행위를 하도록 할 수 있다고 말한다[=D.39.5.2.4]. 율리아누스의 이 견해는 인간적인 해결책인바, 이에 따르면 또한 내가 구속된 이 자를 상대로 나는 항변 및 부당이득반환청구소권을 사용할 수 있다.)

D.16.1.8.4 Ulp. 29 ad ed.: (그러나 婦人에 의하여 指示를 받은 자가 그녀의 채무자가 아니었던 경우에는 그는 원로원의결의 항변을 부인의 信命保證人처럼 사용할 수 있을 것이다.)

D.16.1.8.6 Ulp. 29 ad ed.: (그녀가 그의 채무자가 아니었던 자에게 指示하는 경우에는 원로원의결[=Sc. Velleianum]에 탈법행위가 행해진 것으로 인정될 것이고, 그래서 항변이 부여된다.)

Ⅳ. 맺음말

이상으로 피후견인이 지급지시한 D.46.3.66 사례를 화두로 해서 로마법상의 후견제도와 指示 일반에 관하여 살펴보았다. 그 결과 로마의 후견법은 현행법의 미성년자 보호제도의 기원을 이루는 것이었음이 구체적인 내용을 통하여 확인되었고, 또 지시의 경우도 삼각관계에 대한 정확한 인식과 확고한 법리를 바탕으로 오늘날 이른바 급부부당이득(Leistungskondiktion)의 사례에 해당하는 문제상황을 잘 처리하고 있음을 확인할 수 있었다. 특히 당시의 사회사정을 배경으로 하는 풍부한 사례들에 반영된 각종 法教義들이 교착하는 사안들은 하나 하나가 모두 개별적으로 좀 더 깊이 있게 분석해 볼 가치가 있다고 생각된다. 이 글은 이러한 과제는 전혀 수행하지 못하고, 관련 사료의 번역 소개에 그칠 수밖에 없었다. 앞으로의 연구를 위한 기초작업의 의미는 있을 것이다.

〈참고문헌〉

Jakobs, Horst Heinrich, "Delegation und Durchgangserwerb", *SZ* 91 (1974), 205ff.

Jakobs, Horst Heinrich, "Fiducia und Delegation – Paulus D.46,2,12 more historico", *SZ* 110 (1993), 370ff.

Kupisch, Berthold, "Der angebliche Durchgangserwerb des Celsus", *SZ* 93 (1976), 60ff.

Rabel, Ernst, "In tema di delegazione", *Scritti in onore di C. Ferrini*, vol. 4 (1949), 218f. = *Gesammelte Aufsätze*, Band IV (1971), 642f.

Sturm, Fritz, "Zum Schutz des delegans furiosus", *Festschrift für Max Kaser zum 70. Geburtstag* (1976), 149ff.

Talamanca, Mario, "Delegazione a) diritto romano", *Enciclopedia del diritto* XI (1962), 918ff.

Thielmann, Georg, "Unwirksame Vollzugsverhältnisse bei der Delegation", *SZ* 100 (1983), 229ff.

Waldstein, Wolfgang, "Zur Frage der condictio bei irrtümlicher Leistung nichtgeschuldeter *operae*", *Iuris professio. Festgabe für Max Kaser zum 80. Geburtstag* (1986), 319ff.

Die *delegatio solvendi* des Mündels und ihre Rechtsfolgen im klassischen römischen Recht

– zugleich eine Exegese von D.46.3.66 –

Dieser Aufsatz beabsichtigt, der Anweisung (*delegatio*) und deren Rechtsfolgen, insbesondere der *condictio* als Herausgabeanspruch im römischen Recht anhand eines in D.46.3.66 überlieferten Anweisungsfalls nachzugehen. Dabei handelt es sich in der Hauptsache um eine systematische Ordnung der relevanten juristischen Quellenstellen vorwiegend aus dem *Corpus iuris civilis*. Fast alle einschlägigen Stellen sind herangezogen, und beinahe alle zitierten Stellen sind ins Koreanisch übersetzt worden. Um dessentwillen kann eine eingehende Diskussion mit der Literatur nicht stattfinden, zumal da es hierfür keinen Raum mehr gibt. Allerdings wird diese Vorarbeit als Grundlage für die künftige Untersuchungen dienen.

D.46.3.66 betrifft einen Fall, in dem ein Mündel (*pupillus*) ohne Vollwort (*auctoritas*) seines Vormunds (*tutor*) seinen Schuldner angewiesen hat, seinem Gläubiger zu zahlen (sog. *delegatio solvendi*). Der Autor, Pomponius, behandelt den Sachverhalt in zwei Varianten: Im Eingangsfall ist der Zahlende ein richtiger Schuldner, in der zweiten Fallkonstellation aber nicht (*non debitor*). Dieser Fall kennzeichnet sich dadurch, daß der Anweisende (*delegans*) als unreifer Minderjähriger unter der Vormundschaft (*tutela*) steht. Aber auch hier gelten, von den spezifisch für den Schutz des Mündels geltenden Sonderregelungen abgesehen, die Regelungen über die *delegatio* ohne weiteres. In der ersten Fallvariante wird also der Mündel von seinem Schuld befreit, während die fehlende *auctoritas tutoris* eine Befreiung des angewiesenen Schuldners (*debitor delegatus*) hindert. Gegen eine erneute Inanspruchnahme kann er sich freilich mit einer *exceptio* wehren. In der zweiten Fallvariante wird der Mündel ebenfalls frei, wenn auch zwischen ihm und Delegat kein Schuldverhältnis besteht. Da der Delegat weder von dem Gläubiger (*creditor*) noch von dem Mündel kondizieren kann, gewährt ihm der Prätor eine *actio utilis*, soweit er bereichert ist (*in quantum pupillus locupletior factus est*). Es ist insofern bemerkenswert, daß die römische Juristen ihre Dogmatik, auf die auch die betreffenden Vorschriften des koreanischen BGB (§§ 5ff.) zurückgehen, konsequent zur Geltung bringen. Daß es ab und zu Kontroversen gab, läßt daran nichts ändern.

Es ist nicht sehr sinnvoll, auf die vorgestellten Rechtsmaterien im einzelnen einzugehen. Stattdessen sei hier nur die Gleiderungspunkte wiedergegeben:

I. Vorwort

II. Der Gegenstand der Exegese: D.46.3.66

III. Die Exegese

1. Die Rechtsstellung des Mündels

(1) Die römische Vormundschaft

(2) Die Mitwirkung des Vormunds und die Rechtsstellung des Mündels

1) Der Grundsatz

2) Die Rechtsfolgen des mit Vollwort des Vormunds (*tutore auctore*) vorgenommenen Rechtsgeschäfts

3) Die Rechtsfolgen des ohne Vollwort des Vormunds (*sine tutoris auctoritate*) vorgenommenen Rechtsgeschäfts

a) Der Herausgabenanspruch des Geleisteten

b) Die Herausgabe des Empfangenen: "*locupletior factus*"

c) Der Umfang der Herausgabe beim *dolus* des Vormunds

d) Die Einrede der Arglist (*exceptio doli*) gegenüber dem Mündel

e) Sonstiges

f) Verhalten des reif Gewordenen (*pubes factus*) und die Rechtsfolgen

2. Die Anweisung

(1) Begriff, Arten und Rechtsnatur der Anweisung

(2) Die Rechtsfolgen

1) Allgemeines

2) Die Rechtsfolgen beim fehlerhaften Deckungsverhältnis

3) Die Rechtsfolgen beim fehlerhaften Valutaverhältnis

4) Die Rechtsfolgen, wenn sowohl das Deckungs- als auch das Valutaverhältnis fehlerhaft sind.

IV. Schlußwort

D.9.1 "四足動物의 加害가 주장되는 경우"

—對譯 및 註釋—

[일러두기] 이 글은 학설휘찬 제9권 제1장(D.9.1) "四足動物이 가해했다고 주장되는 경우"를 번역하고 거기에 관련 사료를 중심으로 이해에 도움이 될만한 간단한 주석을 붙인 것이다. 얼마 되지 않는 분량이지만 로마법의 法的 思考의 機制를 남김 없이 잘 보여주는 예들 중의 하나라고 생각된다.

로마의 경우 동물로 인한 민사책임에 관하여는 12표법, 개[犬]에 관하여 법정했다는 이른바 lex Pesolania (?), 그리고 高等按察官의 猛獸에 관한 告示(edictum de feris) 등 공화정기의 주된 실정법적 기초 위에서 四足動物 加害訴權(actio de pauperie), 放牧損害訴權(actio de pastu) 및 불법침해에 관한 아퀼리우스법소권(lex Aquilia de damno iniuria dato) 등에 대한 법률가들의 해석을 중심으로 발달하였다. 이들 모두에 관하여 많은 것들이 아직도 분명치 않은 상태에 있다. 짐작컨대 법적 규율의 대상이 된 동물들의 범위가 점차 확대되었던 것으로 보인다. 이들 소권들은 기본적으로 다음과 같은 내용으로 구성되었다.

인간의 過失이 개입한 경우에는 아퀼리우스법소권이 적용되었다 (D.9.1.1.6 et D.eod.1.5). 특히 가해의 위험이 있는 동물을 제대로 보관하지 않거나 대중의 왕래가 일어나는 곳에 데리고 오는 자는 고등안찰관의 고시에 따른 제재를 받았다(D.21.1.42; cf. D.9.1.1.5). 인간의 過失이 없이 가해가 일어난 경우에는, 동물이 스스로 유순한 본성에 반하여 가해하였다면 주인을 상대로 四足動物加害 本來訴權(D.9.1.1.pr ff.) ―또는 사족동물이 아닌 경우에는 準訴權(D.9.1.4)―이 인정되었다. 이 소권은 동물의 현 소유자를 상대로 하였다(D.9.1.1.12). 소권의 목적은 손해의 배상이었지만, 소유자는 가해동물을 살아 있는 상태로 위부함으로써(D.9.1.1.14) 이 배상책임을 면할 수 있었다(加害者委付訴權: D.9.1.1.pr; D.eod.1.11 ff.). 그러나 그가 가해동물이 자신의 소유임을 부인한 경우에는 가해자위부의 선택권을 상실하였다(D.9.1.1.15). 동물이 본성에 따라서 손해를 가한 때에는 목초나 곡식을 뜯어먹은 경우에 한하여 소유자를 상대로 放牧損害訴權(D.19.5.14.3)이 인정되었다. 경작지에 침입한 타인의 가축을 감금하는 것은 로마법상 불법이었다(D.9.2.39.1).

D.9.1 SI QUADRUPES PAUPERIEM FECISSE DICATUR.
學說彙纂 제9권 제1장 四足動物이 加害했다고 주장되는 경우

D.9.1.1 Ulpianus libro octavo decimo ad edictum.

Si quadrupes[1] pauperiem fecisse[2] dicetur, actio ex lege duodecim tabularum descendit: quae lex voluit aut dari id quod nocuit, id est id animal quod noxiam[3] commisit, aut aestimationem noxiae offerre.[4]

(1) Noxia autem est ipsum delictum.

(2) Quae actio ad omnes quadrupedes pertinet.

(3) Ait praetor "pauperiem fecisse". pauperies est damnum sine iniuria facientis datum: nec enim potest animal iniuria fecisse, quod sensu caret.

(4) Itaque, ut Servius scribit, tunc haec actio locum habet, cum commota feritate nocuit quadrupes, puta si equus calcitrosus calce percusserit, aut bos cornu petere solitus petierit, aut mulae propter nimiam ferociam <plaustrum in aliquem everterint *Mommsen*>: quod si propter loci iniquitatem aut propter culpam mulionis, aut si plus iusto onerata quadrupes in aliquem onus everterit, haec actio cessabit damnique iniuriae agetur.

(5) Sed et si canis, cum duceretur ab aliquo, asperitate sua evaserit et alicui damnum dederit: si contineri firmius ab alio poterit vel

---

1) D.h.t.1.2.

2) D.h.t.1.3.

3) D.h.t.1.1.

4) D.h.t.1.11 i.f.

si per eum locum induci non debuit, haec actio cessabit et tenebitur qui canem tenebat.

(6) Sed et si instigatu alterius fera damnum dederit, cessabit haec actio.

(7) Et generaliter haec actio locum habet, quotiens contra naturam fera mota pauperiem dedit: ideoque si equus [dolore]<dolone *Gothofredus*> concitatus calce petierit, cessare istam actionem, sed eum, qui equum percusserit aut vulneraverit, in factum magis quam lege Aquilia teneri, utique ideo, quia non ipse suo corpore damnum dedit. at si, cum equum permulsisset quis vel palpatus esset, calce eum percusserit, erit actioni locus.

(8) Et si alia quadrupes aliam concitavit ut damnum daret, eius quae concitavit nomine agendum erit.

(9) Sive autem corpore suo pauperiem quadrupes dedit, sive per aliam rem, quam tetigit quadrupes, haec actio locum habebit: ut puta si plaustro bos obtrivit aliquem vel alia re deiecta.

(10) In bestiis autem propter naturalem feritatem haec actio locum non habet: et ideo si ursus fugit et sic nocuit, non potest quondam dominus conveniri, quia desinit dominus esse, ubi fera evasit: et ideo et si eum occidi, meum corpus est.

(11) Cum arietes vel boves commisissent et alter alterum occidit, Quintus Mucius distinxit, ut si quidem is perisset qui adgressus erat, cessaret actio, si is, qui non provocaverat, competeret actio: 'quamobrem eum [sibi]<ei> aut noxam sarcire aut in noxam dedere oportere'[5].

(12) Et cum etiam in quadrupedibus noxa caput sequitur, adversus

dominum haec actio datur, non cuius fuerit quadrupes, cum noceret, sed cuius nunc est.

(13) Plane si ante litem contestatam decesserit animal, extincta erit actio.

(14) Noxae autem dedere est animal tradere vivum. demum si commune plurium sit animal, adversus singulos erit in solidum noxalis actio, sicuti in homine.

(15) Interdum autem dominus in hoc non convenietur, ut noxae dedat, sed etiam in solidum, ut puta si iure interrogatus, an sua quadrupes esset, responderit non esse suam: nam si constiterit esse eius in solidum condemnabitur.

(16) Si post litem contestatam ab alio sit animal occisum, quia domino legis Aquiliae actio competit, ratio in iudicio habebitur legis Aquiliae, quia dominus noxae dedendae facultatem amiserit: ergo ex iudicio proposito litis aestimationem offeret, nisi paratus fuerit actionem mandare adversus eum qui occidit.

(17) Hanc actionem nemo dubitaverit heredi dari ceterisque successoribus: item adversus heredes ceterosque non iure successionis, sed eo iure, quo domini sint, competit.

D.9.1.1 울피아누스, <고시주해> 제18권

네발짐승[四足動物]이 加害를 했다고 주장되는 경우에는 소권이 12표법[6]에서 유래[7]하는데,[8] 이 법률은 加害者, 즉 손해행위를 범한

5) 후속하는 D.h.t.1.12 sqq.에서 해설되고 있는 이 'quamobrem～oportet' 부분은 다음의 주에서 살펴보는 바와 같이 이 소권 방식서의 일부분이다.

6) XII.Tab. 8.6 (拙著, 『로마法硏究[I]』, 1995, 23면):

동물이 委付되든가,[9] 아니면 손해의 평가액이 제공될 것을 의욕하였

SI QUADRUPES PAUPERIEM FAXIT, AUT NOXIAM SARCITO AUT IN NOXAM DATO (四足동물이 加害한 경우에는 손해를 배상하거나 가해동물을 委付하라).

동일한 내용이었을 법무관의 고시(SI QUADRUPES PAUPERIEM FECISSE DICATUR …)에 기초한 소권의 방식서는 다음과 같았을 것으로 거의 확실하게 추정된다(EP Tit. XV. § 75 [Lenel p.195]):

Si paret quadrupedem pauperiem fecisse, qua de re agitur, quam ob rem Numerium Negidium Aulo Agerio aut noxiam sarcire aut in noxam dedere oportet, quanti ea res est, tantam pecuniam aut in noxam dedere iudex Numerium Negidium Aulo Agerio condemna, si non paret absolve.

(四足動物이 가해를 했음이 판명되어 이 문제에 관한 한 그로 인하여 피고가 원고에게 손해를 배상하든가 가해자를 위부하는 것이 마땅하면 그에 상당하는 금액이나 가해자위부를 심판인은 피고가 원고에게 이행할 것을 유책판결하라. 판명되지 아니하는 경우에는 면소판결하라.)

7) 울피아누스가 12표법 자체에 규정되었음을 뜻하는 'quod etiam lege XII tabularum cavetur'와 같은 표현이 아니라 신중한 어감의 'ex lege XII tabularum descendit'를 사용한 것을 아울러 고려한 가운데 여기서 다루기에는 매우 복합적인 가설에 입각하여 12표법에는 pauperies가 규정되지 않았다는 소수설의 예로는 David Pugsley, "Noxia", *Law Quarterly Review* 88 (1972), 543ff. 통설은 이 소권이 12표법에 규정되었었다고 인정한다. 이 경우에도 애초에는 유순한 네발짐승에 국한했고, 동 규정을 개(cf. D.h.t.1.5)에 대해서도 적용하게 된 것은 특별법(lex Pesolania ?: Giovanni Rotondi, *Leges publicae populi Romani* [1922/ND 1962], 472. Cuiacius 이래로 이 법률을 솔론의 법률[lex Solonia]로 이해하는 견해는 Plutarch. Solon. c.24를 근거로 들지만, 로마와의 관련성에는 의문의 여지가 많다. Jo. Gottlieb Heineccius, *Antiquitatum Romanarum Jurisprudentiam illustrantium Syntagma secundum ordinem Institutionum Justiniani digestum* [1841], 703f.는 Hotomanus를 좇아서 오히려 Pesulanus라는 호민관에 의해 제안되어 통과된 평민회의결인 것으로 추정한다)을 통해서였던 것으로 보인다(PS.1.15.1). 고전기에는 가축에 한정했던 것 같지 않으나 확실치는 않다(cf. D.h.t.1.2). Kunkel/Honsell, *Römisches Recht* (4. Aufl. 1987), 383f.

8) Inst.4.9.pr.: Animalium nomine, quae ratione carent, si quidem lascivia aut fervore aut feritate pauperiem fecerint, noxalis actio lege duodecim tabularum prodita est.

9) Inst.4.9.pr: …noxalis actio lege duodecim tabularum prodita est (quae animalia

다.[10)]

(1) 그런데 손해행위란 다름 아닌 불법행위이다.[11)]

(2) 이 소권은 모든 네발짐승에 관련된다.[12)]

---

si noxae dedantur, proficiunt reo ad liberationem, quia ita lex duodecim tabularum scripta est).

10) 후기법에 관하여는

Lex Romana Burgundionum 13.1: Si animal cuiuscumque damnum intulerit, aut estimationem damni dominus solvat, aut animal cedat; quod etiam de cane et bipede placuit, observari, secundum speciem Pauli sententiarum libro primo sub titulo: Si quadrupes pauperiem fecerit.

PS.1.15.1: Si quadrupes pauperiem fecerit damnumve dederit quidve depasta sit, in dominum actio datur, ut aut damni aestimationem subeat aut quadrupedem dedat: quod etiam lege Pesolania de cane cavetur.

PS.Int.1.15.1: Si alienum animal cuicumque damnum intulerit aut alicuius fructus laeserit, dominus eius aut aestimationem damni reddat aut ipsum animal tradat. quod etiam de cane similiter est statutum.

상세는 Ernst Levy, *Weströmisches Vulgarrecht: Das Obligationenrecht* (1956), 348ff.

11) D.50.16.238.3 GAI. 6 ad l. XII Tab.: "Noxiae" appellatione omne delictum continetur.

Cf. I.4.8.1: Noxa autem est corpus quod nocuit, id est servus: noxia ipsum maleficium, veluti furtum damnum rapina iniuria.

12) Cf. D.h.t.1.4; D.h.t.1.10. 로마법상 동물들의 부류에 관하여는

한편으로는 Gai.2.16: At ferae bestiae nec mancipi sunt, velut ursi leones, item ea animalia quae fere bestiarum numero sunt, velut elephanti et cameli. et ideo ad rem non pertinet, quod haec animalia etiam collo dorsove domari solent: nam ne nomen quidem eorum animalium illo tempore fuit, quo constituebatur quasdam res mancipi esse, quasdam nec mancipi.

UE.19.1: …mancipi res sunt…item…et quadrupedes, quae dorso collove domantur, velut boves, muli, equi, asini. ceterae res nec mancipi sunt. elefanti et cameli, quamvis collo dorsove domentur, nec mancipi sunt, quoniam bestiarum numero sunt.

다른 한편으로는 D.9.2.2.2 Gaius 7 ad edictum provinciale: Ut igitur apparet, servis nostris exaequat quadrupedes, quae pecudum numero sunt et gregatim habentur, veluti oves caprae boves equi muli asini. sed an sues pecudum

(3) 법무관 가로대: "가해를 했다". 加害란 행위자의 불법 없이 가해진 손해이다.[13] 왜냐하면 동물은 불법하게 행위했을 수 없는

---

appellatione continentur, quaeritur: et recte Labeoni placet contineri. sed canis inter pecudes non est. longe magis bestiae in numero non sunt, veluti ursi leones pantherae. elefanti autem et cameli quasi mixti sunt (nam et iumentorum operam praestant et natura eorum fera est) et ideo primo capite contineri eas oportet.

D.32.65.4 Marcian. 7 inst.: Pecoribus legatis Cassius scripsit quadrupedes contineri, quae gregatim pascuntur. et sues autem pecorum appellatione continentur, quia et hi gregatim pascuntur.

기타의 동물, 가령 두발짐승(bipes)이 가해한 경우에는 준소권이 부여되었다 (D.h.t.4; cf. Lex Romana Burgundionum 13.1).

13) Pauperies는 시인들의 경우 paupertas(빈한, 궁핍)의 대용으로 두루 쓰였으나 산문에서 사용된 것은 제정기에나 와서의 일이었으며(타키투스, 수에토니우스, 락탄티우스), 법률가들의 독특한 용법(cf. Flavius Caper, *De orthographia*, LLA 438, pag. 99, linea 13: Pauperies damnum est, paupertas condicio ipsa; Apuleius, Metamorphoses, lib.9, cap.35: at enim casulae parvulae conterminos magnos et beatos agros possidebat vicinus potens et dives et iuvenis, <s>et prosapiae maiorum gloria male utens pollensque factionibus et cuncta facile faciens in civitate; <hic> hostili modo vicini tenuis incursabat pauperiem pecua trucidando, boves abigendo, fruges adhuc immaturas obterendo.)은 비법률가의 경우 아풀레이우스(*ca. 125)에서나 보인다.

Apuleius, *Apologia* (Pro se de magia liber), par.21: sed finge haec aliter esse ac me ideo pauperem, quia mihi fortuna divitias invidit easque, ut ferme evenit, aut tutor imminuit aut inimicus eripuit aut pater non reliquit: hocine homini opprobrari, pauperiem, quod nulli ex animalibus vitio datur, non aquilae, non tauro, non leoni?

이에 반하여 Theodor Mommsen, *Römisches Strafrecht* (1899/ND 1955), 834 n.4는 pauperies가 어원적으로 '풀을 뜯게 함'(Weidenlassen)과 관련된 것으로 보는데, 이것은 잘못이다. 오히려 언어학적으로만 보자면 그가 부인하고 있는 것과는 반대로 paucus (gr. παῦρος; got. fawai = ahd. fao = engl. few: paullus [<*paueslos], pauper)와 관련된 것이다: pauperies < pauper < *pau-paros [∈pario]: [원래] "寡所得의". Menge-Güthling, *Lateinisches Wörterbuch, Schulausgabe, Teil I: Lateinisch-deutsch* (5. Aufl. 1911), s. v. paucus (p.546).

데, 智能이 결여되었기 때문이다.[14)]

---

14) Inst.4.9.pr: … pauperies autem est damnum sine iniuria facientis datum: nec enim potest animal iniuriam fecisse dici, quod sensu caret. haec quod ad noxalem actionem pertinet.
그러므로 네발짐승의 행위는 지붕에서 기와가 떨어진 것과 같이 평가되었다. D.9.2.5.2 Ulp. 18 ed.: … cessabit igitur Aquiliae actio, quemadmodum, si quadrupes damnum dederit, Aquilia cessat, aut si tegula ceciderit. …
이처럼 동물에게 법적 책임능력을 부인하는 냉철한 울피아누스의 관점은 일찍이 계몽된 단계에 접어들었던 로마인들의 관념(cf. Seneca, *de ira* 2.26: atqui ut his irasci dementis est, quae anima carent, sic mutis animalibus, quae nullam iniuriam nobis faciunt, quia velle non possunt; non est enim iniuria nisi a consilio profecta. nocere itaque nobis possunt ut ferrum aut lapis, iniuriam quidem facere non possunt)의 반영이었다. 同旨 Franz Haymann, SZ 42 (1921), 357ff.; Salomon Monossohn, *Actio de pauperie im System des römischen Noxalrechtes* (1911), 35ff. 이에 반하여 로마의 경우에도 적어도 초기에는 근동과 그리스에 널리 퍼졌던, 동물에게도 일정한 법적 책임을 물었던 일반의 관념이 전적으로 부재했던 것은 아니었던 것으로 보는 견해가 있으나(Rudolf Düll, "Archaische Sachprozesse und Losverfahren," SZ 61 (1941), 1ff.; R. Hirzel, Themis, *Dike und Verwandtes* (1907), 212ff.; E. Weiss, *Griechisches Privatrecht I: Allgemeine Lehren* (1923), 141ff.) 납득할 만한 사료적 근거를 제시하지는 못한다. 특히 Düll이 드는 D.h.t.1.13은 일견 동물을 인간과 같이 취급한 듯한 인상을 주지만, 그것은 어디까지나 가해자위부소권 일반에 적용되는 기술적인 고려에서 나온 것으로 이해되며, 오히려 동물의 경우에는 인간의 경우와 달리 死體의 위부가 부인된 데서(D.h.t.1.14) 가해행위에 대한 책임의 추궁이 궁극적으로 지능을 갖춘 인간에게만 인정되었음을 다시 한 번 확인할 수 있다. 또 D.h.t.1.8에서 동물의 경우에도 "加害責任 頭格追隨"의 법리가 적용됨을 논하고 있는 것도 현재의 소유자의 책임을 인정하려는 기술적인 표현일 뿐 인간과 동물 모두에게 공통된 가해책임능력이 있다는 의미가 아님은 분명하다. 同旨 Carlo Augusto Cannata, *Sul problema della responsabilità nel diritto privato romano* (1996), 21ff. = *IVRA: Rivista internazionale di diritto romano e antico* 43 (1992), 1ff., 26f.; D.h.t.1.7. — 게르만법에 관해서도 최근의 이해는 동물의 책임능력을 긍정한 구학설에 대하여 비판적이다. Cf. E. Kaufmann, "Tierstrafe", *Handwörterbuch zur Deutschen Rechtsgeschichte*, 33. Lieferung (1991), 237ff.; D. Werkmüller, "Tierhalterhaftung", *ibid.*, 231ff., 233.

(4) 그러므로 세르비우스가 기술하듯이 이 소권은 네발짐승[15]이 野性의 충동이 일어나서 가해한 경우에 적용된다.[16] 예컨대 발길질 잘하는 말이 발굽으로 걷어찼거나, 또는 뿔로 받는[17] 습성이 있는 황소가 받았거나,[18][19] 또는 암노새들이 엄청난 사나움

---

15) 야수의 경우에 관하여는 D.h.t.1.10.

16) Inst.4.9.pr: Animalium nomine, quae ratione carent, si quidem lascivia aut fervore aut feritate pauperiem fecerint, …
Gai. Fr.Aug.81: Committitur si per lasciviam aut fervorem aut feritatem damnum factum est et tenetur dominus ut aut damnum sustineat aut in noxam tradat animal.
D.h.t.1.7.

17) Cf. D.9.2.52.3 Alfenus 2 dig.: Quidam boves vendidit ea lege, uti daret experiundos: postea dedit experiundos: emptoris servus in experiundo percussus ab altero bove cornu est: quaerebatur, num venditor emptori damnum praestare deberet. respondi, si emptor boves emptos haberet, non debere praestare: sed si non haberet emptos, tum, si culpa hominis factum esset, ut a bove feriretur, non debere praestari, si vitio bovis, debere.

18) Inst.4.9.pr: … puta si equus calcitrosus calce percusserit aut bos cornu petere solitus petierit.

19) 비교: 에슌나律典 제53조-제55조 (*Ancient Near Eastern Texts relating to the Old Testament*, edited by James B. Pritchard, third edition with supplement, 1969, p.163의 英譯[Albrecht Goetze 번역]에서 옮김) : (53) 황소가 (다른) 황소를 받아서 (그의) 사망을 야기하는 경우에는 양 황소 임자들은 (그들 사이에) 살은 황소의 대금과 또한 죽은 황소의 소기를 나누어야 한다. (54) 황소가 습성적으로 뿔로 받는 것이 알려지고 당국이 그 사실을 주인에게 알렸는데도 그가 자기의 황소를 뿔이 제거되게 하지 않고 그 황소가 사람을 받아서 (그의) 사망을 야기하는 경우에는 그 황소의 주인은 은화 ⅔ 미나를 배상하여야 한다. (55) 그 황소가 노예를 받아서 (그의) 사망을 야기하는 경우에는 그는 은화 15 쉐켈을 배상하여야 한다.
함부라비법전 제250조-제252조 (*Ancient Near Eastern Texts relating to the Old Testament*, edited by James B. Pritchard, third edition with supplement, 1969, p.176의 英譯[Theophile J. Meek 번역]에서 옮김): (250) 황소가 길을 가다가 大人을 받아서 그의 사망을 야기한 경우에는 그 사안은 제소하지 못한다. (251)

때문에 <수레를 뒤집어서 어떤 자를 상해한 경우에 적용된다>.[20] 장소가 고르지 못한 때문에[21] 노새몰이군의 과실로, 또

大人의 황소가 뿔로 받는 습성이 있고 그의 도시평의회가 그에게 그 황소가 뿔로 받는 소임을 알렸으나 그가 그 황소의 뿔에 방석을 대거나 그의 황소를 묶어두지 않았고, 그 황소가 귀족의 一員을 받아서 사망케 한 경우에는 그는 은화 ½미나를 배상하여야 한다. (252) 피해자가 大人의 노예인 경우에는 그는 은화 ⅓미나를 배상하여야 한다.

출애굽기 21: 28-32 (공동번역): "황소가 남자든 여자든 사람을 뿔로 받아 죽였을 경우에는 그 황소를 돌로 쳐죽여야 한다. 그 고기는 먹지 못한다. 그러나 황소의 임자에게는 죄가 없다. 만일 그 황소가 본래 받는 버릇이 있어 그 임자에게 주의를 주었는데도 잘 지키지 않았기 때문에 남자든 여자든 사람을 받아 죽였을 경우에는 황소만 돌로 쳐죽일 것이 아니라 그 임자도 죽여야 한다. 만일 보상금을 요구해 오면 목숨값으로 요구하는 보상금을 다 물어야 한다. 황소가 남의 아들이나 딸을 받았을 경우에도 이와 꼭 같은 법이 적용된다. 황소가 남의 남종이나 여종을 받았으면 그 종의 주인에게 은 삼십 세겔을 물어주고 황소는 돌로 쳐죽여야 한다."

로마법에 대한 가능한 영향을 비롯한 상세한 논의는 Bernard S. Jackson, "Liability for animals in Roman Law: An Historical Sketch", *Cambridge Law Journal* 37 (1), April 1978, 122ff., 138ff.

20) 이러한 습성들은 동물매매의 경우 물건의 하자로 평가받았지만(D.21.1.43 Paulus 1 ad edictum aedilium curulium: Bovem qui cornu petit vitiosum esse plerique dicunt, item mulas quae cessum dant: ea quoque iumenta, quae sine causa turbantur et semet ipsa eripiunt, vitiosa esse dicuntur), 그렇다고 해서 이러한 개체적인 性癖으로 말미암아 이런 동물들이 길들인 가축의 범주에서 벗어나는 것은 아니었다. 오히려 가축의 범주에 속했으므로 이런 습성은 同種部類의 지속적인 "본성에 반하는 것"(D.h.t.1.7)으로서 특정 개체 차원에서의 일시적인 野性의 충동에 기인하는 것으로 평가 받았고 본 소권을 인정하는 계기가 된 것이다. D. I. C. Ashton-Cross, "Liability in Roman Law for damage caused by animals", *Cambridge Law Journal* 11 (3), 1953, 395ff.; C. A. Maschi, *La concezione naturalistica del diritto e degli istituti giuridici romane* (1937), 17ff.: "L'actio de pauperie ha luogo ogni qual volta l'animale abbia compiuto danno in seguito ad un'azione che non rientri in ciò che è normale nella vita del quadrupede secondo gli usi cui è destinato."

21) Cf. D.9.2.52.2 (카피톨 언덕): In clivo Capitolino duo plostra onusta mulae

는 적정량을 초과하여 적재하여 네발짐승이 어떤 사람에게 짐을 전복시키는 경우에는 이 소권은 적용되지 않을 것이고 不法侵害訴權으로[22] 訴求할 것이다.[23]

---

ducebant: prioris plostri muliones conversum plostrum sublevabant, quo facile mulae ducerent: inter superius plostrum cessim ire coepit et cum muliones, qui inter duo plostra fuerunt, e medio exissent, posterius plostrum a priore percussum retro redierat et puerum cuiusdam obtriverat: dominus pueri consulebat, cum quo se agere oporteret. respondi in causa ius esse positum: nam si muliones, qui superius plostrum sustinuissent, sua sponte se subduxissent et ideo factum esset, ut mulae plostrum retinere non possint atque onere ipso retraherentur, cum domino mularum nullam esse actionem, cum hominibus, qui conversum plostrum sustinuissent, lege Aquilia agi posse: nam nihilo minus eum damnum dare, qui quod sustineret mitteret sua voluntate, ut id aliquem feriret: veluti si quis asellum cum agitasset non retinuisset, aeque si quis ex manu telum aut aliud quid immisisset, damnum iniuria daret. sed si mulae, quia aliquid reformidassent et muliones timore permoti, ne opprimerentur, plostrum reliquissent, cum hominibus actionem nullam esse, cum domino mularum esse. quod si neque mulae neque homines in causa essent, sed mulae retinere onus nequissent aut cum coniterentur lapsae concidissent et ideo plostrum cessim redisset atque hi quo conversum fuisset onus sustinere nequissent, neque cum domino mularum neque cum hominibus esse actionem. illud quidem certe, quoquo modo res se haberet, cum domino posteriorum mularum agi non posse, quoniam non sua sponte, sed percussae retro redissent.

22) 마부나 과적한 자를 상대로.

23) 過積으로 役畜 자체가 손상을 입은 경우에는 과적한 자가 그 役畜의 소유자에게 아퀼리우스법에 의한 책임을 졌다.

D.9.2.27.23: Et si mulum plus iusto oneraverit et aliquid membri ruperit, Aquiliae locum fore.

D.19.2.30.2: Qui mulas ad certum pondus oneris locaret, cum maiore onere conductor eas rupisset, consulebat de actione. respondit vel lege Aquilia vel ex locato recte eum agere, sed lege Aquilia tantum cum eo agi posse, qui tum mulas agitasset, ex locato etiam si alius eas rupisset, cum conductore recte agi.
이 소권의 구성요건에 해당되지 않아서 이 소권이 적용되지 않는 다른 예:

(5) 그리고 개[24]가 어떤 사람이 데리고 가던 중에 자신의 맹폭함으로 인하여 [손을] 벗어나서 어떤 자에게 손해를 입히는 경우에는,[25] 만약 다른 사람에 의해서 더 견고하게 붙잡혀 있을 수 있었거나[26] 그 장소를 지나가게 데리고 와서는 안되었다면,[27] 이

D.19.5.14.3: Si glans ex arbore tua in meum fundum cadat eamque ego immisso pecore depascam: Aristo scribit non sibi occurrere legitimam actionem, qua experiri possim: nam neque ex lege duodecim tabularum de pastu pecoris (quia non in tuo pascitur) neque de pauperie neque de damni iniuriae agi posse: in factum itaque erit agendum.

24) 개는 로마법상 야성동물로 분류되었다.
Edictum aedilium curulium § 295 De feris [Lenel, EP. p.566]:
Ne quis canem, verrem, aprum, lupum, ursum, pantheram, leonem, qua vulgo iter fiet, ita habuisse velit, ut cuiquam nocere damnumve dare possit …
Cf. D.48.9.9.pr Mod. 12 pandectarum. (≒ Inst. 4.18.6): Poena parricidii more maiorum haec instituta est, ut parricida virgis sanguineis verberatus deinde culleo insuatur cum cane, gallo gallinaceo et vipera et simia: deinde in mare profundum culleus iactatur. hoc ita, si mare proximum sit: alioquin bestiis obicitur secundum divi Hadriani constitutionem.

25) PS.1.15.1a: [=Lex Romana Burgundionum 13.2]: De cane etiam sub eodem titulo conprehensum, ut,} si quis saevum canem habens in plateis vel in viis publicis in legamen diurnis horis non redegerit, quidquid damni fecerit, a domino solvantur.

26) Cf. D.9.2.8 Gaius 7 ed. provinc.: … mulionem quoque, si per imperitiam impetum mularum retinere non potuerit, si eae alienum hominem obtriverint, volgo dicitur culpae nomine teneri. idem dicitur et si propter infirmitatem sustinere mularum impetum non potuerit: nec videtur iniquum, si infirmitas culpae adnumeretur, cum affectare quisque non debeat, in quo vel intellegit vel intellegere debet infirmitatem suam alii periculosam futuram. idem iuris est in persona eius, qui impetum equi, quo vehebatur, propter imperitiam vel infirmitatem retinere non poterit.
Carlo Augusto Cannata, *Sul problema della responsabilità nel diritto privato romano* (1996), 59ff. = *IVRA: Rivista internazionale di diritto romano e antico* 43 (1992), 1ff., 45ff.

소권은 적용되지 않을 것이고 개를 데리고 있던 자가 책임질 것이다.[28]

(6) 그리고 타인의 자극으로 사나와져서 손해를 가하는 경우[29]에도 이 소권은 적용되지 않을 것이다.[30][31]

---

27) Cf. Edictum aedilium curulium de feris (Lenel, EP § 295): NE QUIS CANEM, VERREM, APRUM, LUPUM, URSUM, PANTHERAM, LEONEM, … QUA VOLGO ITER FIET, ITA HABUISSE VELIT, UT CUIQUAM NOCERE DAMNUMVE DARE POSSIT, si adversus ea factum erit et homo liber ex ea re perierit, solidi ducenti, si nocitum homini libero esse dicetur, quanti bonum aequum iudici videbitur, condemnetur, ceterarum rerum, quanti damnum datum factumve sit, dupli.

이 고시에 대한 상세는 Luis Rodriguez-Ennes, "Delimitación conceptual del ilícito edilicio 'de feris'", *IVRA: Rivista internazionale di diritto romano e antico 41* (1990), 53ff.

28) Actio de pauperie는 네발짐승 소유자의 過失이 요구되지 않았다. 개의 경우에는 야수에 준하므로 일반적으로 보자면 이 소권의 적용이 부인된다(D.h.t.1.10; 피해자가 개를 도발한 경우라면 더욱 그러하다: D.h.t.2). 그러나 개를 끌고 나온 자에게 過失이 인정되는 경우라면 아퀼리우스법소권이든(D.9.2.8 cit.: infirmitas = culpa) 아니면 高等按察官의 告示(EP § 295 cit.)에 준하여 책임을 진다. 猛犬을 풀어 놓은 過失이 있는 개주인에게도 같은 법리가 적용된다 (D.h.t.2).

29) 이에 해당하는 사례에서는 그러므로 다른 소권들만이 논의되었다. Cf. D.h.t. 1.7.

D.9.2.11.5 Ulpianus 18 ed.: Item cum eo, qui canem irritaverat et effecerat, ut aliquem morderet, quamvis eum non tenuit, Proculus respondit Aquiliae actionem esse: sed Iulianus eum demum Aquilia teneri ait, qui tenuit et effecit ut aliquem morderet: ceterum si non tenuit, in factum agendum.

D.9.2.9.3 Ulpianus 18 ed.: Si servum meum equitantem concitato equo effeceris in flumen praecipitari atque ideo homo perierit, in factum esse dandam actionem Ofilius scribit: quemadmodum si servus meus ab alio in insidias deductus, ab alio esset occisus.

30) 異見: D.4.3.7.6 Uip. 11 ed.: Si quadrupes tua dolo alterius damnum mihi dederit, quaeritur, an de dolo habeam adversus eum actionem. et placuit mihi,

(7) 일반적으로 이 소권은 본성[32]에 반하여[33] 충동적으로 사나와져

quod Labeo scribit, si dominus quadrupedis non sit solvendo, dari debere de dolo, quamvis, si noxae deditio sit secuta, non puto dandam nec in id quod excedit.

(너의 네발짐승이 타인의 악의로 나에게 손해를 입히는 경우 나는 그를 상대로 악의소권을 갖는지 여부가 문제된다. 私見으로는 라베오가 기술하고 있는 바, 즉 네발짐승의 주인이 有資力이 아닌 때에는 악의소권이 부여되어야만 한다는 견해가 타당하다. 비록 가해자위부가 일어난 경우에는 (그 소권을) 부여해서는 안되는바, (동물의 가액을) 초과하는 (손해)금액에 대해서도 그러하다는 것이 私見임에도 불구하고 말이다.)

이 개소에 따르면 원칙적으로 타인의 악의로 인하여 四足動物이 가해한 경우에도 actio de pauperie와 가해자위부가 인정되었다.

31) 도발한 자 자신이 피해를 본 경우에도 이 소권은 부인되었다. Cf. D.h.t.2.1; D.9.2.52.3 cit..

PS.1.15.3: Ei, qui inritatu suo feram bestiam vel quamcumque aliam quadrupedem in se proritaverit eaque damnum dederit, neque in eius dominum neque in custodem actio datur.

PS.Int.1.15.3: Quicumque feram bestiam vel quamcumque quadrupedem provocando quocumque modo adversum se incitaverit, nec domino nec custodi eius poterit imputari, quia suo vitio incurrisse dinoscitur.

피해자의 과실에 관한 이와 같은 일반법리에 대하여는 D.50.17.203; D.9.2.9.4; D.9.2.11.pr.i.f.; D.9.2.28.1; D.9.2.52.pr-1; D.4.3.6.1.

32) 유순한 본성(mansueta natura: D.h.t.1.4). Cf. D. I. C. Ashton-Cross, "Liability for animals in Roman Law", *Cambridge Law Journal* 17, 1959, 189ff., 192: "tame animals are expected to behave themselves." 사나운 본성의 야수인 경우에는 이 소권은 적용되지 않는다(D.h.t.1.10).

33) 울피아누스가 동물 임자의 책임을 동물이 contra naturam 하게 행동했는가 여부에 달려 있도록 했다는 사실로부터 울피아누스가 D.1.1.1.3(ius naturale)에서와 마찬가지로 이곳에서도 동물들에게 이성적인 행동을 귀속시키고 있다고 보는 견해가 있다(Tony Honoré, *Ulpian* [1982], 31 [Paolo Frezza, "La cultura di Ulpiano", *SDHI*, 1968, 363ff.가 울피아누스를 오직 인간에게만 이성을 인정하는 스토아와 정반대로 동물의 이성을 긍정하는 신플라톤학파에 근접한 관점을 취한 것으로 설명하는 것에 연결하여]). 그러나 울피아누스가 당시의 시리아에서 유행하던 사상조류를 그대로 반영한다는 보장도 없을 뿐더러, 무엇보다도 그의 자연법에 대한 설명(자연법 = 생물학적 본능: 拙著, 『로마法研究[I]』,

서 가해행위를 범한 경우에 적용된다.[34] 그래서 말이 [고통으로]<쇠꼬챙이로>[35] 자극 받아서 발굽으로 걷어차는 때에는 이 소권이 적용되지 않고, 그 말을 때렸거나 상해한 자가 아퀼리우스법에 의한다기보다는 事實訴權으로 책임지는데, 그 자신이 자신의 육신으로써 손해를 가한 것이 아니기 때문인 것이다. 그렇지만 어떤 자가 말을 쓰다듬거나 다독거렸는데 발굽으로 그를 걷어차는 경우에는 이 소권이 적용될 것이다.[36]

(8) 그리고 네발짐승이 다른 네발짐승을 자극하여 손해를 가하게 한 경우에는 자극한 동물의 명목으로 訴求해야 할 것이다.[37]

(9) 그런데 네발짐승이 자신의 육신으로 가해행위를 범했든, 아니면 네발짐승이 접촉한 다른 물건을 매개하여 그랬든,[38] 이 소권이 적용될 것이다. 가령 마차로써 황소가 어떤 사람을 깔아뭉개거나 다른 물건을 내동댕이쳐서 그런 경우.

465, 430 n.61)이나 이곳의 contra naturam에 대한 설명이나 모두 이런 견해를 지지하지 않는다. Cf. D.h.t.1.3.

34) Inst.4.9.pr: … haec autem actio in his, quae contra naturam moventur, locum habet. D.h.t.1.4.
그러므로 가축이 타인의 토지에 들어가서 풀을 뜯어먹은 경우에는 "본성에 따라서" (secundum naturam) 행동한 것이므로 이 점에서 벌써 본 소권은 적용될 수 없고, 放牧損害訴權(actio de pastu pecoris)이 문제될 수 있을 뿐이다(cf. Ulp. 41 Sab. D.19.5.14.3).

35) 정정 없이 "고통으로"라고 읽는 경우에도 그 고통은 어떤 사람에 의하여 야기된 고통을 의미하는 것으로 이해해야 함은 문맥상 명백하다. Cf. D.h.t.1.6.

36) 일반적으로 호의의 표시인 쓰다듬는 행위는 자극적 도발행위로 볼 수 없기 때문이다. 같은 이유에서 다른 동물이 냄새를 맡는 행위도 자극적 도발행위로 평가되지 않았다(D.h.t.5).

37) 중간에 개재된 "도구"가 이처럼 다른 동물이든 무생물(D.h.t.1.9)이든 같은 법리가 적용되었다. Cf. D.h.t.1.11.

38) Cf. D.h.t.1.8.

(10) 그러나 야수들의 경우에는 자연적 야성으로 인하여 이 소권이 적용되지 않는다.[39] 그러므로 곰이 도주하여 이와 같이 가해한 경우에는 이전의 소유자는 제소 당할 수 없다.[40] 왜냐하면 야수가 도주한 경우에는 주인이기를 그치기[41] 때문이다.[42] 그래서

---

39) 길들인 야수는 야수가 아니다.
D.3.1.1.6 Ulpianus 6 ed.: …bestias autem accipere debemus ex feritate magis, quam ex animalis genere: nam quid si leo sit, sed mansuetus, vel alia dentata mansueta? …
야수가 길들여졌는가의 여부에 관한 판단기준에 관하여는
D.41.1.5.5 Gaius 2 rer. cott. = Inst. 2.1.15: Pavonum et columbarum fera natura est nec ad rem pertinet, quod ex consuetudine avolare et revolare solent: nam et apes idem faciunt, quarum constat feram esse naturam: cervos quoque ita quidam mansuetos habent, ut in silvas eant et redeant, quorum et ipsorum feram esse naturam nemo negat. in his autem animalibus, quae consuetudine abire et redire solent, talis regula comprobata est, ut eo usque nostra esse intellegantur, donec revertendi animum habeant, quod si desierint revertendi animum habere, desinant nostra esse et fiant occupantium. intelleguntur autem desisse revertendi animum habere tunc, cum revertendi consuetudinem deseruerint.

40) 그러나 야수라 하더라도 여전히 주인 손에 있는 한은 이 소권이 적용되었다. 야수를 기르는 자는 公路上에 현출시켜서는 아니 되는 의무를 부담하였다.
Inst.4.9.1: Ceterum sciendum est aedilicio edicto prohiberi nos canem verrem aprum ursum leonem ibi habere, qua vulgo iter fit: et si adversus ea factum erit et nocitum homini libero esse dicetur, quod bonum et aequum iudici videtur, tanti dominus condemnetur, ceterarum rerum, quanti damnum datum sit, dupli. praeter has autem aedilicias actiones et de pauperie locum habebit: numquam enim actiones praesertim poenales de eadem re concurrentes alia aliam consumit.

41) Inst. 2.1.13: Quidquid autem eorum (sc. ferarum bestiarum et volucrum) ceperis, eo usque tuum esse intellegitur, donec tua custodia coercetur: cum vero evaserit custodiam tuam et in naturalem libertatem se receperit, tuum esse desinit et rursus occupantis fit.(=D.41.1.3.2) naturalem autem libertatem recipere intellegitur, cum vel oculos tuos effugerit vel ita sit in conspectu tuo,

그 곰을 내가 살해하는 경우 그 시체는 나의 것이다.[43)]

(11) 수염소들 또는 황소들이 싸워서[44)] 한 놈이 다른 놈을 죽인 경우

---

ut difficilis sit eius persecutio.

42) Inst.4.9.pr: … ceterum si genitalis sit feritas, cessat. denique si ursus fugit a domino et sic nocuit, non potest quondam dominus conveniri, quia desinit dominus esse, ubi fera evasit.

43) 늑대가 탈취한 돼지들의 소유권 귀속에 관하여는
D.41.1.44 Ulpianus 19 ed..: Pomponius tractat: cum pastori meo lupi porcos eriperent, hos vicinae villae colonus cum robustis canibus et fortibus, quos pecoris sui gratia pascebat, consecutus lupis eripuit aut canes extorserunt: et cum pastor meus peteret porcos, quaerebatur, utrum eius facti sint porci, qui eripuit, an nostri maneant: nam genere quodam venandi id erant nancti. cogitabat tamen, quemadmodum terra marique capta, cum in suam naturalem laxitatem pervenerant, desinerent eorum esse qui ceperunt, ita ex bonis quoque nostris capta a bestiis marinis et terrestribus desinant nostra esse, cum effugerunt bestiae nostram persecutionem. quis denique manere nostrum dicit, quod avis transvolans ex area aut ex agro nostro transtulit aut quod nobis eripuit? si igitur desinit, si fuerit ore bestiae liberatum, occupantis erit, quemadmodum piscis vel aper vel avis, qui potestatem nostram evasit, si ab alio capiatur, ipsius fit. sed putat potius nostrum manere tamdiu, quamdiu reciperari possit: licet in avibus et piscibus et feris verum sit quod scribit. idem ait, etsi naufragio quid amissum sit, non statim nostrum esse desinere: denique quadruplo teneri eum qui rapuit. et sane melius est dicere et quod a lupo eripitur, nostrum manere, quamdiu recipi possit id quod ereptum est. si igitur manet, ego arbitror etiam furti competere actionem: licet enim non animo furandi fuerit colonus persecutus, quamvis et hoc animo potuerit esse, sed et si non hoc animo persecutus sit, tamen cum reposcenti non reddit, supprimere et intercipere videtur. quare et furti et ad exhibendum teneri eum arbitror et vindicari exhibitos ab eo porcos posse.

44) 염소의 경우 싸움이 본성이므로(Cf. Plinius maior, *Naturalis historia* 9.99: dimicant inter se ut arietes adversis cornibus incursantes) 본 개소는 공화정 晩期에 동물이 그 본성에 반하여 행동한 경우(Cf. D.h.t.1.7)로 책임이 제한되지 않았다는 증거라는 견해가 있다(Alan Watson, *The Law of Obligations in the Later Roman Republic* (1965), 282). 그러나 이 견해는 본 소권의 법정요건으로서

퀸투스 무키우스는 [이렇게] 구별하였다: 공격을 한 놈이 죽은 경우에는 이 소권은 적용되지 않고, 도발하지 않은 놈이 죽은 경우에는 이 소권이 인정된다.[45][46] '그로 인하여 그(=피고)가 [자신에게]<그(=원고)에게> 손해를 배상하든가 가해자를 委付하는 것이 마땅함.'

(12) 그리고 네발짐승들의 경우에도 加害者責任은 頭格을 追隨하므로[47] 소유자를 상대로 이 소권이 부여되는데, 가해 당시의 네

의 "길든 동물"로서의 염소의 본성과 일반적인 박물학적 관찰의 시각에서 본 염소의 싸움 잘하는 '본성'을 별다른 고찰 없이 동일시했다는 비판을 면하기 어렵다.

45) 이것은 불법행위를 먼저 유발한 동물에게 책임을 귀속시킨 것이 아니라, 단순한 객관적 인과관계의 면에서 직접적으로 가해한 동물의 행위가 다른 동물에 의하여 도발된 경우 인과관계를 부인하여, 도발한 동물의 행위만을 손해의 원인으로 본 데서 기인한다. 인간의 경우에 적용되는 책임 사상(Alfenus 2 dig. D.9.2.52.1: Tabernarius in semita noctu supra lapidem lucernam posuerat: quidam praeteriens eam sustulerat: tabernarius eum consecutus lucernam reposcebat et fugientem retinebat: ille flagello, quod in manu habebat, in quo dolor inerat, verberare tabernarium coeperat, ut se mitteret: ex eo maiore rixa facta tabernarius ei, qui lucernam sustulerat, oculum effoderat: consulebat, num damnum iniuria non videtur dedisse, quoniam prior flagello percussus esset. respondi, nisi data opera effodisset oculum, non videri damnum iniuria fecisse, culpam enim penes eum, qui prior flagello percussit, residere: sed si ab eo non prior vapulasset, sed cum ei lucernam eripere vellet, rixatus esset, tabernarii culpa factum videri)은 동물의 경우에는 그 책임능력의 결여(D.h.t.1.3-4)로 인하여 적용될 수 없다. 다시 말하면 도발 당한 동물은 중간에 개재된 "도구"(D.h.t.1.8)로 본 것이다.

46) 비교: 출애굽기 21:35-36 (공동번역): "어떤 사람의 황소가 이웃집 황소를 받아서 죽였을 경우에는 산 황소를 팔아서 그 돈을 나누어 가지고, 죽은 황소도 나누어 가져야 한다. 만일 임자가 잘 지키지 않았을 경우에는 산 황소를 대신 주고 죽은 황소를 가져야 한다."

47) 이 법리는 로마법상 확립된 법리였다. Cf. D.13.6.21.1 Afr. 8 qu.; D.9.4.43 Pomp. 8 ep.; D.47.2.41.2 Ulp. 41 Sab.; D.47.10.17.7 Ulp. 57 ed.; D.2.9.2.pr.

발짐승의 소유자가 아니라 현재의 소유자 말이다.[48)]

(13) 분명 쟁점결정 전에 (가해)동물이 죽는 경우에는 이 소권은 소멸할 것이다.[49)]

(14) 가해자를 委付한다 함은 (가해)동물을 살아 있는 상태로 인도하는 것이다.[50)] 동물이 數人의 공유인 경우에는 물론 각자를 상

Paul. 6 ed.; C.3.41.1 Alex. [a.223]; C.4.14.4 Gord. [a.238]; PS.2.31.8-9; PS.Int.2.32.12; NMai.7.11. 이 법리의 효과에 관하여는

Inst.4.8.5: Omnis autem noxalis actio caput sequitur. nam si servus tuus noxiam commiserit, quamdiu in tua potestate sit, tecum est actio: si in alterius potestatem pervenerit, cum illo incipit actio esse, aut si manumissus fuerit, directo ipse tenetur et extinguitur noxae deditio. ex diverso quoque directa actio noxalis esse incipit: nam si liber homo noxiam commiserit et is servus tuus esse coeperit (quod casibus quibusdam effici primo libro tradidimus), incipit tecum esse noxalis actio, quae ante directa fuisset.

48) 소유자가 책임을 지는 근거는 그가 가해동물의 소유자라는 사실 그 자체였으며, 따라서 이 책임은 "순수한 결과책임"이었다. Elemér Pólay, "Iniuria-Tatbestände im archaischen Zeitalter des antiken Rom", SZ 101 (1984), 142ff., 180f.

49) 이것은 가해자위부소권의 일반법리에 따른 것이다. Cf. D.9.4.39.4 Iulianus 9 dig.: Sed et mortuo servo antequam iudicium accipiatur, omnino hac actione non tenebitur dominus.

50) 이것은 인간이 가해자인 경우의 가해자위부소권에서는 死體 또는 그 일부를 위부할 수 있었던 것과 다른 점이다. Cf. D.h.t.1.3 주석.

Gai. Fr.Aug.82-87: sed interest utrum servi filiive nomine noxalis actio proponatur, an animalium. nam si servi filiive nomine condemnatus fuerit dominus vel pater, poterunt in noxam dare etiam mortuum: condemnatus dominus noxali actione potest servum etiam mortuum in noxam dare. (83) et non solum si totum corpus det liberatur, sed etiam si partem aliquam corporis. denique tractatur de capillis et unguibus an partes corporis sint. quidam enim dicunt <ea additamenta corporis esse; sunt enim> foris posita. animal mortuum vero dedi non potest. (84) quae ratio est ut servi mortui etiam dedantur? voluerunt … r … imponere servis vel filiis ut delinquentes semet t … aut potestatem dominorum: namque ita volebant liberari a dominis … servus delinquebat non poterat dominus aut reddere dabat … noxam p … (85)

대로 전액에 대하여 加害者委付訴權이 인정될 것인바, 노예의 경우[51]와 같다.

(15) 그러나 때로는 소유자가 가해자를 委付하도록 제소되는 것이 아니라 또한 전액에 대하여 제소되는데, 가령 법정에서 네발짐승이 자신의 것인지를 신문 받고[52] 자신의 것이 아니라고 대답

---

ergo cum praetor dedere dom … parentem putes … iure uti t … domino vel parenti et occidere eum et mortuum dedere in noxam … patria potestas potest … n … cum patris potestas talis est ut habeat vitae et necis potestatem. (86) de filio hoc tractari crudele est, sed … non est post … r … occidere sine iusta causa, ut constituit lex xii tabularum. sed deferre iudici debet propter calumniam. (87) ergo ideo interest mortuum dedere … ter. animalibus non est similis tractatio in poenis his quae ratione carent.
그러므로 쟁점결정 후에 가해동물이 죽는 경우에는(cf D.h.t.1.13) 가해자위부가 불가능하므로(D.h.t.1.14) 가액판결만이 가능할 뿐이다. 가액판결이 이루어지는 그밖의 경우에 대하여는 cf. D.h.t.1.15. 쟁점결정 후의 가해동물의 사망이 타인의 불법행위에 기인하는 경우에 관하여는 cf. D.h.t.1.16.

51) D.9.4.8 Ulpianus 37 ed.: Si servus communis furtum fecerit, quivis ex dominis in solidum noxali iudicio tenetur: eoque iure utimur. sed non alias poterit is qui conventus est evadere litis aestimationem, nisi in solidum noxae dederit servum, nec ferendus est, si partem dedere fuerit paratus. plane si propter hoc, quod socii dedere parati non fuerint, in solidum fuerit condemnatus, communi dividundo vel familiae erciscundae iudicio adversus eos experietur. ante noxale sane iudicium acceptum poterit sua parte cedendo securitatem consequi, ne necesse habeat suscipere iudicium: quamquam quis possit dicere evenire, ut, dum pars eive data amittat actionem: dominus enim pro parte factus non potest cum socio noxali experiri. fortassis nec communi dividundo agere possit eius maleficii nomine, quod ante communionem admissum est: quod si non potest, evidenti iniuria adficietur. sed melius est dicere, competere ei communi dividundo iudicium.

52) Cf. D.11.1.4.1 Ulp. 22 ed.: Quod ait praetor: "qui in iure interrogatus responderit" sic accipiendum est apud magistratus populi romani vel praesides provinciarum vel alios iudices: ius enim eum solum locum esse, ubi iuris dicendi vel iudicandi gratia consistat, vel si domi vel itinere hoc agat.

하는 경우가 그러하다. 그의 것임이 확정되면[53] 전액에 대하여 유책판결 받을 것이기 때문이다.[54]

(16) 쟁점결정 후에 타인에 의하여 동물이 살해된 경우에는 소유자에게 아퀼리우스법 소권이 인정되므로 재판에서 아퀼리우스법을 고려할 것이다 왜냐하면 소유자는 加害者委付의 능력을 상실하는 때문이다.[55] 그러므로 그는 문제된 (동물가해) 재판에서 소송물의 평가액을 제공해야 할 것이다.[56] 그러나 살해한 자를 상대로 한 소권을 委讓할 용의가 있는 때에는 그러하지 아니하다.

(17) 이 소권이 상속인 및 기타 포괄승계인들[57]에게 부여된다는 것

---

53) Kaser/Hackl, *Das römische Zivilprozessrecht* (2. Aufl. 1996), 256은 원고가 피고의 소유권을 입증한 경우로 이해한다. 그러나 이것이 통상의 경우이겠지만 굳이 이런 경우로 한정할 필요는 없기 때문에 보다 포괄적인 표현을 했던 것으로 보인다.

54) D.11.1.7 Ulpianus 18 ed.: Si quis in iure interrogatus, an quadrupes quae pauperiem fecit eius sit, responderit, tenetur.
이것은 가해동물이 법정에 부재하는 경우에 한하였던 것으로 보인다. Hans-Dieter Spengler, *Studien zur interrogatio in iure* (1994), 98.

55) D.h.t.1.14.

56) 이러한 상황에서 가해동물을 살해한 제3자가 가해자위부를 할 수 없게 된 가해종물의 소유자에게 부담하는 책임의 범위에 관하여는
D.9.2.37.1: Si quadrupes, cuius nomine actio esset cum domino, quod pauperiem fecisset, ab alio occisa est et cum eo lege Aquilia agitur, aestimatio non ad corpus quadrupedis, sed ad causam eius (in quo de pauperie actio est) referri debet et tanti damnandus est is qui occidit iudicio legis Aquiliae, quanti actoris interest noxae potius deditione defungi quam litis aestimatione.
J. M. Rainer, SZ 111 (1994), 572ff., 573f.; Kaser/Hackl, aaO., 298 n.19.

57) Bas.60.2.1.17 [Heimbach V, p.261] Schol. 52) et 53)은 상속인은 유언상속인(ex testamento)으로, 포괄승계인은 무유언상속인(ab intestato)으로 이해하고 있으나 의문이다. 오히려 상속인은 시민법상의 상속인을, 포괄승계인은 법무관법상의 상속인, 즉 유산점유자(bonorum possessor)나 또는 포괄수유자(fidei-

은 아무도 의심하지 않을 것이다. 또 상속인들과 기타(승계)인들을 상대로 상속의 법리에 의해서가 아니라 그들이 소유자인 그 법리에 의하여 인정된다.

D.9.1.2 Paulus libro vicensimo secundo ad edictum.

Haec actio non solum domino, sed etiam ei cuius interest competit, veluti ei cui res commodata est, item fulloni, quia eo quod tenentur damnum videntur pati.

(1) Si quis aliquem evitans, magistratum forte, in taberna proxima se immisisset ibique a cane feroce laesus esset, non posse agi canis nomine quidam putant: at si solutus fuisset, contra.

D.9.1.2 파울루스, <고시주해> 제22권

이 소권은 비단 소유자뿐 아니라 이해관계자에게도 인정된다. 가령 물건이 사용대차된 자[=사용차주], 또 세탁업자. 왜냐하면 이들은 책임을 진다는 사실로 인하여 손해를 입는 것으로 생각되기 때문이다.[58]

---

commissarius universae hereditatis)를 지시하는 것으로 보아야 한다.

58) 세탁업자와 의류의 세탁 등에 관하여 맺는 계약은 유상인 경우에는 賃約(locatio conductio)이고, 무상인 경우에는 委任(mandatum)이었는데(Gai.3.162; Inst.3.26.13. 보수를 추후에 약정하기로 한 경우에 대하여는 Inst. 3.24.1 [praescriptis verbis actio]), 동일물을 반환할 것을 내용으로 하였다(D.19.2.31). 세탁업자는 세탁물 등이 손상되지 않고(D.19.2.13.6 [쥐가 쏠은 경우]) 도난 당하지 않도록 할 의무(D.4.9.5.pr; D.19.2.25.8; D.19.2.60.2; D.47.2.12.pr; Gai.3.205; Inst.4.1.15(17))를 부담하였다. 세탁물을 훼손했거나 도난 당한 경우 직접 소권이 인정되었는데, 그 근거는 세탁물의 주인에 대하여 책임을 진다는 논리였다. 이 개소는 타인의 네발짐승이 세탁물을 훼손한 경우에 대하여 같은 법리를 천명하고 있는 것이다. 또 사용차주도 남의 물건을 돌려줄 의무를 부담하는 자로서 일반적으로 세탁업자와 동일한 취급을 받았다(Gai.3.206; Inst.4.1.16(18)).

(1) 어떤 자가 어떤 사람, 가령 정무관을 피해서 가까운 점포로 들어갔고 그곳에서 사나운 개에게 상해를 입은 경우에는 혹자들은 그 개의 명목으로 訴求할 수 없다고 생각한다.[59] 그러나 그 개가 풀어져 있었다면 그 반대이다.[60]

D.9.1.3 Gaius libro septimo ad edictum provinciale.

Ex hac lege iam non dubitatur etiam liberarum personarum nomine agi posse, forte si patrem familias aut filium familias vulneraverit quadrupes: scilicet ut non deformitatis ratio habeatur, cum liberum corpus aestimationem non recipiat, sed impensarum in curationem factarum et operarum amissarum quasque amissurus quis esset inutilis factus.

D.9.1.3 가이우스, <속주고시주해> 제7권

이 볍률에 기하여 또한 자유인들의 명목으로 訴求할 수 있음은 의문의 여지가 없다. 가령 家長 또는 家子를 네발짐승이 상해하는 경우. 물

59) 개는 야수로 치부되었을 뿐 아니라(D.h.t.1.5) 이 경우에는 그에 더하여 점포로 들이닥침으로써 개의 공격을 유발한 자기책임이 인정되기 때문이다. 피해자의 과실이 인정된 다른 사례들에 관해서는 cf. D.h.t.1.6.

60) 이때에는 피해자의 도발책임보다는 소유자의 맹견에 관한 안전조치의무 위반, 즉 過失이 우선시된다고 보았기 때문이다. 이때 인정된 책임은 四足動物 加害訴權이 아니라 일반 불법행위소권(actio legis Aquiliae)이다. Cf. D.h.t.1.5. 비교: 에슌나律典 제56조－제57조 (*Ancient Near Eastern Texts relating to the Old Testament*, edited by James B. Pritchard, third edition with supplement, 1969, p.163의 英譯[Albrecht Goetze 번역]에서 옮김): (56) 개가 하자가 있고 당국이 이 사실을 그 주인에게 알렸으나 (그럼에도 불구하고) 그가 그 개를 가두어 두지 않고 그 개가 사람을 물어서 (그의) 사망을 야기하는 경우에는 개의 임자는 은화 ⅔미나를 배상하여야 한다. (57) 그 개가 노예를 물어서 (그의) 사망을 야기하는 경우에는 그는 은화 15 쉐켈을 배상하여야 한다.

론 人身毁損은, 자유인의 人身은 가액산정을 받지 않으므로,[61] 고려되

61) D.9.3.1.5 Ulpianus 23 ed.: Sed cum homo liber periit, damni aestimatio non fit in duplum, quia *in homine libero nulla corporis aestimatio fieri potest*, sed quinquaginta aureorum condemnatio fit.
D.9.3.5.5 Ulpianus 23 ed.: Haec autem actio, quae competit de effusis et deiectis, perpetua est et heredi competit, in heredem vero non datur. quae autem de eo competit, quod liber perisse dicetur, intra annum dumtaxat competit, neque in heredem datur neque heredi similibusque personis: nam est poenalis et popularis: dummodo sciamus ex pluribus desiderantibus hanc actionem ei potissimum dari debere cuius interest vel qui adfinitate cognationeve defunctum contingat. sed si libero nocitum sit, ipsi perpetua erit actio: sed si alius velit experiri, annua erit haec actio, nec enim heredibus iure hereditario competit, *quippe quod in corpore libero damni datur, iure hereditario transire ad successores non debet, quasi non sit damnum pecuniarium, nam ex bono et aequo oritur*.
D.9.3.7 Gaius 6 ad edictum provinciale: Cum liberi hominis corpus ex eo, quod deiectum effusumve quid erit, laesum fuerit, iudex computat mercedes medicis praestitas ceteraque impendia, quae in curatione facta sunt, praeterea operarum, quibus caruit aut cariturus est ob id, quod inutilis factus est. cicatricium autem aut deformitatis nulla fit aestimatio, quia *liberum corpus nullam recipit aestimationem*.
D.14.2.2.2: Cum in eadem nave varia mercium genera complures mercatores coegissent praetereaque multi vectores servi liberique in ea navigarent, tempestate gravi orta necessario iactura facta erat: quaesita deinde sunt haec: an omnes iacturam praestare oporteat et si qui tales merces imposuissent, quibus navis non oneraretur, velut gemmas margaritas? et quae portio praestanda est? et an etiam pro liberis capitibus dari oporteat? et qua actione ea res expediri possit? placuit omnes, quorum interfuisset iacturam fieri, conferre oportere, quia id tributum observatae res deberent: itaque dominum etiam navis pro portione obligatum esse. iacturae summam pro rerum pretio distribui oportet. *corporum liberorum aestimationem nullam fieri posse*. ex conducto dominos rerum amissarum cum nauta, id est cum magistro acturos. itidem agitatum est, an etiam vestimentorum cuiusque et anulorum aestimationem fieri oporteat: et omnium visum est, nisi si qua consumendi causa imposita forent, quo in numero essent cibaria: eo magis quod, si quando ea defecerint

지 않고, 치료에 들어간 비용들과 [이미] 일실한 노동수입 및 무능해진 자로서 상실할 노동수입만이 고려된다.

D.9.1.4 Paulus libro vicensimo secundo ad edictum.

Haec actio utilis competit et si non quadrupes, sed aliud animal pauperiem fecit.

D.9.1.4 파울루스, <고시주해> 제22권

이 소권은 네발짐승이 아니라 다른 동물이 가해행위를 범한 경우에도 準訴權으로서 인정된다.[62)]

D.9.1.5 Alfenus libro secundo digestorum.

Agaso cum in tabernam equum deduceret, mulam equus olfecit, mula calcem reiecit et crus agasoni fregit: consulebatur, possetne cum domino mulae agi, quod ea pauperiem fecisset. respondi posse.

D.9.1.5 알페누스, <학설집> 제2권

말구종이 여관[63)]으로 말을 들여 모는데 그 말이 암노새의 냄새를 맡았고, 암노새가 발굽으로 내질러서 말구종의 다리를 부러뜨렸다. 암노새의 주인을 상대로, 그 암노새가 가해행위를 범했으므로, 訴求할 수 있는지 여부가 문의되었다. 나는 해답하였다: 가능하다.[64)]

---

in navigationem, quod quisque haberet in commune conferret.

62) Cf. D.h.t.1.2.

63) D.50.16.183 Ulp. 28 ed.: "Tabernae" appellatio declarat omne utile ad habitandum aedificium, non ex eo quod tabulis cluditur.

64) 냄새 맡는 행위를 자극적 도발행위(concitare: D.h.t.1.6-8)로 평가하지 않은 결과이다. 同旨 Bas.60.2.5 [Heimbach V, p.262] Schol. 1).

D.9.1 Si quadrupes pauperiem fecisse dicatur: Text, Translation, and Commentary

In this paper I have presented a Korean translation with a short commentary of the second title of the ninth book of the Digest (D.9.1 *Si quadrupes pauperiem fecisse dicatur*) on the harm committed by a four-footed animal (*pauperies*). The remedy provided for this sort of harm is the *actio de pauperie*. This *actio* is one of those remedies which Roman law provided for the harm committed by animals on the basis of the relevant provisions of the Twelve Tables, the so-called *lex Pesolania* concerning harm committed by dogs, the edict of the *aediles curules* on the wild beasts (*de feris*), and the *lex Aquilia* on the liability *ex delicto* etc. In spite of these diverse positive legal norms, however, the regulation of the problem is not entirely clear. But apparently the range of the animals for which the owner becomes liable is gradually widened. The outline of the regulation seems to be the following:

It seems that the Aquilian law is applied, if the harm can be ascribed to the fault of the animal-owner (D.9.1.1.6 et D.9.1.1.5). Especially when any dangerous animal causes damage in a place where there is frequent traffic, the curule aediles' edict sanctions the owner (D.21.1.42). But in case of no fault on the side of the owner the general rule is that the *actio de pauperie* lies whenever an animal commits *pauperies* when moved by some wildness contrary to the nature of its kind (D.9.1.1.7). This action lies against whoever owns the beast when action is brought, not against its owner at the time the damage was caused (D.9.1.1.12). It aims at the pecuniary damages for the amount of the harm done, but instead the animal which caused harm may be handed over (*noxae deditio*: D.9.1.1.pr; D.9.1.11ff.). The noxal surrender may be denied if on being asked before the magistrate if the animal is his, the owner replies that it is not (D.9.1.1.15). If an animal causes harm according to the nature of its kind, the *actio de pastu* lies only when it grazes another's field (D.19.5.14.3). It is unlawful to impound someone else's cattle which one finds in his field (D.9.2.39.1).

로마법상의 '和議' 約定

Ⅰ. 머리말

지급 불능 또는 채무 초과의 상태로 인하여 파산에 이르게 될 상황(파산법 제116조, 제117조)에서 파산을 예방하고 적정한 선에서 채권의 정리를 하려는 제도가 화의 제도이다. 우리 현행 和議法상 和議라 함은 파산을 예방하기 위하여 하는 强制和議를 말한다(동법 제1조).[1] 화의 절차는 관할법원이 그 개시의 결정을 한 때에 효력이 생기는데(동법 제2조), 화의 개시의 신청은 채무자가 파산의 원인인 사실이 있거나 그러한 사실이 생길 염려가 있는 경우에 할 수 있다(동법 제12조 제1항). 최종적인 화의의 인부는 채권자집회(동법 제50조－제53조)에서 화의를 가결한 때에 법원이 기일을 정하여 결정한다(동법 제54조 제1항). 화의

1) 2006년 4월 1일부터 「채무자 회생 및 파산에 관한 법률」(2005년 3월 31일 법률 제7428호), 이른바 統合倒産法이 시행될 예정이다. 이로써 화의법과 파산법은 역사 속으로 사라진다(동 법률 부칙 제2조). 그러나 로마법을 고찰하는 범위 내에서는 화의법과 파산법을 참조하는 것으로 족하고, 논의를 번잡하게 하지 않기 위하여 新法은 의도적으로 고려하지 않았다. 이러한 사정은 일본의 和議法에 대해서도 마찬가지이다. 일본은 1999년(平成 11년) 民事再生法의 제정으로 화의법을 이미 대체하였다. 그러나 본 논의에 도움이 되는 한에서 舊和議法만을 참조하였다. 참고로 일본은 우리처럼 통합도산법을 만들지 않았기에 파산법은 그대로 존속한다.

의 효력은 인가의 결정의 확정으로 그 효력이 생긴다(동법 제58조). 화의의 실체법적 효력의 핵심은 상호 양보(동법 제66조 참조)라는 차선책에 의한 다수 채권자의 상대적 만족에 있다. 강제화의는 파산절차 중에도 가능하며(파산법 제262조), 그 절차는 화의법상의 화의절차와 유사하다(파산법 제262조 이하). 다만 크게 다른 점이 있다면 화의법상으로는 상속재산에 관하여는 화의개시의 신청을 할 수 없는 데 반하여(화의법 제12조 제2항), 파산법상으로는 상속재산도 파산이 가능하고(파산법 제12조, 제119조), 따라서 파산절차 중에라도 상속인은―공동상속인들의 경우에는 합의 하에―강제화의의 제공을 할 수 있다(파산법 제264조)는 점이다.

고대 로마의 경우 현대의 도산 사태에 대비한 법규는 일반적으로 마련되어 있지 않았다. 오히려 일반적인 강제집행마저도 집행채무자의 전재산에 관한 파산절차로 시행된 것이 로마법의 양상이었다. 애초에 인신으로 책임을 졌던 집행채무자들은 인적 집행이 폐지된 이후로도 채무자에게는 대단히 가혹한 집행법 하에서 살아야만 하였다. 집행채무자에 대한 인간적인 배려는 그저 서서히 발전하였을 뿐이었다. 그럼에도 불구하고 오늘날 화의의 전신이라고 할 만한 제도적 단초가 로마법에서 발견된다는 점은 매우 흥미로운 사실이다. 이 글은 이 문제와 관련한 기본 사료를 번역 소개하고자 하는 목적으로 쓰였다. 로마법상의 '화의'의 골자는 다음과 같다.[2)]

① 첫째로, 현실적으로 유일하게 논의된 것은 재산 전체가 문제되는 상황, 특히 도산상태에 처한 상속재산을 둘러싸고 상속채권자와 상속인 사이에서였다.[3)]

---

2) 이때 오늘날의 和議와 유사할 뿐, 반드시 같은 것이 아닌 사실을 표시하기 위하여 和議가 아니라 '和議'로 표기하였다.

3) Arnold Vinnius (1588~1657), *Tractatus Quinque* (editio quinta auctior &

② 둘째로, 관련당사자들 사이의 합의에 의한 양보 결정(pactio)이었다. 채무액에 관하여 불확실성이 존재하므로 채권자와 채무자가 상호 양보하여 채무액을 결정하는 和解(transactio)와는 채무액이 처음부터 확실하다는 점이 다르다.[4)]

③ 셋째로, 이때 사용된 법적인 도구는 무방식의 약정(pactum)이었다.

④ 넷째로, 私的인 협약의 모습을 띠었음에도 불구하고 관할 당국, 즉 법무관에 의한 공권적인 간여[認可]가 필연적으로 수반하였다.

⑤ 다섯째로, 채권자집회에 상당하는 절차를 거치되, 로마 사회의 현상에 부합하는 방식의 조정이 있었다.

II. 관련 사료

먼저 학설휘찬(Digesta)의 관련 사료를 학설휘찬에 수록된 순서에 따라 소개한다. 釋義 과정(후술 III)에서의 인용의 편의를 위하여 필자가

---

prioribus emendatior, Ultrajecti, 1697), 77; Johannes Michael Rainer, "Eduardo C. Silveira Marchi, Do 'Pactum ut minus solvatur', Precedente Romano da Concordata Moderna. [o. Verlagsangabe] Sao Paulo 1995, 216 S.", in: *Zeitschrift der Savigny-Stiftung für Rechtsgeschichte, Rom. Abt.* 115 (1998), 738ff. (서평), 739. 유감스럽게도 필자는 우리의 주제에 관한 가장 최근의 저술인 브라질 학자 Marchi의 이 책을 참고할 수 없었다.

4) D.2.15.1 Ulpianus 40 ad edictum.
Qui transigit, quasi de re dubia et lite incerta neque finita transigit. qui vero paciscitur, donationis causa rem certam et indubitatam liberalitate remittit.
(화해하는 자는 의심스러운 사안과 불확실하고 아직 終止하지 않은 소송에 관하여 화해하는 것이다. 그러나 '和議' 약정하는 자는 증여를 위해서 확실하고 의심의 여지없는 내용을 厚함으로써 감면하는 것이다.)

임의로 단락별로 인식표시를 붙였다(예시: Ⓖ①(α)).

D.2.14.7.17-19 Ulpianus libro quarto ad edictum.

(17) Ⓐ Si ante aditam hereditatem paciscatur quis cum creditoribus ut minus solvatur, pactum valiturum est.

(Ⓐ 상속 진입 전에 어떤 자가 채권자들과 적게 변제되도록 '和議' 約定하는 경우 이 약정은 장래에 발효할 것이다.)

(18) Ⓑ ① Sed si servus sit, qui paciscitur, priusquam libertatem et hereditatem apiscatur, quia sub condicione heres scriptus fuerat, non profuturum pactum Vindius scribit: ② Marcellus autem libro octavo decimo digestorum et suum heredem et servum necessarium pure scriptos, paciscentes priusquam se immisceant putat recte pacisci, quod verum est. ③ idem et in extraneo herede: ④ qui si mandatu creditorum adierit, etiam mandati putat eum habere actionem. ⑤ sed si quis, ut supra rettulimus, in servitute pactus est, negat Marcellus, quoniam non solet ei proficere, si quid in servitute egit, post libertatem: quod in pacti exceptione admittendum est. ⑥ sed an vel doli ei prosit exceptio, quaeritur. Marcellus in similibus speciebus licet antea dubitavit, tamen admisit: ut puta filius familias heres institutus pactus est cum creditoribus et emancipatus adiit hereditatem: et dicit doli eum posse uti exceptione. idem probat, et si filius vivo patre cum creditoribus paternis pactus sit: nam et hic doli exceptionem profuturam. immo et in servo doli exceptio non est respuenda.

(Ⓑ ① 그러나 '和議' 約定[5)]을 맺는 자가 노예인 경우에는 그가 자

5) 오늘날 독일에서는 Gesamtvergleich로 번역한다. 가령 Max Kaser, *Das römische Privatrecht*, I (2. Aufl. 1971), 642; *Corpus Iuris Civilis. Text und Übersetzung, II*

유와 상속재산을 취득하기 전에는, 왜냐하면 조건부로 상속인으로 기재되었기 때문에 약정은 도움이 되지 않을 것이라고 빈디우스(138년 집정관)는 쓰고 있다. ② 그러나 마르켈루스는 <학설집> 제18권에서 家內相續人과 必然相續人인 노예는 조건 없이 기재된 경우 그들이 (상속사안에) 개입하기 전에 '화의' 약정하는 자들은 정당하게 약정하는 것이라고 생각하는데, 이는 옳다. ③ 동일한 것이 또한 家外相續人의 경우에도 적용된다. ④ 家外相續人이 채권자들의 委任으로 상속진입을 한다면 그는 또한 위임 소권도 가진다고 그는 생각한다. ⑤ 그러나 어떤 자가, 우리가 上述했듯이, 노예 상태에서 약정한 경우에는 마르켈루스는 (정당한 약정임을) 부인하는데, 왜냐하면 그가 노예 상태에서 행했던 것은 자유를 얻은 후에 통상 그에게 도움이 되지 않기 때문이다. 이것은 約定의 抗辯의 경우에도 인정해야만 한다. ⑥ 그런데 적어도 惡意의 抗辯이 그에게 도움이 되는지 문제이다. 마르켈루스는 유사한 경우들에 비록 전에는 의심했었지만 인정하였는데, 가령 상속인으로 지정된 家子가 채권자들과 '화의' 약정을 하고는 父權免除된 다음에 상속진입한 경우가 그 예이다. 그리고 말하기를 그는 악의의 항변을 사용할 수 있다고 한다. 그는 家子가 父의 생전에 父의 채권자들과 '화의' 약정을 한 경우에도 같은 것을 시인하는데, 이때에도 악의의 항변이 도움이 될 것이기 때문이라는 것이다. 그렇다면 확실히 마찬가지로[6] 노예의 경우에도 악의의 항변은 배척되어서는 아니 된다.)

Digesten 1-10, gemeinschaftlich übersetzt und herausgegeben von Okko Behrends, Rolf Knütel, Berthold Kupisch, Hans Hermann Seiler (1995), ad. h.l., 231f. 19세기에는 아직 "비자발적 면제"(unfreiwilliger Erlaß)의 제하에 다루었다. Bernhard Windscheid/ Theodor Kipp, *Lehrbuch des Pandektenrechts*, II (Der Neubearbeitung zweite verbesserte und vermehrte Auflage, 1906), 527f.

6) R. J. Pothier, *Pandectae Justinianeae in Novum Ordinem Digestae*. tom. I (Lugduni, 1782), 85 n.(g): immo = ergo a pari.

(19) [C] ① Hodie tamen ita demum pactio huiusmodi creditoribus obest, si convenerint in unum et communi consensu declaraverint, quota parte debiti contenti sint: ② si vero dissentiant, tunc praetoris partes necessariae sunt, qui decreto suo sequetur maioris partis voluntatem.

([C] ① 오늘날 이러한 항변이 채권자들에게 沮害가 되는 것은 오로지 그들이 單一案에 합의하고 공통의 합의로써 채권의 얼마만큼으로 만족하는지를 선언하는 경우에 한한다. ② 그러나 그들이 합의하지 못하는 경우에는 법무관이 정하는 부분들이 필수적인데, 그는 자신의 결정으로써 다수의 의사를 따를 것이다.)

D.2.14.8 Papinianus libro decimo responsorum.

[D] Maiorem esse partem pro modo debiti, non pro numero personarum placuit. quod si aequales sint in cumulo debiti, tunc plurium numerus creditorum praeferendus est. in numero autem pari creditorum auctoritatem eius sequetur praetor, qui dignitate inter eos praecellit. sin autem omnia undique in unam aequalitatem concurrant, humanior sententia a praetore eligenda est. hoc enim ex divi Marci rescripto colligi potest.

([D] ① 다수란 채권액에 따른 것이고, 사람 수에 따른 것이 아니라는 것이 통설이다. ② 그러나 채권의 합계액이 같으면, 그때에는 채권자의 다수가 우선되어야만 한다. 그러나 채권자의 수가 균등한 때에는 법무관은 그들 중에서 지위가 탁월한 자의 권위를 따를 것이다. 그러나 모든 것이 모든 면에서 균등한 것으로 귀일하는 때에는 보다 인간적인 의견이 법무관에 의해서 선택되어야만 한다. 이것이 神皇 마르쿠스의 한 批答으로부터 추출할 수 있는 바인 것이다.)

D.2.14.10.pr Ulpianus libro quarto ad edictum.

E ① Rescriptum autem divi Marci sic loquitur, quasi omnes creditores debeant convenire. quid ergo si quidam absentes sint? num exemplum praesentium absentes sequi debeant? sed an et privilegiariis absentibus haec pactio noceat, eleganter tractatur: si modo valet pactio et contra absentes. ② et repeto ante formam a divo Marco datam divum Pium rescripsisse fiscum quoque in his casibus, in quibus hypothecas non habet, et ceteros privilegiarios exemplum creditorum sequi oportere. haec enim omnia in his creditoribus, qui hypothecas non habent, conservanda sunt.

(E ① 그런데 神皇 마르쿠스의 批答은 모든 채권자들이 합의하지 않으면 안 되는 것처럼 이야기한다. 그렇다면 몇몇이 결석하는 경우에는 어찌되는가? 출석한 자들의 결정을 결석한 자들이 따라야만 하는가? 그리고 일반우선권자들이 결석한 경우에도 이 '화의' 합의가 불이익한지의 여부가 예리하게 논의되고 있다. 이는 '화의' 약정이 또한 결석자들에 대해서도 유효하다는 전제 하에서이다. ② 그리고 나는 다음을 상기시키고자 한다: 神皇 마르쿠스에 의하여 주어진 법규범[7] 이전에 神皇 피우스께서 國庫도 담보물권을 갖지 않는 사안들에 있어서, 그리고 여타의 일반우선권자들도 채권자들의 결정을 따라야 한다고 비답하였었다. 그러므로 이 모든 것들은 담보물권을 갖지 않은 채권자들의 경우에도 유지되어야만 한다.)

D.2.14.44 Scaevola libro quinto responsorum.

---

7) forma의 이 의미 및 용례에 관해서는 Joannes Ortwin Westenberg, *Divus Marcus, seu Dissertationes ad Constitutiones Marci Aurelii Antonini Imperatoris* (Lugduni Batavorum, 1736), 238f.

[F] Cum in eo esset pupillus, ut ab hereditate patris abstineretur, tutor cum plerisque creditoribus decidit, ut certam portionem acciperent: idem curatores cum aliis fecerunt. quaero, an et tutor idemque creditor patris eandem portionem retinere debeat. respondi eum tutorem, qui ceteros ad portionem vocaret, eadem parte contentum esse debere.

([F] 피후견인이 아버지의 상속재산을 포기해야 될 상황에 있을 때 후견인이 다수의 채권자들과 '화의' 합의하여 그들이 일정한 부분몫만 받기로 약정하였다. 같은 합의를 보좌인들이 다른 채권자들과 하였다. 나는 묻는다: 동시에 아버지의 채권자인 후견인도 동일한 부분몫을 보유해야만 하는가. 나는 해답하였다: 여타의 채권자들을 일정한 부분몫으로 제한한 그 후견인 자신도 동일한 부분몫으로 만족하지 않으면 아니 된다.)

D.17.1.58.1 Paulus libro quarto quaestionum.

[G] ① Lucius Titius creditori suo mandatorem dedit: deinde defuncto debitore maiore parte creditorum consentiente a praetore decretum est, ut portionem creditores ab heredibus ferant, absente eo creditore apud quem mandator exstiterat: quaero, si mandator conveniatur, an eandem habeat exceptionem quam heres debitoris. respondi: si praesens apud praetorem ipse quoque consensisset, pactus videtur iusta ex causa eaque exceptio et fideiussori danda esset et mandatori. sed cum proponas eum afuisse, iniquum est auferri ei electionem (sicut pignus aut privilegium), qui potuit praesens id ipsum proclamare nec desiderare decretum praetoris. nec enim si quis dixerit summovendum creditorem, heredi consulitur, sed mandatori vel fideiussori, quibus mandati iudicio eandem partem praestaturus est. ② plane si ab herede partem accepisset, an in reliquum permittendum esset creditori fideiussorem convenire, dubitatum est: sed videbitur consentire decreto conveniendo heredem.

(Ⓖ ① 루키우스 티티우스가 자신의 채권자에게 信用委任人를 부여하였다. 그 후에 채무자가 사망하자 채권자들의 다수가 동의한 가운데 법무관에 의하여 인가조치가 내려져 채권자들이 상속인들로부터 부분몫만을 가져가는 것으로 정해졌는데, 신용위임인이 세워진 그 채권자는 결석하였다. 나는 묻는다: 그 신용위임인은 제소되는 경우에 채무자의 상속인이 가지는 것과 동일한 항변권을 가지는가? 나는 해답하였다: (α) 법무관 면전에 출석하여 그 자신도 역시 동의했었다면 이 '화의' 약정은 정당한 사유에 기한 것으로 인정되며, 그에 기한 항변 역시 保證人[8]에게도 신용위임인에게도 부여되어야만 한다. (β) 그러나 그대의 주장대로 그가 결석했던 경우 그에게서 (질권이나 일반우선권과 마찬가지로) 선택권을 빼앗는 것은 불공정하다. 그는 출석했으면 이같은 권리 자체를 요구하고 법무관의 인가결정을 不願할 수 있었다. 그리고, 어떤 자가 그 채권자는 [신용위임인의 항변에 의하여] 물리쳐져야만 한다고 말한다 해도, 이것은 상속인이 배려되는 것이 아니라 신용위임인이나 보증인을 배려되는 것이니, 이들에게 상속인은 委任 소송으로 동일한 몫을 상환해 줄 것이기 때문이다. ② 확실히, 그 채권자가 상속인으로부터 부분몫을 수령했던 경우에 잔여몫에 관하여 그 채권자에게 보증인을 제소하는 것이 과연 허용되어야만 하는지 의문시되었다. 그러나 그는 상속인을 제소함으로써 (법무관의) 인가결정에 동의하는 것으로 인정될 것이다.)

8) 정확한 역어는 信命保證人(fideiussor)이겠으나, 信命保證(fideiussio)은 공화정 말 이후 보증의 일반적 형태로 발전하여 고전기 후부터는 유스티니아누스법에 이르기까지 유일하게 전승된 보증형태이므로(졸저, 『로마법강의』[1999], 451) 이하 번거로움을 피하고 독해의 편의를 위하여 그냥 '보증인'으로 옮기기로 한다.

D.26.7.59 Scaevola libro vicesimo sexto digestorum.

[H] Cum hereditas patris aere alieno gravaretur et res in eo statu videretur, ut pupilla ab hereditate paterna abstineretur, unus ex tutoribus cum plerisque creditoribus ita decidit, ut certa crediti portione contenti essent acciperentque: idem curatores iam viripotenti accepti cum plerisque creditoribus deciderunt: quaesitum est, an, si aliquis tutorum creditor patris pupillae solidam pecuniam expensam sibi ex re pupillae cum usuris fecerit, revocari a curatoribus pupillae ad portiones eas possit, quas ceteri quoque creditores acceperunt. respondit eum tutorem, qui ceteros ad portionem vocaret, eadem parte contentum esse debere.

([H] 아버지의 상속재산이 부채로 압박을 받아서 피후견인 여식이 아버지의 상속재산을 포기해야 될 처지에 상황이 처한 경우에 후견인들 중 1인이 다수의 채권자들과 '화의' 합의하여 그들이 채권의 일정한 부분몫만으로 만족하고 그것만을 받기로 약정하였다. 같은 합의를 이미 혼인적령에 이른 이 여식에게 수락된 보좌인들이 다수의 채권자들과 '화의' 약정하였다. 문의되었다: 후견인 중의 어떤 자가 동시에 피후견녀의 아버지의 채권자로서 채권액 전액을 자기를 위하여 피후견인의 재산에서 이자와 함께 지출 처리한 경우에 피후견녀의 보좌인들에 의하여 여타의 채권자들도 수령하였던 그 부분몫으로 다시 제한될 수 있는가? 그는 해답하였다: 여타의 채권자들을 일정한 부분몫으로 제한한 그 후견인 자신도 동일한 부분몫으로 만족하지 않으면 아니 된다.)

D.40.4.54.1 Scaevola libro quarto responsorum.

[I] Scripti testamento heredes ante aditam hereditatem pacti sunt cum creditoribus, ut parte dimidia contenti essent, et ita decreto a praetore interposito hereditatem adierunt: quaero, an libertates in eo testamento datae competierunt. respondit, si testator fraudandi consilium non habuisset, competere libertates.

(I 유언에서 기재된 상속인들이 상속 진입 전에 채권자들과 합의하여 그들이 1/2만으로 만족하기로 약정하였고, 그대로 법무관에 의한 인가결정이 개재된 후 상속 진입하였다. 나는 묻는다: 그 유언에 의해서 부여된 자유[9]는 인정되는가? 그는 해답하였다: 유언자가 詐害의 의도를 가지지 않았었다면 자유는 인정된다.)

D.42.8.23 Scaevola libro trigensimo secundo digestorum.

J Primo gradu scripti heredes cum animadverterent bona defuncti vix ad quartam partem aeris alieni sufficere, famae defuncti conservandae gratia ex consensu creditorum auctoritate praesidis provinciae secundum constitutionem ea condicione adierunt hereditatem, ut creditoribus dumtaxat partem praestarent: quaesitum est, an manumissi testamento et libertates et alimenta consequi possint. respondit libertates quidem, si in fraudem creditorum datae non essent, competere, legata vero, si solvendo hereditas non esset, non deberi.[10]

(J 제1순위로 기재된 상속인들이 망자의 재산이 부채의 1/4에도 미치지 못함을 알아차렸음에도 불구하고 망자의 명성을 보존하기 위하여 칙법에 따라 채권자들과의 합의로 속주지사의 인가 하에 그들이 채권자들에게 단지 일부만을 변제하는 조건으로 상속 진입하였다. 문의되었다: 피해방노예들이 유언에 의해 자유와 부양급부를 취득할 수 있는가?

9) Bas.48.3.54.1 (Heimbach, IV, p.642): "libertates a debitore relictae servis"(채무자에 의하여 노예들에게 남겨진 자유).

10) Bas.9.8.23 (Heimbach, I, p.480)은 상속 진입 후 '화의' 약정을 한 것으로 사실관계가 잘못 파악되었다.

그는 해답하였다: 자유는 채권자 詐害를 위해 부여된 것이 아니면 인정되지만, 그러나 유증은 상속재산이 有資力이 아니면 부담되지 않는다.)

III. 釋 義

1. '화의' 약정의 의의

'화의' 약정이란 상속인으로 지정된 자가 상속 진입하기(hereditatem adire) 前에 모든 상속채권자들과 상속채무의 감축에 관하여 체결하는 무방식의 약정(pactum)이다(A, I, F, G, H, J). 이 약정은 법무관 또는 속주지사의 인가를 받아서 확정된다(후술 5.).

2. '화의' 약정의 당사자

1) 상속채권자

'화의' 약정을 주도하는 것은 상속인으로 지정된 자로서, 이렇게 하는 것은 상속재산의 자력 상태가 부실하여(hereditas suspecta) 그대로 상속한다면 그 모든 채무의 부담을 상속인이 고스란히 떠맡게 되므로 상속을 포기하지 않을 수 없는 경우에 이러한 상황을 타개해 보기 위한 것이다(F, H, J). '화의' 약정의 상대방 당사자는 물론 모든 상속채권자들이다. 상속인으로 지정된 자는 이들과 협상하여 최대한 상속채무를 줄임으로써 자신이 상속하는 경우의 부담을 최소화하려고 하는 것이다.

2) 상속인으로 지정된 자

'화의' 약정의 다른 쪽 당사자는 상속인으로 지정된 자이다. 먼저 Ⓐ와 관련하여 살펴본다. 상속 진입할 수 있는 자라 하더라도 상속 진입 전에는 아직 상속인이 아니므로 논리적으로 보면 상속재산과 관련한 어떠한 처분을 할 수 없을 터이다. 그러나 다른 한편으로 상속인이 되고자 원하기만 하면 상속인이 될 수 있는 처지에 있는 것이 이 개소의 '어떤 자'이다.[11] 곧 살펴보겠지만, 로마법상으로는 상속인의 종류가 다양하고, 그에 따라서 상속이 개시된 경우의 법률효과도 다소간에 차이가 있으므로 상속채권자들의 입장에서 볼 때 반드시 '화의' 약정을 맺는 것이 유리하다고만은 할 수 없지만, 다양한 사회적·경제적 고려에서 '화의' 약정이 法認되었다. 물론 이때 약정이 효과적이려면 모든 채권자들이 일거에 장래의 상속인과 사이에서 채무의 운명에 관하여 협상하고 일정한 양보의 바탕 위에서 합의하지 않으면 안 될 것이다.[12] 그렇다면 이러한 약정은 오늘날 和議 제도가 추구하고자 하는 바를 추구하는 것이고, 따라서 이를 '和議' 約定이라고 부를 수 있을 것이다. 일단 이러한 약정이 정상적으로 체결되었다고 할 때, 엄격한 논리에 입각하여 장래의 상속인-채무자의 체약 자격을 문제 삼음으로써 그 효력을 부인한다면 부실한 상속재산의 합리적인 처리에 관한 기대는 난망할 수밖에 없을 것이다. 울피아누스가 이러한 '和議' 약정이 장래에, 즉 상속 진입이 있게 되면 그때부터 발효하게 될 약정이라고 설시한 것

---

11) Johannes Brunnemann (1608~1672), *Commentarius in Pandectas* (editio quinta, Wittebergae & Berolini, 1701), ad. D.2.14.7 n.23, p.105.

12) Brunnemann (주 11), ad D.2.14.7 n.23, p.105에 의하면 17세기의 실무도 의혹이 있는 상속재산을 가진 상속인들은 상속 진입하기 전에 법관에 의해 채권자들이 소집될 것을 신청할 수 있었고, 이는 파산을 위한 것이 아니라 채무에 관해 협의하기 위한 것이었다고 한다.

은 이런 의미에서 합목적적인 결정이다. 이것은 말하자면 상속 진입을 조건으로 하는듯한 약정이다. 약정은 체결로써 성립하여 이후 존속하지만, 그 내용의 실현은 조건의 성취, 즉 상속 진입으로 비로소 가능한 상태에 이르게 된다. 문제는 상속 진입의 여부가 상속인이 될 자의 隨意에 맡겨져 있다면 실제로 그러한 부실한 상속재산을 떠맡아 상속채무의 변제를 인수할 자가 있을 리 만무하고, 그렇다면 이러한 '화의' 약정을 미리 체결하려는 자도, 비록 그를 통하여 채무 부담을 줄일 수 있다고 하더라도, 있을 리 만무하다는 점이다. 이 문제에 대한 의문을 풀어 줄 수 있는 열쇠는 B에서 알아낼 수 있다.

(1) 로마법상 상속인의 종류

B에 의하면 로마법상 상속재산과 관련하여 '화의' 약정을 맺을 수 있고 상속 진입이 가능한 자들로는 노예, 가내상속인, 가외상속인이 있다. 그리고 노예의 경우에는 필연상속인인 노예와 그렇지 않은 노예가 구별된다. 이 문제는 가이우스가 <법학제요>에서 비교적 상세히 설명하고 있다.

가이우스에 따르면 상속인은 필연상속인, 가내필연상속인과 가외상속인이 있다(Gai.2.152). 必然相續人(heredes necessarii)이란 자유 부여와 함께 상속인으로 지정된 유언자 소유의 노예인데(Gai. 2.185), 이렇게 부르는 이유는 원하든 원하지 않든 모든 경우에 유언자의 사망으로 즉시 자유의 몸으로 되면서 상속인이 되기 때문이다(Gai. 2.153; 2.188). 필연상속인이라고 해서 반드시 제1 순위로 상속인으로 지정되어야만 하는 것은 물론 아니다.[13] 따라서 유언에서 자유의 부여가 없으면 상속

13) D.28.6.36.pr Marcianus 4 institutionum.

Potest quis in testamento plures gradus heredum facere, puta: "si ille heres non erit, ille heres esto", et deinceps plures, ut novissimo loco in subsidium vel

인으로 지정되었더라도, 또 나중에 소유자 자신에 의하여 달리 해방되거나, 또는 양도된 경우 새 주인의 명령에 따르더라도, 상속인 지정이 그와 관련하여 실체가 없으므로, 상속인이 될 수 없다(Gai. 2.187).[14] 자유 부여, 즉 해방이 유효하기 위해서는 그 노예가 유언의 시점에도, 또 유언자 사망의 시점에도 유언자의 시민법상 소유여야 했다(Gai. 2.267). 자유 부여와 함께 상속인으로 지정되었으나 그 후 소유자에 의해 달리 해방된 경우에는 상속 진입 여부는—후술하듯이 가외상속인으로서—그 자신의 의사에 따른다. 즉, 처음부터 자유인을 가외상속인으로 지정한 것과 같은 효과이다. 그러나 상속 개시 전에 양도된 경우에는 새 소유자의 명령에 따라야만 하며, 이때에는 유언이 명하는 대로 자유의 몸으로, 즉 해방 되어 상속인이 될 수 없는 새 주인이 실제로는 그를 통해서 재산을 승계하는 것이다(Gai. 2.188).

노예를 상속인으로 지정하는 경우로는 그밖에도 他人의 奴隷(sevus alienus)를 상속인으로 지정하는 경우가 있었다(Gai. 2.185). 이때에는 현재의 소유자의 명령에 따라야만 하였으며, 그 결과 피상속인의 생전에 또는 그의 사망 후이지만 아직 상속 승인 이전에 양도된 경우에는 새 주인의 명령에 따라야만 하였다. 반면에 해방된 경우에는—자유인인 가외상속인으로서—자신의 의사대로 상속을 승인할지의 여부를 결정할 수 있었다(Gai. 2.189).

家內必然相續人(sui et necessarii)은 家長의 권력 하에 복종하고 있는 직계 비속(Gai. 2.156; 3.2)과 그에 준하는 자들(처, 며느리: Gai. 2.159)인데, 家內人으로서 家長의 생전에 이미 기대권을 가진 자들

---

servum necessarium heredem instituat.

14) 유스티니아누스법에 와서야 자유 부여 없는 상속인 지정을 상속인 지정으로부터 자유 부여는 당연히 추론된다는 논리로 자유 부여가 포함된 것으로 해석하였다(C.6.27.5.1 a/b [a.531]; Inst. 1.6.2; 2.14.pr).

(quodam modo domini)이고 그래서 이들은 무유언상속에서 제1 순위로 상속을 하는 자들이기 때문에 가내상속인이라 부르는 것이고, 무유언상속의 경우는 물론이고, 유언상속의 경우에도 원하든 원하지 않든 상속인으로서의 지위를 포기할 수 없기 때문에 필연상속인이라고 부르는 것이다(Gai. 2. 157).

家外相續人(extranei heredes)은 유언자의 권력에 복종하지 않는 기타의 자로서 유언자가 상속인으로 지정한 자이다. 따라서 자식이라 해도 父權免除되어 가장권에 복종하지 않는 자(emancipatus)를 상속인으로 지정한 경우에는 가외상속인이며, 母가 상속인으로 지정한 자식들도 母는 가장권을 가지지 않기 때문에 마찬가지이다. 또 자유와 더불어 상속인으로 지정되어 후에 소유주에 의하여 해방된 노예의 경우에도 가외상속인에 해당한다(Gai. 2.161). 다시 말하면 노예는 필연상속인일 수는 있지만 가내상속인인 것은 아니다. 이상의 상속인들을 공동으로 묶어주었던 끈은 타인의 노예나 자유인인 제3자를 상속인으로 지정하는 경우를 제외하면 이들이 모두 familia의 구성원으로 이해되었다는 사실이다.[15)]

---

15) D.50.16.195.1-4 Ulpianus 46 ad edictum.

(1) "Familiae" appellatio qualiter accipiatur, videamus. et quidem varie accepta est: nam et in res et in personas deducitur. in res, ut puta in lege duodecim tabularum his verbis "adgnatus proximus familiam habeto". ad personas autem refertur familiae significatio ita, cum de patrono et liberto loquitur lex: "ex ea familia", inquit, "in eam familiam": et hic de singularibus personis legem loqui constat. (2) Familiae appellatio refertur et ad corporis cuiusdam significationem, quod aut iure proprio ipsorum aut communi universae cognationis continetur. iure proprio familiam dicimus plures personas, quae sunt sub unius potestate aut natura aut iure subiectae, ut puta patrem familias, matrem familias, filium familias, filiam familias quique deinceps vicem eorum sequuntur, ut puta nepotes et neptes et deinceps. pater autem familias appellatur, qui in domo dominium habet, recteque hoc nomine appellatur, quamvis filium non habeat:

(2) 다른 종류의 상속인들 사이의 차이점

그러면 이러한 구별의 실익은 무엇이었을까?

우선, 노예를 必然相續人으로 삼았던 것은 로마인들의 관념상 채무초과(facultates suspectae)에 따르는 전재산 매각, 즉 파산에 따르는 불명예(ignominia)[16)]를 피상속인이 아니라 노예였던 상속인에게 전가시키려는 의도에서였다고 한다(Gai. 2.154; [1]).[17)] 다만 이러한 불이익을 완화

---

non enim solam personam eius, sed et ius demonstramus: denique et pupillum patrem familias appellamus. et cum pater familias moritur, quotquot capita ei subiecta fuerint, singulas familias incipiunt habere: singuli enim patrum familiarum nomen subeunt. idemque eveniet et in eo qui emancipatus est: nam et hic sui iuris effectus propriam familiam habet. communi iure familiam dicimus omnium adgnatorum: nam etsi patre familias mortuo singuli singulas familias habent, tamen omnes, qui sub unius potestate fuerunt, recte eiusdem familiae appellabuntur, qui ex eadem domo et gente proditi sunt. (3) Servitutium quoque solemus appellare familias, ut in edicto praetoris ostendimus sub titulo de furtis, ubi praetor loquitur de familia publicanorum. sed ibi non omnes servi, sed corpus quoddam servorum demonstratur huius rei causa paratum, hoc est vectigalis causa. alia autem parte edicti omnes servi continentur: ut de hominibus coactis et vi bonorum raptorum, item redhibitoria, si deterior res reddatur emptoris opera aut familiae eius, et interdicto unde vi familiae appellatio omnes servos comprehendit. sed et filii continentur. (4) Item appellatur familia plurium personarum, quae ab eiusdem ultimi genitoris sanguine proficiscuntur (sicuti dicimus familiam Iuliam), quasi a fonte quodam memoriae. (5) Mulier autem familiae suae et caput et finis est.

16) Cf. Gai. 4.102; Artur Völkl, "Insolvenz ohne Vollstreckungsverfahren im klassischen Rom", in: Martin Josef Schermaier und Zoltán Végh (Hg.), *Ars Boni et Aequi. Festschrift für Wolfgang Waltstein zum 65. Geburtstag* (1993), 355ff.

17) 이에 대하여는 상속인이 전재산 매각을 당하는 것은 그의 잘못이 아니라 법이 정한 바 때문이므로 그에게서 불명예를 벗겨주어야 한다는 사비누스의 異見이 있었다고 하는데, 관철되지 못하였다. 과실책임주의의 원리에 충실한 사비누스 학파의 수장다운 견해였다고 보인다.

Gai. 2.154: … quamquam apud Fufidium Sabino placeat eximendum eum esse

시키는 차원에서 첫째로, 30세 미만의 노예가 지정된 경우에는 그에게 로마 시민권이 부여되었고(Gai. 1.21), 둘째로, 법무관에 의하여 상속재산과 상속인 개인재산의 분리(separatio bonorum)가 특권으로 인정되었다. 그 결과 상속인은 상속 이후 취득한 재산은, 상속재산에 대한 강제집행의 전후를 불문하고, 자신이 보유할 수 있었고, 또 일반적인 경우와 달리 집행채권자들이 만족 받지 못한 잔여의 채권에 대해서도, 취득이 상속재산으로 인한 것인 경우를 제외하고는, 더 이상 자신의 재산으로 책임지지 않았다(Gai. 2.155). 우리 민법상의 한정승인(제1028조 이하)인 셈이다.

家內必然相續人의 경우에도 시민법상으로는 이상에서 살펴본 바와 같은 규제가 있었던 반면에, 법무관이 상속인에게 상속을 포기하는 것(abstinere se ab hereditate)을 허용함으로써 부실상속재산으로 인한 문제로부터 상속인을 일정한 정도 보호하였다. 상속이 포기되면 법무관은 승계자가 없게 된 유산의 매각을 명하였다(Gai. 2.158; 3.78). 이때 재산매각(venditio bonorum), 즉 파산은 망자의 명의로 행해졌고, 그 불명예도 망자에게 돌아갔다. 부권면제 시키기 위하여 3차에 걸쳐 양도되었다가 다시 逆讓渡[반환]되어 아직 握取權 하에 놓여있는(in causa mancipii) 家子의 경우(Gai. 1.132ff.)에도 家長이 이 자를 자유 부여와 함께 상속인으로 지정한 경우에, 비록 형식상으로는 노예처럼 필연상속인이되 가외상속인이지만, 실질은 가내상속인과 다를 것이 없으므로 법무관은 이 자에게도 상속포기권을 인정하였다(Gai. 2.160). 포기권 있는 자가 상속재산에 개입하여 처분행위를 하는 때에는, 미성년자에 대한 예외를 제외하면, 더 이상 포기가 허용되지 않았다(Gai. 2.163). 우리 민법 제1026조 제1호의 선구이다. 상속의 포기는 다음에 보는 가외상속

---

ignominia, quia non suo vitio, sed necessitate iuris bonorum venditionem pateretur; sed alio iure utimur.

인의 상속의 거절과는 달리 유언 자체를 전면적으로 무효화시키는 것이 아니라 상속인 자체의 존재는 의연히 인정되었으므로 유언 처분의 그밖의 효과들은 유지될 수 있었다는 점에서 차이가 난다.

반면에 필연상속인이 아닌 家外相續人에게는 상속인 지정을 수락하여 상속에 진입할 것인지(상속 승인)의 여부를 결정할 자유가 인정되었다(cretio). 이러한 결정을 위하여 숙려기간이 주어지는 것이 보통이었지만, 그러한 기간 없이 상속인으로 지정할 수도 있었다. 숙려기간 없이 상속인으로 지정된 경우에는 언제라도 상속을 거절하거나(Gai. 2.169) 승인할 수 있었지만, 법적 안정성을 위하여 법무관은 상속채권자들의 신청에 의하여－법정신문 절차(interrogatio in iure)에서 그가 상속인인가("an heres sit")를 묻고, 그가 말미를 청하면[18]－승인 기간을 정하고, 그 기간 내에 승인이 없을 시에는 채권자들에게 망자의 재산 매각을 허용하였다(Gai. 2.167). 숙려기간이 정해진 경우에는 상속인으로 지정된 가외상속인은 상속 승인 여부를 유언자가 정한 일정한 기간－보통 100일이었으며 시민법상 늘이거나 줄이는 것이 허용되었고, 지나치게 긴 경우에는 법무관이 이를 감축하였다[19]－내에(Gai. 2.170) 결정할 자유(Gai. 2.164)가 인정되었다(Gai. 2.162; 형식은 Gai. 2.166). 상속인이 되기 위해서는 반드시 이 기간 내에 승인의 의사표시가 있어야만 하였다(Gai. 2.168).[20] 일단 상속을 승인한 후에는, 미성년자의 예외를 제외하고는, 숙려기간 내이더라도 번복이 허용되지 않았다(Gai. 2.163). 우리 민법 제1024조 제1항의 선구이다.

---

18) Francis de Zulueta, *The Institutes of Gaius, Part II: Commentary* (1953), 103 n.3.

19) 우리 민법 제1019조 제1항 참조.

20) 통상 증인 입회하에 이루어졌다(Cf. Cicero, ad Atticum 13.46.3 : <tum> ex eo cognovi cretionem Cluvi (o Vestorium neglegentem!), liberam cretionem testibus praesentibus sexaginta diebus).

상속 승인 여부의 숙려기간에는 통상의(vulgaris) 기간과 확정일(certorum dierum) 기간의 구별이 있었다. 전자는 "상속인으로 지정된 자가 그 사실을 알고 결정할 수 있을 때로부터"(quibus sciet poteritque)란 문구가 부가된 경우이고(Gai. 2.165), 후자는 이러한 문구 없이 일정한 일수의 기간이 정해진 경우이다. 전자의 경우에는 상속인으로 지정된 자가 그 사실을 알고 상속의 승인 여부를 결정할 수 있는 때로부터 비로소 기산하는 데 반하여, 후자의 경우에는 달력에 의하여 기계적으로 중단 없이(continua) 기간의 계산이 이루어진다는 점에서 다르다. 후자의 가혹함으로 인하여 전자가 더 선호되었다고 한다(Gai. 2.171-173). 우리 민법 제1019조의 상속 승인 및 포기와 관련한 최근의 개정(특히 제3항의 신설[2002. 1. 14])의 문제의식을 로마인들은 이미 일찍이 공유하고 있었던 셈이다. 더욱 놀라운 사실은 신설된 제3항과 동일한 내용의 결정이 이미 하드리아누스 황제 때 내려졌었다는 사실이다.

Gai. 2.163 : Scio quidem diuum Hadrianum etiam maiori XXV annorum ueniam dedisse, cum post aditam hereditatem grande aes alienum, quod aditae hereditatis tempore latebat, apparuisset.

(나는 참으로 神皇 하드리아누스가 또한 25세 이상자[성인]에게도 상속 진입 후 상속 승인의 시점에 숨겨져 있던 큰 부채가 드러났던 경우에 특권을 부여했었음을 알고 있다.)

이른바 beneficium inventarii, 즉 재산목록작성의 특권으로 알려진 이 보호조치는 이후 확대되어 유스티니아누스법에서는 일반화하였다.[21]

상속 승인의 결정 없이 기간을 도과한 경우에는 종국적으로 상속에서 제외되며(Gai. 2.168), 그 이후에는 상속인 처신(pro herede gestio)[22]도 인정되지 않았다(Gai. 2.166). 그러나 일단 상속을 거절하였다가 나중에 의사를 번복하여 승인하는 경우 숙려기간 내인 때에는 허용되었다(Gai. 2.168).

---

21) C.6.30.22 (a.531); Inst. 2.19.6.

22) Inst. 2.19.7; UE. 22.26.

(3) '화의' 약정의 당사자

그러면 이제 다시 "상속 진입 전에 어떤 자가 채권자들과 적게 변제되도록 '和議' 約定하는 경우 이 약정은 장래에 발효할 것이다"라고 천명하고 있는 Ⓐ로 되돌아 와서 '어떤 자'를 고려해 본다면, 그는 상속채권자들과 '화의' 약정을 맺는 것이 그렇게 하지 않는 경우의 각 선택지–즉, 유언의 직접적 효력에 의해서든 상속 승인의 의사표시에 의해서든 특별한 대처 없이 상속인으로 되는 것과 상속의 포기 내지는 거절을 하는 것–보다 어떤 점에서이든 더 선호할 만한 선택지인 것으로 받아들인 것이다. 상속채권자들은 또 그들대로 상속인을 갖는 것이 더 바람직하다고 판단한 것이다.[23] 여기서 '相續進入前'이라는 시점이 중요하다. 必然相續人의 경우에는 상속의 개시로 바로 상속인이 되는 것이므로 이 시점은 피상속인의 생전의 어떤 시점–대개는 피상속인의 사망이 임박했다고 믿어지는 어느 시점–을 의미할 수밖에 없다. 그런데 무유언상속의 경우에는 누가 상속인이 될지가 미리 정해지므로 일이 이와 같이 진행될 가능성이 항시 존재하는 데 반하여, 유언상속의 경우에는 상속인으로 지정된 사실을 상속인이 될 자가 미리 알지 않으면 약정의 체결이라는 이러한 조처는 불가능하므로 그가 그 사실을 미리 알았다고 전제하지 않으면 안 된다. 그러므로 가내필연상속인의 경우에는 무유언상속–Ⓕ, Ⓗ는 다른 사료들과의 문맥으로 볼 때 일응 유언상속의 사안인 것으로 추정되지만, 순전히 문면상으로만 보면 무유언상속의 사안일 수도 있고, 또 Ⓑ⑥의 '家子가 父의 생전에'의 家子는 그에 앞선 '상속인으로 지정된 家子'와 대비된다는 점에서 무유언상속의 경우임이 거의 확실하다–이든 유언상속(Ⓑ②, ⑥의 '상속인으로

23) Gerard Noodt (1647~1725), *Opera omnia*, I (editio recens in Germania, Coloniae Agrippinae, 1732), 472: utilitas plurium creditorum : existimantium, sua interesse, aliquem esse heredem quem conveniant.

지정된 家子')이든, 또 노예인 필연상속인의 경우에도(B②) 가능한 관여자가 될 수 있다. 家外相續人의 경우(B③)에는 상속 진입은 곧 상속 승인이므로 피상속인의 사망 후 승인 숙려기간의 도과 전까지를 의미할 것이다. 그렇다면 상속인 지정에서 등장하는 모든 유형의 인물이 이 '어떤 자'가 될 수 있다(Cf. I, J). 다시 말하면 A는 그 표현형식 그대로 일반적인 법리를 밝힌 셈이다. 그러나 물론 피상속인의 명예를 구하기 위한 목적이라는 점에서 볼 때, 실제로는 가내필연상속인이나 가외상속인의 경우보다는 피상속인 소유의 노예에게 전가하는 사례, 즉 필연상속인의 경우가 대종을 이루었을 것이다.

3. '화의' 약정의 허용 여부

그러면 '화의' 약정은 울피아누스의 말과 같이 아무 문제없이 일반적으로 인정되었을까? B①에서 드러나듯이 이 문제에 관한 로마 법률가들의 견해는 반드시 통일적이었던 것은 아니었던 것으로 보인다. 먼저 138년 팍투메이우스 클레멘스(Pactumeius Clemens)와 함께 집정관이었고 안토니누스 피우스 황제의 법률고문단에 속하였던 빈디우스(M. Vindius Verus)[24]가 다루고 있는 사안은 노예에게 유언으로 "자유의 몸과 상속인이 되어라"(liber et heres esto)는 방식으로 필연상속인 지위가 부여된 경우이다. 상속이 곧 개시할 것을 예상하여 상속채권자들과 '和議' 約定을 맺는 자가 이러한 노예인 경우에 이 분명히 실용적인 약정이 아무런 도움도 되지 않을 것이라고 설시하고 있는 빈디우스의 논거는 이 상속인 후보가 조건적 지위에 있기 때문이라는 것이다. 여기서

24) Fritz Schulz, *History of Roman Legal Science* (with new addenda, 1953), 106+n.5.

조건은 '자유의 몸, 즉 자유인이 된다'는 것이다. 이것은 분명 피상속인의 사망으로 비로소 자유의 몸이 될 것이고, 그래야 비로소 상속인이 될 수 있을 터인데, 아직 피상속인 생전이어서 그러한 조건이 성취되기 전이므로 그가 전혀 상속재산의 향배를 결정할 어떠한 조치도 취할 수 없는 지위에 있다는 의미일 것이다. 그렇다면 빈디우스의 논지는 대단히 엄격한 개념논리에 입각한 것이다. 우리 和議法 제12조 제2항이 파산법과 달리 상속재산에 관하여는 화의개시의 신청을 불허하는 것도 아직 상속이 일어나지 않은 상태에서 상속채권자들과 상속기대권자와의 사이에 和議를 맺는다는 것이 상속재산에 대한 처분권자의 측면에서 문제가 있기 때문이라면,[25] 이는 빈디우스와 같은 논리에 입각한 것이라고 할 것이다. 어찌되었든 빈디우스의 견해는 Ⓐ의 울피아누스의 설시와 배치되는 것이다. 울피아누스는 곧 이어서 안토니누스 피우스와 마르쿠스 아우렐리우스 황제 법률고문단의 일원이었던 마르켈루스(Ulpius Marcellus)[26]의 이 부분에 대한 견해를 원용함으로써 빈디우스의 견해에 반대하는 자신의 입장을 더욱 분명히 하였다. Ⓓ, Ⓔ①에서 인용하고 있는 마르쿠스 황제의 批答과 Ⓔ②에서 소개된 안토니누스 피우스의 批答까지 아울러 고려해 보면, 적어도 빈디우스 이후로 이 문제가 로마의 법률가들 사이에서 집중적으로 논의되었고, 황제의 비답(Ⓙ)에 의하여 긍정적인 결론에 이르게 된 것으로 상상된다. 그 결과 175년 夜警總監(praefectus vigilum)이었고, 마르쿠스 아우렐리우스 황제의 법률고문단 위원이었던 제국법률가 스카이볼라(Q. Cervidius

25) Cf. 우리 법과 조문이 같은 일본 화의법에 대한 麻上正信・谷口安平編, 『注解和議法[改訂]』(1993), 116의 설명 중 '화의를 허용할 것인가 아닌가는 채무자인 개인의 신용 및 성의에 착안하여 이것을 결정할 것'이라고 설명하는 부분 참조. 반면에 박승두, 『倒産法總論(歷史・現況・展望)』(2002), 301에는 아무런 이유 설명이 없다.

26) Schulz (주 24), 106+n.6.

Scaevola)[27]에 이르면 '화의' 약정은 이미 당연한 법제도로 운용되고 있지만(F, H, I, J), 그 세부적인 논의는 파피니아누스(D), 울피아누스(A-C, E), 파울루스(G) 대에도 계속되었던 것 같다. 이처럼 '화의' 약정을 法認한 것은 그 현실적 효용에 따른 정당성 때문이었음은 물론이다.[28]

어쨌든 마르켈루스의 견해가 옳은 것이라는 울피아누스의 확인에도 불구하고 그 논거는 아직 밝혀진 바 없다. 더욱이 흥미로운 것은 마르켈루스의 입장이다. 해당되는 곳에서 더 자세히 살펴보겠지만 마르켈루스만 하더라도 이 문제에 관하여 자기보다 후대의 법률가들에게서 보이는 확신이 보이지 않는다. '화의' 약정의 체결 자체는 긍정하면서도(B②) 약정의 항변이 아니라 악의의 항변을 고려하고, 그마저도 생각에 변화가 있었다(B⑥). 반면에 울피아누스의 경우에는 심지어는 '화의' 약정의 사실상의 체결만으로도(B⑤) 악의의 항변을 인정하는 데 이르러, 이미 이 제도가 정착하고도 남았음을 보여준다.

한 가지 더 지적해 둘 것은 마르켈루스가 말하는 '조건 없이' 기재되었다는 것은 빈디우스가 말하는 '조건부로' 기재되었다는 것과는 다른 의미라는 점이다. 빈디우스가 "자유의 몸과 상속인이 되어라"는 유언처분 자체의 이해에 있어서 상속인이 될 수 있기 위한 전제인 '자유의 몸이 된다'는 것을 상속인이 되기 위한 조건으로 보았다면, 마르켈루스의 경우에는 조건은 "자유의 몸과 상속인이 되어라"는 위 유언처분 외부에 덧붙여진 부관인 조건(가령 "~에게 ~를 지급하면")을 말하는 것이고, 조건을 논하는 것 자체가 유언의 효력 발생과 관련한 일반 조건법

27) Schulz (주 24), 106 n.8+347.

28) Hugo Donellus (1527~1591), *Opera omnia*, VII (Florentiae, 1846), 244 N.10: quod quidem, summa et evidenti aequitatis ratione constitutum est; Vinnius (주 3), 77: hoc non sine evidenti ratione aequitatis constitutum est.

적인 遷延을 배제하기 위한 것이기 때문이다.

다음으로 마르켈루스는 家外相續人의 경우에도 必然相續人의 경우에 대하여 논한 바가 그대로 적용된다고 설시한다(B③). 전술했듯이 두 경우 모두 '상속 진입 전'의 구체적인 내용이 다소 다를 뿐, 그 구조는 마찬가지이기 때문이다. 마르켈루스는 여기서 먼저 자유인인 가외상속인을 살펴보고(B④: 委任의 경우 자유인임이 전제된 것이다), 이어서 노예인 가외상속인의 경우를 검토한다(B⑤－⑥). 빈디우스라면 아마도 '상속의 승인'을 조건으로 상속인이 되는 것인데, 아직 승인을 하기 전이므로 상속인일 수 없고, 따라서 논리적으로 이러한 약정은 무위로 돌아간다고 새겼을 것이다. 결국 이 경우에도 빈디우스와 다른 결론을 취한 마르켈루스의 견해에는 논거가 드러나 있지 않다.

> 마르켈루스의 다음 설시 내용은 가외상속인이 채권자들의 委任으로 상속 진입을 한다면 그는 또한 위임 소권도 가진다는 것이다(B④). 상속인을 확보하는 것이 중요한 상속채권자들이 그 방법의 하나로 가외상속인에게 상속을 승인할 것을 위임한 것이라면, 비록 부실상속재산의 상속 승인일지라도 법령이나 선량한 풍속에 위반하는 행위가 아니고, 따라서 이는 위임의 법리 일반에 따라서 처리할 수 있는 것이고, 마르켈루스의 결론도 같은 취지이다.[29] 그렇다

29) 同旨 D.17.1.32 Iulianus 3 ad Urseium Ferocem.
Si hereditatem aliter aditurus non essem quam cautum fuisset damnum praestari et hoc mandatum intercessisset, fore mandati actionem existimo. si quis autem mandaverit alicui, ne legatum a se repellat, longe ei dissimile esse: nam legatum adquisitum numquam illi damno esse potuit: hereditas interdum damnosa est. et in summa quicumque contractus tales sunt, ut quicumque eorum nomine fideiussor obligari posset, et mandati obligationem consistere puto: neque enim multo referre, praesens quis interrogatus fideiubeat an absens vel praesens mandet. praeterea volgo animadvertere licet mandatu creditorum hereditates suspectas adiri, quos mandati iudicio teneri procul dubio est.
상속채권자 중 1인이 다른 사람들과 달리 장차의 상속인을 속이기 위하여 위임

면 이 경우 채권자들은 수임인인 상속인이 위임사무의 처리에 관하여 지출한 비용의 상환[30]과 위임사무의 처리를 위하여 그가 받은 손해를 전보해 줄 의무가 있다.[31]

을 하지 않은 경우에 관해서는
D.44.4.4.pr Ulpianus 76 ad edictum.
Apud Celsum quaeritur, si, cum Titio mandassent creditores hereditarii, ut adiret hereditatem, unus non mandasset decipiendi eius causa, mandaturus alioquin, si non foret hic aditurus, deinde agat, an exceptione repellatur: et ait Celsus doli eum exceptione repellendum.

30) Cf. D.17.1.12.9 Ulpianus 31 ad edictum.
Si mihi mandaveris, ut rem tibi aliquam emam, egoque emero meo pretio, habebo mandati actionem de pretio reciperando: sed et si tuo pretio, impendero tamen aliquid bona fide ad emptionem rei, erit contraria mandati actio: aut si rem emptam nolis recipere: simili modo et si quid aliud mandaveris et in id sumptum fecero. nec tantum id quod impendi, verum usuras quoque consequar. …

31) 이 점은 로마의 법률가들 사이에서 다투어졌다.
① 부정설: Paulus
D.17.1.26.6 : Non omnia, quae impensurus non fuit mandator imputabit, veluti quod spoliatus sit a latronibus aut naufragio res amiserit vel languore suo suorumque adprehensus quaedam erogaverit: nam haec magis casibus quam mandato imputari oportet.
D.46.1.67 : Exceptione, quae tibi prodesse debebat, usus iniuria iudicis damnatus es: nihil tibi praestabitur iure mandati, quia iniuriam, quae tibi facta est, penes te manere quam ad alium transferri aequius est, scilicet si culpa tua iniustae damnationis causam praebuisti.
② 긍정설: Julianus.
Afr. D.47.2.62 : Si servus communis uni ex dominis furtum fecerit, communi dividundo agi debere placet et arbitrio iudicis contineri, ut aut damnum praestet aut parte cedat. cui consequens videtur esse, ut etiam, si alienaverit suam partem, similiter et cum emptore agi possit, ut quodammodo noxalis actio caput sequatur. quod tamen non eo usque producendum ait, ut etiam, si liber sit factus, cum ipso agi posse dicamus, sicuti non ageretur etiam, si proprius fuisset. ex his igitur apparere et mortuo servo nihil esse, quod actor eo nomine consequi possit, nisi forte quid ex re furtiva ad socium pervenerit.

그러나 어떤 자가 노예 상태에서 약정한 경우, 즉 타인의 노예가 약정한 경우에는 마르켈루스도 '화의' 약정의 유효성을 부인하는데, 왜냐하면 그가 노예 상태에서 행했던 것은 자유를 얻은 후에 통상 그에게 도움이 되지 않기 때문이라고 한다(B⑤). 여기서 마르켈루스가 염두에 두고 있는 것은 타인의 노예인 가외상속인이 자기 주인의 명령 없이 '화의' 약정을 체결하고, 그 후에 해방된 다음 상속을 승인하고는 상속채권자들의 청구에 대하여 약정의 항변(exceptio pacti)으로써 대항하고자 한 사안이다. 노예 상태에서 노예로서 행한 것은 자유인이 된 다음 그 효과를 자신에게 귀속시킬 수 없는 법이므로 '화의' 약정 자체와 함께 그에 기초한 항변도 부인되었다(B⑤).

4. 채권단의 결정

'화의' 약정에 참여하는 모든 채권자들은 채권을 신고한 자들로서[32] 원칙적으로 만장일치로 단일한 합의안을 마련해야 하며, 그 내용은 모든 채권자의 채권액에 대한 동일한 비율에 의한(I) 감축을 결정하는 것이다(C①).[33] 그리하여 감액된 일정한 부분몫(certa portio)만을 청구하고, 그것을 수령함으로써 모든 채권채무관계가 정산됨을 선언하는 것이다(F, G, H, J).

---

32) 우리 화의법상의 신고는 대법원 1989. 10. 27. 선고 88다카22671 판결에 의하면 화의채권을 조사확정하기 위한 것이 아니라 단순히 화의조건의 찬부에 관한 의결권을 행사하기 위한 채권자집회 출석자격의 취득과 그 의결권액의 확인에 목적이 있으므로 화의채권을 신고하지 않은 자에게도 (파산절차상의 신고의 경우와 달리) 화의의 효력이 미친다고 한다. 로마의 경우에도 궁극적으로는 다르지 않았다고 여겨진다(후술 참조).

33) 우리 파산법 제276조 참조.

> 사료의 제약에도 불구하고 분명히 상상할 수 있는 것은 '화의' 약정을 실현하기 위한 절차는 성질에 반하지 않는 한 일반적인 강제집행 절차를 본떠서-물론 필요한 수정을 가해서-마련되었을 것이라는 점이다. 로마법상 3세기말까지의 정규의 강제집행 절차는 전재산매각(venditio bonorum)이었다. 이 절차는 법무관이 집행을 주도하는 신청채권자에게 채무자의 재산에 대한 "점유", 즉 그 보전과 관리를 위한 압류(missio in bona rei servandae causa)를 허용함으로써 개시한다. 이 압류의 사실은 공고(proscriptio)를 통하여 공시되는데, 이것은 다른 채권자들이 임박한 파산절차에 참여(채권신고)할 수 있도록 하려는 것이었다. 채권자들은 원칙적으로 30일 (상속재산파산의 경우에는 15일)의 공고기간 내에 채권을 신고해야만 하였다. 압류채권자가 만족되지 않은 채 공고기간이 경과하면 법무관이 채권자들을 소집하여 그 중에서 관재인(magister bonorum)을 선출하고, 관재인은 매각안을 마련하여 법무관의 인가를 얻은 후 公競賣를 통하여 채무자의 재산을 매각한다. 물론 최고가매수신고자가 낙찰자(bonorum emptor)가 된다.[34]

그러나 현실적으로 만장일치는 지난한 것이므로(Ⓘ, Ⓙ), 다수결의 원칙이 실제로는 적용되었다(Ⓕ, Ⓖ, Ⓗ). 다수결의 원칙과 관련해서는 두 방면으로 생각하여야 한다.

첫째로, 애초에는 결의에 참석하는 인원수의 측면에서 모든 사람이 참석할 것이 요구되었다(Ⓔ①). 모두 참여하여 만장일치가 된다면 아무 문제도 없다. 그러나 부득이하게라도 불출석하는 사람들이 있게 마련이므로 이런 경우에는 참여한 자들만으로 만장일치가 이루어지더라도 이

---

34) Jo. Gottlieb Heineccius (1681~1741)/Christ. Gottl. Haubold/Chr. Frid. Mühlenbruch, *Antiquitatum Romanarum Jurisprudentiam Illustrantium Syntagma secundum Ordinem Institutionum Justiniani Digestum* (Francofurti ad Moenum, 1841), 444f.; Max Kaser/Karl Hackl, *Das römische Zivilprozessrecht* (2. Aufl. 1996), 388ff.; Wolf-Rüdiger von der Fecht, *Die Forderungspfändung im römischen Recht. Der Vollstreckungszugriff auf Forderungen im Rahmen des* pignus in causa iudicati captum *und des Fiskalrechts der römischen Kaiserzeit* (1999), 39ff.

는 전체로서는 만장일치가 아니고, 또 참여한 자들 사이에서 의견이 갈릴 경우에는 더욱더 다수를 결정해야 하는 문제가 필연적으로 발생한다. 그리하여 단일안에 합의하지 못하는 경우에 법무관이 개입하여 해결책을 이끌어내는 방식이 도입되었고, 그것은 다수의견에 따르는 것이었다(Ⓒ②).

둘째로, 이리하여 다수결의 원칙은 일단 확립되었으나, 그 기준이 문제였는바, 頭當 1표의 인원수 기준으로는 채권자의 경제적 이해관계를 제대로 반영하지 못하므로 의견의 비중은 채권액에 비례하여 계산하는 방식이 도입되었고, 이 원론적인 부분에 관한 한 로마법률가들의 견해는 일치하였다(Ⓓ①). 그리고 실제로 이처럼 재산의 가액에 비례한 권리나 권한 행사의 모습은 다른 경우들에도 적용된 일반적인 법리였다. 가령 피상속인이 임치한 물건의 반환을 공동상속인들이 반환청구하는 경우에 반환받을 다수의 계산도 頭數가 아니라 상속분에 의하였고,[35] 채무자의 재산 매각 시 매수자로서 우선순위는 제3자, 채무자의 친척, 채권자 순인데, 채권자 중에서는 채권액이 큰 자가 우선이었다.[36] 그러나 실제의 상황은 더욱 복잡한 양상으로 전개될 수가 있으므로 그 세부적인 규율은 법적인 결단을 통하여 해결하였다. 마르쿠스 아우렐리우스 황제의 批答이 바로 그 답인바(Ⓓ②), 이 황제의 칙답은 채권액에 의한 표 계산으로 결판이 나지 않을 때에는 인원수가 많은 쪽의 의견을 따르

35) D.16.3.14.pr Gaius 9 ad edictum provinciale.
Si plures heredes exstiterint ei qui deposuerit, dicitur, si maior pars adierit, restituendam rem praesentibus: maiorem autem partem non ex numero utique personarum, sed ex magnitudine portionum hereditariarum intellegendam: cautela idonea reddenda.

36) D.42.5.16 Gaius 24 ad edictum provinciale.
Cum bona veneunt debitoris, in comparatione extranei et eius, qui creditor cognatusve sit, potior habetur creditor cognatusve, magis tamen creditor quam cognatus, et inter creditores potior is, cui maior pecunia debebitur.

고, 인원수마저도 同數일 때에는 가장 로마적인 방식으로[37] 채권자들 중에서 dignitas가 가장 탁월한 자의 의견을 따르되,[38] 이 또한 판가름할 수 없을 때에는 '보다 인간적인'(humanior) 의견을 법무관이 체택하라고 규정하였다. 채권액과 인원수의 계산에 있어서는 동일한 소권을 여러 명이 가진 경우에는 1인으로 치고, 소권이 하나인 자나 여럿인 자나 모두 1인으로 치며, 다수의 소액 합계가 다액의 채권보다 클 때에는 이 합계액이 결정적이고, 채권액에는 이자도 포함시킨다는 등의 상식적으로 이해할 수 있는 선의 세부적인 규칙이 적용되었다.[39] 물론 보다

---

37) Dignitas 차이로 인해 하위자가 상위자를 상대로 제소할 수 없도록 한 금지 조치는 가장 전형적인 예이다.

D.4.3.11.1 Ulpianus 11 ad edictum.

Et quibusdam personis (sc. actio de dolo) non dabitur, ut puta liberis vel libertis adversus parentes patronosve, cum sit famosa. sed nec humili adversus eum qui dignitate excellet debet dari: puta plebeio adversus consularem receptae auctoritatis, vel luxurioso atque prodigo aut alias vili adversus hominem vitae emendatioris. et ita Labeo. quid ergo est? in horum persona dicendum est in factum verbis temperandam actionem dandam, ut bonae fidei mentio fiat,

38) Dignitas는 그밖에 증거법에서도 이곳만큼 결정적이지는 않았지만 취사선택의 결정요인으로 작용하였다(D.22.5.3.2 Callistratus 4 de cognitionibus).

39) D.2.14.9.pr-2 Paulus 62 ad edictum.

Si plures sint qui eandem actionem habent, unius loco habentur. ut puta plures sunt rei stipulandi vel plures argentarii, quorum nomina simul facta sunt: unius loco numerabuntur, quia unum debitum est. et cum tutores pupilli creditoris plures convenissent, unius loco numerantur, quia unius pupilli nomine convenerant. nec non et unus tutor plurium pupillorum nomine unum debitum praetendentium si convenerit, placuit unius loco esse. nam difficile est, ut unus homo duorum vicem sustineat. nam nec is, qui plures actiones habet, adversus eum, qui unam actionem habet, plurium personarum loco accipitur. (1) Cumulum debiti et ad plures summas referemus, si uni forte minutae summae centum aureorum debeantur, alii vero una summa aureorum quinquaginta: nam in hunc casum spectabimus summas plures, quia illae excedunt in unam

인간적인 '和議'案은 부채 탕감액이 상대적으로 더 큰 案일 터인데, 이것은 법률행위의 해석에 있어서 모두 유효하게 해석이 가능할 경우에는 행위의 본성에 보다 합당한 쪽의 해석을 취한다는 태도와 일맥상통하는 것이다.[40] 어느 쪽으로 결정할지가 불명할 경우에는 '보다 인간적인 의견을 따른다'는 동일한 법정신은 다른 사안에서도 로마의 법률가들에 의해 구현되었다.[41] 참고로 이상의 '다수결' 원칙은 유스티니아누스법에서는 판단하기 어려운 이질적 요소였던 dignitas 기준이 빠짐으로써 다소 변형되었다.[42] 우리 법은 인원수와 채권액의 두 기준을 결합시

---

summam coadunatae. (2) Summae autem applicare debemus etiam usuras.

40) D.50.17.57; 졸저 (주 8), 344.

41) 가령 D.34.5.10.1 Ulpianus 6 disputationum.
Plane si ita libertatem acceperit ancilla: "si primum marem pepererit, libera esto" et haec uno utero marem et feminam peperisset: si quidem certum est, quid prius edidisset, non debet de ipsius statu ambigi, utrum libera esset nec ne, sed nec filiae: nam si postea edita est, erit ingenua. sin autem hoc incertum est nec potest nec per suptilitatem iudicialem manifestari, in ambiguis rebus humaniorem sententiam sequi oportet, ut tam ipsa libertatem consequatur quam filia eius ingenuitatem, quasi per praesumptionem priore masculo edito.

42) Iust. C.7.71.8 (a.531-2) :
Cum solito more a nostra maiestate petitur, ut ad miserabilis cessionis bonorum homines veniant auxilium et electio detur creditoribus vel quinquennale spatium eis indulgere vel bonorum accipere cessionem, salva eorum videlicet existimatione et omni corporali cruciatu semoto: quotidie dubitabatur, si quidam ex creditoribus voluerint quinquennales dare indutias, alii autem iam nunc cessionem accipere velint, qui audiendi sunt. (1) In tali itaque dubitatione minime putamus esse ambiguum, quod sentimus et quod humaniorem sententiam pro duriore elegimus. Et sancimus, ut vel ex cumulo debiti vel ex numero creditorum causa iudicetur. (2) Et si quidem unus creditor aliis omnibus gravior in summa debiti inveniatur, ut omnibus in unum coadunatis et debitis eorum computatis ipse alios antecellat, ipsius sententia obtineat, sive indulgere tempus sive cessionem accipere desiderat. (3) Si vero

킨 방식으로 법정하였다(파산법 제278조 제1항).

5. 법무관의 認可

'화의' 약정의 내용이 되는 채권단의 최종적인 단일안 또는 다수안은 필요한 경우 이미 그 성립과정에서부터 법무관(C②, D②)과 지방의 경우 속주지사(J)의 개입으로 공적인 확인을 거치지만, 그것이 종국적으로 효력을 발휘하기 위해서는 이들의 정식의 認可(decretum)가 있지 않으면 안 된다(G①, I, J).[43]

앞서 살펴보았듯이 '화의' 약정의 가능성 자체에 대한 법률가 일각에

---

plures quidem sint creditores, ex diversis autem quantitatibus, et nunc amplior debiti cumulus minori summae praeferantur, sive par sive discrepans numerus est creditorum, cum non ex frequentissimo ordine feneratorum, sed ex quantitate debiti causa trutinatur. (4) Pari autem quantitate debiti invenienda, dispari vero creditorum numero, tunc amplior pars creditorum obtineat, ut, quod pluribus placeat, hoc statueretur. (5) Sin vero undique aequalitas emergat tam debiti quam numeri creditorum, tunc eos anteponi, qui ad humaniorem declinant sententiam non cessionem exigentes, sed indutias. (6) Nulla quidem differentia inter hypothecarios et alios creditores quantum ad hanc electionem observanda: …

이 칙령에 의하면 채무자에게 재산 양도를 시킬 것인지, 아니면 5년간의 지급 유예기간을 허용할 것인지를 둘러싼 채권단 내의 논의에 있어서 (1) 보다 인간적인 견해를 취한다는 원칙론을 선언한 후, 채권액과 인원수가 기준임을 밝히고, (2) 1인의 채권액이 나머지 채권자들의 채권액 합계보다 더 클 때에는 그 자의 결정을 따르고, (3) 채권액이 다양한 여러 명의 채권자들이 있을 때에는 인원수와 관계없이 채권액 합계가 큰 의견을 취하며, (4) 채권액 합계가 같은 경우에는 인원수가 많은 의견을 선택하고, (5) 채권액도 인원수도 같을 때에는 −dignitas는 더 이상 기준이 아니다−보다 인간적인 의견을 택한다. (6) 담보권을 가진 자와 일반채권자는 이 계산에서 구별하지 않는다.

43) 우리 화의법 제58조, 파산법 제293조 참조.

서 제기된 의구심(Ⓑ①)에도 불구하고 '화의' 약정이 이처럼 제도로서 정착된 것은 결국 현실적 필요성과 그에 따른 정책적 방안의 마련이라는 차원에서 이해하지 않으면 안 될 것이다. 그렇기에 법률가법의 차원을 넘어 법무관과 황제까지 가세한 삼중주 속에서 발전한 '화의' 약정의 존재이유에 대한 법률가들의 태도도 초기의 의문 제기 단계를 지난 후로는 더 이상 설명이 필요 없는 것으로 치부하였던 것이다.

그러면 법무관 인가 결정의 성격은 무엇이었을까? 사료상의 근거를 가지고 말할 수 있는 것은 다음에 살펴볼 '화의' 약정의 효과에서 드러나듯이 채권단의 단일안 또는 다수안을 일반적으로 구속적으로 만드는 확인이라는 것이다.[44] 현행법상으로도 파산법상의 강제화의에 관하여 계약설과 재판설이 대립하는데,[45] 로마인들이 '화의' 約定이라고 지칭

---

44) Kaser/Hackl (주 34), 407 n.20에 의하면 Solazzi (1935)가 이곳과 같은 견해였고, 그밖에 유스티니아누스 新法說(Riccobono [1913]), 상속인 여부 확인 법정 신문의 확인설(Guarino [1940; 1950]) 등이 주장되었다고 한다. 그러나 분명히 유스티니아누스가 새로 만든 법도 아니고, 상속인 여부를 확인하고자 하는 interrogatio in iure an heres sit도 '화의' 약정 자체와는 별개의 과정이었음도 이미 전술한 바와 같다. 이미 반세기도 더 넘어 오래된 이들 문헌들은 모두가 과도한 사료 텍스트 수정비판의 방법론에 입각하여 오늘날의 관점에서는 근본적으로 낡았다. 필자는 이들 중에서 Guarino의 것은 직접 입수하여 참고할 수 있었으나(Antonio Guarino, *Pagine di Diritto Romano*, VII [1995], 39ff. (1940); 79ff. (1950)), Pietro Bonfante, *Corso di Diritto Romano*, VI (1930/ristampa 1974), 484ff.와 마찬가지로 이 논문의 작성에 전혀 도움이 되지 않았음을 밝혀둔다. Kaser의 대저 『로마민사소송법』을 Hackl이 개정 증보하면서 여전히 이들 문헌만을 인용했다는 사실은 이 문제가 그 동안 연구자들의 관심 밖에 있었음을 잘 보여준다. 막 입수한 Inge Kroppenberg, *Die Insolvenz im klassischen römischen Recht. Tatbestände und Wirkungen außerhalb des Konkursverfahrens* (2001)도 우리 문제는 다루고 있지 않다.

45) 南孝淳・金載亨 共編, 『倒産法講義』 (2005), 778 (田炳西). 로마법에 관한 한, Solazzi는 재판설적 입장이었고, Vinnius, Guarino는 계약설적인 입장이었다. Marchi는 필자와 마찬가지로 채권자들이 만장일치인 경우에도 법무관의 인가가 필요하였다는 견해이다. Rainer (주 3), 740. 서평자 Rainer도 同旨.

한 데는 계약설적 측면이 드러나 있다고 한다면, 법무관의 decretum은 분명 재판설적 측면이 있는 것이므로, 결국은 양 요소가 결합된 것이라고 볼 수밖에 없을 것이다.

6. '화의' 약정의 효과

'화의' 약정은 기본적으로 법무관의 인가결정이 확정된 때로부터 구속적이 되었다.

1) 물적 효과

(1) 채권액의 비례적 감축

'화의' 약정(pactum ut minus solvatur)으로 상속채권자들이 가지고 있던 기존의 채권들은 이들이 양보한 결과로 모두 일정한 비율로 감축된다.[46] 따라서 '화의' 약정을 맺은 자가 상속인이 되면 그는 약정에서 정한대로 상속채무의 일부(부분몫: certa portio)만을 변제할 의무가 있을 뿐이다. 그럼에도 불구하고 채권자가 잔여채권의 청구를 하는 경우에는 상속인은 約定의 抗辯(exceptio pacti)으로써 이를 배척할 수 있다(Ⓑ⑤). 실제로는 이것이 '화의' 약정의 원래의 효과이다. 왜냐하면 본래 무방식의 약정은 訴權(actio)을 발생시키는 것이 아니라, 항변권(exceptio)만을 발생시키는 것이기 때문이다.[47] 다시 말하면 상속채권자

46) 바로 이러한 효과가 일반적으로 생존자의 상속재산에 관하여 기대권자들이 상속재산을 위해서가 아니라 자신들의 이익을 위하여 약정하는 것을 당연 무효로 하는 것(Iust. C.2.3.30 [a.531])과 다른 점이었음은 물론이다.

47) D.2.14.7.4 Ulpianus 4 ad edictum.
Sed cum nulla subest causa, propter conventionem hic constat non posse

가 채무의 변제를 요구하는 것은 '화의' 약정의 효력에 기한 것이 아니라, 채권 본래의 효력에 기한 것일 뿐이고, 그 청구 범위에 있어서 채무자인 상속인이 '화의' 약정을 근거로 전액이 아닌 '화의' 결정액만을 변제하면 되는 것이다.

그런데 '화의' 약정이 제대로 유효할 수 없는 경우, 가령 타인의 노예가 노예 상태에서 약정을 체결하고 후에 자유의 몸이 된 다음 상속을 승인하였다면(B⑤), '화의' 약정과 관련하여 어떻게 될 것인가? 약정의 항변은 논리필연적으로 처음부터 배제된다(B⑤). 그러면 이것으로 그만인가?

마르켈루스는 적어도 惡意의 抗辯(exceptio doli)이 그에게 도움이 되는지 살펴보고 있다. 그는 유사한 경우들을 검토한 결과 전에는 그 가능성을 의심했었지만 결국에는 악의의 항변을 인정하였다고 한다(B⑥). 사례 중 하나는 家子가 父의 생전에 父의 채권자들과 '화의' 약정을 하고 후에 상속 진입한 경우이다. B②는 이 경우에 '화의' 약정을 긍정한다(recte pacisci). 로마법상 有資力의 상속재산에 대한 기대권자들의 처분은 아직 살아 있는 피상속인의 처분의 자유를 침해하는 것으로서 선량한 풍속 위반이고 당연 무효였다. 그러나 피상속인 생전에 상속재산에 관하여 가내상속인이 될 자가 사전 처분에 해당하는 이 약정을 체결하더라도 이미 그에 대한 가치판단은 '정당하다'는 것인데, 문제는 이때 부사 recte가 과연 어떤 의미로 쓰였는가 하는 점이다. '법규정에 따라', '법적으로 유효하게', 또는 '합당하게, 잘'? 뒤에서(B⑥) 약정의 항변이 아니라 악의의 항변을—그것도 생각이 바뀌면서—인정한

constitui obligationem: igitur nuda pactio obligationem non parit, sed parit exceptionem.

D.19.5.15 Ulpianus 42 ad Sabinum.

… et quidem conventio ista non est nuda, ut quis dicat ex pacto actionem non oriri, sed habet in se negotium aliquod: ergo civilis actio oriri potest …

것으로 볼 때, 마르켈루스 자신도 여전히 빈디우스와 유사하게 '화의' 약정의 체결에 따르는 논리적 문제점을 의식했던 것 같다. 그러나 그럼에도 불구하고 '화의' 약정은 피상속인의 명예를 구하고 상속인이 피상속인의 부채에 매몰되지 않도록 한다는 그 정책적 효용으로 인하여 法認되었거나 되어가고 있는 제도였고, 따라서 그러한 약정 자체는 recte 라는 말로 수식될 수 있는 행위였다고 본 것 같다. 그러나 법률효과 면에서 그 전면적인 유효를 시인하여 그에 기초한 항변을 약정의 항변으로 부여하기에는 논리를 존중해야 하는 법률가로서 차마 할 수 없었기에 같은 효과를 악의의 항변으로 달성하고자 한 것으로 이해된다.

마르켈루스가 거론한 다른 사례는 家子가 '화의' 약정 후 父權免除되어 상속한 경우이다. 이 경우는 가내상속인이 유언자의 의사와 무관하게 후발적으로 가외상속인으로 화하고, 그럼으로써 '화의' 약정의 당사자 지위가 변함으로 인하여 '화의' 약정의 효과를 온전히 주장할 수 있을지가 문제될 수 있는 상황이다. 따라서 이러한 논리적 취약점을 기화로 채권 전액을 소구하는 채권자를 상대로 역시 악의의 항변을 인정하였다.

마르켈루스를 인용하는 방식으로 그에게 동조하면서 논의를 이끌어 온 울피아누스는 노예 상태에서 '화의' 약정을 하고 해방된 후에 자유인으로서 상속한 자의 사안(Ⓑ⑤)에서 "그렇다면 확실히 노예의 경우에도 악의의 항변은 배척되어서는 아니 된다"라고 천명함으로써 한 걸음 더 나아갔다. 왜냐하면 구조적으로는 분명 이 노예의 경우와 부권면제자의 경우는 '화의' 약정 당시의 지위와 상속 당시의 지위에 변화가 있었다는 점에서는 유사하지만, 노예의 경우는 부권면제자의 경우와 달리 '화의' 약정의 효력이—물론 무효의 이유가 약정 자체에 있는 것이 아니라 별도의 신분법적 사유에 기인한 것이기는 하지만—의문의 여지없이 전면 부인되기 때문이다(Ⓑ⑤). 그러므로 울피아누스가 약정의 항변을 부인한 것은 당연한 것이다. 그럼에도 불구하고 악의의 항변을 부여한다는 것은 '화의' 약정이 도모되어 체결되었다는 그 사실만으로도 이미 말하자면 규범적 차원에서－신분법적 무효 사유의 규제를 벗어나는－일정한 법적 효과가 승인되었다는 것을 의미하는 것이고, 이것은 앞에서도 지적했듯이 울피아누스 대에 이르러서는 '화의' 약정이 제도로서 그만큼 탄탄하게 정착했음을 의미한다.

그러면 엄밀한 의미에서는 무효임에도 불구하고 이 악의의 항변을 통해 보호되는 당사자들 사이의 '법률관계'란 무엇인가? 그것은 당사자들이 합의한 것을 상대방이 그 내용대로 지켜줄 것이라고 서로 믿었다는 사실이외의 다른 것일 수 없다. D.2.14에 전하는 무방식의 약정에 관한 법무관의 고시[48]가 들고 있는 사연에 다름 아니다.[49]

D.2.14.1.pr Ulpianus libro quarto ad edictum.

Huius edicti aequitas naturalis est. quid enim tam congruum fidei humanae, quam ea quae inter eos placuerunt servare?

(이 고시의 正義는 자연적이다. 그들 사이에 합의한 것을 준수하는 것만큼 인간적 신의에 부합하는 것이 무엇이겠는가?)

우리의 개소가 D.2.14에 배치된 이유도 또한 바로 이것이다. 물론 악의의 항변은 약정의 항변이 아니고, 이 한도에서 무효 사유의 작용을 로마의 법률가들이 전적으로 배제하지 못하였음은 이미 지적한 바와 같다. 이곳에서 상술할 수는 없으나 한 가지만 더 지적해 두자면, 이러한 악의의 항변은 퀸투스 무키우스 스카이볼라(Q. Mucius Scaevola)로 대변되었던 veteres의 법학과 그 전통선상에 있었던 사비누스 학파에 비하여 상대적으로 엄격한 개념논리를 더 중시하고 법무관의 역할과 고

48) 졸저, 『로마法・民法論考』 (1999), 338ff.; 또한 졸고, "로마법 사료의 이해에 대한 쓴소리", in: 서울대학교 法學 45/4 (2004. 12), 547ff., 551ff.

49) 졸저, 『로마法研究(I)』 (1995), 146f. 참조.

시법의 기능을 법발전의 중추적 요소로 포착했던 세르비우스(Servius Sulpicius Rufus)의 신법학과 그 계승자였던 프로쿨루스 학파[50]가 자주 동원했던 권리보호의 방편이었다는 사실이다. 가장 전형적인 예가 대물변제에 둘러싼 이들의 학설대립이었다.[51]

유효한 '화의' 약정의 효력은 상속채무자의 보증인에게도 미치는가? 아니면 상속채무자와 그의 상속인에게만 효과가 있으므로 보증인에게는 잔액 청구가 가능한가? 이것은 인적 범위의 문제이므로 곧 후술한다.

(2) 상속재산 파산의 회피 효과

'화의' 약정을 체결하는 목적이 피상속인의 파산과 그로 인한 명예실추(파렴치: infamia)를 방지하기 위한 것임은 이미 살펴보았다.[52] 이러한 로마 사회의 관념은 少플리니우스가 친척 여자 칼비나(Calvina)에게 보낸 편지에서도 그대로 드러난다.[53] 주채무자가 채무 이행의 용의

50) 로마의 법학파에 관해서는 졸저 (주 8), 234ff.

51) Gai. 3.168; 졸저 (주 8), 256f.

52) 다만 구체적으로 언제부터 피상속인이 파렴치자로 취급되는가에 관해서는 시점과 관련하여 다소간의 견해 차이가 있다. Kaser/Hackl (주 34), 394+n.2 m.w.N. (押留公告期間經過時說; 全財產賣却時說; 倒產時說).

53) C. Plinius Caecilius Secundus, Epistulae 2.4:
(1) Si pluribus pater tuus vel uni cuilibet alii quam mihi debuisset, fuisset fortasse dubitandum, an adires hereditatem etiam viro gravem. (2) cum vero ego ductus adfinitatis officio dimissis omnibus, qui, non dico molestiores, sed diligentiores erant, creditor solus exstiterim, cumque vivente eo nubenti tibi in dotem centum milia contulerim praeter eam summam, quam pater tuus quasi de meo dixit (erat enim solvenda de meo), magnum habes facilitatis meae pignus, cuius fiducia debes famam defuncti pudoremque suscipere. ad quod te ne verbis magis quam rebus horter, quidquid mihi pater tuus debuit, acceptum tibi fieri iubebo. …

가 있음에도 불구하고 보증인에게 청구하는 것,[54] 또는 채무자가 지급능력이 있는데도 담보물의 매각 청약을 하는 것,[55] 심지어는 채무자가 아닌 사람을 채무자로 催告하는 것[56]조차 인격침해(iniuria)로 심각하게 받아들였던 로마인들, 특히 법사료에 등장하는 주된 대상인 상류층 로마인들의 資力에 대한 감각이 무자력자, 도산자에 대한 그 평가에 그대로 반영되었던 셈이다.

(3) 유언의 기타 처분에 미치는 효과

유언에는 그 유효요건으로 상속인 지정(heredis institutio)이 필수적이지만, 그밖에도 노예해방, 각종 유증, 후견인 지정, 嫁資의 부여 등과 같은 다양한 처분들이 유언을 통해 행해지며 유언의 내용을 이룬다. 그

([1] 네 아버지께서 다수의 또는 내가 아닌 어느 한 사람에게 빚을 졌었더라면 아마도 네가 남자에게도 과중했을 상속을 해야 하는지 의심하지 않을 수 없었을 것이다. [2] 그러나 내가 친척관계의 의무에 인도되어 부담스럽다고는 안 하겠지만 꽤 챙기는 모든 자들을 없애고 단독 채권자로 남았으므로, 또 그의 생전에 결혼하는 너에게 10만 세스테르티우스를, 네 아버지께서 말하자면 내 재산에서 약속하신(왜냐하면 내 재산으로부터 지급되어야만 했기 때문이다) 금액 말고도, 嫁資로 제공했으므로, 그러므로 너는 내 친절의 큰 담보를 가진 것이니, 이를 믿고 너는 亡人의 명성과 명예를 책임져야 한다. 그렇게 하도록 너를 말이 아니라 실질적으로 북돋기 위하여 내게 네 아버지께서 빚졌던 모든 채무가 네게서 要式免除되었음을 명할 것이다. …)

54) D.47.10.19 Gaius 22 ad edictum provinciale.
Si creditor meus, cui paratus sum solvere, in iniuriam meam fideiussores meos interpellaverit, iniuriarum tenetur.

55) D.47.10.15.32 Ulpianus 77 ad edictum.
Item si quis pignus proscripserit venditurus, tamquam a me acceperit, infamandi mei causa, Servius ait iniuriarum agi posse.

56) D.47.10.15.33 Ulpianus 77 ad edictum.
Si quis non debitorem quasi debitorem appellaverit iniuriae faciendi causa, iniuriarum tenetur.

리고 이런 처분들은 일단 상속인이 상속 진입함으로써 유언이 발효해야 비로소 효력이 있다. 그렇다면 '화의' 약정은 이들 처분에 대해서는 어떤 영향이 있을까? 먼저 확인해 둘 것은 '화의' 약정은 어디까지나 상속인의 상속채무 이행과 관련한 조치라는 점이다. 그리고 혹시라도 '화의' 약정과 관련이 있을 수 있는 여타의 처분은 직접 재산에 관계된 처분일 수밖에 없다는 점이다. 사료에 나타난 실제의 예도 이것을 입증한다.

이제 노예해방의 경우를 살펴보면, 피상속인이 자신이 거느리고 있던 노예에게 유언에 의하여 자유를 부여한 때에는 원칙적으로 상속인의 채무와는 무관한 것이고, 따라서 '화의'의 범위에 들어가지 않는다. 그러나 파산 지경에 이르러 '화의'를 해야 할 재산상태에 있는 피상속인이 상속재산에 속하는 노예를 해방시키는 것은 상속채권들에 대한 관계에서 책임재산을 감소시키는 행위가 되므로 일반적으로 다른 사정이 없다면 이른바 채권자 詐害行爲(fraus creditorum)가 될 것이고, 그 한도에서는 당연히 불허되는 처분이다. 현행법상의 채권자 취소권 제도의 선구가 바로 이것이다. 자유 부여는 이른바 자유 우대(favor libertatis)의 법원리에서 볼 때 특히 선호해야 할 처분이지만, 채권자의 이익을 해하면서까지 강행되지는 않았던 것이다. [I], [J]는 바로 이러한 법리를 그대로 반영한 결정이다. 그러나 실제로는 이런 경우에 사해행위가 아니라는 주장이 받아들여지기는 쉽지 않았을 것이다. 왜냐하면 로마의 법률가들은 자유를 획득할 功이 있는 노예에게 정당하게 자유를 부여했을지라도 자신이 無資力임을 아는 자에 의한 자유의 부여는 항상 채권자 詐害행위라고 보았기 때문이다.[57]

---

57) D.40.9.23 Pomponius 4 ex variis lectionibus.
Semper in fraudem creditorum libertas datur ab eo, qui sciret se solvendo non esse, quamvis bene dedisset merenti hoc.

유언에서 정한 부양급부의 경우에는 어떠했을까? 부양급부를 부여하는 행위는 법형식상으로는 유증의 처분이다. 이 문제를 다루고 있는 J의 사안은 유언자가 자기의 노예에게 자유를 부여함과 동시에 일정한 급양을 유증으로 부여한 경우이다. 이때 유증은 deberi 표현에서 드러나듯이 채권적 유증(legatum per damnationem)이었다. 따라서 상속인이 그 이행의 의무를 부담한다. 그런데 상속인이 유증 의무를 부담하는 것은 "상속재산으로부터 떼어낸 몫"이라는 유증의 본질상[58] 어디까지나 상속재산으로부터(ex hereditate) 이행한다는 것이지, 자기의 고유재산으로부터 이행해야 한다는 것이 아니다. 그러므로 상속재산에 資力이 없으면 유증도 없는 것이다. J의 결론은 이러한 법리를 그대로 반영한 것이다.

2) 인적 구속의 범위

(1) 참여당사자에 대한 구속

가. 상속인

'화의' 약정을 체결한 상속인은 자신의 주도로 이를 관철한 것이고, 또 그 결과는 자신에게 유리한 것이었으므로 '화의' 약정을 스스로 원용하려 할 것이고, 그것이 약정의 항변으로 표출되었다는 것은 이미 살펴본 바와 같다. 다만 필연상속인이 아닌 가외상속인의 경우에는 '화의' 약정을 체결한 후라도 상속을 거절하는 것이 더 나은 선택지로 생각되는 경우 상속의 거절 쪽으로 선회하고픈 심정이 여전히 존재할 수 있다. 그러나 가외상속인도 일단 약정을 체결한 후에는 상속의 거절은

---

58) D.30.116.pr Florentinus 11 institutionum.
Legatum est delibatio hereditatis, qua testator ex eo, quod universum heredis foret, alicui quid collatum velit.

불가하였을 것이다. 왜냐하면 약정 자체가 상속인의 상속 진입을 논리적으로 또 법정책적으로 전제하여 체결되었고, 또한 법무관까지 개입한 司法的 절차적 장치의 결과를 일방 당사자의 번의로써 전복시킬 수는 없었을 것이기 때문이다.

상속채무의 보증인과 신용위임인도 '화의' 약정을 원용하여 채권자의 잔여채권 청구를 방어할 수 있었다(Ⓖ②). 이들은 주채무자의 항변을 자신을 위하여 원용할 수 있기 때문이다(Ⓖ①(α)).

나. 채권자

'화의' 약정을 체결한 채권단에 참여한 일반채권자들이 이 약정에 의해 구속되었던 것은 분명하다. 단일안이든 다수안이든 일단 다수결에 의해 결정된 이상 채권자 평등의 원칙상[59] 모든 채권자들을 동등하게 구속하였을 것이다. 상대방인 상속인에게 약정의 항변 내지는 악의의 항변이 인정되었다는 것이 그 증거이다. 사실상 법무관의 공적인 인가결정이 구속의 절차적 요건이었음에도 불구하고, 파울루스는 '화의' 약정의 실질적인 주역은 자신의 채권을 양보를 통하여 감축시킨 채권자들임을 분명히 인식하였고, 그리하여 인가결정이 일방적으로 채권자들을 구속하는 것이 아니라, 그들의 의사적 기초가 중요하다고 보았다. "채권자는 상속인을 제소함으로써 법무관의 인가결정에 동의하는 것"(Ⓖ②)이라는 그의 설시는 그가 법무관의 역할을 강조했던 프로쿨루스 학파의 전통에 더 근접했던 동료 울피아누스와 달리, 말하자면 시민사회(societas vitae)의 법원리에 따른 자기규제를 더 중시했던 사비누스 학파 쪽의 계승자였음을 보여주며, 이것은 다른 곳에서 확인되는 그의 법학경향과 일치한다.[60]

---

59) 우리 화의법 제53조 제2항, 파산법 제276조 참조.

채권자의 구속 여부와 관련하여 스카이볼라가 다루고 있는 F, H는 모두 채권자인 동시에 후견인인 자가 자신의 위치를 이용하여 자신의 이익을 우선적으로 도모한 경우이다.[61] 상속인이 아직 어려서 후견인이 사무를 처리해 오던 중에 '화의' 약정이 체결되었으나 아직 상속이 개시되지 않던 중에, 피후견인이 성숙기를 지나서 후견인 대신에 보좌인의 도움을 받게 되자 같은 내용의 '화의' 약정을 다시 체결하였다. 후견사무의 종료로 그 전의 '화의' 약정은 효력을 상실했기 때문이다. 그러나 후견인은 후견사무를 처리하면서 미리 자신의 몫을 챙겨놓았다. 이제 보좌인의 입장에서는 후견인이었던 채권자를 상대로 '화의' 약정에서 정한 몫보다 많이 가져간 부분의 반환을 청구할 수 있는가? 동시에 채권자였던 후견인은 동시에 한 몸에 '화의' 약정의 채권자 지위와 채무자(를 대변하는) 지위를 겸비한 자이다. 이때 후견인이라는 지위가 채권자에게 우선권을 부여해 주는 것도 아니고, 또 채무자나 그를 대변하는 후견인에게 '화의' 약정과 달리 어느 채권자에게 우선변제해 줄 권한이 생기는 것도 아니므로, 이 후견인이 챙긴 것(채권 전액과 이자)은, 상속 개시 전에는 어느 채권자도 '화의'에서 결정된 부분몫이라 할지라도 자기 몫을 미리 챙길 권한이 없으므로, 후견사무를 기화로 자신의 이익을 현실로 도모한 것일 뿐 분명히 부당하고 위법하게 챙긴 것이고, 특히 부분몫을 초과하는 부분은 가뜩이나 부족한 책임재산의 부당한 감소를 야기하여 다른 채권자들의 이익을 침해한 것이다. 우리 민법 제124조에서 말하는 자기계약의 상황에서 허용되는 채무의 이행을 남용한 셈이다. 흥미로운 것은 "여타의 채권자들에게 적용했던 내용은 고

---

60) 졸저 (주 8), 246f.; 졸저 (주 48), 142f.

61) 유스티니아누스법(Nov. 72 [a.538])에서는 원칙적으로 피후견인의 채권자나 채무자가 후견인이 되는 것을 금지하였으므로 이러한 이익충돌로 인한 불상사는 사전에 예방되었을 것이다.

스란히 그대로 자기 자신에게도 적용해야만 한다"는 취지의 스카이볼라가 제시하는 이유이다. 이것은 D.2.2에 전승되는 이른바 報復告示[62]에서도 확인되는 로마인 특유의 황금률적인 정의관의 발로라고 하겠다.

(1) 不參 채권자의 구속 여부

채권단의 다수결에 의한 '화의' 약정은 채권자집회에 결석한 채권자에게도 구속적이었을까? 이 문제는 아마도 불참 채권자들이 자신들에게 불리하다고 느낀 그 결정에 의해 구속되지 않는다고 이의하면서 불거졌을 것이고,[63] 일찍부터 로마 법률가들의 논쟁거리 중 하나였다. 울피아누스에 의하면 더 나아가서 일반우선권 있는 결석자들은 또 어떠한지도 논쟁거리였다(Ⓔ①). '화의' 약정을 특정한 목적을 가진 제도로서 받아들이는 한, 이 문제에 대해 기대할 수 있는 거의 유일한 방안은 ─적어도 일반채권자들에 관한 한─제도의 취지에 따른 채권자 평등의 원칙상 불참한 채권자들도 모두 구속하는 것이다.[64] 그렇지 않을 경우 '화의'의 본령을 실현하기가 난망해지지 때문이다. 그리고 그렇지 않아도 일찍이 안토니누스 피우스가 이런 방향으로 비답을 내렸던 것으로 보고된다(Ⓔ②). 그에 따르면 심지어는 일반적으로 다른 채권

---

62) 졸저 (주 48), 154ff.

63) 이들이 원용할 수 있었을 일반법리를 표현하는 개소들은 물론 많이 있다. 가장 대표적인 것으로는

D.50.17.74 Papinianus 1 quaestionum.

Non debet alteri per alterum iniqua condicio inferri.

D.3.5.38(39) Gaius 3 de verborum obligationibus.

Solvendo quisque pro alio licet invito et ignorante liberat eum: quod autem alicui debetur, alius sine voluntate eius non potest iure exigere. naturalis enim simul et civilis ratio suasit alienam condicionem meliorem quidem etiam ignorantis et inviti nos facere posse, deteriorem non posse.

64) 同旨 우리 화의법 제61조; 파산법 제298조 제1항.

자들에 우선하는 국고[65]조차도 담보물권(hypotheca)을 갖는 경우[66]가 아니라면[67] '화의'안을 따라야 했다. 私人의 경우에는 일반우선권자(privilegiarius)도 구속되었다.[68] 그러므로 담보물권을 갖지 않은 일반채권자들의 경우에는 더 말할 나위가 없었다.[69] 피우스의 비답을 다시 한

65) PS. 5.12.10:
Privilegium fisci est inter omnes creditores primum locum retinere.
D.42.5.38.1 Paulus 1 sententiarum.
Res publica creditrix omnibus chirographariis creditoribus praefertur.
D.42.5.34 Marcianus 5 regularum.
Quod quis navis fabricandae vel emendae vel armandae vel instruendae causa vel quoquo modo crediderit vel ob navem venditam petat, habet privilegium post fiscum. (Cf. D.42.5.26 Paulus 16 brevis edicti. Qui in navem exstruendam vel instruendam credidit vel etiam emendam, privilegium habet.)
국고 일반에 관해서는 Michael Alpers, *Das nachrepublikanische Finanzsystem. Fiscus und Fisci in der frühen Kaiserzeit* (1995); Pietro Cerami, *Aspetti e Problemi di Diritto Finanziario Romano* (1997).

66) Max Kaser, *Das römische Privatrecht*, II (2. Aufl. 1975), 316f. m.w.N.; Kaser (주 5), 466 m.w.N.; 상세는 Herbert Wagner, *Die Entwicklung der Legalhypotheken am Schuldnervermögen im römischen Recht (bus zur Zeit Diokletians)* (1974); von der Fecht (주 34), 111ff.; 또한 Maria Vittoria Giangrieco Pessi, *Situazione economico-sociale e politica finanziaria sotto I Severi* (1988).

67) Cf. D.49.14.6.pr Ulpianus 63 ad edictum.
Fiscus cum in privati ius succedit, privati iure pro anterioribus suae successionis temporibus utitur: ceterum posteaquam successit, habebit privilegium suum. sed utrum statim atque coepit ad eum pertinere nomen, an vero posteaquam convenit debitorem, an posteaquam relatum est inter nomina debitorum, quaeritur. et quidem usuras exinde petit fiscales, etsi breviores debeantur, ex quo convenit certum debitorem et confitentem. at in privilegio varie rescriptum est: puto tamen exinde privilegio esse locum, ex quo inter nomina debitorum relatum nomen est.
Bas.11.1.10 Scholion 3 (Heimbach, I, p.578f.).

68) Bas.11.1.10 Scholion 1 (Heimbach, I, p.578): privilegium enim in his spectatur, qui hypothecas non habent.

번 확인하고 이를 일반화한 형태로 천명하면서 세부규정을 마련한 것이 마르쿠스 아우렐리우스의 칙답이었던 것으로 보인다(Ⓔ①). 다수결을 규정했다는 것 자체가 의견을 달리했던 나머지 사람들을 구속한다는 논리의 반영이었음은 물론이다. 바실리카법전은 이를 요약적으로 이렇게 규정하였다:

Bas.11.1.10 (Heimbach, I, p.578):

Creditores etiam absentes praesentium pactum sequuntur.

(결석한 채권자들도 출석한 자들의 약정을 따른다.)

이는 파산법 제298조 제1항을 준용하는 우리 화의법 제61조의 취지("화의는 화의채권자 전원을 위하여 또는 그 전원에 대하여 효력이 있다")와 같은 것이다. 다만 피우스의 비답은 일반우선권자에 관하여 "일반의 우선권 있는 채권은 이를 화의채권으로 하지 아니 한다"고 규정하는 우리 화의법 제43조와 차이가 있다.

그러면 채권자들이 가진 擔保에 대한 권리는 어떻게 되었을까?

(a) 피우스의 칙답을 소개한 부분에서 우리는 물적 담보(hypotheca)의 경우에는 '화의' 약정에도 불구하고 여전히 그 권리가 인정됨[70]을 간취할 수 있었다. 즉, 전액에 대하여 담보권을 행사할 수가 있었다.[71]

(b) 일반우선권(privilegium)의 경우에는 '화의' 약정에 구속되어 채권액이 감축되었다.[72] 그러나 일반우선권으로서의 성질[73]마저도 박탈할

69) 바실리카법전은 이를 역으로 표현한다: Bas.11.1.10 (Heimbach, I, p.578): non etiam (sc. sequuntur), qui hypothecas habent.

70) 同旨 Bas.11.1.10 Scholion 2 (Heimbach, I, p.578): Sin autem creditores absentes specialiter habeant hypothecas nihil praeiudicii patiuntur ex iis, quae praesentes paciscuntur.

71) 同旨 Bas.14.1.58.1 Scholion 4 (Heimbach, II, p.139): pignoris totius debiti nomine distrahendi facultatem; Donellus (주 28), 245 N.10: semper creditores hypothecarii hypothecas suas habent, quas vel possidentes, jure suo distrahant, vel amissas, a quovis possessore persequantur et auferant hypothecaria actione.

이유는 없었다고 보인다.[74)]

(c) 그러면 인적 담보의 경우에는 어떠했을까? 다행히도 파울루스의 개소로부터 관련된 논의를 추적해 볼 수 있다. 保證人(fideiussor)이나 그와 대등한 信用委任人(mandator)[75)]를 설정한 경우를 논하면서 당사자의 사적 자치를 중시하는 파울루스는 원칙으로부터 논의를 이끌어 간다. 우선 채권자가 채권자집회에 참석하여 '화의' 약정에 동의한 것으로 확인되는 때에는－주채무 자체가 감축된 것이므로－이 약정에 기

---

72) 同旨 Bas.11.1.10 Scholion 2 (Heimbach, I, p.578): Quamvis absentes privilegium … habeant, tamen pacta, quae a pluribus facta sunt, rata sunt.

73) D.23.3.74 Hermogenianus 5 epitomarum: … privilegium, quod inter personales actiones vertitur, … ; C.8.17.9 Diocl./Maxim. (a.294): privilegiis omnibus, quae personalibus actionibus competunt; Bas.11.1.10 Scholion 4 (Heimbach, I, p.578).

74) 同旨 Vinnius (주 3), 79; Noodt (주 23), 473. 다만 곧 살펴볼 파울루스의 견해가 피우스의 비답과 같은 것으로 새기는 점에서 私見과 다르다.

75) 수임인에게 제3자에게 신용을 제공하도록 위임하는 자가 신용위임인이다. 공화정기 세르비우스에 의하여 의문시되었던 신용위임은 사비누스 학파의 교설이 관철되면서 인정되고(Gai. 3.156: … et adeo haec ita sunt, ut quaeratur, an mandati teneatur, qui mandauit tibi, ut Titio pecuniam faenerares. Seruius negauit: non magis hoc casu obligationem consistere putauit, quam si generaliter alicui mandetur, uti pecuniam suam faeneraret. sed sequimur Sabini opinionem contra sentientis, quia non aliter Titio credidisses, quam si tibi mandatum esset; D.17.1.2.5), 제3자를 주채무자로 하는 보증인과 같이 취급되기에 이르렀다. 고전기에는 아직 先訴의 抗辯이 인정되지 않았다. 그러나 선소의 항변(우리 민법 제437조 참조)이 인정된 유스티니아누스법 하에서도(Nov. 4.1.1 [a.535]: Si quis igitur mutuum dederit, et fideiussorem aut mandatorem aut constitutae pecuniae reum acceperit, ille non statim ab initio mandatorem vel fideiussorem vel pecuniae constitutae reum conveniat, neve debitore neglecto intercessoribus molestiam facessat, sed promo eum conveniat, qui pecuniam accepit et debitum contraxit) 이 항변으로써는 주채무자에게 먼저 집행할 것을 청구할 수 있을 뿐 보증인 등의 궁극적인 책임이 면제되는 것은 아니었으므로 '화의' 약정과 관련한 이하의 논의는 그대로 해당되었을 것이다.

한 항변은 보증인과 신용위임인에게도 인정해야 한다(Ⓖ①(α)).[76] 그런데 문제는 채권자가 缺席했던 경우이다. 결석했던 채권자는 자신이 출석했었더라면 자신이 행사할 수 있는 선택권(electio), 즉 무자력인 주채무자 대신에 자력이 있는 보증인 또는 신용위임인에게 전액을 청구할 수 있는 자신의 권리[77]가 고려될 것을 강력히 요구(proclamare)[78]했을 것이고, 동시에 그것을 제한했을 '화의' 약정에는 동의하지 않았을 터이다. 파울루스는 이러한 선택권을 박탈하는 것은 물적 담보권(pignus)이나 일반우선권(privilegium)을 박탈하는 것과 마찬가지로 채권자의 이익을 해치는 것이어서 불공정하다[79]고 본다. 여기서 파울루스가 피우스의 비답대로 pignus나 privilegium을 이해하고 있을 가능성은 크지 않다. 피우스의 비답과 달리 결석자에 대한 '화의' 약정의 구속을 전제하지 않기 때문이다. 그는 또한 일반우선권의 경우도 물적 담보권과 동일시하였다. 그에게 문제된 것은 인적 담보부 채권의 경우만인데, 이 경우도 물적 담보부 채권과 다르게 취급해서는 안 된다는 것이 그의 견해이다. 그 이유는 보증인이 제공된 채권자의 채권까지도 그의 의사와 무관하게 '화의' 약정의 효력범위에 들게 만들어서 감축시킨다면 이것은 결국 그 약정의 항변을 사용할 수 있는 보증인에게만 이로운 조처가 될

---

76) 同旨 Bas.14.1.58.1 (Heimbach, II, p.139): Si quidem praesens fui, neque ab herede tuo, neque a mandatore amplius petam, quam decreto continetur; Bas.11.1.10 Scholion 2 (Heimbach, II, p.139): Quamvis absentes … sive electionem et praerogativam habeant, tamen pacta, quae a pluribus facta, rata sunt.

77) 同旨 Bas.14.1.58.1 Scholion 4 (Heimbach, II, p.139): electionem, id est, actionem cum mandatore in solidum.

78) proclamare = protestari (Noodt [주 23], 473; Henricus Eduardus Dirksen, *Manuale Latinitatis Fontium Iuris Civilis Romanorum* [Berolini, 1837], s.h.v. § 3, p.766).

79) 同旨 Bas.14.1.58.1 Scholion 4 (Heimbach, II, p.139): absurdum est.

것이고, 채권자에게는 불리하며, 상속인에게도 득이 될 것이 없기 때문이다. 왜냐하면 어차피 감축된 채권을 채권자에게 변제한 보증인이 委任의 반대소권을 통하여 구상권을 행사하는 경우[80] 감축된 부분몫과 동일한 채권액을 책임져야 하기 때문이다(Ⓖ①(β)). 이에 비하여 파울루스처럼 보증인부 채권을 '화의' 약정에 구속시키지 않을 수 있다면 채권자는 보증인으로부터 전액을 청구할 수 있으므로 유리하고, 보증인은 다시 상속인을 상대로 구상할 터인데, 이때 구상채권은 일반채권으로서 '화의' 약정의 효력이 미치므로 상속인은 약정에서 정한 부분몫만을 지급하면 되므로 보증인에게는 분명히 불리하지만, 상속인에게는 이 한도에서 유리한 결과가 될 것이다. 따라서 파울루스의 결론은 적어도 '화의' 약정에 缺席한[81] 또는 출석했어도 異議한[82] 담보부-물적 담보이든 인적 담보이든 구별할 필요 없이-채권자와 일반우선권자는 모두 그들이 별도로 행사할 수 있는 관련 권리를 그대로, 즉 전액에 있어서 행사할 수 있다는 것이다.[83] 이것은 뒤집어 표현하면 이러한 채권자는 '화의' 약정에 가담하여 감축된 액으로 상속인에게서 일부 만족을 얻으려[84] 말고 담보권을 실행하는 등의 방법으로 채권 전액을 청구하

80) D.17.1.10.11 Ulpianus 31 ad edictum.
Fideiussores et mandatores et si sine iudicio solverint, habent actionem mandati.

81) 同旨 Bas.14.1.58.1 (Heimbach, II, p.139): Si vero afui, electionem non amitto, sicut nec pignus, nec privilegium.

82) 同旨 Bas.14.1.58.1 (Heimbach, II, p.139): … neque a mandatore amplius petam, quam decreto continetur, nisi nominatim contradixero, servata mihi adversus mandatorem electione; Bas.14.1.58.1 Scholion 4 (Heimbach, II, p.139): Nam praesens hoc ipsum electionis ius specialiter sibi servare potuisset, et ne ullum circa actionem cum mandatore sustineret praeiudicium.

83) 同旨 Bas.14.1.58.1 (Heimbach, II, p.139): Licet autem solidum a mandatore vel fideiussore petere possim, …

84) 同旨 Bas.14.1.58.1 (Heimbach, II, p.139): … ab herede tamen non amplius,

라는 권고에 다름이 아니다. 앞서 설시한 부분에서 드러나듯이 출석하여 이의 없는 경우에는 약정에 동의하는 것으로 인정되어－물적 담보권과 일반우선권의 경우에는 그렇지 않지만－인적 담보의 경우에는 보증인도 약정의 항변을 행사할 수 있다고 보고 있고, 그의 이어진 설시 부분도 이러한 결론을 뒷받침하기 때문이다. 즉, '화의' 약정에는 불참하였으나 나중에 상속인을 상대로 먼저 제소한 채권자가 만족 받지 못한 나머지 채권액에 관해서 보증인에게 소구하는 것은 과연 허용되는지를 살피면서, 그는 이 문제가 법률적 쟁점(dubitatum)이었음을 지적하면서 채권자의 상속인 제소행위는 그 자체가 법무관의 인가결정에 동의하는 행위로 보아야만 하므로[85)]－그 결과 채무자의 항변권을 역시 행사할 수 있게 된(Ⓖ①(α))－보증인에게 잔여몫을 청구하는 것은 허용되지 않는다[86)]고 보고 있기 때문이다(Ⓖ②). 이 한도에서 채권자에게 '화의' 약정에의 참여 여부 및 그와 결부된 담보부 권리 등의 향배에 관한 개인적인 결정의 자유를 열어놓고 있는 파울루스는 보다 철저한 계약설적인 입장을 대변하고 있는 셈이다.[87)]

---

quam partem decreto comprehensam petam.

85) 채무자 제소행위의 의미에 대한 대판 1989. 10. 27. 88다카22671의 설시 참조. 이에 의하면 화의인가결정이 확정되었더라도 화의채권에 대하여 기판력 내지 집행력이 생기는 것은 아니므로 화의채권자로서는 화의채권에 관하여 이런 효력을 얻기 위해서는 화의채무자를 상대로 소를 제기해야 한다고 한다. 박승두(주 24), 387 n.535.

86) 同旨 Bas.14.1.58.1 (Heimbach, II, p.139): Si vero partem decreto confirmatam ab herede petiero, consentire videtur, et reliquum a fdeiussore non petam.

87) 파울루스의 입장을 키릴루스는 다음과 같이 요약한다.
Bas.14.1.58.1 Scholion 4 Cyrilli (Heimbach, II, p.139): Pactum maioris creditorum partis de parte debiti remittenda iis non nocet, qui mandatorem vel fideiussorem vel hypothecae privilegium habent, sed nocet mandatori vel fideiussori mandati cum reo agenti: nisi creditores hi praesentes fuerint, aut postea a reo partem debiti pacto constitutam petierint.

그러나 피우스-마르쿠스의 칙답과 배치되는 파울루스의 이 견해는 소수설에 불과한 것이었을 것이다. 이 견해야말로 울피아누스가 당시에도 아직 첨예한 학설상의 논란이 있음을 지적하면서 염두에 둔 것이었을 것이다. 그가 이러한 논쟁에 종지부를 찍기 위하여 다름 아닌 황제의 칙답 두 개를 원용하고 있는 것(Ⓔ) 또한 이 소수설의 주장자가 파울루스와 같은 대가급의 법률가였음을 시사한다. 파울루스는 파울루스대로 논쟁이 있었음을 암시하였다. 이런 모든 정황을 고려해 볼 때 아마도 당시의 통설은 피우스-마르쿠스-울피아누스의 견해와 파울루스의 견해를 통합하여, 한편으로는 담보부 권리자도 '화의' 약정에의 참석 여부와 무관하게 법무관의 인가결정에 구속된다는 것이었을 것이고(재판설적 입장), 그리고 다른 한편으로 담보부 권리의 행사 가능성과 관련해서는 파산법 제298조 제2항을 준용하는 우리 和議法 제61조("화의는 화의채권자가 채무자의 보증인 기타 채무자와 더불어 채무를 부담하는 자에 대하여 가지는 권리 및 화의채권자를 위하여 제공한 담보에 영향을 미치지 아니 한다")[88]와 부합하는 것이었을 것이다. 로마 법률가의 전형적인 스타일대로 담보부 권리를 고려하지 않는 것은 부당하다고 한마디로 평가한 파울루스가 이 문제를 고찰함에 있어서 보증채무 등이 주채무에 부종하는 성질을 부인할 수 없었기에 아예 화의로부터 배제하는 방안을 취하고자 했던 것이라면, 통설은 이러한 일반 법리를 완화하는 결단을 황제의 개입을 통하여 해결했을 것으로 보인다. 우리 화의법도 이러한 특례를 인정하는 입법적 결단인 것이고, 그렇기 때문에 제기되는 의문에 관하여는 근자에 대한민국의 헌법재판소가 다소 장황하게 보충 설명해주었다. 화의법에 의한 화의절차에 있어서 보증인 및 담보제공자 등을 화의인가에 따른 면책 등의 효력이 미치는

88) 同旨 Vinnius (주 3), 78. 그러나 단순한 기간 유예(indutiae)의 약정을 한 때에는 담보채권자도 구속된다고 한다.

범위에서 제외하도록 한 和議法 제61조 중 파산법 제298조 제2항을 준용하는 부분이 평등의 원칙 내지 재산권보장 및 경제질서에 관한 헌법규정에 위반되는지 여부를 판단함에 있어서 헌법재판소는 이러한 법률의 규정은 화의절차상 화의인가에 따른 면책제도의 목적, 화의의 성립형식상의 특성 및 화의절차에 있어서 이해관계인의 이해조정 등 모든 관점에서 그 목적의 정당성, 수단의 적정성, 피해의 최소성 및 법익의 균형성 등의 합리적인 근거를 가진 것이라 할 것이므로, 비록 그러한 조처로 인해 화의채무자에 비하여 보증인이나 담보제공자 등을 차별하여 그들에게 불이익한 결과를 초래한다고 하여도 이는 합리적인 이유가 있는 것으로 헌법 제11조 제1항의 평등의 원칙에 위반되지 아니함은 물론 재산권보장에 관한 헌법 제23조 제1항이나 경제질서에 관한 헌법 제119조 제1항 및 제2항에 위반된다고 볼 수 없다고 판시하였던 것이다.[89] 로마의 통설도 이러한 합리성을 놓치지는 않았을 것이다.

一般優先權에 관한 한, '화의' 약정에의 구속을 인정하는 피우스의 비답과 이를 수용하지 않고 있는[90] 파울루스의 견해가 어떻게 조화되

89) 헌법재판소 2000. 8. 31. 98헌바27, 98헌바13(병합) 결정; 南孝淳·金載亨 共編 (주 45), 788 (田炳西); 박승두 (주 25), 389.

90) 同旨 Pothier (주 6), 86 n.(i). 세부적으로는 뽀티에는 파울루스가 피우스의 비답을 몰랐거나, 아니면 적어도 법리(juris ratio)에 반해 도입된 것이 마르쿠스의 비답에 의해 폐기되어 무시했을 것이라고 새긴다. 그러나 이 문제가 마르쿠스의 비답 이후에도 여전히 논란거리였음을 밝히고 있는 울피아누스의 언명으로 볼 때, 피우스의 비답이 마르쿠스의 비답에 의해 폐기되었다고 보기 어렵고, 울피아누스와 더불어 당대의 두 거두였던 파울루스가 피우스 비답의 존재를 몰랐었다는 것도 믿기 어렵다. 결국 차이는 필자가 해석한대로 법리에 관한 견해 차이로 귀결한다고 보인다. 파울루스는 의식적으로 과거의 황제의 결정에 대해 법리 차원에서 異見을 밝히고 있는 것이다. 이미 Cuiacius(1522~1590)도 파울루스가 비답을 몰랐거나 그에 주의를 기울이지 않았을 가능성을 고려해 보지만, 결국은 그가 법리를 근거로 그와 같이 결정하였음을 지적하였다. Iacobus Cuiacius, *Opera omnia*, I (editio nova emendatior et auctior, Lutetiae Parisiorum,

었는지는 알 수 없다. 로마법의 애매한 태도로 인하여 이 문제는 판덱텐법학 시대에도 여전히 다투어졌다.[91] 그러나 일반우선권 있는 채권을 화의채권에서 제외시키고 있는 화의법 제43조는 파울루스의 손을 들어준 셈이다(화의법 제60조 제1항 참조).[92]

끝으로, 담보권을 먼저 행사하거나 보증인에게 먼저 청구한 후 부족분을 가지고 '화의' 약정에 참여하는 것은 어떠했을까? 사료상 확인할 수는 없으나 지금까지의 논의로 미루어 볼 때, 로마의 법률가들도 '파산의 경우에 別除權을 행사할 수 있는 권리'(파산법 제84조: 유치권, 질권, 저당권, 전세권)를 가지는 자는 그 권리의 행사에 의하여 변제를 받을 수 없는 채권에 관하여 화의채권자로서 그 권리를 행사할 수 있다고 규정하는 화의법 제44조 내지는 파산법 제87조 본문과 유사한 취지 내지 정신으로 부족액책임주의[93]에 입각한 법리를 전개하였을 것으로 추측된다.

IV. 맺음말

이상으로 로마법에서 '화의' 약정이 어떠한 모습으로 이용되고, 그에 관해서 어떠한 법리가 발전하였는지를 살펴보았다. 이 문제는 종래 로마법 연구자들의 관심을 별로 끌지 못하여 참고문헌도 사실상 없는 상태인데, 이번에 필자가 새로운 해석을 시도해 본 것이다. 전승된 사료가

1658), Ad L. Rescriptum 10, p.951 C: & ex iuris disciplina quod sibi videbatur, scripsit, ex iuris ratione non ex rescripto. Cum iuris rationibus rescripta plerumque pugnant.

91) Windscheid/Kipp (주 5), 528 n.5.

92) Cf. 박승두 (주 25), 340.

93) Cf. 南孝淳・金載亨 共編 (주 45), 812f. (曺在巾); 박승두 (주 25), 341.

제한된 관계로 당시의 법리를 세부적인 면에 이르기까지 온전히 재구성할 수는 없었다. 그러나 그럼에도 불구하고 본질적인 문제의식에 있어서나 그 해결의 방향에 있어서나 놀랍게도 오늘날의 和議의 법리와 대동소이한 양상으로 로마법이 전개되었음을 확인할 수 있었다. 그리고 그 과정에서 최고권력자에 의한 정책 의지가 사법당국과 법학에 의하여 어떻게 뒷받침되었는지도 견문할 수 있었다. 로마법에서 발견되는 이러한 선구적 노력이 오늘날의 법제가 이룩되는 데 기여한 배경이었다면, 그러한 자취를 추적하는 작업은 다른 문제 영역에 있어서도 앞으로 더욱 관심을 기울일 가치가 있을 것이다.

늘 그렇듯이 이 글도 의욕에 비하여 많이 미흡한 것이 되고 말았다. 그럼에도 불구하고 현행법의 역사적 배경과 전통에 대한 천착에 늘 깊은 관심을 가지고 앞장서 오셨으며, 후학과 제자들에게 부족한 점을 감싸주시면서 이 방면의 공부를 성심을 다해 독려해 주신 서민 선생님의 정년을 기념하는 글로서 부족하나마 선생님께서 嘉納해 주시기만을 감히 바랄 뿐이다.

법률사료색인

I. 유스티니아누스의 로마법대전

Institutiones (법학제요)

Digesta (학설휘찬)

Codex (칙법휘찬)

Novellae (신칙법)

Nov. Appendix

II. 유스티니아누스 前 법사료

Codex Theodosianus

Collatio

Edictum Theodorici

Fragmentum Dositheanum

Fragmenta Vaticana

Gai Institutiones

Gai. Fr. Aug.

Novellae Maioriani

Novellae Theodosii

Pauli Sententiae

Ulpiani Epitome

III. 銘文

FIRA III

최 병 조

서울대학교 법학사 · 법학석사
독일 괴팅겐대학교 법학박사
1985년 3월 이래 서울대학교 법과대학 교수
1992년, 2000년 여름, 2006년 여름 독일 홈볼트재단 연구비 수혜
1998년 제5회 玄岩法學著作賞 수상
2002년 미국 UC Berkeley 법대 방문학자
2005년 5월 이래 중국 華東政法學院羅馬法和歐洲法研究中心 名譽敎授

<주요 논저>

Culpa in contrahendo bei Rudolph von Jhering (Göttingen, 1988)
로마法研究(I)-法學의 源流를 찾아서- (서울대학교출판부, 1995)
로마法 · 民法論考 (박영사, 1999)
로마법강의 (박영사, 1999)
개정판 해외법률문헌조사방법 (서울대학교출판부, 2005) [공저]
제2판 法律家의 倫理와 責任 (박영사, 2003) [공저]
로마法上의 事務管理: 學說彙纂 제3권 제5장 譯註 (서울대학교출판부, 2001)
법치주의의 기초: 역사와 이념 (서울대학교출판부, 2006) [공저]
編輯代表 郭潤直, 民法注解 (박영사, 1992ff.) 여러 곳 주해 [공저]

로마의 법과 생활-법사료에 나타난 생활법리의 사례들- 값 24,000원

2007년 8월 30일 초판 발행
2008년 10월 10일 재판 발행

저 자 : 최 병 조
발 행 인 : 한 정 희
발 행 처 : 경인문화사
편 집 : 김 경 주
서울특별시 마포구 마포동 324-3
전화 : 718-4831~2, 팩스 : 703-9711
이메일 : kyunginp@chol.com
홈페이지 : http://www.kyunginp.co.kr
: 한국학서적.kr
등록번호 : 제10-18호(1973. 11. 8)

ISBN : 978-89-499-0526-6 93360